21世纪经济管理类精品教材

新编商法教程

（第4版）

王传辉◎著

Commercial Law
Textbook

清华大学出版社
北京

内 容 简 介

本书以法律主体的民商事活动为中心，从主体、权利、交易和干预四个方面分析了与民商事主体密切相关的法律问题，包括经营形式选择、公司设立、公司治理、民事权利与侵权、知识产权、合同、消费者保护、产品责任、劳动保护、反垄断、反不正当竞争、争议解决等内容。本书以经济学等相关理论来解释法律规则，以案例来帮助理解和应用法律规则，对法律规则的整理力求简明扼要，共提供了40多个典型案例和前沿专题供教学使用。

本书既适合经济管理类专业的本科生、MBA学生和其他研究生使用，也适合其他非法律专业的学生使用。另外，还可作为法学专业学生的辅助教材或参考书。

本书封面贴有清华大学出版社防伪标签，无标签者不得销售。
版权所有，侵权必究。举报：010-62782989，beiqinquan@tup.tsinghua.edu.cn。

图书在版编目（CIP）数据

新编商法教程 /王传辉著. —4 版. —北京：清华大学出版社，2020.2（2022.8 重印）
21 世纪经济管理类精品教材
ISBN 978-7-302-54917-8

Ⅰ. ①新… Ⅱ. ①王… Ⅲ. ①商法－中国－高等学校－教材 Ⅳ. ①D923.99

中国版本图书馆 CIP 数据核字（2020）第 025367 号

责任编辑：杜春杰
封面设计：刘 超
版式设计：文森时代
责任校对：马军令
责任印制：丛怀宇

出版发行：清华大学出版社
　　　　网　　址：http://www.tup.com.cn，http://www.wqbook.com
　　　　地　　址：北京清华大学学研大厦 A 座　　邮　　编：100084
　　　　社 总 机：010-83470000　　邮　　购：010-62786544
　　　　投稿与读者服务：010-62776969，c-service@tup.tsinghua.edu.cn
　　　　质 量 反 馈：010-62772015，zhiliang@tup.tsinghua.edu.cn
印 装 者：三河市龙大印装有限公司
经　　销：全国新华书店
开　　本：185mm×260mm　　印　张：25.5　　字　数：603 千字
版　　次：2005 年 2 月第 1 版　　2020 年 2 月第 4 版　　印　次：2022 年 8 月第 3 次印刷
定　　价：69.80 元

产品编号：082260-02

第 4 版使用指南

一、教材特色

本教材的定位是提供一本适合经管专业学生使用的商法教材。与法学专业学生不同，经管专业的学生不需要对法律规则进行穷尽细节的学习，因此法学专业学生使用的教材并不适合经管专业的学生。当然，经管专业学生的学习也不应是浮光掠影的普法性学习，大学教育应该为学生带来更多的收获，而一本在法学专业教材基础上单纯进行简化的教材也远不能满足他们现在或未来职业生涯的实际需要。

本教材的设计旨在让经管专业的学生既能把握法律和商法的基本体系和重要规则，又能联系自己所学的经管知识来思考，并能学以致用，解决社会经济改革和企业经营管理的实际问题。为此，本教材呈现出与传统教材不同的两个特色：

第一，在结构上，本教材根据商事主体进行商事活动的法律环境，将内容分为主体、权利、交易和干预四编。主体是有关商事活动的经营形式选择，不同经营形式有不同的法律意义。权利是商事主体具有法律上行为能力的资格和保障，是进行商事活动的基础。交易是平等主体之间的商事往来，主要体现为合同关系。干预涉及国家公权力对商事主体行为的干涉，有消费者保护、劳动保护、维护公平竞争和争议解决等。

本教材的体系如下：

- ➢ 导论：第一章。介绍法律、商法以及商法的理论主线。
- ➢ 主体：第二章至第五章。即市场主体以怎样的经营形式进行商事活动，以及不同经营形式的法律问题。主要探讨公司这一最常见的商事组织的设立、治理结构及其他法律问题。
- ➢ 权利：第六章至第七章。分析商人进行民事活动所涉及的物权、人身权、债权、知识产权等方面，以及侵权及其法律责任。
- ➢ 交易：第八章至第十章。交易指市场主体之间的交换活动，主要通过合同形式表现出来，有合同的成立、合同的效力、违约责任等主要问题。
- ➢ 干预：第十一章至第十四章。对消费者和劳动者的保护是对交易自由的干预，反垄断和反不正当竞争则是对市场竞争自由的干预，另外还有解决争议的法律途径。

第二，在内容上，写作思路体现出理论、规则与案例的有机结合。以理论解释规则，以案例来理解规则的适用，并突出讨论焦点问题或有争议的问题，以加深对理论和规则的把握。除了专题和案例，本教材还以短小的例释来对一些要点进行解释。

二、使用说明

现代教育理念重视和鼓励学生的思考，培养学生的批判性思维是大学教育的使命。思维训练一方面可以帮助学生深入理解和系统掌握知识要点，另一方面又可促使学生将学到的知识转化为发现和解决问题的能力。"汲取知识—思维训练—强化能力"是培养高素质学生的三个重要步骤，而思维训练在其中起到核心作用。

上述理念对教学提出了挑战，因为教学不仅仅是知识传输，更需要启发和引导学生深入理解和分析问题。鉴于此，本教材在梳理法律规则之外，还提供相应的理论来解释法律制度，并设计了专题案例以及思考题来帮助学生拓展思维。

1. 法规

商事领域立法很多，不可能一本教材全部涵盖。本教材在选取法律规则时尽量突出重要规则，并在编写时考虑内容之间的有机联系和体系的完整性。教师可根据自己的需要补充教材没有涉及的法律规则。另外，我国的商事立法尚处于过渡期，法律法规时有变动，教师使用过程中可随时注意法律法规的变化，如与教材有出入，请及时提醒学生更正。

2. 理论

理论告诉我们法律背后的原因，有助于我们对现行法律制度进行评价，对未来的制度改革做出预测。如果不解释为什么规则这样制定，学生对冗长而僵硬的法律条文只能是以机械的记忆来应付考试，而在考试之后，这些规则就从脑中消失了。解释立法原因的理论往往在法律这个学科之外。对于商法这个与商事和经济活动联系密切的领域，很多时候经济学的解释很有说服力。除了经济学外，其他学科，如哲学、政治学、社会学等学科的理论也是很有益的解释视角。本教材对规则的理论解释以经济学为主，同时也考虑政治、历史等方面的内容，希望帮助学生理解确立某一法律制度的原因。教师在使用时可根据教学需要补充新的视角和新的理论，完全可以与教材不同，这样可丰富学生的思路。

3. 专题案例

有43个专题和案例贯穿全书，这是教材的一个突出特点。这些是从作者收集的几百个专题资料中筛选出来的，在编写上费了不少心思，希望能对教学有帮助。专题多是介绍前沿问题或集中分析焦点问题，如私产入宪、商标抢注、新经济中的反垄断等。案例则为学生铺垫一个现实环境，帮助学生用所学的法律规则来剖析现实问题，同时又经由现实问题反思法律规则之不足，帮助他们形成法律思维和法律意识。选取的案例多数是经典的或前沿的，如福特汽车公司案、腾讯声音商标案、公序良俗第一案、徐延格诉肯德基公司案、3Q大战等，并且附带有问题供延伸思考或讨论。

4. 拓展与思考

一个大学生有能力做到识别学习重点，教师在课堂上也可根据自己的教学计划告诉学生应掌握的重点，因此本教材并没有提供诸如概念特征之类的复习题，而是设计了一些有趣或有深度的题目让学生预习或复习时使用，全部是用来拓展思维的。

推荐阅读：指出值得深入思考的要点，并推荐课后拓展学习的文章或书籍。

问题解决：向学生提出企业经营管理中关注的法律问题，请学生系统运用所学的法律知识来回答该问题。

制度变革：大部分为法律制度变革的问题，请学生为社会制度改革建言并提出解决方案。小部分为企业管理制度的变革,让学生运用相关法律知识来为企业内部管理制度的转变提供意见。

观点争鸣: 设计正方和反方两个立场,学生可分组进行辩论,从不同角度作全面思索。道理因辩而明,让学生受益的并非辩论的结果,而是辩论的过程。

法官判案: 让学生以法官身份来判决案件。大部分案件都是有争议的案件,即使法官之间也意见不同,有的题目会把法官的不同意见列出。

网络搜索: 让学生利用互联网就热点话题的讨论进行资料收集,结合教材内容进行分析,并给出自己的看法。

教师可将这些题目用于安排作业、辩论、课堂讨论、小组研究、考试等。

三、教学建议

教学时间方面,本教材适合用于 2~3 个学分的商法(或经济法)的教学。

当教学对象为本科生时,建议对本教材作全面性的较为细致的讲述,以帮助学生形成一个完整的课程体系。建议教学突出对学生思维之深度和广度的训练,鼓励学生用所学的经济管理等理论知识来解释和评价教材中的法律规则和法官判决,鼓励他们多思、多问、多发言、多讨论。同时,要注意避免学生思路过于发散,通过评论、建议和提醒来适当引导他们集中于对本质或关键问题的思考上。

当教学对象为 MBA 学生时,建议教师在教学时间的分配上有所侧重,对于与企业管理密切相关的部分,如经营形式选择、公司治理、知识产权、合同、消费者保护、劳动者保护、竞争法等,可相应增加授课时间,也可适当补充一些与企业管理有关的案例。在教学时,不妨鼓励学生将所学的法律规则与管理实践结合起来思考,比如学习了合同法之后,让学生设计一下企业的合同管理制度等。

如教学对象为非 MBA 的经济管理类研究生,由于这些学生相比 MBA 学生侧重于研究,教师可适当补充一些理论性强的论文或其他阅读材料。与商法联系最为密切的经济学理论是市场竞争、市场失灵、交易成本、公共选择、产业经济等,本教材涉及的一些方面是比较基础性的,教师可根据教学需要增加一些有深度的阅读材料。教师可从本教材中筛选出一部分有一定研究价值的题目分配给学生,让他们分别进行专题研究,可作为作业,也可作为考试的一部分。研究成果可在课堂上或课后进行交流。

一门课程的学习,一定是学生和教师共同努力、课堂教学与课外学习互相补充的过程。因此,建议"三明治学习法",即一门课程的教学安排包括以下三层:

第一层是课前阅读,即学生上课前需阅读教师指定章节并思考相关案例和问题;

第二层是课堂授课,建议除了授课部分,可留出些时间进行互动式讨论,安排学生个人或小组进行陈述或辩论;

第三层是课后学习,包括教师的课后答疑、学生的课后要点回顾和补充阅读、课后的作业与练习等。

四、写作感言

完成一本有特色的商法教材是我的一个心愿。2004 年 3 月,一个偶然的机会得以把自己的想法和构思同清华大学出版社的编辑交流了一下,没想到一拍即合。在编辑的督促和鼓励下，我摒除杂务，潜心写作，历时数月，前后修改三次，终成此书的第 1 版。

2005 年年底，两部重要法律《公司法》和《证券法》修改通过。为此，笔者又根据法律变动及时对本教材相关章节，尤其是第四章和第五章做了更新。

2007 年是我国立法成果丰硕的一年，《物权法》《劳动合同法》《反垄断法》等多部重要法律出台。我从 2007 年下半年开始对本教材进行了全面修订，对部分章节重新写作，对全部章节进行了细致的修改完善，例释和专题案例有增删，对思考题做了全新设计。到 2008 年 3 月终于完成第 2 版。

之后，《侵权责任法》和《社会保险法》出台，《个人所得税法》《公司法》《专利法》《商标法》《著作权法》《消费者权益保护法》《劳动合同法》《民事诉讼法》等均有修改。2014 年 9 月完成的第 3 版对涉及法律变更的部分进行了更新，并对内容作了全面修订，结合网络时代增加了网络热点话题。第 3 版有研究生李斯霞和张昊之协助，特表感谢。

2019 年春节后，开始修订第 4 版。本次修订所涉新法律或有重大变动之法律有：《民法总则》《外商投资法》《土地承包法》《电子商务法》《反不正当竞争法》《行政诉讼法》。另外，对全书内容、专题案例、推荐书目、课后思考题作了全面修订，尤其是增加了与网络时代热点话题有关的内容、例释和案例等。2020 年《民法典》通过后，又作了相应的修订。

多年来在教学中与学生的互动，使我对法律问题的思考不断深入。本教材的构思和写作得益于学生们的提问、发言和意见反馈，在此一并表示感谢。还要感谢的是清华大学出版社的编辑们，她们为教材的写作和修订提出了宝贵意见并给了我诸多鼓励和督促，合作非常愉快。

十五年，四版，自认为这是一件有意义且有意思的工作，所以一直在坚持，有些辛苦，但很享受。希望以些微贡献，为各位的教学或学习助力。使用中如有任何问题、建议或意见，欢迎反馈！

王传辉

法学博士（鲁汶大学）

2021 年 8 月 31 日[①]于澳门科技大学

---

① 作者根据《民法典》在本书第 2 次印刷时作了修订。

目 录

导 论

第一章 理解法律与商法 2
　第一节 制度与法律 2
　　　专题案例 1-1 无间道 6
　　　专题案例 1-2 复转军人进法院之争 12
　第二节 商人及其法律环境 14
　第三节 商法的学习 15
　　　专题案例 1-3 政府主导的制度创新及其弊端 20
　　　专题案例 1-4 拆迁农民"脱富致贫" 23
　　　拓展与思考 24

第一编 主 体

第二章 商事活动的经营形式选择 28
　第一节 民商事主体 28
　　　专题案例 2-1 私营企业在中国 34
　第二节 代理 35
　　　专题案例 2-2 老刘应不应该还钱 43
　　　拓展与思考 44

第三章 个人、合伙、外商投资企业 46
　第一节 个人与个人合伙 46
　　　专题案例 3-1 农村税费改革跳出"黄宗羲定律" 50
　第二节 个人独资企业和合伙企业 53
　　　专题案例 3-2 大李是合伙人吗? 58
　第三节 外商投资企业 59
　　　专题案例 3-3 政府承诺与投资者保护 63
　　　拓展与思考 66

第四章 公司的设立、变更与解散 68
　第一节 公司的设立 68
　　　专题案例 4-1 股东要为公司债务负责吗? 75
　　　专题案例 4-2 中国企业首告证监会 82

第二节　公司的变更 83
　　第三节　公司的解散与清算 87
　　　　专题案例 4-3　公司僵局与司法解散 88
　　　　拓展与思考 91

第五章　公司治理 93
　　第一节　公司治理的现代理论 93
　　第二节　股东会 97
　　第三节　董事会、监事会和高级管理人员 100
　　第四节　股东权益的保护与代理人问题 104
　　　　专题案例 5-1　深新都董事选举案 108
　　　　专题案例 5-2　福特汽车公司案 110
　　　　专题案例 5-3　"花瓶董事"案 117
　　　　拓展与思考 118

第二编　权　利

第六章　民事权利与侵权 122
　　第一节　物权 122
　　第二节　人身权 135
　　第三节　债权 142
　　第四节　侵权 145
　　　　专题案例 6-1　私产入宪 135
　　　　专题案例 6-2　恒升集团诉王洪侵犯名誉权案 140
　　　　专题案例 6-3　电梯劝烟猝死案 148
　　　　专题案例 6-4　撞了白撞？ 152
　　　　法规指引 157
　　　　拓展与思考 158

第七章　知识产权 160
　　第一节　知识产权概述 160
　　第二节　著作权 163
　　第三节　专利 171
　　第四节　商标 180
　　　　专题案例 7-1　"五朵金花"案 166
　　　　专题案例 7-2　美国的先发明原则 176
　　　　专题案例 7-3　商标抢注 183
　　　　专题案例 7-4　中国声音商标第一案 186
　　　　法规指引 191

拓展与思考...191

第三编 交易

第八章 合同的成立与效力...196
第一节 契约自由与契约正义..196
第二节 要约...201
第三节 承诺...205
  专题案例 8-1 悬赏广告案...207
第四节 合同的成立...208
第五节 合同的效力...212
  专题案例 8-2 中国公序良俗第一案.....................................216
  专题案例 8-3 陈发树诉红塔公司...221
  法规指引..223
  拓展与思考..223

第九章 合同的履行与违约责任...225
第一节 合同的履行...225
第二节 对合同的担保..229
  专题案例 9-1 定金之争..232
第三节 合同的变更与转让..233
第四节 合同的终止...235
第五节 违约责任..237
  专题案例 9-2 认购书之争..243
  法规指引..245
  拓展与思考..245

第十章 合同分论..247
第一节 各类合同分述..247
  专题案例 10-1 吴英案：民间借贷还是集资诈骗？................251
第二节 电子合同..260
  专题案例 10-2 新浪网邮箱缩水案......................................265
  法规指引..268
  拓展与思考..268

第四编 干预

第十一章 消费者保护..272
第一节 消费者保护概述...272

		专题案例 11-1　可持续消费	274
	第二节	消费者权益保护法	277
		专题案例 11-2　开瓶费合法吗	291
	第三节	产品质量法	292
		专题案例 11-3　严格责任原则出现的时代背景	295
		法规指引	300
		拓展与思考	300

第十二章	劳动法		303
	第一节	劳动法概述	303
		专题案例 12-1　禁止童工有利于发展中国家吗？	305
	第二节	劳动合同	306
	第三节	对劳动者的保护	317
		专题案例 12-2　美国劳动者的平等权及其保护	318
		专题案例 12-3　徐延格诉肯德基公司案	324
	第四节	劳动争议的解决	327
		法规指引	332
		拓展与思考	332

第十三章	竞争法		334
	第一节	竞争法概述	334
		专题案例 13-1　垄断行为的合理性例析	338
	第二节	有关反垄断的理论争议	342
		专题案例 13-2　新经济中的反垄断	346
	第三节	我国有关反垄断的法律规定	349
		专题案例 13-3　3Q 大战之"奇虎诉腾讯"	352
		专题案例 13-4　行政权力滥用行为举例	358
	第四节	我国有关反不正当竞争的法律规定	359
		专题案例 13-5　3Q 大战之"腾讯诉奇虎"	366
		法规指引	367
		拓展与思考	367

第十四章	争议解决		370
	第一节	民事诉讼	370
	第二节	仲裁	381
	第三节	行政诉讼	386
		专题案例 14-1　陈颖诉中山大学案	389
		专题案例 14-2　行政诉讼在中国	393
		法规指引	395
		拓展与思考	395

导 论

第一章 理解法律与商法

本章学习要点
- 制度、法律与道德
- "商"之法律体系
- 批判性思考
- 理论主线：市场与政府、效率与公平

第一节 制度与法律

一、制度

1. 制度的构成

如果世界上只有一个人，就没有必要存在社会制度。各色人等的聚集形成了社会。所谓社会，就是多人、多群体构成的集合体。社会成员有相互的或共同的利益，但也存在利益冲突和诸多方面的差异。由于利益冲突和文化、观念、价值取向等的不同，人、组织、群体、民族等社会主体彼此之间存在着冲突。于是，协调各方冲突关系的社会行为规则的出现就成为必然。诺斯指出："制度（institution）是社会中的游戏规则。或者更正规些的说法是，制度是人为设计的形成人与人之间互动关系的约束。"[①]这些约束性质的规则，包括正式约束和非正式约束。前者如宪法、法律、法规和合同等，后者如道德准则、行为标准、文化价值、传统习惯等。

上述规则构成了制度的核心部分。但是，如果要对制度做广义的完整理解，除了分析各种规则，还要引入"组织"这个概念。组织与规则是互动的甚至是交织的关系。组织往往是规则的产物，例如依据法律规则而设立的组织机构；同时，组织又是规则的产生、修改和实施机构，例如立法机构制定和修改法律、法院实施法律等。对规则之内容的分析是对制度静态的观察，而从组织角度分析则可以动态地理解制度，即规则是如何产生、变化和实施的。[②]因此可以说：规则是静态的规定，组织是动态的运作，如图1-1

[①] 诺斯为新制度经济学的代表人物，于1993年获诺贝尔经济学奖。Douglas C North. Institutions, Institutional Change and Economic Performance. Cambridge: Cambridge University Press, 1990: 3.

[②] 拉坦（Vernon W. Ruttan）认为从研究制度的创新或发展之目的来看，制度概念包括组织的定义。他指出："人们常常将制度与组织区分开来。一种制度通常被定义为一套行为规则，它们被用于支配特定的行为模式与相互关系。一种组织则一般被看作是一个决策单位———一个家庭，一个企业，一个局——由它来实施对资源的控制。就我们的目的而言，这是一种没有差别的区分。一个组织（例如一个家庭或一个企业）所接受的外界给定的行为规则是另一组织的决定或传统的产物，诸如有组织的劳工，一个国家的法院体制或一种宗教信仰。"参见：V.W.拉坦. 诱致性制度变迁理论[M]//科斯, 阿尔钦, 诺思. 财产权利与制度变迁：产权学派与新制度学派译文集. 刘守英, 等, 译. 上海：上海三联书店, 上海人民出版社, 1994.

所示。

2. 制度的作用

制度的作用应着重在资源分配的公平与效率。具体有以下三方面：

（1）协调社会的利益冲突。通过制度安排，争议各方可以达成解决方案。争议产生摩擦成本，浪费社会资源，合理的制度安排有助于有效解决争议，减少争议成本。因此，制度被称为社会机制运作的"润滑剂"。但是如果制度设计不当，则产生反作用。

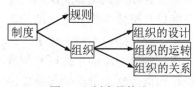

图 1-1　制度的构成

（2）促进资源的合理配置。人与人之间既有冲突，又有分工合作。分工合作可选择不同方式，这实际上涉及资源的不同配置。分工意味着专业化，即每人各展所长，让资源配置到能最大限度发挥其效用的人那里；合作则是不同专业职能的有效组合。制度安排可促进专业化的个人或组织之间的有效配合，从而促进经济增长和社会进步。

（3）尽量减少交易的成本。人与人之间的交易不是没有成本的。与交易有关的成本被称为交易成本（transaction cost），发生在交易过程中的每个阶段。以商业活动为例，交易过程通常为：

搜寻→谈判→缔约→实施→争议

每个阶段相应发生的交易成本包括：

➢ 搜寻成本。即搜寻交易标的、交易对象、交易价格以及其他相关信息的成本。
➢ 谈判成本。即双方讨价还价、协商各种交易条件以求达成一致而花费的成本。
➢ 缔约成本。即准备、起草、完成交易双方应遵从之合同或允诺而花费的成本。
➢ 实施成本。即监督、督促、约束对方依据合同之约定实施合同而花费的成本。
➢ 解决成本。即发生对方违约等争议时为解决争议而花费的成本。

合理的制度安排应尽量减少交易成本，从而提高交易效率。同时，是否能提高交易效率，也是评价制度有效性的重要标准。例如，律师制度的出现就有助于减少上述的五类成本，因为律师可以帮助客户查证和比较交易对象（减少搜寻成本）、参与谈判并促成交易（减少谈判成本）、起草和修改合同文本（减少缔约成本）、提醒和督促交易对方及时履行合同（减少实施成本）以及发生争端时帮助协商乃至代理进行仲裁或诉讼（减少解决成本）。

当然，利用制度也是有成本的，例如要支付律师费以及与律师沟通协商要花费时间等。但是，只要利用制度花费的成本小于所节省的交易成本，则制度的利用还是促进了效率。如果针对同一交易，A 国的律师制度所带来的效率提高大于 B 国的律师制度，则可以说 A 国律师制度比 B 国律师制度更为有效。

例释　诺斯和托马斯以荷兰在 17 世纪的崛起为例论述了制度对经济发展的重要性，指出：作为自然资源非常有限的小国，荷兰的成功不是依靠自然的恩赐，而是"发展了比其对手有效的经济组织"。例如在节省交易费用方面，交易中心不断转向规模更大的市场有利于减少搜寻费用，而对日常大量进行的交易之交易条件的标准化有助于减少谈判成本,政府公证人制度则有助于减少实施费用和争议解决的花费。①

3. 宏观层面的制度安排和微观层面的制度安排

分工合作模式是多层次的,既有微观的组织设计,也有宏观的结构安排,局部的合作可能只是整体中的专业化部分,专业化的组织本身也可能是一个合作体。因此,制度设计在不同层面由不同主体进行。这就需要对不同制度安排之间的关系进行分析。

根据制度安排的主体可把制度安排分为两类:一类是微观层面的制度安排,即个体或组织独自或联合进行的制度安排,是自发地在市场交易中形成的,如个体联合形成企业(如注册公司)、企业内部的组织结构设计和制度规定(如制定员工奖惩规定)、企业之间交易的安排(如两个企业达成买卖合同)、企业之间联合的安排(如组成企业协会并制定协会规章)等;另一类是宏观层面的制度安排,即国家或政府机构进行的制度安排。该制度安排着眼于经济结构和社会发展的总体,具有普遍适用性,法律以及相关的组织机构安排等是其主要内容。

微观层面的制度安排是市场主体的自治性创新活动,目的在于扩大各自利益并协调彼此之间的关系。而宏观层面的制度安排的作用有二:一是当市场主体之间无法解决争议或解决争议的成本太大,通过统一的宏观层面的制度安排来减少摩擦成本或争议解决成本。例如法院作为国家提供的制度安排即有此方面的作用。二是解决每个经济主体追求利益最大化时与他人在经济或非经济方面产生的利益冲突。当然这些冲突可以经由微观层面的制度安排来解决,但是微观层面局部有效的制度安排并不一定意味着总体有效率,因此需要宏观层面的制度安排以促进总体经济效率。

例释 假如 A 和 B 是竞争对手,互相杀价竞争。他们觉得如此恶斗下去很可能两败俱伤,于是就联合起来定价。他们之间的联合定价协议(微观层面的制度安排)协调了两人之间的利益冲突,却损害了竞争,也不利于消费者,对社会经济发展的总体效率不利。因此,国家出台反垄断法(宏观层面的制度安排)来禁止这种价格同盟行为。

宏观层面的制度安排体现的是国家和政府的力量,而微观层面的制度安排则是市场主体的自治行为,双方互相影响。国家在进行制度安排时,应尊重微观层面的主体的作用。只有当微观主体不能解决自身问题或解决的成本过大时,或者损害社会经济发展、公共利益时,才有宏观层面的制度安排的必要。第八章有关合同自由和合同正义之关系典型地说明了两类制度安排之间的关系。合同自由原则是尊重交易当事人微观层面的自主安排,但在特定情况下,国家可依据合同正义原则对该自主安排进行干预。当然,干预应非常慎重,否则构成政府对个体权利和市场的不正当干预。

二、制度创新

1. 什么是制度创新

制度一旦形成,即具有稳定性。②社会是复杂多变的,而制度的变动却不灵活,于

---

① 道格拉斯·诺斯,罗伯特·托马斯. 西方世界的兴起[M]. 厉以平,蔡磊,译. 北京:华夏出版社,1999.
② 诺斯指出:制度为日常生活提供了框架(structure),从而减少了不确定性。Douglas C North. Institutions, Institutional Change and Economic Performance[M]. Cambridge: Cambridge University Press, 1990: 3.

是社会变革的需要和相对稳定的制度之间产生了矛盾。

当社会要变革、要发展时，必须先对已有的制度进行改革，即制度创新。制度创新是一个动态的过程，是指对制度构成因素进行变革，包括规则的变动和组织机构的变动，目的是通过对规则和组织机构做出调整，以回应社会发展的需要。

2. 保守的和积极的制度创新

保守的制度创新是对社会变革需要进行被动的回应，而积极的制度创新具有前瞻性，在顺应社会变革趋势的前提下主动积极地进行变革。

欧美发达国家由于制度总体框架成熟，制度创新往往是被动地回应社会发展的需要，进行局部调整。而对于亟须促进社会进步和经济发展的发展中国家来说，由于旧的制度无法满足社会经济发展的需要，往往借鉴先行国家的经验，从根本上进行制度创新和改革，其创新是全面的、激进的。改革旧制度并建立新制度，是一个转轨的过程。如我国，经济制度自 1979 年后由原来中央控制的计划经济向社会主义市场经济转变。

3. 制度创新的路径依赖

制度创新并不容易。对于破旧立新的国家来说，要克服的一个瓶颈是"路径依赖"（path dependence）效应。

路径依赖的思想源起于物理学和数学中的混沌理论（Chaos Theory）。所谓混沌系统，是指对初始条件极度敏感的非线性动力系统，一些小的并不重要的事件或因素却会产生巨大的影响，导致运行过程以及结果上的巨大改变。1961 年，美国气象学家洛伦茨在用计算机模拟实验气象预报时发现：初始输入值的细微变化却导致了整个系统运行的巨大变化。他把这种对初始条件敏感依赖的混沌状态形象地称为"蝴蝶效应"（butterfly effect）：在巴西的一只蝴蝶扇扇翅膀，会在美国的德克萨斯州掀起龙卷风。

混沌理论启发了经济学家，从而发展出经济学中的路径依赖理论。1989 年，美国学者保罗·大卫发表论文讲述了"QWERTY"的故事。[①]"QWERTY"是目前人们使用的计算机键盘，字母排列有三行，第一行从左至右字母的排列依次为"QWERTYUIOP"。这种键盘在 19 世纪 60 年代出现。60 余年后，德沃拉克发明了新的字母排列的键盘。该键盘被专家认为可以大大加快打字速度，美国海军所做的实验也证明了这一点。但是直到现在，被普遍采用的还是那个发明在前的被认为相对效率低的键盘。这个故事说明了在技术创新演进过程中的路径依赖效应：并不总是更先进的或是目前最先进的技术被应用。同样，在制度演进过程中也存在路径依赖效应：备受批评的不良制度长期存在却没有被改变或改变很小很缓慢，或者现有的制度依然沿着原来不良制度的路径继续向前演进。无论是技术演进还是制度演进中的路径依赖，其共同性在于：技术或制度在向前发展的过程中会不断自我强化，时间越长，强化效果或路径依赖效果就越明显。

专题案例 1-1 给出了路径依赖效应的例子。可以发现：路径依赖所形成或积淀的成本是制约制度改变或创新的一个重要因素。这也提醒了制度的安排者：制度安排需谨慎为之，否则实施后一旦发生问题，要克服非常困难，改变的成本或代价会很大。

[①] David P A. Clio and the economics of QWERTY[J]. American Economic Review, 1985（75）：332-337.

专题案例 1-1 无间道

很久很久以前，有两个城市：A 城和 B 城。两个城市之间没有路，非常不方便。很多人都想：如果有条路，那该多好。就把这条大家梦想的路取名叫"无间道"吧。

如果两个城市之间是一马平川，最好的方案就是："无间道"是两个城市之间的直线。但现实并非这样。两城之间有一大片尚未开发的森林，地形复杂，狼出虎伏。这实在让想修路的政府和企业头疼。光是勘探就不知要花多少时间金钱。老百姓可等不及了，尤其是那些"求利若渴"的商人们，怎会让森林挡住他们的致富之路呢？

鲁迅说："其实地上本没有路，走的人多了，也便成了路。"（出自《故乡》）A 城就有一个商人，在利益的驱动下，勇敢地穿越森林，向 B 城进发。为了安全，他走的路线尽量绕开虎窟狼穴。对于那些泥沼深渊，他也是能避则避。就这样，他摸索出了一条自己的路线。显然，这条路不是一条直线，可谓是蜿蜒曲折，但却是比较安全的。

很快，越来越多的人知道了这个路线。于是道路上的草被踩平，挡着路的树也被清除，一条蜿蜒的但越来越宽敞的"无间道"初显轮廓。

"无间道"继续在发展。由于走的人越来越多，开始有人修修这里，修修那里，让它越来越像条路。在路的两边，开始有人搭起棚子，为路人提供饮料和食品。再后来，路越修越好，而路边也出现了诸多的商店、饭店、旅馆、修车点，甚至还出现了工厂。越来越多的人开始定居在路的两边，以路为生，居民区在扩大。由于路对大家越来越重要，于是就不断集资修路。最终，"无间道"被修得又宽又好。

但是，"无间道"是一条曲折蜿蜒的路，人们渐渐发现走这条路的确是太绕了。怎么办？再修一条路？这时，时间已经过去了很多年，"无间道"已经不只是一条路了。虽然想修路的政府或企业此时已经有能力勘探出最优路线，也有足够的钱来修路，但是却迟迟没有修一条新的笔直的"无间道"。

这个故事告诉了我们路径依赖效应：最初一个商人偶然的或不经意的路线选择，现在已成为联系 A 城和 B 城的重要纽带和多元的生活区。这个选择不是最好的，但是要改变它却很难。

思考

现实中还能找出哪些路径依赖的例子？我国的制度变革过程中有没有路径依赖的例子？根据上述故事带给你的启示，分析：在制度变迁和创新过程中要注意什么以避免或减少路径依赖效应？

（编写参考：马克·罗伊. 法与经济学中的混沌理论与进化理论[J]. 历咏，译. 经济社会体制比较，2003（1）.）

三、法律与道德

1. 三类规则：习惯、道德与法律

在制度的两个构成要素中，规则是核心。组织机构的建立和运行，也有赖于规则的设定。对规则的一个通常理解是：规则是规范个人、组织、群体等社会主体之间关系的行为准则。如果把视野放宽到国际社会，政府、国家之间的关系也需要行为准则的协调，国际法就承担了这一任务。

约束人们行为的规则有三类：习惯、道德和法律。从历史的角度看，习惯最先产生，接着由习惯先后分离出法律和道德。①

2. 习惯

作为行为规则的习惯，也可称为惯例（custom），指习惯性做法，是传统延续下来的做法。其延续性和传统性，即长时间连续不断地被遵循，并非是习惯产生约束力的唯一原因。有的习惯的确只是一种惯常做法，如某些风俗；而有的习惯之所以得以延续，往往有其合理性的存在。这些合理性可以追溯至其起源来理解，可以是文化观念、价值理念或理想。具有合理性内涵的规则具有价值判断的力量，成为行为规范中最有影响力的部分。

根据其是否具有伦理方面的价值判断之内涵，可以把习惯分为无价值判断的习惯和有价值判断的习惯。法律和道德主要是从后者中分离出来。

3. 法律和道德

法律与道德都对人的行为有约束力，但性质不同。对于一国范围而言，法律是由国家机构制定或认可的、具有强制性约束力的规则。所谓强制性约束力是指规则的实施有国家机构的保障，由国家的力量来促使规则效力的发挥。而道德则是约束人的内在良心，其实施依赖于行为人的自觉以及社会舆论的压力，没有国家强制力量的介入。

那为什么有的习惯规则上升为法律？有的习惯规则却成为道德？

法律既然是由国家强制力量保证的，那么必然对一个国家或社会的影响是普遍而重要的。由此，法律规则应该：一是具有普遍认同性，即争议相对较小；二是具有重要影响性，即对社会整体的影响和重要性相对较大。有些道德规则也有普遍认同性，虽然相对重要性没有法律规则那么大，但如果也由国家力量来促进实施，可以为社会带来更大的好处，但为什么没能上升为法律呢？

由此引出第三个区分的因素，即立法和司法成本问题。资源是稀缺的，这是人类利益冲突产生的根本原因。立法和司法资源也是稀缺的。当有限的立法和司法资源面对非常庞杂的规则时，既然不能实施所有应该实施的规则，就要从中筛选出产出效应最大的部分，即实施后对社会的影响和重要性相对较大的规则。

4. 法律与道德的演变

要以动态的视角来观察法律和道德的演变。值得注意的是，随着社会的发展和变革，法律和道德的分界也在发生变化。例如先前的法律可能变为道德，而先前的道德可能上升为法律。有些法律或道德甚至有可能从人的行为规则范畴中消失。这些变化都源于社会发展过程中人对价值观念及其重要性的理解发生变化，由此导致不同规则的性质发生变化。

---

① 拉德布鲁赫. 法学导论[M]. 米健，朱林，译. 北京：中国大百科全书出版社，1997：1.

例释 例如通奸行为，在清朝是施以刑罚的，如今在我国普遍认为是道德问题。再如古代流行的纳妾，依现代的法律，其性质为"重婚"，构成犯罪，同时也是严重违反道德之行为。

四、法律规则的内容

1. 权利与义务

法律规则可分为最基本的两类：权利和义务。权利是规定法律主体可以行为或可以不行为的规则，义务则是规定法律主体必须行为或禁止行为的规则。权利是一种选择权，义务则不可选择。因此权利可以放弃，但义务不可以放弃。

2. 权利和义务的相对性

一个主体的权利，意味着其他主体有不得侵害其权利的义务。一个人的义务，也是相关的其他主体主张权利的依据。例如，法律规定了公民的人格权，那么其他主体，包括国家机关，都不能非法侵害其人身健康和尊严。再如，依据所达成的合同，A 有支付 B 货款的义务，也就意味着 B 有要求 A 支付货款的权利。

3. 法律责任

如果一个人侵害他人的权利或者违背了其法律义务，则应依法承担责任。义务的违反如果是民事领域，承担民事责任；如果是刑事领域，即构成犯罪，承担刑事责任。在两类责任之外还有一种责任，即相关的国家行政机构可以依法对违反义务之人（行政相对人）予以行政处罚，如罚款、吊销营业执照、没收和销毁违法产品等。

4. 权力

法律上的主体包括个人、组织、机构和代表国家的政府机关等。它们之间的关系可以分为两类：一类是横向的关系，即主体之间没有管理与被管理的关系，而是平等民事主体之间的交往，如人与人之间的市场交易活动；另一类是纵向的关系，即主体之间有纵向的管理和被管理的关系，发生在履行管理职能的政府机构和被管理的个人和组织之间。政府机构的管理权力的取得和行使由法律法规规定。

权力来源于人民的授权。国家是属于全体人民大众的，但由于不可能每个人都参与社会管理，所以人民通过选举等程序选出代表组成国家机构来进行管理。权力的授权人是人民，代表人民行使权力的是国家机关。[①]当多数人的权力由少数人行使的时候，就存在着一种危险，即少数人利用所掌控的权力来为自己或少数利益团体谋私利，从而侵害了人民的整体利益。因此法律在规定权力问题时，应非常慎重：一是权力不可过分集中。权力一般分为立法、司法和行政三类，由不同机关行使。在我国，立法机构是人民代表大会，为最高权力机构。司法机构是法院和检察院，而行政机构则是各级政府部门。二是对权力范围的规定应该清晰明确，任意裁量的权力不可过大。三是对权力行使的程

---

① 《中华人民共和国宪法》第 2 条规定："中华人民共和国的一切权力属于人民。人民行使国家权力的机关是全国人民代表大会和地方各级人民代表大会。人民依照法律规定，通过各种途径和形式，管理国家事务，管理经济和文化事业，管理社会事务。"

序应作合理的规定，以保障权力行使的循规蹈矩。四是规定权力机构及其人员的法律义务，对违反义务者，要严肃追究其法律责任。

我国 2018 年 3 月 11 日通过的《宪法》修正案规定：增设国家和地方各级监察委员会。同年 3 月 20 日，《监察法》通过。国家监察委员会由全国人民代表大会产生，负责全国监察工作。地方各级监察委员会由本级人民代表大会产生，负责本行政区域内的监察工作。监察制度的目标是：加强对所有行使公权力的公职人员的监督，实现国家监察全面覆盖，深入开展反腐败工作，推进国家治理体系和治理能力现代化。

例释 孟德斯鸠指出："一切有权力的人容易滥用权力，这是万古不易的一条经验，有权力的人们使用权力一直到遇有界限的地方才休止。"[①] 詹姆斯·麦迪逊指出："如果人都是天使，就不需要任何政府了。如果是天使统治人，就不需要对政府有任何外来的或内在的控制了。"[②]

由此，法律规则的基本内容是公民和组织的权利和义务。责任是侵害他人权利或违背自身义务的法律后果。由公民和组织的义务又对应引申出国家机关的权力。既然权力有侵害人民利益的隐患，不可不作清晰的界定和程序上的限制，以防止权力的滥用并促使权力达到其正当目的，即保障公民合法权利的不受侵害和充分行使。

法律规则没有作规定时留出的空白，应属于权利，而非权力。

五、法律体系

法律体系是指一个国家法律规则的形成、构成以及实施等三个方面的制度体系。

1. 法律规则的形成

有三个来源：一是成文法的制定，即立法机关制定法律法规等；二是国家对某些惯例的认可，从而使之具有法律的约束力；三是法官的判决可成为法律。

就第三个来源而言，各国态度不同，分为两大法系：一是大陆法系，代表国家有法国、德国等，法律规则的主体是成文法，法官的判决不是法律，但法官对法律的解释和阐述有一定的权威性。我国属此法系；二是英美法系，也称普通法系，代表国家有英国和美国。法官的判决具有法律效力，又称判例法。另外也有立法机关的成文法制定。

2. 法律规则的构成

可以从两个方面来审视：一是看法律规则所调整的关系，由此法律规则可分为公法和私法两类；二是看法律规则是规定实体的权利义务还是有关程序问题，由此分为实体法和程序法。而宪法，则是在整个法律体系中居于基础地位的根本大法。[③]

（1）宪法。宪法在国家法律体系中地位最高，其他法律都不得与其相抵触。宪法规定了公民的根本权利，是私法的基础；还规定了国家机关的构成和权力范围，是公法

[①] 孟德斯鸠. 论法的精神[M]. 张雁深, 译. 北京：商务印书馆，1961：154.
[②] 汉密尔顿, 杰伊, 麦迪逊. 联邦党人文集[M]. 程逢如, 等, 译. 北京：商务印书馆，1989：264.
[③] 孙笑侠认为："宪法是公法的传统观念应当给予否定"，宪法"既不属于私法，也不属于公法"。童之伟认为：宪法应当是"与私法、公法对称的一个单独类型，即根本法"。转引自：谢维雁. 公、私法的划分与宪政[EB/OL]. 公法评论网. http://www.gongfa.com/.

的基础;不仅有实体性权利和权力等内容的规定,还涉及对法律程序的规定,是程序法的基础。

(2)公法。公法涉及的是社会利益,有关国家机关和被管理的个体之间的关系。包括:

① 刑法。刑法是规定犯罪行为以及相应的制裁措施。犯罪行为对社会的秩序和人民的权益危害很大,须予以严厉制裁和强效执法进行遏止。同时也要看到,刑事执法机关如果权力行使偏差,会对无辜的人造成极大伤害,因此在现代刑法理念中,对刑事执法的权力予以分割,使侦查、批捕公诉和审判等权力分离,并通过程序的限制来达到制约的目的,规定了"罪刑法定"、"罪刑相适应"和"疑罪从无"等原则。

② 行政法。行政法是有关国家和地方政府机构之组成、设立以及行使管理权限的法律。与刑法一样,界定行政机关权力的范围、明确权力行使的程序以及加强对权力行使的监督等非常重要。

(3)私法。私法主要是民法,是有关民事主体之间的横向交易或交往关系的法律规则。民事主体主要包括个人、法人或非法人组织等。民法主要包括以下法律:

① 有关民事权利及其保护的法律。民事权利主要包括四类:以所有权为核心的物权、人身权、知识产权,以及依法律或合同而取得的债权。

② 合同法。合同反映了民事主体之间的交往或交易关系。法律保护合同当事人自由地表达意志、达成合同,这是对合同自由原则的尊重。同时考虑到在现实的交易过程中的确存在不公平的现象,法律也应予以适当地干预,例如撤销显失公平之合同。

③ 有关婚姻、家庭、遗嘱和继承的法律。对此国家均有专门立法予以规定。

(4)实体法与程序法。有关实体性的权利和义务的规定可归于实体法之列。与之相对应,程序法是有关法律救济程序以及国家权力行使程序的法律。无论是民事主体寻求法律救济,还是国家机关主动行使管理权力,都涉及国家权力的行使问题。如前文所述,由于有必要制约权力的滥用,因此程序的约束非常重要。程序的作用有三方面:规范权力、制约权力以及督促权力的正当行使。

一个法治国家,对程序的重视甚至超过实体法。的确,程序的公平不一定能保证结果的完全公平,但程序的不公平则意味着权力越轨,是对民众权利的最大威胁。

我国要建设法治国家,从某种意义上来说,是从原来的"重实体、轻程序"转向"重视程序正义"的过程。

例释 英国有句古老的法律格言称:"正义不仅应当得到实现,而且应以人们能够看得见的方式得到实现(Justice must not only be done, but must be seen to be done)。"美国宪法第5和第14修正案规定:"非经正当法律程序,不得剥夺任何人的生命、自由或财产。"联合国《公民权利和政治权利公约》第9条规定:"除非依照法律所确定的根据和程序,任何人不得被剥夺自由。"

3. 法律规则的实施

有关法律规则实施的组织体系,称为司法体系。其中,法院是审判机关,对民事、刑事、行政等案件做出判决;检察院是犯罪的公诉机关;公安机关则为司法辅助机关,负责社会治安以及犯罪的侦查审讯。

在司法体系中，法院居于核心地位。一方面，法院接受权利人的诉求，听取原、被告双方意见，做出判决；另一方面，法官在审理案件的过程中对法律制度做出的解释也在影响法律规则的实施。即使在成文法国家，由于法律规则不可能穷尽一切细节，故为解释和运用法律留下了空间，此为法官的任意裁量权。在法官行使任意裁量权时，立场中立与否以及是否通晓法律精髓，直接影响着判决的质量，也对法律进步产生正或负的影响。由此，法官的素质和保证法官中立的制度设计非常关键。

法官是中立的裁判者，应秉承良心、通晓并尊重法律、客观理性、立足公平，关注社会发展，以求真的态度和严谨的分析做出公正的判决。所谓中立，最关键一点就是做到抵御住社会方方面面的影响，尤其是行政权力的干预，以证据为依据，以法律为准绳。

|例释| 哈耶尼（Evan Haynes）指出："对正义的实现而言，操作法律的人的质量比其操作的法律的内容更为重要。"培根（Francis Bacon）指出："犯罪好比污染水流，不公正司法好比污染水源，因此，一次不公正的司法甚于十次犯罪。"[①]

六、中国的法律体系

进入 20 世纪 80 年代，我国对外开放，对内改革。改革方面，以市场化为核心的经济体制改革和以法治为核心的政治体制改革同步进行。

1. **法律规则的形成**

在我国，以下机构有立法权，但权限不同，相应产生的文件名称也不同。

（1）全国人民代表大会及其常务委员会（以下"人民代表大会"简称"人大"，"常务委员会"简称"常委会"）：行使国家立法权，产生的法律文件为"法律"。

（2）国务院：为执行法律的需要、依据全国人大及其常委会的授权或在国务院行政管理职权范围内制定"行政法规"。

（3）地方人大及其常委会：省、自治区、直辖市以及较大的市[②]的人大及其常委会可以根据本行政区域的具体情况和实际需要制定"地方法规"。

（4）国务院直属机构：包括各部、委员会、中国人民银行、审计署和具有行政管理职能的直属机构，在各自的权限范围内制定"部门规章"。

（5）地方政府：省、自治区、直辖市和较大的市的政府，可制定"地方政府规章"。

全国人大及其常委会制定的"法律"高于其他四类法律文件。国务院制定的"行政法规"的效力高于"地方法规"、"部门规章"和"地方政府规章"。而"地方法规"的效力高于"地方政府规章"。

在法律规则的形成方面，我国随大陆法系传统，属成文法国家，不承认判决为法律。但值得注意的是，我国的最高人民法院[③]有对法律的解释权，其发布的司法解释和指导审

---

① 陈柏新. 监督制度的几点思考[EB/OL]. 东方法眼网. http://www.dffy.com.
② 较大的市是指省、自治区的人民政府所在地的市，经济特区所在地的市和经国务院批准的较大的市。
③ 我国法院按行政区划等级设立，有最高人民法院，各省、直辖市和自治区高级人民法院，各地级市的中级人民法院以及县或区的基层人民法院。在教材中，为行文简略虑，除引文或引注的判决书文号外，会使用简称：最高法院（最高院）、省高级法院（高院）、市中级法院（中院）、县或区法院等。

判的意见为下级法院所遵从。另外，最高法院的判决对于下级法院同类案件的审理有指导作用。

2. 法律规则的构成

在法律规则的构成方面，我国的立法基本覆盖了法律的各个领域。而且，法律制度的改革一直朝着民主和法治的目标迈进。以下是对我国主要立法的简要介绍。

（1）宪法。我国的根本大法，在法律制度体系中居于最高地位。下层的法律法规的制定不得与其原则、精神与规定相悖。现行的《宪法》于1982年通过，为我国的第四部宪法。之后又在1988年、1993年、1999年、2004年和2018年进行了五次修改。1993年的修改正式规定了"社会主义市场经济"，而2004年的修改则将"公民的合法的私有财产不受侵犯"以及"国家尊重和保障人权"写进了宪法。

（2）刑法。《刑法》在1979年通过以后，在1997年进行了一次全面修改。这次修改旨在体现当代的刑法思想，进步很大。"罪刑法定"等原则得以确立。[①]

（3）行政法。主要法律有《行政复议法》《行政处罚法》《国家赔偿法》《治安管理处罚法》和《行政许可法》等。

（4）民商事法律。总则性的法律为2020年通过的《民法典》，涉及物权、人格权、合同、侵权、婚姻家庭与继承。经济主体方面有《公司法》《个人独资企业法》《合伙企业法》以及有关外商投资企业的法律等；在知识产权方面主要有《专利法》《商标法》和《著作权法》；保护弱势交易主体方面有《消费者权益保护法》《产品质量法》《劳动法》和《劳动合同法》等。

（5）经济管理法律。在税收、计划、价格、审计等方面均有专门立法。行业监管方面有《保险法》《人民银行法》《商业银行法》和《证券法》等；促进就业方面有《就业促进法》；《产品质量法》有质量监管的内容；而在竞争方面有《反不正当竞争法》和《反垄断法》；对外资的促进则体现在有关外商投资企业的法律法规中。

（6）程序法方面。国家基本法律有《民事诉讼法》《刑事诉讼法》《行政诉讼法》《仲裁法》及《劳动争议调解仲裁法》等。

3. 法律规则的实施

我国的审判机关为最高法院和各级地方法院，实行两审终审制。检察院负责批捕和公诉工作，而公安局则负责侦查和审讯。近年来，有关公检法系统的改革措施不断出台，总的方向是限制公权力的滥用和促进司法公正。

这些改革主要集中在以下三个方面：一是提高公检法队伍人员的素质。对于法官和检察官的任职门槛从学历、考试等方面提高要求；二是严格执法程序以及强化对执法人员的纪律要求和法律责任；三是在保证办案质量的同时，提高司法效率。

---

① 《刑法》第3条规定："法律明文规定为犯罪行为的，依照法律定罪处罚；法律没有规定为犯罪行为的，不得定罪处罚。"由此，"有罪类推"被废除。另外，我国全国性立法机构制定的法律的全称应在具体法律名字前加上"中华人民共和国"字样，如《中华人民共和国刑法》，这里列举的法律名称是简化形式，下面章节也作如此省略。

专题案例 1-2 复转军人进法院之争

贺卫方：复转军人不应进法院

1998年年初，学者贺卫方在《南方周末》发文反对复转军人进法院，引起巨大反响。

贺卫方用医生来类比法官，指出：这两个职业都是人命关天。只不过"医生是把将死的人往活里救，法官则经常是把个大活人往阎王那里送"。刑事案件之外，虽不直接关系人命，但也涉及当事人的重要法律权利。而且，相比医生，法官的失误对社会有更大影响，因为司法官员行为本身在"表达着正义的风纪"，"司法机关的行为是否正当，直接关系到人们对他们所在国家的政治制度的评价，影响到一国社会风尚的趋向"。但是现实却是："为什么长期以来总是理所当然地把每年从军队复员转业的许多人员安置到法院中？为什么不要求医院安置他们？"他认为，虽然国家有责任妥善安置复转军人，但是"复转军人不应当成为法官，除非他们从前受过系统的法律教育，并且符合法官任职的其他要求"。他还认为应提高法官任职的门槛。"与其把不合格的人员放进来之后再费尽气力进行学历教育方面的补课，何不一开始就把门槛垫高，只接受那些受过大学法律教育的优秀毕业生做法官？"

曹瑞林：复转军人缘何不能进法院

不久，曹瑞林在《中国国防报》发文以激烈的措辞反驳贺卫方。

曹文指出："文革"结束后，一度被砸烂的公检法系统得以恢复。复转军人是根据党中央指示被充实到公检法系统工作。几十年里，他们"为我国政法机关的建立、恢复和发展，立下了汗马功劳"。如今在建设已有所成效的时候，"否定他们为此做出的历史贡献，甚至把他们说成是法院的'包袱'，令人心寒"。另外，军人的文化教育程度也在不断提高，"大专以上文化程度干部占了相当大的比例"。很多军人在军队就从事法官、检察官和保卫工作，具有相应的业务素质，"转业后为什么不能当法官"？！而且军人参加律师资格考试，"及格率均高于全国平均水平"，"这些经过严格的法律专业训练的考生，转业到地方，为什么不可以当法官、检察官和律师"？！

另外，"与其他行业、部门相比，军人经历更是一笔无形的财富。加上他们刻苦学习、锐意进取、顽强拼搏的精神和实践，完全可以成长为一名称职的人民法官"。

我国法官任职资格的变革

1995年出台的《法官法》对法官学历和工作经验方面的要求为："高等院校法律专业毕业或者高等院校非法律专业毕业具有法律专业知识，工作满二年的，或者获得法律专业学士学位，工作满一年的；获得法律专业硕士学位、法律专业博士学位的，可以不受上述工作年限的限制。"（第九条）

2001年修改后的《法官法》将教育要求提高为最低须"本科"，相关要求为："高等院校法律专业本科毕业或者高等院校非法律专业本科毕业具有法律专业知识，从事法律工作满二年,其中担任高级人民法院、最高人民法院法官,应当从事法律工作满三年;获得法律专业硕士学位、博士学位或者非法律专业硕士学位、博士学位具有法律专业知识,从事法律工作满一年,其中担任高级人民法院、最高人民法院法官,应当从事法律工作满二年。"另外,对于初任法官提出了参加国家司法考试的要求。

2019年修订的《法官法》第12条规定的法官任职之教育要求为:"具备普通高等学校法学类本科学历并获得学士及以上学位;或者普通高等学校非法学类本科及以上学历并获得法律硕士、法学硕士及以上学位;或者普通高等学校非法学类本科以上学历,获得其他相应学位,并具有法律专业知识。工作要求为:"从事法律工作满五年。其中获得法律硕士、法学硕士学位,或者获得法学博士学位的,从事法律工作的年限可以分别放宽至四年、三年。"

思考

非法律专业毕业的学生也可参加司法考试并进入法院工作,你觉得是否合适?江门市人民检察院副检察长赵菊花认为:应禁止非法律专业人员报考司法考试(现为"国家统一法律职业资格考试")。一是他们挤占了有限的法律专业资源,二是很多人通过短期强化考过,但长时期内不懂得如何办案。对她的观点,你是支持还是反对?除了法官的专业性外,至少同样重要的问题还有:法官的独立性和公正性如何保障?

(编写参考:贺卫方. 复转军人不应进法院[N]. 南方周末. 1998-01-02;曹瑞林. 复转军人缘何不能进法院[N]. 中国国防报. 1998-02-10;周虎城. 司法队伍就应专业化精英化[N]. 南方日报. 2007-03-15.)

第二节 商人及其法律环境

一、理解"商"和"商人"

商事活动是有关商业的交易或经济往来。人与人之间的交易活动形成了"市场",所谓市场,就是交易的发生环境,可以是有形的,也可以是无形的。市场中的交易促进了资源的有效配置,有助于提高经济效益。

法律上的"人"包括自然人,主要是公民,以及法律上拟制的人,主要是法人实体,如公司。因此对商人的理解应为从事经济活动的民事主体,包括个人、各种法人或非法人组织。

在英文中,对应"商"的有两个字:commerce 和 business。commerce 一般指买卖等交易活动,而 business 则意义更为多样。在经济学中,business 一般指法律所认可的在市场中提供货物或服务的有组织的实体,即经济活动中的供给单位,与 firm(公司)和 enterprise(企业)的意思相近。更广泛的含义还可指业务相同或相似企业组成行业或部门(market sector)。最广泛的理解可将企业等的所有经济活动都包括在内。由此可见,广义上对"商"的理解和分析,应以从事商事或经济活动的主体为起点展开,涉及该主体的设立、对内管理、对外交易和相关的政府监管或干预等方面。

二、商法——商人的法律环境

商法是有关从事商事或经济活动的民事主体的法律。由于商事活动主要是民事主体之间的交易行为,因此商法主要是私法性质。长期的市场交易过程中形成了大量的习惯或惯例,商法中的根本原则和主要法律规则,如契约自由、诚实信用等,多来自于长期的商人自治所形成的惯例。国家对于市场和商事活动一般以不干预为基本原则,此谓市场自由。商人自治与市场经济中的市场自由原则是一脉相承的。

自由市场经济主张个人主义,但并不意味着对之毫无约束。市场并非是万能的,很多时候市场存在着"失灵"问题,如信息的不对称、垄断、公共产品的提供、外部效应等。为纠正市场失灵,国家权力会介入到市场,例如纠正垄断问题、强制信息披露、经营公共事业、制约负外部性等。

基于市场失灵的调节是最低程度的国家干预。除此之外,不少国家,尤其是后起的新兴工业化国家以及发展中国家,都在积极主动地通过法律政策等制度工具来影响经济。最突出的表现有:一是对重要行业的控制和监管,这些行业往往对国家经济的整体安全和发展有重要意义,例如能源、金融、电信、公共交通等;二是以积极的产业政策来促进经济发展,例如鼓励外资引进、扶持战略行业、保护幼稚产业等。国家基于社会整体利益对市场的干预的范围在扩大,由最低程度的干预扩展为对经济的宏观管理。这些国家干预和管理经济的活动主要表现为各种相关法律政策的实施,可统称为有关经济管理活动的法律,即经济法。

传统的私法意义上的商法与现代的公法意义上的经济法并不是泾渭分明的,很多内容互相关联,互相渗透。不少学者对商法和经济法的划分大伤脑筋,本教材对此争论不作阐述,立足于学生学习本门课程是为将来所从事的(或正在从事的)商事或经济活动做必要的准备,因此不拘泥于传统的学科分野之争,而是着重于对经济主体所应了解的相关理论、重要规则以及案例做分析和阐述。

本教材的写作是围绕从事经济活动的市场主体——商人展开,分析市场主体的法律环境。显然,影响商事主体之行为的法律不仅包括私法性质的规定,也包括公法性质的经济管理的法律。由于篇幅所限,本教材所阐述的商法体系仍以私法内容为主,另包括一部分国家干预合同自由和市场自由的内容。对于宏观经济管理方面的法律法规,则不涉及。

第三节 商法的学习

一、商法的重要性

对经济或管理专业的学生来说,课程的实用性更受到重视。其中,MBA 或 EMBA 学生多以创业和职业经理人为职业目标,选择课程尤其注重学以致用。在国内和国外的诸多商学院或经济管理学院,商法或类似课程已被列为本科、MBA 和 EMBA 项目的核心或必修课程。这一事实足以说明商法对于企业经营管理的重要性。

商法课程之所以对经济管理专业重要,是由于任何企业的经营活动都要受到法律环境的制约。任何企业决策都要在法律规范的框架内进行。在强调法治的社会,法律对于企业决策的影响力日渐增大。因此,商法课程可被称为"企业的法律环境"。

学习商法之后,一个学生可以达到如下的目标:

(1)了解你的法律权利。权利是选择的自由,独立人格的保障,也是带来利益的机会。行使权利必须先了解它。对于一个有企业家意识的人来说,放弃利益机会是不明智的。作为公民,不了解和积极主张自己的权利,不是法治社会中的一个合格公民。

(2)了解你的法律义务。法律义务是法律设定的法律界限,逾越它意味着法律风险的产生。对法律义务的了解可以避免或减少法律风险的发生。

(3)了解你的竞争对手。法律为竞争设立了衡量标准。另外,你所具有的权利和义务,竞争对手也具有。学习商法可以帮你预测或评价竞争对手的决策和行为。

(4)了解你的利益相关者的权利。企业的利益相关者包括股东、债权人、消费者、企业内员工等,了解他们的权益和企业的相应义务,可帮你做出合法而合理的决策。尤其是消费者和员工(劳动者),法律给予特殊保护,在消费者中建立良好的声誉和通过保护劳动者建设企业文化是企业竞争的重要策略。

(5)了解你自己。了解你作为公民、企业员工、经理人或企业家时的权利和义务。

二、学习批判性思考

商法是一门实用性的学科,这毋庸置疑。通过商法的学习,可以了解法律规则,以及由案例分析了解社会,尝试解决现实问题。学习法律还可以带给你更多的收获,最需要提示的一点就是:学会思考。

孔子云:"学而不思则罔。"思维的训练,其重要性要远超过知识的记忆。而且,只有思维活跃,才能系统深入地理解知识。如果没有适当的思考,知识的增多有时带来的是大脑的混乱。无论是做律师、法官,还是做经理、企业家,思维的逻辑性与缜密性、开拓性与创新性是成就事业的重要素质。

法律是最具逻辑性的学科,通过对立法和判决的研读可以让人分辨事实、抓住重心、有理有据地进行分析。同时又直面现实,分析时可以引发对社会问题的深层次思考。

大学教育对思维训练的重视已超过知识的传授。一个非常流行的词汇是"批判性思考(critical thinking)"。根据罗伯特·恩尼斯(Robert Ennis)的定义,批判性思考是指"合理的、有深度的思考,重心是决定要相信什么或要做什么"。[1]这个定义强调了批判性思考的两个重要因素:一是思考的理性和深入;二是在思考的基础上进行决策。但怎样做到深入和理性?又怎样进行决策呢?

批判性思考应该有以下过程:

---

[1] 关于批判性思考的定义非常多,这里选用的这个定义比较简单也比较通行。另外,爱德华·格拉瑟(Edward Glaser)给出的定义更完整一些,他认为批判性思考是:一种对相关问题或主题的深思熟虑的态度,对逻辑推理方法的知晓,掌握对逻辑推理方法应用的技能。批判性思考要求对信仰或所相信的知识进行持续不断地检视,检视其依据以及由其得出的结论。其实批判性思考强调的是长时间的全面、深入、理性的思考,早在古希腊时期,苏格拉底等人的学说中对此就有反映。在美国,约翰·杜威(John Deway)在20世纪初倡导批判性思考,他被誉为现代批判性思考之父。
Alec Fisher. Critical Thinking: An Introduction[M]. Cambridge: Cambridge University Press,2001: 1-5.

（1）收集和筛选信息。相关的事实和信息有哪些？哪些是有用的，哪些是没有用的？对有用的信息，要依其性质进行归类并依其重要性排序。

（2）发现问题和争议。有哪些问题？问题之间的关联是什么？争议的焦点是什么？对问题的认识有哪些相互争议的观点，其各自的依据又是什么？

（3）寻找分析的标准和依据。可以是理论、学说、信念，也可以是习惯或规则。

（4）理解分析的标准和依据。分析标准往往比较抽象，对其中的术语和原则应作怎样的解释和理解？

（5）确定分析的标准和依据。结合相关事实筛选出重要的标准和依据。标准和依据之间如何互相补充以做总体把握？如果互相冲突，如何筛选和平衡？

（6）尝试得出结论。如果不能得出结论或结论不具说服力，请继续往下进行。

（7）分析影响决策的原因。是缺乏相关事实或信息？是梳理的问题不准确？是缺乏分析标准和依据？还是对分析标准和依据的理解不透彻？

（8）根据找出的原因回溯到相应阶段，重新进行思考和分析。

如果得出了结论，批判性思考的过程到此为止吗？不，请继续。

（9）不断反思。时势变迁，对理论和规则的认识也在变化。思考最忌讳两点：一是盲目信从已有的结论或观点；二是对一时得出的结论，在时间变化后，仍然僵硬坚持。所以，要敢于怀疑，不盲从。要不断反思自己，反思已得出的结论，将反思的习惯持续不断地保持下去。勇于质疑、小心求证、常想常新，这就是所谓的批判性思维。

批判性思维并非是脱离知识基础的空想，而是搜集、筛选、反思、创新知识的过程，实际上是有效组合知识与思维的学习方法。

学习法律切忌只"以法论法"。法律是一个开放的学科，很多立法和判决的理由来自于其他学科的分析，有哲学、政治学、经济学等学科的理论作为依据。商法涉及的是市场交易等经济活动，因此与经济学理论的关系密切。经济管理专业的学生在学习商法时，千万不要割离已经学过的经济学和管理学的知识。法学专业的学生要学好商法，建议适当补充一些经济学知识。

一个有创新精神的学生，应积极寻找立法背后的理论依据，结合事实来深入理解法律和案例。并进而大胆怀疑和反思有关的理论和现有的立法与判决，通过批判性思考，不断进行批评，提出问题，并尝试提出改进的建议。

三、理解商法的理论主线

商事主体之间的关系有交易和竞争两类。一方面，每一个主体都有进行交易和竞争的权利；另一方面，其行为又要受到相关义务规定的制约以及相应政府部门的管理。由此在商法的立法和实践中，存在着如何解决私权利与公权力之冲突的问题。扩张权利即扩张经济活动的自由，扩张权力即扩张经济干预和管理以限制市场的自由，两者是此消彼长的关系。这一矛盾即为市场和政府的关系。解决这一矛盾也就为理解商法中权利以及权力的界限提供了理论依据。这是理解商法的第一条理论主线。

不仅权利与权力之间存在矛盾，不同主体的权利之间也有冲突。在资源稀缺的社会，利益冲突在所难免。冲突直接反映为争端和诉讼。考虑到立法和司法资源的有限性，法律不可能规范所有争议。哪些争端应进入法律的领域，哪些争端应留给道德来规范？制定法律规则时如何划分权利与权力、不同主体的权利之间的界限？在面对抽象的规则时，法官如何正确理解规则并做出合理的判决？这需要对立法背后的理论基础予以掌握。任何法律，包括商法，都以公平为第一要义，可以说公平是法律的灵魂。与此同时，法律和判决又有其社会影响，不是只适用于一个案件，需考虑到对社会的整体影响，这就是所谓社会政策的考虑。在经济方面，个体的商业自由与整体的经济福利之间难免存在冲突，由此引出学习商法的第二条理论主线：效率与公平。

下面分别阐述市场与政府、效率与公平。

四、市场与政府

1. 自利与利益冲突

经济学的首要假定是经济人，经济人是"自利"的。对这个假定没有必要进行价值判断，这只是一个事实的陈述。虽然不是所有的人都这样，但毕竟"自利"是人类最根本的特性。[1]

自利的人追求自身利益的最大化，稀缺的资源由此更加稀缺。经济人彼此进行交易，对手之间进行竞争，形成市场。市场的内涵一是"交换"或"交易"，二是竞争。在交易和竞争中每个人都想最大限度地占有资源，由此产生利益冲突。

2. 市场失灵

在市场中，影响市场主体决策的是价格信号。每个人都随价格信号的指引来投资、生产和消费，资源的配置也由此趋向优化，即资源流向最能产生效益的部门或企业那里。在完全竞争的情况下，市场主体无法影响市场价格，市场的进入和退出也能迅速实现，资源的配置可达到最优状态。

但完全竞争只是理论模型，它有四个前提假定：充分的信息、给定的价格、同质的产品、无障碍的市场进出，这些假定在现实世界的市场中不可能完全实现。因此现实的市场往往偏离最优状态，即发生市场失灵。

市场失灵有四种情况：一是垄断，即某个或某些市场主体影响或控制市场价格；二是信息的不对称和不充分，即有关交易的信息不真实、不完全或不对称，从而影响市场主体的决策；三是公共物品的供给，公共物品，如国防、道路、指示牌等，为社会所需要，但因为在消费上不具有排他性，因此没有哪个企业愿意生产，造成供给上的缺乏；四是外部效应，市场主体的生产和消费本身产生对外部的负面影响，自己不负担成本却影响社会的总体福利，典型例子是污染。

3. 对市场失灵的国家干预

对上述市场失灵的情况需政府介入，如限制垄断、增加信息和公共物品的供给以及

---

[1] 亚当·斯密指出："各个人都不断地努力为他自己所能支配的资本找到最有利的用途。固然，他所考虑的不是社会的利益，而是他自身的利益，但他对自身利益的研究自然会或者毋宁说必然会引导他选定最有利于社会的用途。"
亚当·斯密. 国民财富的性质和原因的研究：下卷[M]. 郭大力，等，译. 北京：商务印书馆，1974: 25.

制约外部效应等。四个方面的干预都在相关法律中得以体现,这里依次给出四个相对应的立法或政策列举:反垄断法、上市公司强制信息披露、部分公用事业由政府控制或建设、对知识产权的保护。

政府纠正市场失灵以促进市场趋向完全竞争的方向,从而优化资源配置,即提高效率。这是政府最基本的对经济的干预形式。

4. 政府其他三项干预经济的职能

政府的另一个经济方面的职能是管理经济,主要包括收入再分配、稳定经济以及产业政策等三项职能。再分配是通过税收、社会福利等手段来扶助弱势群体,其目标是正义,但再分配的范围有限,如果过度则影响效率。稳定经济是在宏观经济发生异常波动时,通过货币政策(如降低存款准备金率)和财政政策(如扩大基建投入)进行调整。一旦经济运行正常,则政府介入要减少干预并退出。[①]而产业政策是对产业予以区别对待,相应进行监管、扶持、保护、促进、限制、禁止等,从而达到总体经济发展的目标。

5. 政府的经济职能与商事立法

在政府的四项经济职能中,前三项的干预程度有限,要么是范围有限,如收入再分配;要么是被动的暂时应对,如纠正市场失灵和稳定经济,一旦异常情况消失,则退出市场。而产业政策则体现了对经济的主动积极和长期的干预。发达国家的政府职能主要为前三种,而产业政策工具在发展中国家使用最为频繁。

政府的经济职能如图1-2所示。

发展中国家为了加速经济发展,政府频繁使用产业政策工具,这种经济促进模式可称为"政府主导"。一方面,的确有不少成功的例子,如东亚和东南亚国家20世纪60年代到90年代经济的飞速发展,被誉为"东亚奇迹"。但另一方面,经济干预就是权力的扩张,权力向市场扩张得越深,市场本身的作用就会受到抑制,市场机制会受到破坏。20世纪90年代以来,不少亚洲国家经济衰退,金融风险的抵御

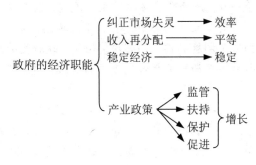

图1-2 政府的经济职能

能力差,从而引发对政府主导模式的反思:是不是政府的手伸得太长了?

由此,在进行商事或经济方面的立法时,一个重要任务就是合理界定政府干预与市场自由的边界,并且,通过限制政府权力来抑制其负面效应。无论怎样界定,都要尊重一个大前提:在市场经济中,市场的作用要放在首位。另外,需要对市场的作用与不足、政府的作用和不足有全面的了解,不可偏颇一隅。如果上述任务能够很好地完成,则在发挥政府作用和保护市场效率方面达到平衡。

限制政府权力也是一个法治进步的过程。政府权力的设定来自法律,对其权力的限

---

① 萨谬尔森等总结了美国政府的三项职能为效率、平等和稳定,由此他称美国经济为混合经济。Paul A Samuelson, William D Nordhaus. Economics[M]. 12th. Edition. New York: McGraw-Hill Inc., 1985: 47-51.

制也是通过理性的立法和严格的司法来达到。这需要发挥立法机构和司法机构之作用，并切实提高立法者和司法者的"法律素质"。

我国从计划经济向市场经济的转轨是从政府主导转向市场自主，是政府权力逐渐从市场中撤出的过程，政府权力的受限也正是法治进步的过程。对于经济转轨，一方面，要克服传统的陈旧制度的束缚，大力改革；另一方面，由于转轨过程尚未完成，不可简单地模仿和移植西方国家的某些制度，否则可能会因过于超前或其他原因而"水土不服"。

专题案例1-3 政府主导的制度创新及其弊端

制度创新的主体有个人、个人之间自愿形成的合作团体和国家机构。创新活动也因主体的区别在三个层次上展开。前两个层次的创新为主体在微观层面的创新，可称为自律性制度的创新；后一层次的创新则是宏观管理层面上的制度创新，为国家之管理制度的创新，包括政府决策与国家法律的创新。因时、因地、因需要不同，微观层面的创新与宏观层面的创新各有先后，相互作用关系不同，形成不同的制度创新结构。

在发展中国家的发展过程中，政府在制度创新方面起着无可比拟的重要作用。许多国家将政府置于创新的核心地位，这种发展模式称为政府主导。在政府主导模式下，宏观制度创新的主体——国家机关的职能与权力集中于政府，立法机构将相关法律（主要是经济法律）的立法权转于政府，政府还取得了准司法的执法权，集决策、立法、执法于一身。此为政府主导的主要表现。政府主导使政府摆脱了既定法律制度的束缚，减少了决策、立法的环节，有利于改革急需的新制度的出台；而且，政府有一定的执法权，加速了制度的推行与实施。但是，政府主导地位也有可能引起不良的连锁反应，扭曲整个系统的合理运作和制度创新过程，这一点在市场发展中表现得尤为明显，主要体现在以下五个方面：

第一，政府立法权的集中导致立法单一，层次不明，结构混乱。因为政府的行政属性决定了其行为的"短期性"，即力求短期政绩的出现，法规多集中于刺激性、鼓励性的规定；或为维持市场的暂时太平景象，出台强有力的市场管制措施，直接干预市场主体的行为。立法结构的失衡，不利于市场的健全发展。

第二，政府对于市场固有的管理职能过于强化。在政府主导模式中，这一管理职能得以强化，管理范围从市场准入的批准、市场风险的预防和遏制到事后补救，政府的管理无处不在。政府不仅是市场的管理者，还是市场的保护者。管理不仅没有趋向宏观、间接、外部管理的目标，还朝相反方向运作，从而扭曲了市场运行机制。

第三，缺少对政府行为的制约导致政府职权滥用，大量"寻租行为"与"黑幕交易"产生。一方面造成市场主体间竞争的不公平，扭曲市场竞争；另一方面，官商结合进一步阻碍政府对市场职能的合理化转变。

第四，法律沦为政府推行其政策的工具。一方面，政策的多变导致法律的多变；另一方面，立法形式混乱，法规与决定、指令区分不清，不仅折损法律的权威性，导致市场短期行为增多，而且法律透明度差，与法治经济的宗旨不符。

第五，政府对于市场的介入应随着市场的发展由多变少，由强减弱，即在推动市场发展的同时，逐步指导和协助市场建立起自律制度，以形成自我约束的市场机制。但在政府主导模式中，政府的干预呈增多增强趋势，政府权威凌驾于法律权威，市场行为决定于政府行为，市场越来越难以脱离政府而独立运行。宏观制度创新未带动微观制度创新，制度创新过程的扭曲导致创新结果的偏颇。

思考

如何发挥政府主导的"利"而抑制可能发生的"弊"？你有什么合理建议？

（资料来源：作者自撰）

五、效率与公平

世界上如果只有一个人，那就没有公平的问题。因此公平涉及的是人们在资源分享上的关系。这里的资源应作广义理解，泛指一切能带来收益的物品以及权益。

资源的稀缺引发出两个问题：一是如何有效地配置资源以及尽可能大地增加产出，即如何把蛋糕做大，这是"效率"的问题；二是资源以及产出等如何分配，即如何分蛋糕，这涉及"公平"的问题。

1. 何为效率

在经济学中，"效率"一词被用来描述资源被最大程度利用的状态，包括"生产效率"和"配置效率"两种情况。所谓生产效率指用最小的成本来达到最大的产出。如果在不影响产出的前提下成本还有降低的空间，则未达到效率。所谓配置效率是指资源的配置达到一种状态，在这种状态下，如果要使某人的状况变好必须使他人的状况变差，即资源的配置没有可以改善的余地。如果还有可以改进的余地，即在不使得他人的状况变差的情况下，某人的状况还可以改善，则未达到效率。因此，所谓效率就是最大化地有效配置和利用资源，以达到最大化的产出。

例释 如果在不使一方福利受损的情况下，还可继续提高另一方的福利，则存在资源配置效率改进的空间，此谓帕累托改进。如果不存在改进空间了，则配置达到最优，此谓帕累托最优。帕累托是意大利经济学家。

2. 何为公平

一说到法律，就想到公平，公平是法律的灵魂。"法"的左边为"水"，取"法平如水"之意。但什么是"公平"？它涉及人们被对待的方式。由于社会是人类的集合体，人们的待遇就互相有比较，公平正是被用来阐释人与人之间在待遇方面的关系。如何分配有限的资源，包括生产、产出、权利、公共物品等的分配和分享，就是公平要回答的问题。这种关系可以是理想化的描述，如把公平理解成平均的分配，类似于"各尽所能、各取所需"的状况，或换言之，要最大程度达到结果的平等。但这样的理解没有现实可行性，也不见得真正公平。现实中对公平的理解更多地集中在"机会公平"，即每个人有同等的机会获取利益，但能否获取利益以及获取多少利益，取决于他的能力或实力。在机会公平的状态下，人与人之间的竞争成为社会发展的动力。竞争促使资源的配置流向最有效使用该资源的人那里，从而实现效率。由此可见，机会公平与效率是相协调的，也是现实的制度选择。

3. 如何达到机会公平

问题的讨论还没有结束，如何达到机会的公平？首先是公平机会之设定，即法律制度要规定所有人基本权利和自由的平等，根本性的权利由宪法规定和保障。其次是公平机会之实现。机会的公平要完全靠市场自身的运作来实现是不太可能的。原因有二：一是人并非生而平等，在现实竞争中，很多导致失败的因素并非个人原因。要完全靠自己的力量实现机会平等，本身就是一种不公平。二是在竞争过程中，不公平竞争手段的行使会促使竞争趋向恶化。如果市场本身解决不了这些问题，就需要国家力量的介入。因此，法律制度的设计就是从上述两个方面着手，尽量地保证最大程度的机会公平。对前一个方面问题的解决，主要反映在社会保障等扶助弱者的法律制度上。如社会保障制度用以保证每个人的基本生活和医疗需要。当一个人失业的时候，可以领取失业金，也可以参加政府的一些培训项目，以获得帮助尽快找到新的工作。对第二个方面的问题，则是反垄断和反不正当竞争的领域，要通过规范市场行为来保障公平和有效率的竞争环境。要注意的是，虽然上述问题的产生是竞争过程固有的或必然会发生的，但不能因此否定竞争的作用而以计划来取而代之，回到"命令经济"的状态下。对机会公平的法律保证应仅限于减少竞争所产生的"副作用"，来协助竞争发挥其进一步促进效率的作用。

对"主和辅"的理解不能进而演变为先和后的关系，即不能类比为"先做大蛋糕，后分蛋糕"，因为做大蛋糕和分蛋糕是可以同时进行的。法律对机会公平的保障，是因为现实固有的机会不公平制约了效率的发挥，因此保障机会公平恰恰是为竞争作用的有效发挥拓展空间。与此同时，如果超出了"机会公平"的范畴，步入"结果公平"，则制约了竞争作用的发挥。因此虽然做大蛋糕和分蛋糕是同时进行的，但分蛋糕只能在"机会公平"的约束下分，以不制约竞争发挥作用为前提。如果不问生产人的贡献，一律平分蛋糕，在某种意义上固然是美好的理想，但并不现实，实质上是在盲目追求结果平等，在一定意义上也是一种不公平。这样，人与人之间没有了竞争关系，无论贡献多大，结果都是一样，那么谁都不愿贡献，最后就是没有蛋糕吃。

例释 我国在20世纪50年代推行农村集体化运动，消灭了农民对土地的个人产权，建立人民公社的集体所有制。农业生产统一组织，分配则基于劳动。这最终导致从1959年后的农业产出逐年下滑的恶果。

4. 机会公平与效率的界限

尽管如此，在现实的制度设计上，仍有难题存在，即如何清晰地划分机会公平和效率的界限。如前所述，在不恶化其他人的状况下，如果还有继续改进的空间，则还没达到效率；如果没有改进的空间，则达到效率。进行纯理论的分析是没有问题的，但现实中存在的大量情况是：效率的确有改进的空间，但必须要恶化某些人的状况。改进的收益大于恶化的成本，因此总的效率有可以改进的空间。如果恶化的成本和改进的收益可以被准确地计算出来，那就不妨以收益来补偿恶化的损失，但现实的复杂性恰恰在于它很难计算。这类问题往往发生在社会整体利益与个体或局部利益的冲突上，或者多数人与少数人的冲突上。例如，某政府要修一条路，这条路是交通要道，修好之后会大大促进当地经济的发展，但修路先要拆除所选路址上的房屋，怎么计算出道路所带来的收益？怎么计算出被拆房屋的"合理"价值？这是决定修路是否有效率的前提，也是决定修路后给予房屋主人多少补偿的基础。这里可以概括出划分机会公平与效率界限所涉及的三个问题：

第一，要不要为效率而折损现有的机会公平，即改变房屋主人的房屋权属？

第二，如果改变的话，改变的范围是多大，即要拆除多少房屋？

第三，如果改变，应当怎样补偿以及补偿多少才能使得权益（机会）被折损的人恢复到原有水平的机会公平上去？

当整体与局部、集体与个人、多数与少数之间的利益发生冲突时，往往有政府权力的介入，由此引入第四个方面的问题或忧虑：

第四，政府权力的不正当介入会如何阻碍机会公平的实现？

权力前进一步，个人的机会就少一分，如果政府权力偏向一方，则出现不公平的状况，而这种不公平反过来又会带来无效率的结果。例如政府机构帮助大企业来征地拆房，并且压低应给的补偿。如此情况下，权利被折损意味着机会公平没有实现。权利人如果能获得合理补偿，可以进而有更多的产出，因此竞争机制在另一方面被抑制。

5. 程序公平

在此，对机会公平涉及的问题进行总结：一是机会的确立、获得与实现；二是在自由竞争中机会的失去及其补偿问题；三是机会被政府权力强制剥夺而失去及其补偿的问题。对三个方面问题的解决，程序公平是关键。

程序公平即为通过怎样的程序设计来约束权力的行使和保障权利的实现，主要包括三个方面的内容：一是合理划分权利与权利、权利与权力的界限，以确定权利的范围和内容，另外还应划分权力与权力的界限，通过权力分割来预先限制权力的滥用；二是在机会因市场竞争而失去时，合理确定社会保障、社会扶助的内容和范围，以促进机会的再获得和再利用，要以不损害竞争的作用为前提；三是针对机会被强制剥夺的情况，严格限定权力介入的前提条件，并规定合理的补偿机制。这种情况下，由于有权力介入权利、政府介入市场的问题，因此更要慎重对待和严格限制。

总之，制度设计要保证权利人获得合理评价、合理决定以及合理补偿，需要通过制度设计来约束政府权力的滥用，约束强势群体力量的滥用，保证每一个人有同样的法律地位，可以获得充分的申诉渠道以及中立而专业的裁决。达到这样目的的制度设计即为体现程序公平。

专题案例1-4　拆迁农民"脱富致贫"

近年来，在农村和城市由于拆迁问题引发的群众上访数量增多，有些上访人甚至做出了过激的举动。这不仅引起中央政府的重视，也引发学术界对此问题的讨论。

拆迁，就是收回交给个人使用的土地，拆掉个人所有的房屋，移出地方来，另作他用，例如修路、建工业区或大学城等，目的是为了发展当地经济或其他事业。

经济发展关乎整体利益，而拆迁只涉及少数人，为多数人利益牺牲少数人利益似乎是一个"正当"理由。但对问题的分析远远不止这么简单。下面看一个"拆迁"的案例。

在大风景区乐山和峨眉山之间有一条公路。2001年，当地政府决定沿此路修建"绿色旅游通道"。之后的两年内,绿色通道两边的1100多户农民的房屋先后被拆除。

2003年某天,四川省人大代表张世昌走访了一些拆迁户,拆迁农民的生活之差让他吃惊。拆迁之前,很多农民的生活堪称小康,但拆迁后,他们"失地、失业、失家园",住所破烂不堪,生活困顿。

房屋和土地是重要的资源,它们原来在被拆迁的农民手里。如果有这样一个方案,农民既没有失去房屋土地,绿色通道又能建好,这样的改进是有效率的,也是最理想的结果。但现实是土地资源只能得此失彼。拆迁是通过政府行为强制进行资源再配置,将土地资源转为新的用途——发展旅游。

拆迁有得有失,"得"是新的产出,这是效率的一面;"失"是农民手中资源的失去,即机会的失去。当"得"必须以"失"为代价时,机会公平有被折损的危险。

首先要决定的是拆迁是否有促进效率的可能。假定新的资源配置方案比原来的配置能带来更多的产出,而新增加的收益又能补偿拆迁带来的损失。得大于失,总量上有产出增加。这是当地政府希望得到的结论。然而,政府是否有充分的能力预测怎样的资源配置是有效的?是否应以权利人在市场中的交易和竞争来引导效率的实现?

既然机会公平受到折损,那么如何弥补?接下来要决定补偿的问题。补偿的方式和数额要能使机会被折损的人回复到原来的水平。

更重要的问题是做出上述决定的程序。是否有专家论证?农民是否有发言和与政府协商的机会?如果不满意政府的决定,农民是否有申诉的渠道?程序是否公平直接决定了结论是否合理,同样,程序的公平与否直接决定了拆迁方案的实施能否达到其原先设定的目的。

绿色通道到底能带来多少收益,无法得出确切数字。至于补偿,当地政府一方面给予开发商优厚条件,一方面压低对农民的补偿数额。有的农民拿到的补偿费,还不够当初室内装修时地面铺瓷砖的价格。有的镇政府提供安置房出售,但对很多农民来说,价格远远超过补偿费。在很多农民还没有安置好之前,当地政府就进行了强制拆迁。

没有资料显示决定拆迁和补偿的程序怎样,但从实施拆迁的过程来看,仍可看出程序公平的缺失。国家有针对城市房屋拆迁的规定,但有关农村房屋拆迁的规定尚严重缺乏。在拆迁手续还不完善、农民安置条件尚不具备时,当地政府就进行拆迁。农民的唯一申诉渠道就是写信反映意见或上访,但很多时候得不到什么反馈或解决。

为强化对个人财产权的保护,2004年修订的《宪法》加进了"公民的合法的私有财产不受侵犯"。另外,规定:政府仅可"为了公共利益的需要"征收或征用土地,并且要给予补偿。上述征收或征用须"依照法律规定"进行。之后,有关征地之法律法规不断完善。对征地补偿,各地政府在不断调整和提高。

思考

请思考一下,上述的拆迁问题如何决定和实施才能最大限度地协调好效率与公平?如果你是当地政府官员,你会如何评估、决策和实施该拆迁?既然不合理的拆迁已经发生,应采取怎样的措施进行补救?

(编写参考:曹勇. 拆迁农民"脱富致贫",四川14名人大常委拍案而起[J]. 南方周末,2004-05-20.)

拓展与思考

1. 推荐阅读

试分析法律在制度中的地位和重要性。并继续思考：法律对于发展市场经济有何作用？有观点认为：市场经济是法治经济。你赞同吗？要注意的是区分"法治"与"法制"。有兴趣拓展思考的同学，推荐阅读：钱颖一. 市场与法治[J]. 经济社会体制比较，2000（3）. 网络搜索可获得该文章。

我国法治社会的发展，就是一个公权力不断缩减、私权利相应扩张的过程。推荐阅读：夏勇. 走向权利的时代：中国公民权利发展研究[M]. 中国政法大学出版社，2000.

正义是法律之魂。规定了机会（权利）平等的法律制度是形式正义，但它可能是美好蓝图，现实中未必会平等地实现；注重结果平等的实质正义又可能导致产出无效率，并且也可能导致权利和机会不公平（例如极端的平均主义）。如何实现正义？罗尔斯在强调基本权利和自由平等的前提下，从"有利于弱者"角度，提出社会结构安排的"差别原则"。具体而言，"社会和经济的不平等应这样安排，使它们：适合于最不利者的最大利益；并且，在机会公平平等的条件下职务和地位向所有人开放。"推荐阅读：（美）罗尔斯. 正义论[M]. 何怀宏，何包钢，廖申白，译. 中国社会科学出版社，2009.

2. 问题解决

区分公法与私法、实体法与程序法的意义是什么？为什么程序很重要？对于"程序优于实体"的观点，你是否赞同？理由是什么？对于程序公正有一经典的例子：两个孩子分蛋糕，无论让谁分都难免不公平。于是一个孩子来切，另一个孩子先选。从这个例子，你获得什么启发？以下是一个现实问题需要你来解决：

某法学院博导招博士研究生，初试唯一合格的学生系外校考生，在面试中被淘汰；而被录取的学生均系本校学生，初试不合格，破格给予面试机会。但该博导认为：笔试招收博士生存在重大弊端，因此应扩大导师的自主招生权。另外，面试应有三个教授，但一个教授迟到，没有提问和聆听该外校考生。对此，该博导的回答是：他和另一个在场的考官都不同意录取该学生，因此，根据少数服从多数的原则，即使该迟到教授同意录取也并不影响面试成绩的确定。

问题：假设你是该大学的校长，被淘汰的学生投诉到你这里，你会如何回应呢？

3. 制度改革

英美法系的"法官造法"（判例法）有何利弊？你认为我国是否应引入这样的制度，让法官可以造法？如果反对，反对的理由是什么？如果支持，请分析引入的必要性和可行性，以及如何引入，是否需结合我国现实情况进行适当的改变或调整？

4. 观点争鸣

2004年6月，教育部下发通知，原则上不允许高校学生自行在校外租房居住。对极少数确有特殊情况在校外租房居住的学生，要经本人和家长双方签字报学校备案。[①]该

[①] 相关规定为："原则上不允许学生自行在校外租房居住。对已在校外租房的学生，应要求其搬回校内住宿；对极少数坚持在校外租房的学生，要向他们耐心说明可能产生的后果和个人应承担的责任，并逐一登记，建立报告和承诺制度，说明租房的原因、房屋详细地址、联系方式，承诺加强人身和财产安全的自我保护，经本人与家长双方签字报学校备案。"教育部. 关于切实加强高校学生住宿管理的通知. 教社政，[2004]6号.

"禁租令"一出,即引发热烈讨论。一年后,教育部在新的通知中取消了该禁租令。

对于禁租令,支持和反对的意见都有,不妨从"政府与市场"的角度思考一下。可就以下立场组织辩论:

正方:支持禁租令;

反方:反对禁租令。

5. 法官判案

教材提到了区分法律与道德的三个因素。结合这三个因素思考一下:为什么要区分法律与道德?对下面这个社会关注的事件所反映出来的婚外情(或婚外通奸行为)问题,法律是否应予以严格禁止和惩罚?或者,其只是一个道德问题?如果你是一个可以"法官造法"的或完全可以只根据自己理解的法律作用或者正义公平理念来判案的法官,你会对该丈夫和第三者做出怎样的判决呢?

2007年10月,姜女士得知了恋爱5年、结婚两年的丈夫与其同事有婚外情。随后,其丈夫离家分居。在之后的两个多月里,姜女士一直试图寻求解释和挽救婚姻,但未能如愿。同时,她把两个多月里的经历和心情诉诸博客。12月27日,她在博客上写下最后留言,向这个"华丽又肮脏的世界"告别,吞服大量安眠药自杀。获救后,于12月29日,从24楼跳下,结束了自己年轻的生命。事件曝光后,诸多愤怒的网民大力声讨和谴责其丈夫与第三者,力图为其伸张正义。很多网民认为在婚外情或婚外通奸问题上,法律"死了"。[①]

6. 网络搜索

搜索关键词——"史上最牛钉子户"。

请收集资料进行独立研究,分析:双方发生冲突的原因是什么?房屋主人引以声张权利的宪法原则是什么?该宪法原则如何理解?相关规定中,如"公共利益""补偿"等如何理解和适用?相关宪法规定如何细化成用以处理拆迁中利益冲突各方关系的具体规则?

---

① 姜女士家人为其建立的纪念网站:http://orionchris.cn。要说明的是,相关事实引自媒体报道以及当事者及其家人叙述,并不能保证其完全的真实性,这里使用只是为学术讨论铺垫一个现实氛围。另外,法律不是对婚外通奸行为完全没有规定。当时的《婚姻法》规定:"夫妻应当互相忠实。"还规定,有配偶者与他人同居而导致离婚的,无过错方有权要求损害赔偿。这些规定实际上约束范围很窄,制约力也很有限。

第一编

主 体

第二章　商事活动的经营形式选择

❖ **本章学习要点**
  ◇ 自然人：民事权利能力和民事行为能力
  ◇ 法人：基本特征、经营范围和民事行为能力
  ◇ 区分个人、合伙和法人的法律意义
  ◇ 代理：代理人的义务、无权代理（包括表见代理）

第一节　民商事主体

民商事主体有三类：自然人、法人和非法人组织。以下分而述之。

一、自然人

自然人为自然出生的人，是商事或经济活动的主体。《民法典》规定：自然人从出生时起到死亡时止，具有民事权利能力，依法享有民事权利，承担民事义务。

1. 自然人的民事权利能力

自然人的民事权利能力一律平等。所谓民事权利能力，是自然人享有民事权利、承担民事义务的资格。但资格平等并不意味着每个人的行为能力和行为范围一样，这涉及民事行为能力。因此，民事权利能力是有关自然人可以做什么，而民事行为能力是有关自然人能够做什么。

2. 自然人的民事行为能力

自然人的民事行为能力决定自然人从事民事行为的范围。范围大小取决于两个因素：一是年龄；二是智力状况。之所以有民事权利能力和民事行为能力的区分，是因为人有一个成长的过程，人的身体和心智随年龄的增长而成熟。在不同年龄段，行为的能力也不一样。而引入智力的因素，则是因为虽然大多数人的智力水平在成年后都正常，但仍有部分人智力有缺陷，其行为应受限制。自然人在从事民事活动时要进行判断，尤其是充满风险的经济活动。以年龄和智力来约束人的行为能力，既是为保护自然人权利的行使考虑，也是为相关交易方的权利保护考虑。

（1）完全民事行为能力人。年龄是主要判断因素。如果智力没有问题，在我国，18 周岁以上的自然人为完全民事行为能力人，可独立从事民事活动，权利能力范围内的行为都可进行。在我国，就业年龄为 16 周岁。年满 16 周岁虽不满 18 周岁，如果有自己的劳动收入并以之作为自己的主要生活来源，则意味着经济上的独立，如果限制其

民事活动不利于其工作和生活。因此我国法律也承认他们有完全民事行为能力。其他不满法定年龄，或者虽达到法定年龄但智力有问题，则依其年龄大小或智力缺陷的严重程度来确定其行为能力受限的范围，分为限制民事行为能力人和无民事行为能力人。

（2）限制民事行为能力人。指只可以独立进行部分民事活动的人。包括两类人：一是8周岁以上的未成年人；二是不能完全辨认自己行为的精神病人。这些人的行为能力范围有限，可以独立进行纯获利益的民事法律行为或与其年龄、智力相适应的民事活动。其他民事活动由其法定代理人代理，或者征得法定代理人的同意。

（3）无民事行为能力人。包括两类：一是不满8周岁的未成年人；二是完全不能辨认自己行为的精神病人。无民事行为能力人不可以独立进行民事活动，应由其法定代理人代理民事活动。这里强调的是"法定代理人代理"，因此仅征得代理人同意也不可进行民事活动。但出于保护无民事行为能力人合法权益的考虑，最高法院规定：前述未成年人经其法定代理人同意而进行的民事活动，在不影响他人的利益又不损害自己权益的情况下，可以根据实际情况认定有效。

另外，无民事行为能力人、限制民事行为能力人接受奖励、赠与、报酬，他人不得以行为人无民事行为能力、限制民事行为能力为由，主张以上行为无效。原因是上述这些行为对无行为能力人和限制行为能力人只有好处，没有坏处，因此法律作此规定以保护其权利。

例释 小明17岁，在读大学生，生活来源一半靠父母，一半靠自己打工。他是限制民事行为能力人，因为不满18岁，虽然有兼职工作，但劳动收入不是其主要的生活来源。大亮24岁，但患有严重的精神失常，生活不能自理。他虽然年满18周岁，但智力状况为完全不能辨认自己行为，因此为无民事行为能力人。

3. 法定代理人

无民事行为能力人、限制民事行为能力人的监护人是其法定代理人。

对于未成年人，其父母为其监护人。如父母死亡或丧失监护资格，则依次考虑下列人员为监护人：（1）祖父母、外祖父母；（2）兄、姐；（3）其他愿意担任监护人的个人或者组织，但是须经未成年人住所地的居民委员会、村民委员会或者民政部门同意。

对于精神病人（成年人），依次考虑：（1）配偶；（2）父母、子女；（3）其他近亲属；（4）其他愿意担任监护人的个人或者组织，但是须经被监护人住所地的居民委员会、村民委员会或者民政部门同意。

如果上述人员仍不能解决监护人问题，则由民政部门、居民委员会、村民委员会担任。

确定法定代理人，是通过有独立判断能力的代理人来弥补被代理人行为能力的不足，以保障其民事权益的实现。法定代理人代理时，必须顾及被代理人的权益。因此法律规定：监护人应当按照最有利于被监护人的原则履行监护职责，保护被监护人的人身、财产及其他合法权益，除为了维护被监护人的利益外，不得处理被监护人的财产。

例释 小毛7岁时，父母去世，他的成年兄长大毛成为他的监护人。小毛父母为小毛留下了一笔钱，用于生活和将来上学。大毛用这笔钱去炒股，结果亏空。大毛辩解说这是为了让小毛的钱增值，是为了小毛的利益。监护人使用被监护人的钱物必须是为被监护人考虑,不可偏离其正当用途。而且,炒股是高风险的活动,损失的风险很大,因此不是为维护被监护人利益考虑。

二、法人

法人是法律上拟制的人。社会中除了自然人之外,还有人形成的社会组织。组织是人、财、物的结合,经常以组织的名义行事,在民商事活动中具有独立性。法人制度的设立是赋予某些符合法律条件的组织以"法人"资格,使其具有与自然人相似的法律上独立的主体资格,以便利民商事活动的进行。

1. 法人的概念和特征

法人是指具有民事权利能力和民事行为能力,依法独立享有民事权利和承担民事义务的组织。法人应:(1)依法成立;(2)有自己的名称、组织机构、住所、财产或者经费。

2. 法人的民事权利能力和民事行为能力

跟自然人相比,法人不存在年龄和智力问题,因此法人的民事权利能力和行为能力的范围是一致的,从法人成立时产生,到法人终止时消灭。

自然人和法人权利能力的内容和范围不同,这是由于自然人和法人毕竟是两个具有不同特征的法律主体。自然人所享有的与自然人特点密切相关的一些权利,法人不能享有,例如生命权、健康权、亲属权等。与此相应,一些具有人身性质的民事活动,法人也不能进行,例如婚姻、家庭、收养、继承等。在商事或经济活动领域,两者的权利能力范围基本一致。

3. 法人的"独立性"

"独立"是法人组织的关键特征。一个独立的自然人应自己承担责任,同样,法人独立承担责任是法人的重要特征。必要的财产是独立承担责任的基础,而独立的名称、组织机构和场所是这种独立性的外在表现。依法成立则是指法人资格的取得需经过一定的法律程序予以确定和公示,例如公司注册。

4. 法人的分类

法人组织分为以下三类:

(1)营利法人,指以取得利润并分配给股东等出资人为目的成立的法人,包括有限责任公司、股份有限公司和其他企业法人等。

(2)非营利法人,指为公益目的或者其他非营利目的成立,不向出资人、设立人或者会员分配所取得利润的法人,包括事业单位、社会团体、基金会、社会服务机构等。

(3)特别法人,包括机关法人、农村集体经济组织法人、城镇农村的合作经济组织法人、基层群众性自治组织法人等。

营利法人是商业活动的主要主体。

5. 法人的经营范围及其行为能力

理论上讲,对于自然人,法律没有禁止的、不属于权力之领地的,都可以归入其权利范围。对法人是否也是这样,凡是法律没有禁止的经济活动都可为之?

以企业法人为例。企业法人在登记时,要确定其经营范围。1986年的《民法通则》规定,企业法人应当在核准登记的经营范围内从事经营。这意味着核准登记的经营范围是其权利能力和行为能力范围。如果企业法人想变更经营范围,须依法办理变更手续。根据《公司法》规定,公司的经营范围由公司章程规定,并依法登记。当然公司可以根据经营需要的变化通过修改公司章程来变更其经营范围,但应依法进行变更登记。依此推出的一个结论似乎应当是:如果企业超越经营范围经营,则其行为无效,而且还会受到工商行政管理部门的处罚。1994年的旧《公司登记管理条例》第71条规定:"公司超出核准登记的经营范围从事经营活动的,由公司登记机关责令改正,并可处以1万元以上10万元以下的罚款;情节严重的,吊销营业执照。"

市场活动瞬息万变。企业最初确定的经营范围可能由于市场形势的变化而经常有所调整。虽然法律允许企业变更经营范围,但规定了变更的程序。如果等到变更程序走完,可能市场机会已经消失。这样的形式和程序约束初衷是保障交易安全和维护市场秩序,但又制约了企业的市场活动,不利于促进市场的效率。

假设A企业的经营范围是销售电子产品。某天A企业发现市场上文具很紧俏,便快速进了一批文具销售。如果销售过程不存在欺诈和胁迫交易对象的情况,双方自愿达成交易,都很满意。应该说A企业的行为促进了资源的有效配置,同时也没有扰乱市场经营秩序。如果因为其超越经营范围而认定其交易行为无效,是否合理?

因此,原有的"超越经营范围行为无效"的规定不适应市场经济发展的需要,需要修改。1999年的《合同法》通过后,最高法院在相关司法解释中指出:"当事人超越经营范围订立合同,人民法院不因此认定合同无效。但违反国家限制经营、特许经营以及法律、行政法规禁止经营规定的除外。"[①]同时,企业法人登记的主管机构,即国家和地方各级工商行政管理部门,也开始放松对经营范围的要求,重要变化是企业法人在注册时,不再像以往那样正向登记若干业务作为经营范围,而是采用"法无禁止则可为"的负面清单(排除式)规定,例如:"法律、法规禁止的,不得经营;应经审批的,未获审批前不得经营;法律、法规未规定审批的,自主选择经营项目,开展经营活动。"这反映了法院以及政府部门在经营范围这一问题上的态度趋于对市场经济的尊重,是一大进步。

2005年,《公司法》修改后,对公司经营自由的尊重进一步得到体现。作为配套法规,《公司登记管理条例》也做出相应修改,规定:"公司登记事项发生变更时,未依照本条例规定办理有关变更登记的,由公司登记机关责令限期登记;逾期不登记的,处以1万元以上10万元以下的罚款。其中,变更经营范围涉及法律、行政法规或者国务院决定规定须经批准的项目而未取得批准,擅自从事相关经营活动,情节严重的,吊销营业执照。"与1994年的旧条例相比,有两大变化:一是处罚的对象不是针对超越经营范围的经营活动,而是针对不办理变更登记之行为,并且只有在限期登记仍逾期不登记的情况下才处罚。二是只有涉及依法应批准项目的越权经营活动并且情节严重的,才吊销营业执照。

---

① 《最高人民法院关于适用〈中华人民共和国合同法〉若干问题的解释(一)》第10条。

三、非法人组织

非法人组织可依法以自己（组织）的名义从事民事活动，但不具有法人资格，包括个人独资企业、合伙企业、不具有法人资格的专业服务机构等。

与法人组织相比，由于没有法人人格，非法人组织不具有完全的独立性。其独立性仅限于在对外活动时以组织名义行为的独立性，但不具有对外承担责任的独立性，如果其财产不足以清偿债务的，其出资人或者设立人承担无限责任，此乃与法人组织的关键区别。

四、三类经营形式

自然人进行经济活动，可以自己一个人投资经营，也可以跟其他人合作进行。在法律上，可以设立组织并取得法人资格，也可采用非法人形态的组织。

1. 个人经营

个人经营这种组织形式最为方便灵活。对于个人经营，法律法规要求的条件很低。虽然也要办理登记手续，但设立条件和手续相比公司或其他企业来说非常简单。

在我国，个人经营可采取个体工商户、农村承包经营户等形式。如果个人想进一步以组织的名义活动，可设立个人独资企业。

个人经营，对外以个人财产承担无限责任。

2. 合伙经营

合伙经营是指两个或两个以上的民事主体共同投资和经营，可以采取非组织的个人合伙和组织化的合伙企业两种形式。

在通常的合伙企业，即"普通合伙企业"里，合伙人之间对外承担无限连带责任。之外，发展出两个变种：特殊的普通合伙企业和有限合伙企业，其合伙人的责任相比普通合伙企业的合伙人有所限制和减弱。第三章第二节有介绍，这里不展开分析。

3. 法人企业

法人企业指取得法人资格的企业，主要是公司。《公司法》于1993年出台，但此前已有法人制度的存在，如企业符合《民法通则》规定的法人条件，可获得法人资格。

法人企业以企业自身的财产独立承担民事责任，即企业的投资人只承担有限责任。

五、经营形式的法律意义

三类经营形式在设立条件、登记手续等方面有所区别，但最具有法律意义的区别在于三类经营形式涉及的法律责任不同。

个人和合伙区别于法人的关键在于法人对外承担有限之责任，而个人和普通合伙人对外承担无限责任。法人在法律上与自然人一样具有"独立性"，成立后，其财产也独立于投资人或股东，法人以其独立的名称对外交易，并以其独立的财产独立对外承担责任。因此，法人企业对外经营所产生的债务如果超过了法人企业的财产，不可再追及至该企业的投资人或股东那里。所谓"有限"有双重含义：一是法人企业对外以企业自有的财产为限承担责任；二是企业的投资人或股东对企业的债务仅以出资额为限承担责任。

例释 小李与小周共同投资成立一家公司，公司经营不善对外欠下债务。由于连年亏损，账户已没有资金。债权人可否要求两个股东还债？不可。因为公司是独立法人，对债务承担有限责任。公司对外经营欠下的债务由该公司的资金偿还，不可要求股东以其个人财产来偿还公司的债务。

个人或普通合伙人则对外承担无限责任。不管具体是以工商户、经营户，还是以独资企业或合伙企业形式经营，对外承担责任可追及至个人或合伙人的个人财产。

普通合伙涉及两个或两个以上的合伙人。当合伙对外欠债后，债权人可要求普通合伙人中的任何一个负担全部债务，至于合伙人之间如何分配债务，对债权人没有任何约束。此所谓"连带"。任何一个合伙人在对外清偿债务后，可依据合伙协议或相关法律规定向其他合伙人追偿。

例释 小李与小周以合伙形式经营一家玩具厂，对外经营不善欠下债务。小周逃之夭夭，债务人可要求小李偿还全部债务。小李偿还后可向小周追讨。

由此看来，个人或合伙经营的法律责任相比法人而言更大。责任意味着风险，那为什么还会有人选择以个人或合伙形式经营呢？因为个人和合伙相比于法人企业（公司）来说，有其他方面的一些优势：

在设立上，个人和合伙的设立条件宽松，设立手续简单。

在经营上，个人和合伙人对财产和经营管理的控制，相比于股东对公司的控制要强得多。公司必须依法建立公司治理机构，在经营管理上，法律有不少约束。

在保密上，个人和合伙经营保密性好，竞争者或其他人很难得知其内部信息。而对于公司，法律要求登记和公开某些信息。如果是上市公司，则信息披露的要求更多。

在信誉上，个人和合伙人比公司的股东承担的法律责任重，因此更能取得债权人或交易对方的信赖。例如，会计师、律师等专业人士一般采用合伙形式，因为可获得客户的信任。

在税赋上，个人和合伙的税收负担相对较轻。公司缴纳的税的种类一般比个人和合伙多。另外，对于主要税种"所得税"的征收，对个人和合伙是一次征税，个人或合伙人缴纳个人所得税即可。而公司为两次征税，不仅对公司所得征税，股东在分得利润后还要缴纳所得税。

因此个人或合伙的经营形式受到初创业者和小规模经营者的青睐。无论是个人、合伙经营，还是以法人或公司形式经营，没有什么最佳的形式，只有适合与否，即经营者考虑自身情况和需要选择一个适合的组织形式。

例释 假设大李个体经营一年，应纳税所得额为5万元，其应缴纳的所得税为6 250元，到手的是43 750元。如果大李投资设立公司经营一年后，应纳税所得额为5万元，则公司应缴纳的所得税为12 500元。税后利润37 500元还要依法提取10%的公司法定公积金后才可分配给股东。大李个人还要交纳个人所得税6 750元。大李实际到手的钱为27 000元。

六、企业的分类

1. 法人企业与非法人企业

从法律责任角度对经济主体进行分类最具法律意义,由此"企业"这个词准确来说法律意义相对不强。一般认为,企业相比于个人或个体户,人财物的组合相对更为紧密,更具一个组织的特征。但是,有企业名号的并不都具有法人资格,并不都承担有限责任。因此企业可分为法人企业和非法人企业。

(1) 法人企业。主要是采用公司形式,包括国有独资公司、有限责任公司、股份有限公司等形式。

(2) 非法人企业。主要包括个人独资企业、合伙企业等。

2. 外商投资企业与内资企业

由于我国鼓励引进外资,对外商投资的企业有特别的法律和政策规定,也有专门针对外资的约束性或限制性规定,因此区分外商投资企业与内资企业有其法律意义。外商投资企业根据其投资来源可分为:全部由外商投资的企业,即外资企业;外商与本土投资人共同投资的企业,即中外合资或合作经营之企业。港澳台投资的企业参照适用有关外商投资之法律。

3. 企业按所有权分类

根据所有权属的不同,可分为国有企业、集体企业、私营企业、外商投资企业。要注意的是,不少企业是多种经济成分的混合。

专题案例 2-1 私营企业在中国

1949 年 稳定私营工商业

1949年新中国成立后,为了安抚私营业主的恐慌情绪,发展经济和稳固政权,政府对于私营工商业采取了"稳定人心"的政策。一方面,对于不法经营和破坏性活动坚决予以打击,另一方面,通过协商、沟通和政策调整等容许和引导私营工商业的发展。毛泽东在1950年的讲话表明了当时政府对私营经济的态度:"我们要通过合理调整工商业,调整税收,改善同他们的关系,不要搞得太紧张了。"(《不要四面出击》)由此,私营经济在新中国成立后迅速得以恢复并有所发展。

1956 年 公私合营达到高潮

1953年起,政府开始对资本主义工商业进行公私合营的社会主义改造,即在私营企业里注入公股,政府代表进入企业进行管理。这样私营企业就变成了公私合营企业。到1956年年初,各地相继出现了全行业的大规模公私合营。对于企业的资本家,则实行定息制度。资本家的资产被折成股份,每年按比例获得固定的红利。而企业的资产以及生产经营等,由国家来统一安排。

1966年,定息制度取消,私营成分彻底退出企业。

1988 年 私营经济入宪

20 世纪 70 年代末，随着大批"知青"返城，个体从事工商业活动的人开始出现，被称为个体户。之后，个体经济得到政府政策的允许乃至鼓励。1988 年修订的《宪法》第 11 条规定："国家允许私营经济在法律规定的范围内存在和发展。私营经济是社会主义公有制的补充。国家保护私营经济的合法权利和利益。对私营经济实行引导、监督和管理。"同年 6 月，国务院颁布《私营企业暂行条例》。私营企业被定义为："私营企业是指企业资产属于私人所有、雇工八人以上的营利性的经济组织。"当时，国家是将企业按所有权属性区分为私营企业、全民所有制企业和集体所有制企业分别立法。

1993 年 《公司法》出台

《公司法》出台标志着我国有关企业的立法由原来基于所有权区分的立法模式，转为以建立现代企业制度和发展市场经济为目标的立法模式。之后，《合伙企业法》和《个人独资企业法》相继出台，有关企业的立法体系基本完善。

思考：

请思考一下，发展私营企业，为什么对我国发展市场经济具有重要意义？2008 年以后，国有企业的快速扩张引发了对"国进民退"现象的讨论，有观点认为这一趋势不利于中国市场经济的发展。你对此现象有何看法？

（资料来源：作者自撰）

第二节 代 理

从事经济活动的主体不必事必躬亲。在现实社会中，由他人代为进行民事活动的情况比比皆是。《民法典》规定："民事主体可以通过代理人实施民事法律行为。"

代理他人的人被称为代理人，由他人代为交易的人相应地被称为被代理人，也可称为本人。代理的交易活动所涉及的对方为第三人。如果没有代理，则交易发生在本人与第三人之间，第三人可直接要求本人承担义务。代理使得原来只有两方的交易活动涉及三方，由此如何确定代理人和本人（被代理人）的权利义务就成为有关代理之法律的焦点问题。

例释 小李委托小周替他跟小张订立一个买卖合同。有三方当事人：小李是本人，即被代理人，小周是代理人，而小张是第三人。有两个合同关系：代理合同关系和买卖合同关系。

一、代理的授权来源

代理人的代理权可以是来自法律，也可以是来自被代理人的授权。由此，代理可分为法定代理、指定代理和委托代理。

1. **法定代理**

无民事行为能力人、限制民事行为能力人的监护人是其法定代理人。对于监护人的资格条件、担任监护人的顺序、监护人的义务等,法律都有明确规定,而非由代理双方商定,由此该类代理被称为法定代理。

2. 指定代理

指定代理是法定代理问题的延伸。对担任监护人有争议的,由法律规定的有关组织指定。有指定权的组织是被监护人住所地的居民委员会、村民委员会或者民政部门。有关当事人对指定不服的,可以向法院申请指定监护人;有关当事人也可以直接向法院申请指定监护人。

3. 委托代理

委托代理的授权来自被代理人的委托,也称授权代理。在委托代理关系中,本人或被代理人也称为委托人。在经济活动中,委托代理是最为普遍存在的代理形式。

委托人与代理人之间形成委托—代理的合同关系,并由此确定了两人之间的权利义务。由于代理行为还涉及第三人,委托人与代理人之间的约定除非第三人知道并同意,否则不能用以约束第三人,如间接代理,各方的相关权利义务依法律规定。

二、委托代理的分类

1. 有关代理的分类

在确定委托人或代理人对第三人的权利义务时,一个首先要考虑的事实是第三人是否知晓该交易是代理人替被代理人所为。

在英美法系,代理分为显名代理、隐名代理和不披露本人的代理。前两者是指代理人告诉第三人是替本人行为,如披露了本人身份,则为显名;如未披露,则为隐名。后者则是代理人以自己的名义行为,第三人不知道该行为是替他人而为。

在大陆法系,理论上代理分为两类:直接代理和间接代理。所谓直接代理就是代理人在进行代理活动时以本人(委托人)名义进行。而间接代理则是代理人虽是代人行为,但与第三人交往时以自己的名义进行。

虽然分类的用语有所不同,但分类的标准和内容两大法系相似。间接代理中,如果代理人完全不披露代理关系,则类似于英美法系的不披露本人的代理;如代理人披露代理关系,但不告知对方被代理人(本人)之姓名身份,则类似于隐名代理。

例释 小李委托小周替他与小张订立一个买卖合同。与小张订立合同时,如小周告诉了小张他是替小李订立的,则为直接代理(显名代理);如小周以自己名义签合同,告诉了小张是替别人订的合同,但不告诉小张该"别人"是谁,为间接代理(部分披露或隐名代理);如小周以自己的名义与小张订立合同,小张不知代理关系之存在,则为间接代理(完全不披露或不披露本人的代理)。

2. 直接代理

(1) 直接代理的概念和特征。直接代理是指代理人在代理权限内,以被代理人的名义实施民事法律行为,被代理人对代理人的代理行为承担民事责任。直接代理有以下三方面的特征:

① 代理人必须在授权范围内行事。对于委托代理,行为权限来自被代理人的授权;而法定代理,行为权限来自法律的规定。

② 代理人以被代理人的名义行为,这是直接代理最典型的特征。

③ 代理行为的后果由被代理人承担。代理行为所产生的收益,由被代理人享有。而对第三人的责任,也由被代理人承担。

(2) 对直接代理的限制。可以代理的活动范围非常大。可以是民事交易活动,如买卖、主张债权、债务履行等;也可以是代理与政府打交道,如注册公司、申请注册商标、申请专利、缴纳税收等;还可以是代理进行诉讼和仲裁等。另外,法律也有对代理范围的限制规定。依照法律规定或者按照双方当事人约定,应当由本人实施的民事法律行为,不得代理。依法律规定或约定必须由本人亲自实施的行为往往与本人人身密不可分,例如婚姻、订立遗嘱、作家履行约稿合同、演员履行演出合同等。①

例释 如交易双方已经约定必须由本人亲自实施,则本人不可再委托给代理人。例如小张向小李订制一套西服,约定由小李亲自剪裁完成,小李不可再委托给小周进行。代理人需要转委托第三人代理的,应当取得被代理人的同意或者追认。凡是依法或者依双方的约定必须由本人亲自实施的民事行为,本人未亲自实施的,应当认定为行为无效。

3. 间接代理

对于代理人以自己名义签订的合同,《民法典》区别订立合同时第三人是否知道代理关系之存在进行规定。

(1) 订立合同时第三人知道代理关系之存在。即使代理人是以自己的名义与第三人签订合同,但如果第三人在订立合同时知道代理人与委托人之间的代理关系的,该合同直接约束委托人和第三人,除非有确切证据证明该合同只约束代理人和第三人。

(2) 订立合同时第三人不知道代理关系之存在。分两种情况:

① 第三人不履行合同义务的情况。受托人因第三人的原因对委托人不履行义务,由于第三人的行为直接影响到委托人的利益,因此法律规定受托人(即代理人)应当向委托人披露第三人,委托人因此可以行使受托人对第三人的权利,这被称为委托人的介入权。但是,第三人与受托人订立合同时如果知道该委托人就不会订立合同的除外。

在第三人眼里,交易对方是代理人而非委托人,因此在第三人违约时,其眼中的债权人是代理人。但考虑到委托人与受托人之间代理关系的存在,为保护委托人之债权考虑,因此法律规定受托人应告知委托人第三人的身份,以便委托人直接追讨债权。但如果有证据表明,第三人在订立合同时如果知道是委托人就不会订立合同,也就是说订立合同时第三人主动积极地排除与委托人交易,则债权不可转至委托人。

例释 小李想从小张处买一批货物。由于小张与小李关系不好,不会卖给小李货物,因此小李委托小周替他去买。小周以自己的名义与小张订立买卖合同。后小张没有依合同交货。小李可否直接向小张追讨债务?不可以,因为小张如果知道真正的买家是小李的话就不会跟小周订立合同。

---

① 魏振瀛. 民法[M]. 北京:北京大学出版社,2000:172.

② 第三人主张债权的情况。当受托人（代理人）因委托人的原因对第三人不履行义务，受托人应当向第三人披露委托人，第三人因此获得选择权，即可以选择受托人或者委托人作为相对人主张其权利，但第三人不得变更选定的相对人。这种情况下，第三人是债权人，而债务的履行必须顾及履行人的履行能力，因此法律赋予第三人以选择权。

> **例释** 小周是小李的代理人，他以自己的名义从小张处购买一批货物。小张交了货但小李却不付货款。小周应告诉小张真正的买家是小李。而小张因此可以选择是向小李还是向小周索要货款。小张决定向小李追讨货款，但事后发现小李无法偿付货款。于是他又想向小周追讨，是否可以？不可以，因为选择权的行使只有一次。

4. 行纪合同

行纪合同是行纪人以自己的名义为委托人从事贸易活动，委托人支付报酬的合同。当行纪人与第三人进行交易、订立合同时，行纪人对该合同直接享有权利、承担义务。第三人不履行义务致使委托人受到损害的，行纪人应当承担损害赔偿责任，但行纪人与委托人另有约定的除外。

行纪与间接代理非常相似，因为行纪人跟间接代理中的代理人一样，都是以自己的名义为委托人服务。但是所形成的法律关系的权利义务却有不同。间接代理关系本质上仍然是代理，代理人是代人行为，因此，与第三方进行之交易的相关权利义务，其承受者是委托人。但是在行纪关系中，虽然行纪人也是为委托人服务，但是与第三方进行之交易的相关权利义务，其承受者是行纪人。

因此，相比于间接代理中的代理人，行纪人对于与第三人进行的交易直接承担权利义务。一方面，如果第三人违约，则行纪人对委托人因此遭受的损害进行赔偿；另一方面，如果因为委托人的问题影响了与第三人签订之合同的实施，行纪人要直接依合同对第三人承担法律责任。因此，相比代理人，行纪人具有能直接和独立承担法律责任的特点，当然承担的法律风险也较代理人为大。行纪其实是萌芽于委托，逐步独立出来，成为对贸易起服务和促进作用的一个行业。行纪机构以及行纪人以自己的财产独立承担责任，信用比代理人高。

> **例释** 小李委托小周替他销售一批货物。小周以自己的名义与小张签订了买卖合同，此为间接代理。如果小张没有依合同规定付款，则小李（委托人）可行使介入权，直接向小张（第三人）主张权利，要求付款。如果小周是行纪人的话，则小李不能直接向小张主张权利，因为小周（行纪人）对该销售合同直接享有权利和承担义务。小李只能向小周（行纪人）主张权利，而小周再向小张追讨。

三、代理人的义务

1. 代理人在代理权限范围内行事

（1）依授权行事。委托代理中代理人的权限主要来自合同之约定。代理人要依据委托人的授权行事，不可超越代理权行事，也不可滥用代理权。

（2）授权之形式。委托代理的授权，可以用书面形式，也可以用口头形式。法律规定用书面形式的，应当用书面形式。书面委托代理的授权委托书应当载明代理人的姓名或者名称、代理事项、权限和期间，并由委托人签名或者盖章。委托书授权不明的，被代理人应当向第三人承担民事责任，代理人负连带责任。

2. 代理人应亲自行为

（1）亲自代理。代理行为具有人身性质。代理人的确定往往是基于对代理人信用、才能等方面的信赖，因此代理人应亲自进行代理活动。

（2）转委托应经被代理人同意或追认。在委托代理中，如代理人为被代理人利益考虑要转托他人的，应当事先取得被代理人的同意或事后获得被代理人的追认。

（3）擅自转委托之责任与紧急情况例外。未经被代理人同意或者追认的，代理人应当对转委托他人的行为承担责任，但是在紧急情况下代理人为了维护被代理人的利益需要转委托的除外。这里所说的紧急情况是指由于急病、通信联络中断等特殊原因，受委托的代理人自己不能办理代理事项，又不能与被代理人及时取得联系，如不及时转托他人代理，会给被代理人的利益造成损失或者扩大损失。

3. 代理人应忠实于被代理人的利益

在委托代理中，被代理人委托代理人是为了自己利益的考虑。因此，代理人在进行代理活动时，应把被代理人的利益放在第一位，不可利用代理权为自己牟利。

4. 代理人的勤勉和谨慎义务

如果法律规定或被代理人的授权对代理人如何行使代理权有规定，则代理人应依之进行。如果没有特别要求，一般来说，代理人行使代理权应勤勉和谨慎。勤勉和谨慎指代理人应积极行事，不可懈怠，认真工作，尽一定的注意义务。工作的认真努力以及注意的程度有合同约定或法律规定的，依之行为。如果没有，应依代理行为的性质、代理的报酬等因素确定。

四、滥用代理权的代理

滥用代理权是指代理人虽在代理权限内行事，但其行为违背了代理人的基本义务，主要是指违背诚实信用的原则，有损被代理人利益的行为。

滥用代理权的代理行为有：自己代理、双方代理、代理人与第三人恶意串通三类。

1. 自己代理

代理人以被代理人的名义与自己进行交易，此种交易行为实际上由代理人自己实施。例如小李委托小周购买一批货物，小周分别以小李的名义和自己的名义作为双方当事人来签订合同，自己卖给小李这批货物。由于自己代理时交易各方有利益冲突，因此代理人的行为有损害被代理人利益的可能。

对自己代理行为的法律效力，有两种观点：一是无效说，即认为该代理行为无效；二是效力待定说，即认为该代理行为效力不稳定，是否有效要看被代理人追认与否。如果被代理人事后追认，则为有效。笔者认为应区分法定代理和委托代理的情况来决定自己代理是否有效。在法定代理的情况下，由于被代理人不具备完全的判断能力，并考虑到应严格保护被代理人利益，自己代理行为应为无效。而在委托代理的情况下，被代理人具有行为能力，可以判断是否接受代理行为，因此不妨赋予当事人更多的自由决定空间，即应该赋予被代理人以追认权。另外，如果在交易达成之前代理人征得被代理人的同意，该行为也应认定有效。

2. 双方代理

双方代理是指代理人同时担任交易双方当事人的代理人。与自己代理类似，这种代理难免顾此失彼，损害被代理人的利益。一般认为，除非该行为事前征得被代理人的同意或者事后由被代理人追认，否则无效。

3. 代理人与第三人恶意串通，损害被代理人的利益

代理人应忠实于被代理人的利益，此为其基本义务。如果代理人和第三人恶意串通，损害被代理人利益的，属无效的民事行为，代理人和第三人应承担连带责任。

五、狭义的无权代理

在滥用代理权的情况下，代理人有代理权，但行为违反了作为代理人的义务，主要是忠实义务。无权代理是指行为人的所谓"代理行为"没有代理权。广义的无权代理包括狭义的无权代理和表见代理两种情况。

1. 狭义的无权代理之含义

狭义的无权代理是指行为人的行为没有代理权的基础，同时也没有表见代理的情况，即除表见代理（见下一部分）之外的其他无权代理的情况。

狭义的无权代理主要有以下三种情形：

（1）无任何授权情形、行为人自始没有代理权的所谓"代理"。行为人没有代理权，以前也没有获得过代理权，却以被代理人的名义对外交易。

（2）代理权终止后的"代理"。行为人曾经获得过授权，但在代理权终止后仍然以被代理人的名义对外交易，也是无权代理。

（3）越权"代理"。行为人有代理权，也没有终止，但其行为不在授权范围之内。

2. 狭义的无权代理的法律效力

上述的无权代理行为都无代理权的基础，但后果并不一定对被代理人和交易的相对人不利。因此，法律并没有规定无权代理行为无效，而是规定其效力如何要看被代理人和相对人的态度。

（1）被代理人具有追认权。当无权代理行为发生后，被代理人如果追认，则效力等同于有权代理，法律后果由被代理人承担。被代理人知道他人以其名义实施民事行为而不作否认表示的，视为同意，应承担该行为的法律后果。如果无上述的"追认"或"视为同意"等情形，则法律后果由行为人承担。

（2）相对人有催告权和撤销权。当相对人（第三人）发现所订立的合同为无权代理人所为时，可以催告被代理人在一个月内予以追认。被代理人未作表示的，视为拒绝追认。合同被追认之前，善意的相对人有撤销的权利。撤销应当以通知的方式做出。

（3）未被追认之后果。未被追认的，善意相对人有权请求行为人履行债务或者赔偿其所受损害，但是赔偿的范围不得超过被代理人追认时相对人所能获得的利益。如相对人并非善意，即相对人知道或者应当知道行为人无权代理的，相对人和该行为人按照

各自的过错承担责任。

六、表见代理

1. 表见代理的含义

表见代理是指行为人的行为虽无代理权的基础，但如果相对人（第三人）有理由相信行为人是有代理权的，该代理行为有效，即该无权代理行为具有有权代理行为的法律效果。与狭义的无权代理相同的是，两类行为都无代理权的基础；不同的是，狭义的无权代理原则上无效，除非经过被代理人追认，但表见代理的法律效力则同于有权代理，表见代理之被代理人应承受代理的法律后果。

《民法典》规定："行为人没有代理权、超越代理权或者代理权终止后，仍然实施代理行为，相对人有理由相信行为人有代理权的，代理行为有效。"

2. 表见代理的构成要件

表见代理属无权代理的一种，因此没有代理权是第一个构成要件。除此之外，表见代理还应具备如下两个构成要件。

（1）相对人有理由相信行为人有代理权。当与交易有关的客观情况表明任何人如果处于相对人的位置，一般有理由相信该代理行为是有授权的，则被代理人虽然本意上没有授权，也应承担该代理行为的法律后果。换言之，虽然被代理人并无授权，但客观情况给外人造成了"授权"的表象。例如，有以下情形：

① 委托书授权不明产生的表见代理。委托书授权不明，即使可以证明代理人所为之行为的确不在授权范围内，但如果该委托书的内容和行文使得相对人有理由相信存在该授权的话，则约束被代理人。

② 直接或间接的意思表示导致他人相信"授权"的存在。

③ 被代理人得知他人在以自己的名义进行交易而不做否认表示。

④ 虽无任何授权的意思表示，也不知道他人在以自己的名义行事，但某些因素的存在使得相对人有理由相信存在"授权"。这是最为典型的表见代理，表现为以下几种情形：第一，虽无授权，但允许他人持有自己的印章或者盖有自己印章的空白合同书。第二，虽然被代理人无授权也不允许，但事实是他人持有被代理人单位的印鉴、证明信、授权书等进行交易。第三，被代理人授权代理人进行交易是有一定限制范围的，但却没有通过相应的措施来使相对人明白该授权范围有限，从而使得相对人认为代理人之越权行为是有授权的。例如，被代理人在组织内部规定了不同人员的对外签订合同的权限，但却未在授权书中写明，或者对外交易的代理人手中持有无明确授权的介绍信和盖有印章的空白合同。第四，允许他人作为自己的分支机构进行民事活动。第五，代理权消灭后，原来的代理人仍在从事代理活动，而被代理人并未采取相应的措施制止该代理活动的进行。例如没有收回原来发给的印章、合同书、授权书等；或者在授权时是以公告方式告知相对人有授权的存在，在授权结束后，并没有以公告方式通知取消或通知方式不当。

在构成表见代理的情况中，很多时候是由于被代理人行为有"过错"或"过失"或者存在某些"瑕疵",而使得交易相对人相信有"授权"的存在。

（2）相对人是善意无过失的。如果相对人知道或者应当知道行为人的行为是无权代理,还与之进行民事交易,则不可以以表见代理为由要求被代理人承担法律后果。另外,如果相对人知道行为人没有代理权、超越代理权或者代理权已终止还与行为人实施民事行为给他人造成损害的,由相对人和行为人负连带责任。

例释 王大牛和女儿王小花、女婿李大强合资成立公司,王大牛持股60%。某日,王小花和李大强协商后签署了股东会决议,将王大牛所持公司的40%股份转让给李大强,20%转让给王小花。股东会决议中的王大牛的签字是由王小花代签。王大牛认为自己从未授权王小花代签,因此该决议无效。法院判决:涉及"40%"的转让有效,因为从公司设立至今,在各种文件、章程、决议上的签字,都是王小花替王大牛签的,王大牛从无异议。除非王大牛有证据证明女儿和女婿恶意串通,即主观非善意,否则构成表见代理。而涉及"20%"的转让无效,因为王小花代理王大牛与自己交易,除非王大牛追认,否则无效。①

3. 表见代理与代表行为

依《民法典》,法定代表人是指依照法律或者法人章程的规定,代表法人从事民事活动的负责人。公司的法定代表人依照公司章程的规定,由董事长、执行董事或者经理担任。

公司等法人企业的法定代表人以及其他经济组织的负责人,是该企业或组织的代表。鉴于该法定代表人或负责人在企业中的地位以及对企业的法定代表性,当其代表企业进行对外交易时,相对人会容易相信他们有权代表企业行事。因此,为保护相对人的权益,上述代表行为即使依据企业内部规定是越权或无权的,企业仍要就该代表行为对善意的相对人负责。《民法典》规定:法人或者其他组织的法定代表人、负责人超越权限订立的合同,除相对人知道或者应当知道其超越权限的以外,该代表行为有效。《民法典》规定:法定代表人以法人名义从事的民事活动,其法律后果由法人承受,其因执行职务造成他人损害的,由法人承担民事责任。法人章程或者法人权力机构对法定代表人代表权的限制,不得对抗善意相对人。

上述越权之代表行为在特征、构成要件和法律后果上,与表见代理基本一致,故称表见代表。

例释 小周是A公司的法定代表人,好朋友小李办理银行贷款需要担保,请小周帮忙。小周以A公司的名义为小李担保使其获得贷款。到期小李无法偿还贷款,银行要求A公司还款。A公司辩解说小周是越权行为,因为公司章程规定公司对外担保须经董事会同意,小周无权自行决定,因此应由小周个人来还款。你的看法呢?

4. 表见代理的合理性

代理是一种"分工"。通过分工,资源得到合理配置,经济运行效率得以增强。同时,经济活动也存在风险,除了合法的行为,也有非法的行为。以代理为例,有有权代

---
① 参见镇江市中级人民法院（2008）镇民二终字第309号判决。

理，也出现无权代理。有权代理，代理权限明确，代理行为有权可依，被代理人、代理人和相对人之间的权利义务承担有清晰的界限。而发生无权代理时，要分两种情况进行分析：

（1）不存在任何"授权表象"的狭义的无权代理。这种情况下，交易的相对人没有受到"授权表象"的迷惑，行为时只要小心一些，就可避免无权代理的不良后果。因此，对于狭义的无权代理，法律规定原则上不约束被代理人，而应由交易的行为人和相对人来承担交易的风险。同时，为促进效率考虑，又给予被代理人以追认权，实际上是给相对人真正想交易的对象，即被代理人以选择权。同时，相对人也有撤销权，但撤销权要在被代理人行使追认权之前行使才有效。

（2）存在"授权表象"的表见代理。这些授权表象的存在通常或多或少、直接或间接地与被代理人的行为有关，即被代理人虽然没有授权，但其积极或消极的行为、直接或间接的意思表示使得相对人有理由相信被代理人有"授权"。这时，交易风险的分配就要与狭义的无权代理有所不同。相对人相信授权的存在，并且基于对该授权的合理依赖而与行为人达成交易。而且，该信赖与被代理人的行为有关，这种信任是合理的，是有充分理由的。在此种情况下，如果再要求相对人承担无权代理的风险既不足以保护其利益，也使得交易风险的分配偏重于相对人，于交易效率和安全均为不妥。因此善意的相对人基于被代理人的行为而产生的"合理信赖"应得到保护。由此，在表见代理下，被代理人被要求承担一定的交易风险，从而一方面合理保护相对人的利益，一方面通过交易风险的分配来促进交易效率和安全。

5. 表见代理的法律后果

如果表见代理成立，则该代理行为视同有权代理，被代理人要就该代理行为对相对人承担义务。义务的承担与否取决于相对人的权利主张。

相对人有选择权，可以主张狭义的无权代理，选择让行为人承担法律后果；也可以主张表见代理，选择让被代理人承担法律后果。①

专题案例2-2　老刘应不应该还钱

事实

2002年某天，黑龙江的某个小山村，老冯找到老刘要他还借款，老刘感到很奇怪，因为他从来都没有向老冯借过钱。

老刘说：自己没有借过老冯的钱，老冯所持的借条不是他写的，他也不会写字。

老冯说：那天是老刘的女儿女婿来找他，说替老刘借钱。老冯问为什么你爸不自己来，回答说因为父亲在山里忙，没时间，而且不识字，来也没有用。5 000元不是个小数目，所以老冯有些犹豫，于是老刘的女儿女婿拿出了老刘的房产证作证。写好借条后，老刘的女儿女婿签字按手印，房产证则留在了老冯那里。另外，在这之前，老刘曾打过

---

① 魏振瀛. 民法[M]. 北京：北京大学出版社，2000：189.

招呼说将来想借些钱。

后来,老刘的女儿女婿离家出走,不知去向。老冯遂起诉老刘要求还钱。

法院的判决

法院认为构成表见代理,理由是:老刘曾跟老冯说过要借钱,以后来借钱的是老刘的女儿女婿,他们持有老刘的房产证,从一般人的认知,善意的相对人有理由相信他们有代理权。因此,符合表见代理的构成要件,判令老刘偿还借款本息。

思考

如果老刘的女儿女婿借钱时没有出示老刘的房产证,那么是否还构成表见代理?如果借钱的数额为 50 000 元,是否还构成表见代理?

(编写参考:中央电视台 2003 年 9 月 29 日的《经济与法》节目)

法规指引

➢ 国家法律:《民法典》《公司法》

拓展与思考

1. 推荐阅读

"法人"概念萌芽于罗马法,在 1900 年的《德国民法典》中得以系统规定。法人不仅是与自然人并列的一大民事主体,而且是理解有关组织团体(包括企业)之制度的关键。虽然只是一个人类发明出来的抽象的概念,但这一概念及其相关制度的确立对于社会经济发展影响很大。当然,也可以说,其出现是社会经济发展的需要所致。不妨思考一下:法人是一个具有什么特点的"人"?立法者为什么要赋予其如此特点?对社会经济的发展的影响如何?有兴趣全面了解法人制度的同学可阅读:蒋学跃. 法人制度法理研究[M]. 法律出版社,2007.

改革开放以来,民营企业的发展与改革的轨迹和方向同步。张志勇指出:"民营经济已被公认为最能代表市场经济的主体,显然民营企业成为中国经济的'晴雨表'。而改革每前进一步,其实都是对民营经济的再松绑,对民营企业的再解放,这是选择市场经济发展的必然结果,但'奇谈怪论'仍在干扰着。"推荐阅读:张志勇. 民营企业四十年[M]. 经济日报出版社,2019.

2. 问题解决

法律责任是个人、合伙、非法人组织和法人相互区别的关键。除此之外,选择某种经营形式营商还有其他方面的考虑。请利用你在本章学习的知识来解决如下问题:周大志不想给人打工了,想自己创业,于是向你咨询采用哪个形式经营比较好,你会从哪些方面进行分析来给他提供意见呢?

3. 制度变革

目前,我国法律所规定的个人、合伙、非法人组织和法人等经营形式是否能完全满足商事主体创业的需要？法人企业责任有限，但税赋重；个人和合伙等税赋轻，但责任无限。可不可以设计一种经营形式，集以上经营形式的各自优势于一身？[①]

4. 观点争鸣

最高法院 1998 年出台的一个司法解释规定："行为人盗窃、盗用单位的公章、业务介绍信、盖有公章的空白合同书，或者私刻单位的公章签订经济合同，骗取财物归个人占有、使用、处分或者进行其他犯罪活动构成犯罪的，单位对行为人该犯罪行为所造成的经济损失不承担民事责任。行为人私刻单位公章或者擅自使用单位公章、业务介绍信、盖有公章的空白合同书以签订经济合同的方法进行的犯罪行为，单位有明显过错，且该过错行为与被害人的经济损失之间具有因果关系的，单位对该犯罪行为所造成的经济损失，依法应当承担赔偿责任。"[②]你认为上述规定是否合理？另外，如果没有构成犯罪的话，单位是否要对受损害人承担赔偿责任？

教材有关表见代理之合理性的阐述，你是否赞同？不妨启动你的批判性思维来分析一下表见代理的不合理性是什么？另外，目前规定的表见代理的构成要件是否合理？有观点认为：该要件过于侧重相对人利益，建议再增加一个要件：被代理人有过失。[③]谈谈你的看法。可分以下立场进行辩论：

正方：对于表见代理，应增加"被代理人有过失"这一要件；

反方：对于表见代理，不应增加"被代理人有过失"这一要件。

5. 法官判案

女儿经营家庭式摩托车店，某日手持父亲的身份证复印件和私章以父亲名义向银行申请贷款 5 万元，而父亲对此事并不知晓。一审法院认定构成表见代理，而二审法院判决只构成狭义的无权代理，理由是银行应对贷款负慎重审查之责，因此银行有过失，不构成表见代理。如果你是法官，你会怎么判？

5. 网络搜索

搜索关键词——"IPAD 商标之争"。

苹果公司向"台湾唯冠"购买了在中国大陆的 IPAD 商标权。之后却被告知"深圳唯冠"才是该商标在大陆的注册人。两个叫唯冠的公司同属一个集团，负责人也是同一人。苹果公司主张两个公司之间构成表见代理，是否能获法院支持呢？

[①] 学习第三章有关特殊的普通合伙企业和有限合伙企业之内容时，可以再思考这个题目。
[②] 《关于在审理经济纠纷案件中涉及经济犯罪嫌疑若干问题的规定》。
[③] 尹田. 论表见代理[J]. 政治与法律，1988（06）.

第三章　个人、合伙、外商投资企业

❦ **本章学习要点**
　　✧　个体工商户、农村承包经营户、个人合伙
　　✧　个人独资企业、合伙企业
　　✧　外商投资企业

第一节　个人与个人合伙

一、个体工商户

1. 个体工商户的出现与私营经济的发展

1978 年以后，我国开始发展商品经济。这时，大批"知青"回到城里。由于无法解决就业问题，很多人就自己做起了个体经营，被称为个体户。1981 年，国务院发布规定，认可了个体户的合法地位。[1]个体户标志着"文革"以后我国私营经济的起步。

进入 20 世纪 80 年代，以个体经济为代表的私营经济的发展受到了国家的承认和鼓励。1988 年，私营经济的合法地位被写进《宪法》。这时，个体经济以及私营经济被定位为公有经济的补充。

进入 20 世纪 90 年代，市场化改革进一步深入。1993 年，社会主义市场经济被写进《宪法》。国家鼓励多种经济成分长期共同发展。1997 年，中国共产党的十五大报告指出：非公有制经济是我国社会主义市场经济的重要组成部分。私营经济的地位被大大地提高。

2. 个体工商户及其法律责任

我国法律允许公民以个体工商户的形式从事工商业经营。个体工商户必须依法核准登记。登记后，个体工商户可以取名号，以该名号进行经营。

个体工商户可以有自己的名号，但并不形成独立于个人之外的法人实体。对外所欠的债务，个体经营的人应承担无限责任。如果是个人经营，则以个人财产承担；如果是以家庭为单位经营，则以家庭财产承担。有关家庭经营的责任承担，家庭成员之间的关系类似于合伙性质。

即使个体工商户以个人名义登记，如果用家庭共有财产投资，或者收益的主要部分

---

[1] 《关于城镇非农业个体经济的若干政策规定》（1981 年 7 月 7 日颁布）。

供家庭成员享用的，其债务应以家庭共有财产清偿。在夫妻关系存续期间，一方从事个体经营或者承包经营的，其收入为夫妻共有财产，债务亦应以夫妻共有财产清偿。虽然其他家庭成员或配偶并无意参与经营并且也没有参与经营，但上述行为使其实质上形成个体工商户的家庭经营性质，应以家庭财产承担责任。

个体工商户以其家庭共有财产承担责任时，应当保留家庭成员的生活必需品和必要的生产工具。

3. 对个体工商户的登记管理

要成立个体工商户，应向当地市场监督管理局办理登记手续。

首先，登记范围宽松。登记的经营范围为"非禁则入"，即只要不属于法律、行政法规禁止进入的行业的，登记机关就应依法予以登记。

其次，登记手续简单。同公司的注册登记相比非常简单，提交的材料为登记申请书、身份证明和经营场所证明。登记的项目主要有：经营者姓名和住所、组成形式、经营范围、经营场所。个体工商户使用名称的，该名称要登记。

最后，登记审核快速。申请材料齐全、符合法定形式的，当场予以登记。如果需要对申请材料的实质性内容进行核实的，要在15日内完成核实并做出是否予以登记的决定。予以注册登记的，登记机关应当自登记之日起10日内发给营业执照。

4. 个体工商户的税收

个体工商户应缴纳个人所得税。个体工商户的生产、经营所得，以每一纳税年度的收入总额，减除成本、费用以及损失的余额，为应纳税所得额。

二、农村承包经营户

1. 农村土地经营体制的改革与农村承包经营户

我国实行土地公有制。在农村，土地为集体所有。改革开放以来，为鼓励农民的生产积极性，在农村推行家庭承包经营责任制，将土地使用权承包到户。家庭承包经营以村委会为发包方，与承包户签订承包合同。承包户在合同期内享有土地承包经营权并依法使用土地和处置相关权利。

依《民法典》，农村承包经营户指依法取得农村土地承包经营权，从事家庭承包经营的农村集体经济组织的成员；对经营中所发生的债务，以从事农村土地承包经营的农户财产承担；事实上由农户部分成员经营的，以该部分成员的财产承担。

2. 《农村土地承包法》

承包经营提高了农民的生产积极性，但也出现不少问题。问题之一是作为合同一方的村委会和乡镇政府等滥用行政权力，随意缩短承包期、收回承包地和提高承包费；随意调整承包地，多留机动地；不尊重农民的生产经营自主权，强迫种植、强迫流转承包地等。[①]问题之二是家庭承包经营使得田地被小块分割到户，虽然农民生产积极性提高，但不利于土地的规模经营，降低了土地的产出效率。

---

① 蔡岩红. 农村土地承包法：9亿农民的定心丸[D]. 法制日报，2003-03-04（5）.

为解决上述问题并为农村土地承包提供法律保障，2003年3月1日，《农村土地承包法》开始实施，之后于2018年12月29日被修订。该法全面系统地规范了农村的土地承包制度，目的在于巩固和完善以家庭承包经营为基础、统分结合的双层经营体制，保持农村土地承包关系稳定并长久不变，维护农村土地承包经营当事人的合法权益，促进农业、农村经济发展和农村社会和谐稳定。

3. 三权分置

农村经营的土地，涉及所有权、承包权和经营权三个权利，又称"三权分置"。依2014年中央一号文件，有关此三权的制度改革指导原则为：在落实农村土地集体所有权的基础上，稳定农户承包权、放活土地经营权，允许用承包土地的经营权向金融机构抵押融资。

（1）土地所有权。其主体为村农民集体、村内农民集体（例如村民小组）、乡镇农民集体等。村集体所有的土地由农村集体经济组织、村民委员会或者村民小组发包。

（2）土地承包权。其全称为"土地承包经营权"，其主体为农村集体经济组织成员，以家庭为单位，即农村承包经营户。该权利是农民对集体所有的土地长久享有的使用和经营权。

（3）土地经营权。为土地承包权主体对外流转的有关土地经营之权利，流转后获得土地经营权的人为土地经营权的主体。

（4）两个法律关系。一是土地承包关系，发生在所有权人（发包方）和承包权人（承包方）之间，即集体经济组织将土地发包给组织内各成员；二是土地经营权流转关系，发生在承包权人和经营权人之间，即承包权人将土地经营权流转给他人。通过承包关系，农户获得土地承包经营权，可以自己经营，也可将经营权流转给他人，即土地承包权和经营权可分离，从而产生土地经营权流转关系。

例释 大王村有1 000亩耕地，其所有权主体为大王村农民集体。王大虎一家承包了10亩耕地，是这片耕地的土地承包权人。王大虎家可以自己经营该耕地，也可以把土地经营权流转给他人。王大虎家将其中5亩耕地出租给张小花，张小花依据出租合同获得了该5亩地的土地经营权。

4. 土地承包经营权及其保护

（1）权利长久。国家依法保护农村土地承包经营权的长久稳定。耕地、草地、林地的承包期分别为30年、30年至50年、30年至70年。承包期届满后可再相应延长。承包期内，发包方不得收回或调整承包地。

（2）登记确权。国家对耕地、林地和草地等实行统一登记，登记机构应当向承包方颁发土地承包经营权证或者林权证等证书，并登记造册，确认土地承包经营权。

（3）国家保护。国家保护承包方的土地承包经营权，任何组织和个人不得侵犯。国家保护承包方依法、自愿、有偿流转土地经营权，保护土地经营权人的合法权益，任何组织和个人不得侵犯。

改革开放以来，农村进城务工人员日益增多，并且很多人在城市落户。由于农村承包经营权人有身份要求，即为村集体经济组织成员。因此当农户进城落户而失去原农户身份时，所承包的土地是否应交回？对这个问题，《土地承包法》最初规定："承包方全家迁入设区的市，转为非农业户口的，应当将承包的耕地和草地交回发包方。"但2018年修订后，相关规定变为："国家保护进城农户的土地承包经营权。不得以退出土地承包经营权作为农户进城落户的条件。"因此，原来的规定是获得和维持土地承包经营权都必须有农户身份，现在的规定为获得时需有农户身份，但获得后，权利的维持不再受之后户口身份变化的影响。由此，土地承包经营权比以往更为稳定和长久。

例释 某发包方诉诸法院，要求提前解除与承包方的土地承包合同。理由是：依据承包合同，在承包期内，如政府征收土地，则发包方可单方提前解除合同，相关补偿依政府规定执行。由于政府办公会议纪要决定要征收该区域土地，因此提前解除。法院认为：我国《土地法》规定政府可以为了公共利益征收、征用土地，但必须依法进行，包括依法批准、公告、实施等。政府会议纪要并非符合法律规定的正式有效的决定，只是行政指导性质。因此驳回发包方起诉。[①]

5. 农村承包经营户的权利和义务

（1）承包方的权利。依《农村土地承包法》，承包方享有以下权利：

① 依法享有承包地使用、收益的权利，有权自主组织生产经营和处置产品。

② 依法互换、转让土地承包经营权。

③ 依法流转土地经营权。

④ 承包地被依法征收、征用、占用的，有权依法获得相应的补偿。

⑤ 法律、行政法规规定的其他权利。

（2）承包方的义务。承包方履行下列义务：

① 维持土地的农业用途，未经依法批准不得用于非农建设。

② 依法保护和合理利用土地，不得给土地造成永久性损害。

③ 法律、行政法规规定的其他义务。

6. 土地承包经营权之行使

（1）土地承包经营权互换。承包方之间为方便耕种或者各自需要，可以对属于同一集体经济组织的土地的土地承包经营权进行互换。互换应向发包方备案。

（2）土地承包经营权转让。指承包方将全部或者部分的土地承包经营权转让给本集体经济组织的其他农户，由该农户同发包方确立新的承包关系，原承包方与发包方在该土地上的承包关系即行终止。转让应经发包方同意。

（3）土地经营权自我实施。承包方可以自己经营所承包的土地，但不可违法或违反承包合同之规定。

（4）土地经营权流转。承包方可以自主决定依法采取出租（转包）、入股或者其他方式向他人流转土地经营权。流转后，土地经营权人有权在合同约定的期限内占有农村土地，自主开展农业生产经营并取得收益。流转应向发包方备案。

（5）土地经营权担保。承包方可以用承包地的土地经营权向金融机构融资担保，

[①] 参考永宁县人民法院（2017）宁0121民初647号判决书。

7. 农村承包经营户的税费负担

2006年以前，农村承包经营户要向国家缴纳农业税。另外，还要以村为单位缴纳村提留费和乡统筹费，国务院规定不能超过上年农民人均纯收入的5%。①

如果严格依上述规定征收税费，农民负担并不能说过重。但问题是，多年以来，一些乡镇政府无视国家严禁增加农民负担的三令五申，巧立名目，对农民乱摊派、乱集资、乱收费（简称"三乱"），造成了农民的税费负担过重。不少地方农民人均负担的增长超过了人均纯收入的增长，超过了农民的承受能力，严重挫伤农民发展生产的积极性。②

1998年，国务院农村税费改革工作小组成立，确定了以"减轻、规范、稳定"为农村税费改革的指导原则。"减轻"是要切实减轻农民的税费负担，"规范"是要严格规范农村税费征收办法，"稳定"是指改革后的新的税费政策和农民的税费负担要长期保持稳定并防止反弹。

2000年，中央决定以安徽省为试点进行农村税费改革，然后扩大试点，在其他省市推开。这次税费改革事关农民切身利益和农村发展问题，堪称又一次农村革命。时任总理朱镕基指出：税费改革是减轻农民负担的治本之策。

2005年12月29日，全国人大常委会通过决定，自2006年1月1日起废止《农业税条例》，取消除烟叶以外的农业特产税，全部免征牧业税。在中国延续了2600年的"皇粮国税"终止。与1999年相比，农民每年因农业税取消减负总额超过1000亿元，人均减负120元左右。③

专题案例3-1　农村税费改革跳出"黄宗羲定律"

在农业税被取消之前，一些省份试点改革，但目的不是取消，而是减负。

以安徽省为例。其在税费改革试点中主要采取三个方面的措施：一是"费"改"税"。把农民承担的提留统筹费改为农业税及其附加；二是规范向农民筹资的征管方式。由过去的农业税费多部门、多环节征收转变为财政部门一家征收，基层政府及部门既不能以各种名目向农民收费、集资和摊派，也不能随意挤占村级资金，强迫农民以资代劳。在征收方法上，由以往"登百家门、收百家税"的催收模式，改为由粮站在收购粮食时代扣代缴，或由财政部门设立纳税大厅常年征收，或设立流动征收网点，实行"定点、定时、定额"集中缴纳；三是理顺县乡财政分配关系。根据财权与事权相一致的原则，调整和完善县乡分税制财政体制，明确划定乡镇财政收支范围，建立"以收定支"新机制，从源头上堵住按需而征、随意加重农民负担的口子。

根据安徽省政府部门的测算，改革使绝大多数农民的负担水平明显下降，改革后全

---

① 国务院. 农民承担费用和劳务管理条例.
② 国务院关于切实减轻农民负担的通知，1990.
③ 引自中央人民政府门户网站，http://www.gov.cn/test/2005-08/11/content_27116.htm.

省农民总的税费负担水平比改革前下降23.6%。

最值得关注的问题是：新的税费改革要成功，不仅要能切实减轻农民负担，还要能保持下去，不能在下降一段时间后又反弹。温家宝总理于2003年3月6日在十届人大一次会议现场发言，表达了对这一问题的担忧，也表达了一定要把税费改革进行到底的决心。他指出："历史上税费改革进行过不止一次。从杨炎、王安石到张居正，像唐朝时的'两税法'、明朝时的'一条鞭法'、清代时的'摊丁入亩'等。多少次变革，每次税费改革后，由于当时社会政治环境的局限性，农民负担在下降一段时间后会涨到一个比改革前更高的水平，走向了原先改革目的的反面。明末清初，有一个叫黄宗羲的思想家总结一个定律，称之为'积累莫返之害'。这个定律讲明了这一点：每次税费合并以后，都抬高了下一次农民负担的门槛，而人们又往往把以前农民税费合并的基础忘掉，认为又是合理的。我想，我们不能走'黄宗羲定律'这个怪圈，一定得跳出来。跳出来的办法，就是改革不适应生产关系的上层建筑，不适应生产发展的上层建筑，所以就得精简机构、精简人。"

2005年12月26日下午，我国的农业税改革终于迈出历史性的一步。十届全国人大常委会第十九次会议以"162票赞成，0票反对，1票弃权"通过决定，自2006年1月1日起废止《农业税条例》。

思考

为何长期以来税费改革总是跳不出"黄宗羲定律"的怪圈？我国取消农业税有助于增加农民收入，缩小城乡收入差距，提高我国农产品国际竞争力。以后，农业税是否有可能会恢复呢？如果要恢复，应具备的条件是什么？

（资料来源：作者自撰）

三、个人合伙

个人合伙是指两个以上公民按照协议，各自提供资金、实物、技术等，合伙经营、共同劳动。个人合伙如符合条件，也可进而成立为合伙企业。有关合伙企业，在本章第二节介绍。

1. 无限连带责任

这是合伙区别于其他组织形式的最典型特征。无限连带责任使得每一个合伙人都有可能以个人财产承担全部的对外债务。而且，如果合伙人以其家庭共有财产出资，则以其家庭共有财产承担责任；虽以个人财产出资，合伙的盈余分配所得用于其家庭成员生活的，应先以合伙人的个人财产承担，不足部分以合伙人的家庭共有财产承担。因此，参与合伙相对于做公司的股东风险要大。由此，合伙人的选择要谨慎，彼此是否信任是关键。

无限连带责任是对外的责任。合伙人之间如何分配债务或亏损，应依据合伙协议的规定。如果合伙协议规定了债务承担比例或者出资比例，依其分配；如果没有上述比例的约定，可以按照约定的或者实际的盈余分配比例承担。对造成合伙经营亏损有过错的合伙人，应当根据其过错程度相应地多承担责任。合伙人对外偿还的债务如果超过了自己对内应承担的部分，有权向其他合伙人追偿。

个体工商户和个人合伙在经营时可以有名号，也可以有经营场所，甚至有雇员。但这并不意味着可以改变其法律上的性质。即使有组织形式的存在，责任还是个人无限责任。如果个体户或合伙人不想承担无限责任，可采用公司等法人企业形式。

2. 合伙的管理

由于无限连带责任的存在，合伙经营好坏关系重大。因此，各个合伙人无论出资多少，都有平等的管理权。个人合伙的经营活动，由合伙人共同决定，合伙人有执行和监督的权利。当然，多人共同管理也有可能影响经营的效率。因此，合伙人可以推举负责人，也可以通过协议确定具体管理人员以及确定管理权限。但是，合伙负责人和其他管理人员的经营活动，由全体合伙人承担民事责任。

3. 合伙的财产

合伙人投入的财产，由合伙人统一管理和使用。经营积累的财产，归合伙人共有。

4. 入伙与退伙

合伙人的责任彼此连带，因此选择合伙人应非常谨慎。在合伙过程中增加合伙人，书面协议有约定的，按照协议处理；书面协议未约定的，需经全体合伙人同意，未经全体合伙人同意的，应当认定入伙无效。

合伙人退伙，如果有书面协议的约定，依书面协议处理；如果没有书面约定，原则上应准许退出。因其退伙给其他合伙人造成损失的，应当考虑退伙的原因、理由以及双方当事人的过错等情况，确定其应当承担的赔偿责任。

退出合伙后，退伙人对于其参与合伙期间发生的亏损，仍负连带赔偿责任。如退伙前未分担，则要承担；即使已分担，但如果全部债务并未被清偿，仍要负连带责任。

第二节 个人独资企业和合伙企业

改革开放以来，私营经济的发展日趋活跃。在企业形态上，根据所有权的不同，内资企业分为私营企业、集体企业和国有企业三类。个人独资企业和合伙企业是私营企业的典型形式。另外，私营企业符合公司设立条件的，也可设立公司。

一、个人独资企业

2000年1月1日，《个人独资企业法》实施，依据该法可设立个人独资企业。其实在这之前，依据《私营企业暂行条例》，个体经营也可登记为独资企业。

1. 什么是个人独资企业

个人独资企业是指依法在中国境内设立，由一个自然人投资，财产为投资人个人所有，投资人以其个人财产对企业债务承担无限责任的经营实体。

2. 个人独资企业的设立

设立个人独资企业应当具备下列条件：①投资人为一个自然人；②有合法的企业名称；③有投资人申报的出资；④有固定的生产经营场所和必要的生产经营条件；⑤有必要的从业人员。

个人独资企业的设立条件非常宽松。虽然有出资的要求，但并无最低资本额的限定，投资人有权自主决定出资方式和出资数额。申请设立个人独资企业，应当由投资人或者其委托的代理人向个人独资企业所在地的登记机关提交设立申请书、投资人身份证明、企业住所证明等文件。委托代理人申请设立登记时，应当出具投资人的委托书和代理人的合法证明。登记机关应在 15 天内做出核准与否的决定。予以核准的发给营业执照，营业执照的签发日期为个人独资企业成立日期。[①]

3. 个人独资企业的法律责任

相比个体工商户，取得企业形态可以使得经营更为正规，但在法律责任方面没有改变。个人独资企业对外所负债务，如企业的财产不足以清偿，则投资人应当以其个人的财产予以清偿。个人独资企业解散后，原投资人对个人独资企业存续期间的债务仍应承担偿还责任，但债权人在 5 年内未向债务人提出偿债请求的，该责任消灭。

法律还要求个人独资企业的名称应当与其责任形式相符合，即不得使用"有限"、"有限责任"或"公司"等字样。

4. 个人独资企业的税收

2000 年以前，我国的个人独资企业和合伙企业要交企业所得税。这并不符合个人和合伙经营的自然人本质，也不利于促进私营经济的发展。为此，国务院发布通知，自 2000 年 1 月 1 日起，对个人独资企业和合伙企业停止征收企业所得税，其投资者的生产经营所得，比照个体工商户的生产、经营所得征收个人所得税，税率也同于个体工商户。[②]这一变化使得个人独资企业和合伙企业的非法人特征更为清晰。2007 年通过的《企业所得税法》第 1 条规定：个人独资企业、合伙企业不适用本法。

二、合伙企业

《合伙企业法》于 1997 年 8 月实施。2006 年 8 月，该法被修订，在原来的普通合伙企业之外增加了两种特别的合伙企业：特殊的普通合伙企业和有限合伙企业。

1. 合伙企业的种类

合伙企业是指自然人、法人和其他组织依法在中国境内设立的有合伙性质的营利性组织。具体有下文述及的三种，区分点在于合伙人的责任规定有所不同。

（1）普通合伙企业。这是通常的合伙企业。由普通合伙人组成，合伙人对合伙企业债务承担无限连带责任。普通合伙人又称一般合伙人，即承担无限连带责任的合伙人。

---

① 《个人独资企业登记管理办法》第 9、11、12 条。
② 《国务院关于个人独资企业和合伙企业征收所得税问题的通知》。

(2) 特殊的普通合伙企业。只有以专业知识和专门技能为客户提供有偿服务的专业服务机构，如律师事务所或会计师事务所等，方可采此形式，仍可归类于普通合伙企业。一般来说，合伙人仍要对企业债务承担无限连带责任。但特殊情况下，法律允许某些合伙人可只承担有限责任。

(3) 有限合伙企业。由承担无限连带责任的普通合伙人和承担有限责任的有限合伙人组成。普通合伙人执行合伙事务并代表合伙企业，有限合伙人则无此权利。

普通的合伙中，合伙人由于责任无限且彼此连带，因此关系紧密，积极参与对合伙的控制和管理。然而对于那些想投资合伙但又不想承担如此沉重责任的人来说，只好对合伙望而却步。有限合伙的出现满足了他们的需要。有限合伙人一般不控制和代表该合伙企业，但可对企业投资并获得收益，同时又只承担有限责任。有限合伙可溯源至中世纪的欧洲。在美国，全国州法统一委员会在1916年制定了《统一有限合伙法》供各州立法采纳，目前大多数州采纳了该法。

特殊的普通合伙，在美国被称为"有限责任合伙"（limited liability partnership），出现得较晚。20世纪80年代，美国德克萨斯州的大批银行和储蓄贷款协会（Savings and Loan Association）等金融机构倒闭。由于从金融机构那里得到的赔偿有限，债权人把矛头对准曾为这些金融机构提供专业服务的律师事务所和会计师事务所。因为是合伙制，律师或会计师事务所中某个合伙人的不当行为所导致的巨额赔偿，其他合伙人即使没有参与过被指控的行为，甚至也不怎么熟悉出事的合伙人，也要承担无限连带责任，导致负担巨额赔偿甚至倾家荡产。一时间，巨大的恐惧在律师和会计师行业中弥漫开来。在此背景下，德克萨斯州出台了美国首部有限责任合伙法。有限责任合伙的合伙人本质上仍为普通合伙人，可控制和代表合伙企业，但是在某种情况下（即当别的合伙人发生过错、失误等不当执业行为时），可得到有限责任保护。我国汲取了西方国家的经验，允许专业服务机构采用此合伙形式，但给它起了一个中文上相对来说容易理解的名字：特殊的普通合伙企业。

2. 合伙人的法律责任

不同的合伙企业，合伙人的法律责任规定也有所不同。

(1) 普通的合伙企业。各合伙人对合伙企业的债务承担无限连带责任。企业名称中应当标明"普通合伙"字样，不得使用"有限"或者"有限责任"字样。

(2) 特殊的普通合伙企业。企业名称中应当标明"特殊普通合伙"字样。合伙人可承担有限责任的特别情形是指：一个合伙人或者数个合伙人在执业活动中因故意或者重大过失造成合伙企业债务的，应当承担无限责任或者无限连带责任，其他合伙人以其在合伙企业中的财产份额为限承担责任。也就是说，在某个或某几个合伙人因故意或者重大过失导致合伙企业负债时，其他合伙人的责任不是"无限连带"，而是"有限"，即只以其在合伙企业里的财产为限承担责任，不会波及个人财产。

合伙人在执业活动中非因故意或者重大过失造成的合伙企业债务以及合伙企业的其他债务，由全体合伙人承担无限连带责任。

(3) 有限合伙企业。普通合伙人对合伙企业债务承担无限连带责任，有限合伙人以其认缴的出资额为限对合伙企业债务承担责任。企业名称中应当标明"有限合伙"字样。

有限合伙人对外交易时,应披露其有限合伙人身份,其表现不可给第三人造成普通合伙人的表象。如果第三人有理由相信有限合伙人为普通合伙人并与其交易的,该有限合伙人对该笔交易承担与普通合伙人同样的无限连带责任。

3. 合伙企业的设立

（1）一般性规定。合伙企业的设立条件很宽松,登记手续比较简单。申请人提交的登记申请材料齐全、符合法定形式,企业登记机关能够当场登记的,应予当场登记,发给合伙企业营业执照。如不应当场登记,企业登记机关应当自受理申请之日起20日内,做出是否登记的决定。①

申请设立合伙企业,应当提交的文件有：全体合伙人签署的设立登记申请书、全体合伙人的身份证明、全体合伙人指定代表或者共同委托代理人的委托书、合伙协议、全体合伙人对各合伙人认缴或者实际缴付出资的确认书、主要经营场所证明以及登记主管机关所要求的其他文件。

（2）对于有限合伙企业设立的特殊规定。由于部分合伙人只承担有限责任,故法律额外规定了一些要求,使得有限合伙企业相比普通合伙企业,设立条件要严格一些。

① 人数的限制。合伙人为2个以上50个以下,应至少有一个普通合伙人。

② 出资的要求。有限合伙人可用货币、实物、知识产权、土地使用权或者其他财产权利作价出资。有限合伙人不得以劳务出资。有限合伙人应按照合伙协议的约定按期足额缴纳出资；未按期足额缴纳的,应当承担补缴义务,并对其他合伙人承担违约责任。企业登记事项中应当载明有限合伙人的姓名或者名称及认缴的出资数额。

4. 合伙协议

合伙企业应有书面的合伙协议。合伙协议规定合伙人之间的权利义务,要求书面形式,可为解决合伙人的争议提供确定的依据。

合伙协议应包括的事项有：合伙企业的名称和主要经营场所的地点；合伙目的和合伙经营范围；合伙人的姓名或者名称及其住所；合伙人的出资方式、数额和缴付期限；利润分配和亏损分担方式；合伙事务的执行；入伙与退伙；争议解决办法；合伙企业的解散与清算；违约责任。

有限合伙企业的合伙协议还需规定：普通合伙人和有限合伙人的姓名或者名称、住所；执行事务合伙人应具备的条件和选择程序；执行事务合伙人权限与违约处理办法；执行事务合伙人的除名条件和更换程序；有限合伙人入伙、退伙的条件和程序以及相关责任；有限合伙人和普通合伙人相互转变的程序。

5. 合伙企业的财产

合伙企业存续期间,合伙人的出资和所有以合伙企业名义取得的收益均为合伙企业的财产。

除合伙协议另有约定外,合伙人向合伙人以外的人转让其在合伙企业中的财产份额

---

① 《合伙企业登记管理办法》（2014年2月19日修订）。

时,必须经其他合伙人一致同意。在同等条件下,其他合伙人有优先受让的权利,但合伙协议另有约定的除外。

受让财产的外人并不必然成为新的合伙人。要成为新合伙人,必须依协议决议或经全体合伙人同意并修改合伙协议。

合伙人之间转让在合伙企业中的全部或者部分财产份额时,应当通知其他合伙人。

6. 合伙事务执行

(1) 执行资格与执行方式。普通合伙人享有执行合伙企业事务的权利。如果是有限合伙,则有限合伙人不执行合伙事务,不得对外代表有限合伙企业。有限合伙人未经授权以有限合伙企业名义与他人进行交易,给企业或者其他合伙人造成损失的,该有限合伙人应当承担赔偿责任。

执行可以是共同执行,即由全体合伙人共同执行合伙企业事务;也可以是委托执行,即由合伙协议约定或者经全体合伙人决定,委托一名或者数名合伙人对外代表企业执行合伙事务。

(2) 共同执行。在共同执行时,每个合伙人可分别执行合伙企业事务。合伙人可以对其他合伙人执行的事务提出异议。提出异议时,应暂停该项事务的执行。如果发生争议,按照合伙协议约定的表决办法办理。合伙协议未约定或者约定不明确的,实行合伙人一人一票并经全体合伙人过半数通过的表决办法。

(3) 委托执行。在委托执行时,不参加执行事务的合伙人有权监督执行事务的合伙人,检查其执行合伙企业事务的情况。执行事务的合伙人应当定期向其他合伙人报告事务执行情况以及合伙企业的经营和财务状况,其执行合伙事务所产生的收益归合伙企业,所产生的费用和亏损由合伙企业承担。

(4) 合伙人的权利义务。无论是共同执行还是委托执行,合伙人都有查阅账簿的权利。同时,法律规定合伙人不得从事与合伙企业之利益有冲突或损害合伙企业利益的活动。合伙人不得自营或者同他人合作经营与本合伙企业相竞争的业务。除合伙协议另有约定或者经全体合伙人同意外,合伙人不得同本合伙企业进行交易。但是有限合伙人,除非合伙协议禁止或限制,可以同本企业进行交易或者经营与本企业相竞争的业务。

(5) 合伙的表决。合伙人对合伙企业有关事项作出决议,按照合伙协议约定的表决办法办理。合伙协议未约定或者约定不明确的,实行合伙人一人一票并经全体合伙人过半数通过的表决办法。

除协议另有约定,合伙企业的如下事务必须经全体合伙人同意:改变合伙企业的名称;改变合伙企业的经营范围或主要经营场所的地点;处分合伙企业的不动产;转让或者处分合伙企业的知识产权和其他财产权利;以合伙企业名义为他人提供担保;聘任合伙人以外的人担任合伙企业的经营管理人员。

7. 利润分配与亏损分担

按照合伙协议的约定办理;合伙协议未约定或者约定不明确的,由合伙人协商决定;协商不成的,由合伙人按照实缴出资比例分配、分担;无法确定出资比例的,由合伙人平均分配、分担。

虽然法律尊重合伙人的约定，但也有限制。合伙协议不得约定将全部利润分配给部分合伙人，但允许有限合伙企业在合伙协议中作不同规定。另外，合伙协议不得约定由部分合伙人承担全部亏损。

8. 入伙

新合伙人入伙，除合伙协议另有约定外，应当经全体合伙人一致同意，并依法订立书面入伙协议。订立入伙协议时，原合伙人应当向新合伙人告知原合伙企业的经营状况和财务状况。入伙的新合伙人与原合伙人享有同等权利，承担同等责任。入伙协议另有约定的，从其约定。

入伙的新合伙人对入伙前合伙企业的债务承担无限连带责任。但是，新入伙的有限合伙人对入伙前有限合伙企业的债务，以其认缴的出资额为限承担责任。

9. 退伙

如果合伙协议未约定合伙企业的经营期限，合伙人在不给合伙企业事务执行造成不利影响的情况下，可以退伙，但应当提前30日通知其他合伙人。

如果合伙协议约定了合伙企业的经营期限，合伙人要退伙，需满足下列条件之一：

（1）合伙协议约定的退伙事由出现。

（2）经全体合伙人同意退伙。

（3）发生合伙人难以继续参加合伙企业的事由。

（4）其他合伙人严重违反合伙协议约定的义务。

约定期限的合伙企业的退伙相比于未约定期限的合伙企业，条件要苛刻一些。这是因为约定期限后，合伙人对彼此的合作和企业的经营有一定期限的期待，应予以尊重。

另外，如发生以下情形之一，为法定的当然退伙，无其他条件的限制：

（1）作为合伙人的自然人死亡或者被依法宣告死亡。或者，作为合伙人的法人或者其他组织依法被吊销营业执照、责令关闭、被撤销，或者被宣告破产。

（2）法律规定或者合伙协议约定合伙人必须具有的相关资格丧失。

（3）个人丧失偿债能力。

（4）合伙人在合伙企业中的全部财产份额被法院强制执行。

合伙人被依法认定为无民事行为能力人或者限制民事行为能力人的，经其他合伙人一致同意，可以依法转为有限合伙人，普通合伙企业依法转为有限合伙企业。其他合伙人未能一致同意的，该无民事行为能力或者限制民事行为能力的合伙人退伙。

普通合伙人退伙后，对其退伙前已发生的合伙企业债务仍要承担连带责任。但是，有限合伙人退伙后，对基于其退伙前的原因发生的有限合伙企业债务，以其退伙时从有限合伙企业中取回的财产承担责任。

10. 合伙企业的解散

如果发生以下情形，合伙企业应解散：

（1）合伙期限届满，合伙人决定不再经营。

（2）合伙协议约定的解散事由出现。

(3) 全体合伙人决定解散。
(4) 合伙人已不具备法定人数满 30 天。
(5) 合伙协议约定的合伙目的已经实现或者无法实现。
(6) 依法被吊销营业执照、责令关闭或者被撤销。
(7) 法律、行政法规规定的其他原因。

合伙企业解散后，原普通合伙人对合伙企业存续期间的债务应承担无限连带责任。

专题案例 3-2　大李是合伙人吗？

事实

小梁经营一家培训中心，因资金缺乏，他想寻找合作伙伴。老周与小梁签订协议，购买了该中心 50% 的资产（包括无形资产）份额，并约定共同经营管理该中心。

之后，老周背着小梁去找了大李，问大李是否愿意加入。大李对培训中心很感兴趣，于是与老周签订协议，老周将所持份额的一半转让给大李，大李支付给老周 28 万元。双方还约定经营管理由老周负责，大李只是每月领取分红。

第一个月到了，大李来领分红，被告知亏损。之后，大李派了一个会计去查账，被老周赶了出来。到第三个月的时候，大李决定去拜访一下素未谋面的小梁。大李从小梁那里得知老周购买小梁的份额只花了 10 万元。

培训中心一直经营不善，负债累累。

争议

大李向法院起诉，要求确认协议无效，撤回出资款。理由是：依据《合伙企业法》的规定，新合伙人入伙时，应当经全体合伙人同意，并依法订立书面入伙协议。由于原合伙人小梁根本不知大李入伙之事，因此大李认为自己不是合伙人。

老周则非常气愤。他认为：大李签订协议是在了解合伙企业情况下完全自愿的行为，协议有效。大李这样做是因为看到企业经营不善，想摆脱合伙人身份，这样不仅可免除连带责任，还可要回出资。

判决

法院认为大李在知晓小梁与老周之间的协议的情况下签署了合伙协议，协议是双方真实意思的表示。而且，协议内容并不违反法律法规的强制性规定，因此合法有效，双方当事人应该全面正确地履行协议。由此，法院驳回大李的诉讼请求。

评论

合伙人对外承担无限连带责任，选择合作伙伴应非常谨慎，这事关每个人的切身利益。由此，法律规定新合伙人入伙时，要经全体合伙人同意。这个条款的目的是对于原合伙人权利的保护，因此依此条款主张权利的应是小梁。

虽然大李不参与经营管理，但依法有查阅账簿的权利。

思考

假设小梁坚决反对,并向法院起诉要求确认协议无效,法院的判决又会怎样呢?

法院判决已是终审,不可改变,大李还要继续做他的合伙人。他现在面临何去何从的抉择,你能为他提供一些建议吗?

(编写参考:中央电视台2004年4月13日的《经济与法》节目)

第三节 外商投资企业

"文革"结束后,我国开始对内改革,对外开放。对外开放的一个重要步骤就是吸引境外投资(包括我国港澳台居民的投资)。

资本是经济增长的重要生产要素。我国劳动力并不缺乏,资本和技术是制约经济增长的瓶颈。引进外资一方面可以弥补国内资本的匮乏,另一方面还可带来新技术以及先进的管理经验,促进东道国的就业,带动相关企业的发展,这可被称为外资引进的"正外部性"或"溢出效应"。

我国有关引进外资之立法分两个阶段:一是1979年至2019年的四十年,以审批制为基础,又称"外资三法"阶段;二是2020年以后,以负面清单管理为典型特征。

一、1979—2019年:"外资三法"阶段

1979年,《中外合资经营企业法》实施,我国开始允许外资以建立合营企业的形式进入。这样的起步是比较谨慎的,同时也是希望合营能带动国内投资方的发展。1986年,《外资企业法》出台,允许全外资的企业设立。1988年,《中外合作经营企业法》出台,至此我国外商投资企业三部立法的框架完成。国务院针对三部立法,相应出台了实施条例或实施细则,有关外商投资企业的税收、外汇、劳动管理等方面的配套法律法规也相继出台。

1. 三资企业

中外合资经营企业,是指外国公司、企业和其他经济组织或个人(外国合营者)按照平等互利的原则在我国境内同中国的公司、企业或其他经济组织(中国合营者)共同举办的合营企业。该企业是"股权式"企业,是中外双方股东投资设立的公司,必须是独立于各方股东的法人。

中外合作经营企业,是指外国的企业和其他经济组织或者个人(外国合作者)按照平等互利的原则同中国的企业或者其他经济组织(中国合作者)在中国境内共同举办的合作经营企业。该企业是"契约式"合营,典型特征是合作各方达成一个合作合同,作为双方合作的基础和法律依据。

外资企业,是指在我国境内依法设立的全部资本由外国投资者(包括企业、其他经济组织或个人)投资的企业。

例释 1980年4月,香港中国航空食品有限公司与中国民用航空北京管理局合资经营的北京航空食品有限公司获外国投资管理委员会批准,这是我国第一家中外合资经

营企业，批文号为"外资审字【1980】第一号"。

2. 审批制

外商投资企业的设立必须经过政府主管部门的审批。审批机构为国家主管对外经济贸易的部门（原为外经贸部，后为商务部）以及国务院授权的地方政府审批部门，一般为外经贸主管部门。

在获得批准后，外商投资企业应到市场监督管理部门进行登记，领取营业执照。营业执照的签发日期为该企业的成立日期。

3. 外商投资的产业指导

20世纪80年代到90年代，我国引进外资的数量和增长速度一直居于世界前列。资本总量匮乏的问题已经得以缓解，新的问题是如何提高外资引进的质量以便更好地与我国经济发展的需要相配合。为此，我国在1995年发布了《指导外商投资方向暂行规定》，并于1997年发布了《外商投资产业指导目录》，将外资进入的领域或行业分为禁止、限制、允许、鼓励等类别，以对外资引进进行指导和控制。

加入WTO后，我国又于2002年4月1日实施新修订的《指导外商投资方向规定》和《外商投资产业指导目录》，鼓励类的外商投资项目数量增大，限制类的项目大大减少，并鼓励外商向西部地区投资。该产业指导目录定期被修订，以适应我国经济发展规划变化的需要。

4. "外资三法"与《公司法》

虽然大部分外商投资企业都采用有限责任公司形式，但首先适用的不是《公司法》，而是专门立法，即作为特别法的三部外商投资企业立法。而公司法与外资三法的规定有诸多不同。例如：2005年《公司法》修订以前，依《公司法》设立有限责任公司至少要有两个股东，但外资企业可只有一个外国投资者。在注册资本方面，2005年修订前的《公司法》对内资公司规定了严格的法定资本制，而外商投资企业可用认缴资本制，不仅可以分期缴纳，在出资期限上也相对宽松。对中外合作经营企业，还允许外国合作者在合作期限内先行回收投资。在企业的管理方面，对外商投资企业的要求相对宽松，例如内资公司的权力机构是股东会，而中外合资经营企业的最高权力机构是董事会。内资公司要求建立包括股东会、董事会、监事会和经理在内完整的公司治理结构，但对外商投资企业无此要求。

最大的差异在企业设立方面。《公司法》是以准则主义的注册制为主，而外商投资企业则需经国家和地方主管部门的审批。

二、2020年：对外商投资开放进入新阶段

2019年3月15日，全国人大通过了《外商投资法》。该法自2020年1月1日起施行，三部外商投资企业法律同时废止。①

---

① 依《外商投资法》第42条，目前已存在的外商投资企业在该法施行后五年内可以继续保留原企业组织形式等。具体实施办法由国务院规定。

1. 《外商投资法》所规范的外商投资活动

《外商投资法》除了规定外商投资设立企业的活动,还规定了其他外商投资的方式,具体有如下四类:

(1) 外国投资者单独或者与其他投资者共同在中国境内设立外商投资企业。

(2) 外国投资者取得中国境内企业的股份、股权、财产份额或者其他类似权益。

(3) 外国投资者单独或者与其他投资者共同在中国境内投资新建项目。

(4) 法律、行政法规或者国务院规定的其他方式的投资。

2. 准入前国民待遇加负面清单管理

准入前国民待遇,是指在投资准入阶段给予外国投资者及其投资不低于本国投资者及其投资的待遇。东道国规定国民待遇,实质上是减少乃至取消对在本国投资、工作或生活的外国人之歧视(即低于本国居民之待遇),其本质是对外国投资者和本国投资者予以公平对待。

负面清单,是指国家规定在特定领域对外商投资实施的准入特别管理措施。负面清单管理是"非禁(限)则入",即如果不是国家明确规定的列在特别管制名单(负面清单)里的投资项目,不需审批。并且,国家对负面清单之外的外商投资,在准入后,也给予国民待遇。

负面清单相较审批制而言,更体现出对外商投资的开放性,并且外商投资相关政策的透明性、可预见性和稳定性更好。2013 年,上海自由贸易试验区设立后,在全国率先进行外资准入加负面清单管理的试点并公布了首个负面清单。试点三年后,商务部颁布《外商投资企业设立及变更备案管理暂行办法》,对于负面清单之外的领域,外商投资企业的设立不再要求审批,而是进行备案管理。

但是,如果负面清单中禁止或限制的项目过多,则这种开放性会大打折扣。我国 2017 年公布的负面清单规定了 63 条,2018 年版减少到 48 条,2019 版则进一步减到 40 项。因此,我国逐步增大外资准入之开放度的趋势是确定的。

国民待遇是"不低于"本国投资者,因此,国民待遇只是外国投资者在中国投资所享有的基本待遇。如果依据对中国生效的相关国际条约或协定,对外国投资者准入待遇有更优惠规定的,则依该规定。

3. 投资促进

《外商投资法》有关投资促进之规定主要有三个方面:公平待遇、优惠政策和投资服务。

(1) 公平待遇。包括国家支持企业发展的各项政策对外商投资企业平等适用、外商投资企业依法平等参与标准制定工作、外商投资企业依法通过公平竞争参与政府采购活动,并获政府平等对待、公开融资之公平对待等。

(2) 优惠政策。在国家鼓励的特定行业、领域、地区投资,可依相关规定享受优惠待遇;在国家设立的特殊经济区域或试验区域,可适用有关促进外资之试验性政策措施;地方人民政府之投资促进和便利化政策措施;中国在国际层面达成的多边、双边投资促进合作机制的相关促进措施等。

(3) 投资服务。立法咨询,即制定与外商投资有关的法律、法规、规章,应当采取适当方式征求外商投资企业的意见和建议；信息透明，即与外商投资有关的规范性文件、裁判文书等，应依法及时公布；服务与便利化，即各级政府应建立健全外商投资服务体系，按照便利、高效、透明的原则，简化办事程序，提高办事效率，优化政务服务。

4. 投资保护

有关外商投资之保护，主要有四个方面规定：投资之安全、自由汇兑、知识产权保护、禁止政府损害外商投资之权益。

（1）投资之安全。对于外国投资者之投资，国家不实行征收。如果特殊情形下要征收或征用，必须符合三个条件：一是为了公共利益；二是依法定程序进行；三是给予公平、合理之补偿。

（2）自由汇兑。外国投资者在中国境内的出资、利润、资本收益、资产处置所得、知识产权许可使用费、依法获得的补偿或者赔偿、清算所得等，可以依法以人民币或者外汇自由汇入、汇出。

（3）知识产权保护。除了作一般性的保护规定外，还特别规定了对于政府机构有可能侵害知识产权之两种情形之禁止：一是行政机关及其工作人员利用行政手段强制转让技术；二是行政机关及其工作人员对于履行职责过程中知悉的相关商业秘密向他人泄露或者非法提供。

（4）禁止政府损害外商投资之权益。一是相关文件制定的合法性，即各级政府及其有关部门制定相关的规范性文件，应当符合法律法规的规定；没有法律、行政法规依据的，不得减损外商投资企业的合法权益或者增加其义务，不得设置市场准入和退出条件，不得干预外商投资企业的正常生产经营活动。二是政府应遵守承诺及合同。地方各级政府及其有关部门应当履行向外国投资者、外商投资企业依法做出的政策承诺以及依法订立的各类合同。上述政策承诺或合同如果因国家利益、社会公共利益需要而改变，必须依法进行并对所致之损失予以补偿。

5. 投资管理

主要有四个方面的规定：投资准入管理、外商投资信息报告、国家安全审查、反垄断审查。其中投资准入涉及核准或备案、行业许可、企业登记三个手续，因此可概括为"三个手续、一个报告、两个审查"。

（1）投资准入管理。对于前述负面清单中禁止外商投资之领域，外国投资者不得投资；如系限制投资之领域，则外国投资者应满足相关限制条件之要求。负面清单之外的投资，则实行内外资一致对待之国民待遇。与内资之投资一样，如外商投资涉及固定资产投资项目，应依法申请核准或备案；[①]如涉及行业许可，则应依法办理相关许可手续。如不涉及上述核准、备案或许可手续或者该手续已完成，则办理企业登记手续。外商投资设立的企业与内资企业一样，适用《公司法》《合伙企业法》等。

（2）外商投资信息报告制度。外国投资者或者外商投资企业应当通过企业登记系统以及企业信用信息公示系统向商务主管部门报送投资信息。所报告的内容和范围按照确有必要的原则确定；通过部门信息共享能够获得的投资信息，不得再行要求报送。

---

① 对关系国家安全、涉及全国重大生产力布局、战略性资源开发和重大公共利益等项目，实行核准管理；对其他固定资产投资项目，实行备案管理。参见国务院2016年12月发布的《企业投资项目核准和备案管理条例》。

（3）国家安全审查。我国政府对影响或者可能影响国家安全的外商投资进行安全审查，依法做出的安全审查决定为最终决定，即该决定不受司法审查，即使投资者不服，也不可提起诉讼。

（4）反垄断审查。外国投资者并购中国境内企业或者以其他方式参与经营者集中的，依《反垄断法》接受经营者集中之审查。详见本教材第十三章第三节三之论述。

6.《外商投资法》：以"国民待遇"和"公平竞争"为重心

我国1979年之后的外资引进，呈现出"超国民待遇"和"次国民待遇"并存之特点。"超国民待遇"是指专门给予外商投资企业特殊的税收优惠以及其他优惠措施。最具激励效果的为"两免三减"政策，即：新设的生产性外商投资企业，如果实际经营年限在10年以上，从开始盈利的年度算起，头两年免征企业所得税，第三年至第五年减半征收企业所得税。"次国民待遇"指相比内资企业更多的限制，例如设立企业的审批制、对进入行业的禁止或限制等。在外商投资企业的管理上，有三部单独的立法，形成了与内资企业相关立法并行的、但分离开来的"双轨制"。

2001年我国加入WTO后，无论国际贸易还是投资，进入进一步开放的新阶段。为与WTO之规定相一致，我国取消了违反WTO有关国民待遇和要求对货物进口取消数量限制之规定的国内相关规定。2002年，我国政府发布了新修订的《指导外商投资方向规定》和《外商投资产业指导目录》。相较以往，禁止类和限制类的项目大大减少。之后，定期更新的产业指导目录延续了扩大开放外资进入领域的趋势。2007年3月16日，全国人大常委会通过的《企业所得税法》终结了外商投资企业长期以来享有的所得税优惠政策，贯彻公平税负原则，标志着引进外资"优惠激励"阶段的结束，重点转向促进内、外资企业之公平待遇和公平竞争。

2020年施行的《外商投资法》标志着我国外商投资引进和管理进入以国民待遇和公平竞争为重心的新阶段。在准入前，除了负面清单所列举的禁止或限制领域外，其他投资领域对外资和内资公平开放。准入后亦以"国民待遇"为主，在登记程序、企业组织法律的适用、企业发展政策的适用、标准制订参与、政府采购的参与、股票债券融资等各个方面，对外商投资公平对待。

准入前的负面清单加国民待遇反映出对外资更大力度的开放，即"一般放开，例外限制"。而准入后的国民待遇规定则致力于建设公平竞争环境。对公平竞争最大的威胁是因政府的不正当干预或介入市场所致之市场主体之间在竞争机会和竞争条件上的不公平。《外商投资法》通过在外商投资之权利平等保护、政府商业机会（如采购）之平等参与、法律法规政策之适用等各个方面规定公平与平等对待，有利于发展政府保持竞争中立的公平竞争环境。

专题案例3-3　政府承诺与投资者保护

政府违反承诺被诉

乐山高新技术产业开发区管理委员会（高新区管委会）于2000年4月16日发文，

文件规定给予在高新区设立的年产1000吨以上的多晶硅企业税收返还等多项优惠承诺。之后，四川新光硅业科技有限责任公司（四川新光）因符合上述享受优惠之条件但未获税收返还，以高新区管委会违反行政允诺为由诉诸法院。

行政允诺及其可诉性

行政允诺又称政府承诺。法院指出：行政允诺是指行政主体为履行好自己的职责，向特定或不特定的相对人做出的，承诺在出现某种特定情形，或者相对人实施（完成）某一特定行为后，由自己或自己所属的职能部门给予该相对人奖励或其他利益（如提供便利、给予补贴等）的单方意思表示。在本案，高新区管委会以文件形式做出的税收优惠承诺为行政允诺。

依《行政诉讼法》，公民、法人或者其他组织认为行政机关和行政机关工作人员的行政行为侵犯其合法权益，有权向法院提起诉讼。高新区管委会的发文做出了行政允诺，之后未履行允诺乃不作为的行政行为，该不作为涉及对四川新光之权益的可能性侵害，因此具有可诉性。

行政允诺有效的前提

法院并未支持四川新光，理由是该行政允诺因为不合法而无效。法院指出：获得法院支持的行政允诺必须不违反法律的禁止性规定。根据《税收征收管理法》和国务院的相关文件（国发〔2000〕2号），税收返还等税收减免措施的审批权在国务院，因此高新区管委会的行政允诺未经国务院批准，属违法无效。因此对于四川新光要求高新区管委会兑现允诺之请求，法院不予支持。

四川新光的另一理由是高新区管委会的行政允诺文件为二者之间的合同，因此高新区管委会应依据合同规定，进行税收返还。法院认为该文件只为政府的单方允诺，而未构成双方协议，也没有证据证明高新区管委会与四川新光专门就税收优惠签订过协议。

政府承诺的类型与法律效力

政府承诺主要有三种形式的表现：一是一般性文件中的承诺，例如法律法规、规章、政府文件等；二是特定指向的单方承诺，即该承诺具体针对某个投资者或企业，但为政府单方做出并发送至该投资者或企业；三是合同承诺，即在政府与某特定投资者或企业之间的合同中做出的承诺。

上述案件涉及的是一般性承诺，并非指向特定主体，也非与相对主体之间协商后产生的文件，目前司法实践中法院一般认为不具合同性质。最高法院在涉及某县政府领导讲话和文件规定之性质的案件中指出："合同的组成部分，即合同内容，是指合同当事人依据法律规定和合同约定所产生的权利义务关系，从内在结构而言，应通过当事人协商一致的合同条款体现。本案中，黑山县领导的讲话和黑山县政府的规定，是宏观指导性的，并不当然构成合同的一部分……"

即使是有特定指向的承诺，也需满足法律所规定的条件。辽宁省政府曾为本地某企业（借款人）向某香港银行开具承诺函，承诺如借款人不能偿还债务，"我省人民政府将协助解决借款人拖欠贵行的债务，不让贵行在经济上蒙受任何损失"。最高法院认为该承诺仅为"协助解决",并无清晰而具体的对借款人债务承担代为清偿责任的意思表示,不符合《担保法》的规定,例如其第6条:"本法所称保证,是指保证人和债权人约定,当债务人不履行债务时,保证人按照约定履行债务或者承担责任的行为。"因此该保证不具法律意义。

政府承诺与投资环境

投资者投资设立企业或进行其他投资活动,投资地法律和政策环境的可预见性和稳定性是一个重要考虑。政府为促进和吸引投资,会给予投资者各种形式的承诺、保证等,然而当投资者投资后,前述承诺发生改变不仅影响了投资者权益,会引发投资者与相关政府之诉争甚至还会影响政府公信力和引发投资者对投资之法律政策环境稳定性的忧虑进而影响后续可能的投资进入。

在国际投资中,东道国政府的相关法律政策规定以及政府或政府官员的各种承诺会引发投资者的合理期待。投资者基于对政府承诺之信赖进行投资,如果之后该承诺被改变或取消,则会影响投资者合理期待的权益之实现。在国际投资仲裁中,如果投资者得到支持,则东道国政府会被裁决承担赔偿等责任。

然而,任何国家都无法做到法律、政策等一直保持不变,因为基于公共利益进行的公共管理,会根据国内出现的新问题、新情况等进行调整,有可能涉及对投资者承诺的改变。在国家之间的双边投资协定中,经常会出现"政治危机或安全例外"规定,即当东道国发生政治、经济或社会的严重危机或安全问题时,东道国改变之前对外国投资者的承诺是应对危机或维护公共秩序与安全为必要的,则可改变。[①]对于该例外的界定以及相关约束条件等,各协定的规定有严有宽。另外,改变后是否赔偿或补偿以及补偿的标准等,各协定也有所不同。

《外商投资法》相关规定

《外商投资法》第25条专门针对政府影响外商投资的承诺或合同进行规定。

一是信守承诺的一般性规定。规定:地方政府及其有关部门应当履行向外国投资者、外商投资企业依法做出的政策承诺以及依法订立的各类合同。

二是变更之例外。如要对之前做出的规定或承诺等进行变更,须满足三个法律规定的约束条件:(1)该变更"因国家利益、社会公共利益需要";(2)"应当依照法定权限和程序进行";(3)应"依法对外国投资者、外商投资企业因此受到的损失予以补偿"。目的是严格约束该变更例外之使用以避免该变更例外被滥用从而恶化政府公信力和投资环境,另外,对受影响的外国投资者予以补偿以弥补基于公共利益之变更所致投资者个人利益之损失。

思考

对于前述第25条,你认为政府要信守的"政策承诺"如何定义?有哪些具体类型?其有效性如何界定?"社会公共利益"和"国家利益"该如何界定?有哪些典型的情形?

[①] 钱嘉宁,黄世席. 国际投资法下投资者的合理期待与政治风险之抗辩[J]. 国际经济法学刊,2016(2):190-192.

违反承诺对致之损失如何界定?"补偿"的标准和范围该如何界定?

(编写参考:乐山市中级人民法院(2016)川 11 行终 56 号判决书、最高人民法院(2014)民一终字第 7 号判决书、最高人民法院(2014)民四终字第 37 号判决书)

法规指引

- 国家法律:《民法典》《农村土地承包法》《个人独资企业法》《合伙企业法》《外商投资法》《企业所得税法》
- 行政法规:《个体工商户条例》《企业投资项目核准和备案管理条例》《指导外商投资方向规定》
- 司法解释:《关于审理涉及农村土地承包纠纷案件适用法律问题的解释》

拓展与思考

1. 推荐阅读

对于只想找个收入高的工作的学生来说,农村承包经营户或许是教材可以略过的部分。但是,如果你关心中国的未来,农村问题是必须认真解决的首要问题。虽然中国取消了农业税,暂时跳出"黄宗羲定律"的怪圈,但农村发展还有诸多重大问题需要解决。推荐阅读:李昌平. 我向总理说实话[M]. 北京:光明日报出版社,2002. 再向总理说实话[M]. 北京:中国财富出版社,2012. 阅读后,可继续思考:书里所反映的问题,目前是否还存在?以及,你如何建议解决?

2. 问题解决

假如有一个外国朋友想在中国投资设立企业。他向你请教有关外商投资企业的相关知识,你打算从哪些方面向他介绍呢?不妨做做研究,写一个大纲,列出你认为值得注意的要点。希望你的纲要能做到清晰、简洁、有重点。当然,你的研究不必拘泥于教材,可自己动手搜集和分析相关材料。

3. 制度变革

2008 年,由于反击金融危机,政府大规模投资,直接或间接促进了诸多大型国企高歌猛进式的发展,而民企的发展空间被挤压及出现资金饥渴,不少企业发生生存危机。一时间,"国进民退"成为热议焦点,支持和反对观点均有之。该问题一直到现在还在讨论中。"国进民退"本质上是什么问题?产生该现象的制度根源是什么?"国"与"民"的分野该如何界定?相关法律制度的改革,你有什么建议?《国企》杂志 2009 年发表的文章《聚焦"国进民退"》剖析了该现象并给了各家观点,可网络搜索该文章阅读。

4. 观点争鸣

对外商投资是否影响国家安全所做的行政决定,是否允许投资者申请进一步的司法审查,目前世界各国做法不同:有明确规定给予司法救济的,例如法国;也有明确排除的,例如美国。允许司法审查的理由主要是有助于营造自由、开放、透明和公平的投资环境,排除司法审查的理由主要是可有效管控外国投资可能危害国家安全之风险,维护国家利益。我国《外商投资法》采用了明确排除的做法，规定："依法做出的安全审查决定为最终决定。"不妨分组辩论以更全面和深入地理解外商投资与国家安全审查。

正方：对国家安全审查，应规定司法救济；

反方：对国家安全审查，应排除司法救济。

5. **法官判案**

1996 年，小刘投资 100 万元设立了某公司。之后，公司负债累累。由于公司无钱还债，债主把公司的股东小刘告上法院，要求其个人为公司债务承担连带责任。

小刘辩称：我已经进行了公司的登记注册，获得了公司执照。公司为法人企业，股东对公司的债务不承担个人责任。

债主反驳：《公司法》（2006 年以前的旧《公司法》）规定公司股东应为两人或以上。小刘的公司只有小刘一个股东，不符合法律规定，因此该企业实质上为个人独资企业，小刘应对企业债务承担连带责任。

法官则有两种意见：一种意见是判决小刘败诉。理由是：公司的股东人数不符合公司法的要求，因此企业不能取得公司的法人地位，小刘也不能获得有限责任的保护。另一种意见是小刘胜诉。理由是：股东人数虽然不符合法律规定，但该瑕疵不足以影响企业的法人地位。而且，小刘已从政府部门获得了公司执照，上面注明企业是有限责任公司。债主在交易的时候也是跟该"有限责任公司"而非"小刘个人"交易。

如果你是法官，会如何判决此案呢？在学习了第四章后，还可再思考本案。

6. **网络搜索**

搜索关键词——"达娃之争"。

外商投资企业中，合资经营很常见。中外之合可优势互补，但利益、文化、管理等多方面的冲突也会发生。法国饮料巨头"达能"与中国饮料领军企业"娃哈哈"于 1996 年合资成立公司，10 年后矛盾爆发，三年内双方进行了 20 多场诉讼，唇枪舌剑震惊中外。走入"达娃之争"的幕后，你会发现什么？

第四章 公司的设立、变更与解散

❖ **本章学习要点**
- 有限责任公司的特征
- 股份有限公司的特征
- 公司：设立、变更、解散与清算

第一节 公司的设立

一、公司的类型和性质

公司是法人企业的主要形式。在我国，公司有两类：有限责任公司和股份有限公司。

公司是企业法人，有独立的法人财产，享有法人财产权，以其全部财产对公司的债务承担责任。有限责任公司的股东以其认缴的出资额为限对公司承担责任，股份有限公司的股东以其认购的股份为限对公司承担责任。

1. 有限责任公司

在有限责任公司，股东有人数限制，最多为 50 人。该人数限制意味着公司不可在社会上募集资金，不具社会性。具体表现为以下三点：

（1）股东按认缴的出资额出资，不可向社会公开募股。公司设立后，应向股东签发出资证明书证明其出资。

（2）由于有限责任的存在，股东之间不像合伙人之间那样联系紧密。但由于人数有限，股东之间的联系相比股份有限公司，尤其是股东人数众多并且变动频繁的上市公司，更为密切。因此，公司股权的转让较股份有限公司有更多限制。

（3）法律不要求公司对外公布财务情况。

2. 有限责任公司的特例：国有独资公司

国有独资公司指国家单独出资设立的公司。由于涉及国家资产的管理，因此法律有特别的规定。

（1）履职机构和公司章程。国有独资公司出资人的职责由国有资产监督管理机构履行。公司章程由国有资产监督管理机构制定，或由董事会制定后再由国有资产监督管理机构批准。

（2）重大事项决策。国有独资公司不设股东会，由国有资产监督管理机构代行股东会职权或者授权公司董事会行使股东会的部分职权，决定公司的重大事项。但是，公司的合并、分立、解散、增减资本和发行公司债券等事项，必须由国有资产监督管理机构决定。其中重要的国有独资公司合并、分立、解散、申请破产的，应当由国有资产监督管理机构审核后，报本级人民政府批准。

（3）职工参与管理。国有独资公司的董事会和监事会成员中应有职工代表，由职工代表大会选举产生，其中监事会中职工代表不得少于1/3。其他董事、监事则由国有资产监督管理机构委派。董事长、副董事长由国有资产监督管理机构从董事会成员中指定。

3. 股份有限公司

股份有限公司的股东没有最高人数限制。其可发起设立，可定向募集设立，也可向社会公开募集股份。一般资产规模较大，是具一定社会性的公司。这一特征具体表现为：

（1）公司的总资本划分成等额股份，股份采取股票的形式。股东以其认购的股份数享受权利并承担义务。

（2）很多股份有限公司向社会募集股份并上市交易，因此股东人数众多且变动频繁。大多数股东，尤其是社会上的小股东之间联系松散，故对于股份的转让，法律限制较少。

（3）公司如果是向社会募集股份，要依国家法律规定的时间、条件和程序，向社会公布公司财务情况以及其他影响投资者决定的重要信息。

二、公司的设立

1. 公司设立的原则

设立公司是商事主体的权利。法律对之有约束，约束程度高低体现国家干预的多少。

（1）自由设立。如果国家对设立公司无甚要求，则为自由设立。这一设立原则在资本主义发展的早期比较常见，目的是鼓励人们创业，但目前采用这一原则的国家很少。

（2）审批设立。如果公司的设立必须经政府审批，则称审批设立。这种设立方式比较严格，是否能成立公司取决于政府主管部门批准与否。[①]

（3）登记设立。介于自由设立和审批设立之间的为登记设立，又称准则主义，即国家法律规定公司设立的条件，如符合条件，向相关政府部门办理登记手续即可成立公司。对于准则主义，各国相关法律规定的严格程度不同，相对严格的称严格准则主义。

在我国，股份有限公司的设立，为偏严格的准则主义，因为设立条件相比有限责任公司为多。有限责任公司的设立则采用较为宽松的准则主义。但是，一些特殊行业的公司，如商业银行、证券公司等，由于关涉国家经济政策实施的重点，应予以控制，因此必须经审批方可设立。《商业银行法》规定：设立商业银行，应当经国务院银行业监督管理机构审查批准。《证券法》规定：设立证券公司，必须经国务院证券监督管理机构审查批准。另外，还有设立时公司经营的项目或业务需预先获得行政许可的情形，如《劳

---

① 比审批设立更为严格的还有特许设立，即依据国家元首命令或国家立法特别许可设立，在市场经济国家，这种方式非常少见或仅限于很小范围的重要行业。见：余健. 论公司的设立[J]. 中央政法管理干部学院学报, 2001（4）：11-12.

动合同法》规定经营劳务派遣业务须事先向劳动行政部门申请行政许可。

在我国，企业审批设立或业务许可的范围随市场经济改革的深化由大到小；而登记设立的范围则相应逐步扩大。而且，对公司设立的条件要求也在逐渐放松。2005年和2013年《公司法》的两次修订的一个重点都是进一步放宽对公司设立门槛的要求。

2. 发起设立与募集设立

（1）发起设立。指发起设立公司的发起人认购公司的全部资本或股份。

（2）募集设立。指发起人认购公司的部分股份（不得少于股份总数的35%），其余部分向他人募集，可以是向有限范围内的特定对象定向募集，也可以是向社会公开募集。

对于有限责任公司，其股东人数有上限，故全体股东可共同协商出资设立，属发起设立方式。

股份有限公司可以采取发起设立、定向募集设立和社会募集设立三种方式。

3. 人数的要求

有限责任公司的股东不超过50人。而股份有限公司，法律要求发起人为2人以上200人以下，对股东人数无上限要求。

有限责任公司是诸多中小规模企业适用的组织形式。2005年修订前的《公司法》曾要求至少有两个股东，是考虑到公司的"社团性"，即公司应为一种人与人之间合作性质的组织，此亦为公司源起之特征。[①]规定公司的有限责任，有利于吸引那些想成为股东的投资者的投资。但如果某人不想跟别人合作，又想承担有限责任，则没有可选择的组织形式。由于法律对合作一方的出资数额或比例并无约束，因此不想承担独资企业之无限责任也不想与人合作的人，就寻找一个"象征性"的股东，如亲属或朋友，让他们象征性地占有一点股份，来满足法律的要求。由此可见，旧公司法关于有限责任公司至少两个股东的要求并无实质意义，且增加了个人投资的条件约束，增加了从事经济活动的成本。

商法的发展应顺应商事主体从事经济活动的需要，为其提供可供选择的经营形式，从而激发其投资和经营的热情。因此，一直有观点主张应修改公司法，允许一人公司的存在。毕竟，公司作为法人的主要形式，其基本特征为承担"有限责任"的独立性，而非股东人数。2005年10月修订的《公司法》取消了上述最少两个股东的人数要求，允许成立一人公司。

4. 资本要求

资本是公司运营和对外承担责任的财产基础。公司的资本数额由公司章程规定，并经过登记机关登记，也称注册资本。

（1）有限责任公司。有限责任公司的注册资本为在公司登记机关登记的全体股东认缴的出资额。公司法规定了注册资本认缴制。认缴制指股东自行决定公司的注册资本额并在公司章程注明，法律并无最低资本要求。认缴后资金的实际缴纳以及出资的验资，

---

① corporation 的拉丁词源为 corpus，意为人之组合体（body of people）。

也由公司章程自行规定，法律无强制要求。但是，如果法律、行政法规以及国务院决定对最低注册资本或实缴另有规定的，从其规定。

（2）股份有限公司。《公司法》并无最低注册资本的要求。如为发起设立，注册资本为在公司登记机关登记的全体发起人认购的股本总额。如为募集设立，则注册资本为公司登记机关登记的实收股本总额。《公司法》规定：如果发起人要募集股份，必须先缴足其认购的股份。另外，募集设立的公司的注册资本必须是实收资本。因此，对募集设立的公司有实收资本的要求。

5. 出资方式

（1）有限责任公司。股东可以用货币出资，也可以用实物、知识产权、土地使用权等可用货币作价，并可依法转让的非货币财产出资，但法律、行政法规规定不得作为出资的财产除外。《公司登记管理条例》规定：股东不得以劳务、信用、自然人姓名、商誉、特许经营权或者设定担保的财产等作价出资。

对作为出资的非货币财产，应进行评估作价，作价不得高估或者低估。相关法律和行政法规对评估作价有规定的，从其规定。

（2）股份有限公司。有关发起人的出资方式，适用上述有关有限责任公司股东出资方式的规定。因此，发起人可用货币或非货币等方式出资。

（3）出资不到位的相关责任。股东或发起人应依公司章程规定及时缴纳出资。货币出资的，应存入相关银行账户；用非货币财产出资的，作价应合理，并应依法办理其财产权的转移手续。

出资不到位包括两种情况：一是未按规定的时间、数额和方式等出资；二是公司成立后，发现非货币财产的实际价额显著低于公司章程所定价额。对于第一种情况，相关股东或发起人除应补缴外，还应对已按期足额缴纳出资的股东或发起人承担违约责任。对于第二种情况，应由相关股东或发起人补交其差额。对于股份有限公司，发起人之间对上述出资到位义务的履行承担连带责任。

例释 小林、小李与小周共同出资建立一家有限责任公司：注册资本为 15 000 元，其中小林现金出资 3 000 元，小李用管理才能折价出资 5 000 元，而小周用他的专利技术折价出资 7 000 元。不合法之处有：小李不可用管理才能出资。另外，专利技术的折价应合理。小王和小夏作为发起人计划募集设立一家股份有限公司，注册资本 1 000 万元，两人认购股份 300 万元，实缴 200 万元。不合法之处有：募集设立时，发起人认购的股份要达到 35%，两人向他人募集之前，应缴足所认购股份。

6. 法定注册资本制与认缴资本制

我国 1993 年出台的《公司法》采用严格的法定注册资本制，2005 年后趋向宽松，目前公司设立以认缴制为主。

（1）法定注册资本制。源自大陆法系国家，指国家规定成立公司的最低资本数额要求，在公司成立时必须全部缴清。对于非货币出资，法律规定要正当作价，以制止高估或低估现象的发生。在公司经营期间，法律对公司处理财产、分配利润等有约束性规定，以保证公司资本的充实。公司变更注册资本须按法定程序进行。

（2）认缴资本制。英美法系国家采用为多，即公司的资本事项由公司章程规定，法律无甚约束。因此公司对最低资本数额、出资方式、出资期限、资本变更等事项有充分的自主权。

（3）利弊比较。法定注册资本制旨在通过法律的约束，促使公司维持其经营所需的必要资本，以保护债权人的利益。另一方面，过严的约束又可能制约经济活动的效率。相比之下，认缴制虽然非常方便公司的设立，但又可能造成对交易安全的威胁。

注册资本只是公司成立时的初始资本，并非公司对外承担责任的范围。公司是以债务赔偿时公司实际所有的资产赔付，可能多于或少于公司注册资本。公司经营时好时坏，实际资本随时发生变化，因此通过法定注册资本制保护债权人利益的作用有限。

对公司资本的约束太多不利于鼓励创业，也不利于公司自主经营，妨碍经营的效率。由此，不少采用法定注册资本制的国家开始放松对注册资本的要求，例如降低最低出资数额之要求、扩大出资方式的范围、允许分期缴纳等，为公司自己规定资本事项留出更多的空间。

在我国，2005年修订的《公司法》放弃了早期的严格的法定资本制，转向宽松，例如降低了公司设立的最低资本要求，允许分期缴纳。而2013年的修订则转向以认缴制为主，取消了最低资本要求，对实缴也无强制要求。《公司法》各阶段有关公司设立条件之规定的变化，见表4-1。

表4-1 《公司法》有关公司设立条件之规定各时期比较

	1993年	2005年	2013年
一人公司	不允许	允许	允许
最低注册资本	有限责任公司：10～50万元 股份有限公司：1 000万元	有限责任公司：3万元 一人公司：10万元 股份有限公司：500万元	无 （另有规定除外）
实缴要求	一次性实缴	有限责任公司：首期20%且不少于3万元，可分期 一人公司：一次实缴 股份有限公司：首期20%，可分期 募集设立：注册资本应实收	无 （除募集设立）
验资要求	须验资	须验资	无 （除募集设立）
出资形式	工业产权、非专利技术<20%	货币出资>30%	无比例要求

7. 揭开公司面纱

（1）定义与目的。对于放松资本要求可能造成的股东滥用公司法人地位和有限责任侵害债权人的问题，可以通过借鉴英美国家"揭开公司面纱"（lifting the corporate veil）的原则（大陆法系的相似原则为"公司法人人格之否认"）来解决，即当公司实际上为股东所操纵，成为股东谋取个人利益或逃避债务的工具时，可以否定公司的法人人格，追究相关股东的责任。该原则之目的为：通过限制股东对公司独立法人形式和有限责任的滥用以保护债权人利益。

（2）《公司法》之规定。2005年修订的《公司法》补充了这一重要原则，规定：公司股东应当遵守法律、行政法规和公司章程，依法行使股东权利，不得滥用公司法人独立地位和股东有限责任损害公司债权人的利益。公司股东滥用公司法人独立地位和股东有限责任，逃避债务，严重损害公司债权人利益的，应当对公司债务承担连带责任。有关此规定之适用，请阅专题案例4-1。

（3）有关一人公司之专门规定。一人有限责任公司的股东不能证明公司财产独立于股东自己的财产的，应当对公司债务承担连带责任。

（4）典型情形。可揭开公司面纱或否认公司的独立法人人格以追究操纵公司之股东的法律责任的主要情形有以下三点：

① 公司空壳化。指股东不按规定出资，甚至通过抽逃资本、转移资金等手法，掏空公司资产，使公司资本显著不足，从而严重降低对债权人的偿债能力。

② 公司形骸化。又称"混同"，指股东通过控制和操纵公司使得公司与股东混同，沦为股东之工具而背离法律所要求的作为法人的独立性。具体表现为：财产混同，指股东和公司之财产混合，无互相区别之明显边界，缺乏各自独立的财务记录；业务混同，指公司的业务在业务范围与股东的业务重叠，业务的决策、运营、合同履行上不分彼此；机构混同，指股东（母公司）和公司的各主要部门是重叠的，即"两个主体，两个牌子，一套机构"；人员混同，指法定代表人、董事、监事、高管、业务骨干等，两边兼任和重合严重。

③ 股东利用公司形式进行欺诈、规避法律义务或逃避合同义务。

例释 某公司的两个股东明明知道公司账户中无钱，还操纵公司对外交易，收取货物后，以公司名义开出空头转账支票。当债权人索要货款时，两股东辩称：是公司与债权人订立的买卖合同，支票也是公司的支票，因此应由公司付款，股东个人不承担责任。由于该两股东恶意利用公司独立法人地位开具空头支票，进行欺诈，损害债权人利益，因此可揭开公司面纱，让他们承担连带责任。

8. 公司的名称

公司是独立的法人，名称是公司经营时使用的名号，表明公司的法人地位。

（1）名称的预先核准。公司办理公司登记手续之前，应向公司登记机关申请预先核准名称。名称被核准后，应尽快办理公司登记的申请。核准的名称会被保留6个月，在保留期内，不得将该名称用于从事经营活动，也不得转让。

（2）企业名称的组成。企业名称应使用规范的汉字，由行政区划（北京）、字号（绿色家园）、行业（计算机技术）、组织形式（有限责任公司）依次组成。

企业名称中的行政区划是本企业所在地县级以上行政区划的名称或地名。除全国性公司或国务院决定设立的企业外，企业名称不得冠以"中国""中华""国际"等字样。全国性公司、国务院批准设立的公司、历史悠久、字号驰名的企业、外商投资企业，经批准，可不冠以企业所在地行政区划名称。

企业名称中的字号应当由两个以上的字组成。企业有正当理由可以使用本地或者异地地名作字号，但不得使用县以上行政区划名称作字号（具有其他含义的除外）。私营企业可以使用投资人姓名作字号。

企业名称中的行业应当是反映企业经济活动性质所属的国民经济行业或者企业经营特点的用语。企业名称中行业用语表述的内容应当与企业经营范围一致。企业应当根据其主营业务，依照国家行业分类标准划分的类别进行行业用语表述。

组织形式方面，有限责任公司必须在公司名称中标明"有限责任公司"或"有限公司"字样。股份有限公司必须标明"股份有限公司"或"股份公司"字样。

（3）禁止性规定。企业名称不得含有下列内容和文字：① 有损于国家、社会公共利益的；② 可能对公众造成欺骗或者误解的；③ 外国国家（地区）名称、国际组织名称；④ 政党名称、党政军机关名称、群众组织名称、社会团体名称及部队番号；⑤ 汉语拼音字母（外文名称中使用的除外）、数字；⑥ 其他法律、行政法规规定禁止的。

（4）不予核准的情形。企业申请核准的名称如果与在同一登记机构辖区内的已核准或者登记注册的同行业企业名称字号相同的，不予核准，但有投资关系的除外，例如母公司和子公司。如果与其他变更名称未满1年的企业的原名称相同，或者与注销登记或者被吊销营业执照未满3年的企业名称相同，也不予核准。[①]

例释 以下被戏称为"史上最长公司名"："宝鸡有一群怀揣着梦想的少年相信在牛大叔的带领下会创造生命的奇迹网络科技有限公司"。不妨分析一下：该企业名称是否违法，是否应予核准？

9. 公司的章程

（1）章程的重要性。章程之于公司，犹如宪法之于国家。章程是公司最基本的文件，故又称公司之宪章。[②]它不仅是公司设立时的必备文件，还规定了公司的宗旨、经营范围、组织结构、组织权力、表决规则、利润或亏损分配、组织变动等公司的重要事项，是公司经营管理的重要依据，也规范了各方的权利义务，是发生争议时解决纠纷的法律依据。

《公司法》规定：公司章程对公司、股东、董事、监事、高级管理人员具有约束力。

（2）公司章程的自治空间。不同公司的章程内容可互相不同。法律给公司章程的制定留出很大的空间，这是出于对公司自治的尊重。与此同时，法律也有强制性的规定，即公司章程必须遵守或不得违反的规定，这些规定主要是出于保障股东和债权人的基本权益、维护社会公益等目的之考虑。

法律还对公司章程应涉及的事项作出要求。如果是法律规定必须具备的条款，则为绝对必要条款，如果欠缺，会影响公司章程的效力；如果是法律建议具备的条款，则为相对必要条款，具备与否不影响章程的效力。法律没有规定的，则为任意记载事项。

市场经济越发达，公司章程自治的空间就越大。

（3）有限责任公司章程应载明的事项。包括：公司名称和住所；公司经营范围；公司注册资本；股东的姓名或者名称；股东的权利和义务；股东的出资方式、出资额和出资时间；公司的机构及其产生办法、职权、议事规则；公司的法定代表人；公司的解散事由与清算办法；股东会会议认为需要规定的其他事项。

---

① 《企业名称登记管理规定》，1991年公布，2012年修订；《企业名称登记管理实施办法》，1999年公布，2004年修订。
② 李泽沛. 香港法律概论[M]. 北京：法律出版社，1987：104.

（4）股份有限公司章程应载明的事项。与有限责任公司有相似之处，但鉴于股份有限公司的特点，也有不同。应当载明的事项包括：公司名称和住所；公司经营范围；公司设立方式；公司股份总数、每股金额和注册资本；发起人的姓名或者名称、认购的股份数、出资方式和出资时间；董事会的组成、职权、任期和议事规则；公司法定代表人；监事会的组成、职权、任期和议事规则；公司利润分配办法；公司的解散事由与清算办法；公司的通知和公告办法；股东大会会议认为需要规定的其他事项。

10. 公司设立的程序要件：公司登记

（1）登记的重要性。公司登记非常重要，是公司获得法人资格的程序要件。公司要获得法律的确认，取得法人资格，必须同时具备实体要件和程序要件。实体要件即前面述及的有关公司人数、资本、名称、章程等的要求。程序要件就是公司必须到公司登记机关进行登记。如未登记，则无法取得法人资格，即在法律上不被视为公司，不能采用有限责任形式。①

（2）登记机关。各级市场监督管理局是公司登记机关。

（3）登记事项。公司的登记事项包括：名称、住所、法定代表人姓名、注册资本、公司类型、经营范围、营业期限、有限责任公司股东或者股份有限公司发起人的姓名或者名称。不仅公司设立需登记，如果设立之后，上述登记事项发生变动，公司需进行变更登记。公司如果破产、终止或解散，需在清算完毕后进行注销登记。

提交登记申请后，登记机关会审核文件是否齐全以及是否符合法律规定的公司设立条件。对于依法设立的公司，登记机关发给《企业法人营业执照》。该执照签发日期为公司的成立日期。公司凭该执照刻制印章，开立银行账户，申请纳税登记。

例释 小林、小李与小周签订合作协议书，共同投资30万元组建了某经贸公司，设立了董事会，三人分别担任董事长、总经理和副总经理。公司运营一年后负债50万元，公司本身无钱支付，于是债主要求三个股东用个人财产偿还。法院判决：因为该所谓的"公司"没有进行登记，法律上不承认其法人地位，实质上为合伙关系，该合作协议书被认为是合伙协议，故三人需对债务承担无限连带责任。

专题案例 4-1　股东要为公司债务负责吗？

原告诉请

金月亮公司的注册资本为100万元，控股股东为金太阳公司，出资比例为60%，第二大股东为金先生，持股比例为30%，他也是公司的董事长和法定代表人。金月亮公司与蓝星星公司签订合同，蓝星星公司依合同支付货款1 000万元，其中500万元以银行承兑汇票支付。该汇票后经背书支付给金太阳公司。

金月亮公司交了六成的货物，但仍有四成未交，构成违约。蓝星星公司诉诸法院，要求金月亮公司归还未交货部分的已支付货款400万元，并要求金太阳公司和金先生承

---

① 《公司登记管理条例》第1条规定该条例的目的是为了"确认公司的企业法人资格，规范公司登记行为"。

担连带责任。

被告辩称

金月亮公司辩称：我公司目前欠下巨额债务，实在无力偿还。

金太阳公司辩称：金月亮公司与蓝星星公司有合同关系，并欠其款项。我公司只是金月亮公司的股东，与双方业务无关，因此金月亮公司的欠款，我公司无赔付责任。

金先生辩称：我只是公司的股东和董事长，依《公司法》，金月亮公司作为独立法人，对其债务独立负责，与我无关。

判决要点

法院认为：金太阳公司与金月亮公司没有业务往来，却通过票据背书将蓝星星公司支付给金月亮公司的 400 万元转到自己名下。金先生作为金月亮公司股东和法定代表人，未将所获款项用于本公司业务，却将 400 万元转给金太阳公司。实质上，两个股东的行为是通过掏空金月亮公司的财产，逃避对蓝星星公司的合同义务，严重损害了债权人利益。因此，判决金太阳公司和金先生对金月亮公司的欠款承担连带责任。

法律依据

金月亮公司一经成立，即为独立法人，以其独立的财产对其债务承担责任。作为金月亮公司的股东，一般来说，金太阳公司和金先生在履行了出资义务后不对金月亮公司的债务负责。现实中，一些公司的股东会恶意利用公司的独立法人地位和有限责任来侵害债权人利益，例如在本案中，两位股东将本应归属金月亮公司的大笔款项转出去，使得金月亮公司资产空洞化，导致对债权人偿债能力不足；之后当债权人要求还款时，又以金月亮公司是独立法人，与股东无关推诿责任。此种行为是公司股东恶意损害债权人利益的违背诚信之行为，因此应与被掏空和被形骸化的金月亮公司一起承担还款责任。

思考

金先生是作为股东承担连带责任的。如果金先生没有股东身份，只是公司的董事长和法定代表人，却配合控股股东转移本公司财产，那么应否承担对 400 万元的还款责任？法律依据是？在学习第五章第四节后，可再思考此问题。

（编写参考：昆明市中级人民法院（2005）昆民四初字第 226 号判决书）

三、有关股份有限公司设立的特别规定

由于股份有限公司一般具有社会性，社会影响和关乎公众利益比有限责任公司多，因此法律有相对较多的规范和限制。设立股份有限公司除应具备上文述及的人数、资本、名称、章程等条件外，法律还要求股份发行、筹办事项等符合法律规定。

1. 设立方式

2005 年修订前的《公司法》规定股份有限公司的设立实行审批制，须经过国务院授权的部门或者省级政府批准。2005 年修订后，《公司法》不再有此要求，故股份有限公司的设立由审批设立转向准则主义。

股份有限公司的设立有发起设立、定向募集设立和社会募集设立等方式。如果设立时公开发行股票，还应经国务院证券监督管理机构（证监会）核准。①

2. 发起人

无论是发起设立还是募集设立，发起人都是公司设立的筹办人。

（1）发起人的职责。发起人承担公司筹办事务，包括制定公司章程、认购全部（发起设立）或部分（募集设立）股份、办理所需的核准或批准手续、筹办过程中与相关客户往来及签订协议等、选举董事会和监事会（发起设立）和召集创立大会（募集设立）等。

发起人之间应当订立发起人协议，明确各发起人在公司设立过程中的权利和义务。

（2）发起人的人数和住所。设立股份有限公司，发起人应为2人以上200人以下，其中需有过半数的发起人在中国境内有住所。

（3）发起人的法律责任。除上文所述及的对出资不到位负连带责任外，其他法律责任为：公司不能成立时，对设立行为所产生的债务和费用负连带责任；公司不能成立时，对认股人已缴纳的股款，负返还股款并加算银行同期存款利息的连带责任；在公司设立过程中，发起人因其过失致使公司利益受到损害的，应当对公司承担赔偿责任。

3. 发起设立

发起设立的程序如下：

（1）认购股份。发起人应书面认定公司章程规定其认购的股份。

（2）缴纳出资。发起人应依据公司章程规定缴纳出资；以非货币财产出资的，应当依法办理其财产权的转移手续。

（3）创设机构。发起人认足公司章程规定的出资后，应当选举董事会和监事会。

（4）设立登记。董事会向公司登记机关报送公司章程以及法律、行政法规规定的其他文件，申请设立登记。

4. 定向募集设立

定向募集设立不涉及公开发行证券问题。依据《证券法》的规定，如果向累计超过200人的特定对象发行证券，为公开发行，应经证监会核准。

定向募集设立由于募集股份的对象是特定的并且数目有限，与发起设立一样，不会产生社会性影响，因此法律的约束相比社会募集要少得多，无须经证监会核准。要注意的是，在定向募集时，募集对象不可超过200人，否则法律上视为公开发行股份，要经证监会的核准。

其设立程序为以下两步：

（1）认购股份。发起人认购35%以上的股份。

（2）定向募集。向特定对象募集其余股份。发行股份的股款缴足后，必须经法定的验资机构验资并出具证明。法定验资机构是依法设立的会计师事务所和审计师事

---

① 《证券法》第10条规定，公开发行证券，包括股票、公司债券和国务院依法认定的其他证券等，必须符合法律、行政法规规定的条件，并依法报经国务院证券监督管理机构或者国务院授权的部门核准；未经依法核准，任何单位和个人不得公开发行证券。并且以下情形为公开发行：向不特定对象发行证券；向累计超过二百人的特定对象发行证券；法律、行政法规规定的其他发行行为。

务所。

（3）创立大会。股份募集完毕、股款缴足后，发起人应在30日内主持召开公司创立大会。创立大会由发起人和认股人组成。

发行的股份超过招股说明书规定的截止期限尚未募足的，或者发行股份的股款缴足后发起人在30日内未召开创立大会的，认股人可按照所缴股款并加算银行同期存款利息，要求发起人返还。

发起人应当在创立大会召开15日前将会议日期通知各认股人或者予以公告。创立大会应有代表股份总数1/2以上的认股人出席方可举行。

创立大会行使下列职权：①审议发起人关于公司筹办情况的报告；②通过公司章程；③选举董事会和监事会成员；④对公司的设立费用进行审核；⑤对发起人用于抵作股款的财产的作价进行审核；⑥发生不可抗力或者经营条件发生重大变化直接影响公司设立的，可以作出不设立公司的决议。

创立大会对上述事项作出决议，须经出席会议的认股人所持表决权的过半数通过。

（4）设立登记。申请设立登记时应报送的文件为：公司登记申请书；创立大会的会议记录；公司章程；验资证明；法定代表人、董事、监事的任职文件及其身份证明；发起人的法人资格证明或自然人身份证明；公司住所证明。

5. 社会募集设立

（1）公司改制。虽然公司法规定了社会募集可以作为公司设立的方式，但由于社会募集设立涉及公开发行股票，需经证监会核准，而证监会《首次公开发行股票并上市管理办法》规定的发行主体资格是："发行人应当是依法设立且合法存续的股份有限公司。经国务院批准，有限责任公司在依法变更为股份有限公司时，可以采取募集设立方式公开发行股票。"并且，"发行人自股份有限公司成立后，持续经营时间应当在3年以上，但经国务院批准的除外。有限责任公司按原账面净资产值折股整体变更为股份有限公司的，持续经营时间可以从有限责任公司成立之日起计算。"[①]因此在实践中，初始组建的公司（即"新设设立"）不可能采用社会募集方式，社会募集方式只限于已有公司的改制，即改制设立。

通过社会募集来进行改制设立，主要有三个途径：一是已有的有限责任公司，经国务院批准后，以社会募集方式转为股份有限公司；二是先把已设立的有限责任公司改制为股份有限公司，持续经营3年以上（经国务院批准可少于3年），申请公开发行股票；三是先以发起设立或定向募集设立成立股份有限公司，持续经营3年以上（经国务院批准可少于3年），申请公开发行股票。

（2）公司决议。欲改制公司的董事会应当依法就本次股票发行的具体方案、本次募集资金使用的可行性及其他必须明确的事项作出决议，并提请股东大会批准，由股东大会作出决议。

（3）申请核准。改制公司作为发行人申请核准，并按证监会的规定制作申请文件，

---

① 该办法针对主板股票市场。证监会于2009年推出创业板（二板市场），主要为规模较小的自主创新型和成长型企业提供融资渠道。与主板市场相比，创业板的发行门槛相对较低，例如对净资产、盈利情况、股本额等的要求都比主板上市公司低很多。具体规定参见《首次公开发行股票并在创业板上市管理办法》。

由保荐人保荐并向证监会申报。特定行业的发行人应提供管理部门的相关意见。

（4）核准决定。证监会受理申请文件后，由相关职能部门对发行人的申请文件进行初审。证监会在初审过程中，将征求发行人注册地省级人民政府是否同意发行人发行股票的意见。然后，由发行审核委员会审核。证监会依照法定条件对发行人的发行申请作出予以核准或者不予核准的决定，并出具相关文件。

（5）募集股份。获得核准后，发行人应在6个月内发行股票，必须遵守下列规定：

① 信息披露。向社会公开募集股份，必须公告招股说明书并制作认股书。发行人应按照证监会的有关规定编制和披露招股说明书。另外，凡是对投资者作出投资决策有重大影响的信息，均应予以披露。

招股说明书应当附有发起人制定的公司章程，并载明下列事项：发起人认购的股份数；每股的票面金额和发行价格；无记名股票的发行总数；认股人的权利、义务；本次募股的起止期限及逾期未募足时认股人可撤回所认股份的说明。

认股书应当载明招股说明书的事项，在募集股份时由认股人填写所认股数、金额、住所，并签名、盖章。认股人按照所认股数缴纳股款。

② 证券经营机构（证券公司）承销。发行人应与依法设立的证券公司签订承销协议，由其承销。承销分代销和包销两种。代销指证券公司依约定的发行条件发售股票，如到期没有全部售出，退回发行人即可。包销指证券公司需承担股票销售的风险，要么全部买下后销售，此为全额包销；要么到期销售不完，买下余额，此为余额包销。

③ 银行代收股款。发行人应与银行签订代收股款协议。代收股款的银行应当按照协议代收和保存股款，向缴纳股款的认股人出具收款单据，并负有向有关部门出具收款证明的义务。

④ 验资机构验资。股款缴足后，必须经法定的验资机构验资并出具证明。

之后发起人应主持召开创立大会，然后由董事会申请公司设立登记。具体规定与上述的募集设立基本相同，但申请设立登记时还要提交证监会的核准文件。

6. 股票发行的核准制

我国证券市场建立初期，由于市场发育尚不完善，对股票发行控制很严。那时对股票发行采取的是有配额的审批制。股票发行的指标下达给地方政府或行业主管部门，然后该政府或主管部门对所辖的企业进行筛选，推荐给国家证券管理部门审批。这一制度的特点包括以下两点：

（1）指标有限，并且分地区、分部门下达，带有计划色彩。

（2）双重审查，在证券管理部门审批之前，需由地方政府或主管部门审查推荐，不免有行政权力介入市场之嫌。

1999年7月1日，我国实施《证券法》。该法规定：股票的发行实行核准制。2000年3月16日，证监会发布了《股票发行核准程序》。由于要求在报送申请材料之前需由主承销商辅导一年，因此自2001年3月17日起，我国股票发行核准制才正式启动。

在审批制下，企业要发行股票，拿到"指标"是关键。因此企业的主要力量放在了通过非市场的活动来争取指标。而核准制下，没有了配额的限制，也不需要行政推荐。只要报送的材料符合法律的规定，申请人本身具有证券管理部门认可的健全的组织机构和市场发展实力或潜力，就可以获得批准。而且，法律法规对于证券管理部门核准的程序和内容有明确的规定，可制止政府部门权力的滥用。

《证券法》有关核准制的规定有以下两个要点：

一是专家审核。证监会设立发行审核委员会，依法审核股票发行申请。发行审核委员会由证监会的专业人员和所聘请的该机构外的有关专家组成，以投票方式对股票发行申请进行表决，提出审核意见。发行审核委员会的具体组成办法、组成人员任期、工作程序等由证监会规定。

二是程序要求。证监会依照法定条件负责核准股票发行申请。核准程序应当公开，依法接受监督。并且，审核和核准人员不得与发行申请人有利害关系，不得直接或者间接接受发行申请人的馈赠，不得持有所核准的发行申请的股票，不得私下与发行申请人进行接触。核准部门应当自受理证券发行申请文件之日起3个月内，依照法定条件和法定程序作出予以核准或者不予核准的决定，发行人根据要求补充、修改发行申请文件的时间不计算在内。不予核准的，应当说明理由。

在我国，核准制的实施可分为三个阶段，代表了我国近年来证券市场改革的历程。

第一阶段：主承销商辅导制。由证监会2000年发布的《股票发行核准程序》确立。主承销商主要由证券公司担任。主承销商在报送申请文件前，应对发行人辅导一年。在辅导期间，主承销商应对发行人的董事、监事和高级管理人员进行《公司法》《证券法》等法律法规的考试，应考人员必须80%以上考试合格。证券公司应指导发行人建立规范健全的法人治理结构，确保发行人全体董事充分了解其法律责任以及其他相关法律法规，为发行人的股票发行提供切实可行的专业意见及良好的顾问服务。辅导期后，发行人才可开始申请程序。

第二阶段：通道制。辅导制下，由于证券公司作为辅导人重量不重质，积极辅导和包装，推荐的发行公司数量骤增，被辅导过关的企业很快达到上千家。2001年3月，中国证券业协会下发通知，限定了辅导人每次推荐的公司的数量最多不超过8个，即通道上限为8个。而且，每核准完一个，才能再推荐一个。通道制旨在促使辅导人选优上报。

第三阶段：保荐制。2004年2月1日，证监会的《证券发行上市保荐制度暂行办法》实施，标志着辅导制经由通道制，最终走向保荐制。2008年，证监会发布《证券发行上市保荐业务管理办法》，进一步规范保荐制。其实，保荐机构仍为证券经营机构，但是相比辅导制，保荐制有以下革新：一是明确了保荐机构和保荐代表人应符合的条件。保荐机构应有至少4名保荐代表人，而且公司注册资本和净资本达到要求，公司治理结构和内部控制制度完善，过去3年内无重大违法违规情形，相关业务人员达到规定的数量等；保荐代表人应通过相应考试，具备3年以上保荐相关业务经历，具有境内证券发行项目协办经验，信用良好，并且近3年没有因违法违规受证监会处罚，未负有数额较大到期未清偿的债务等。二是明确了保荐机构的职责。保荐机构应当遵守法律、行政法规、证监会的规定和行业规范，诚实守信，勤勉尽责，尽职推荐发行人证券发行上市，持续督导发行人履行规范运作、信守承诺、信息披露等义务。除辅导外，保荐机构还有上市后持续督导、对发行人尽职调查等职责。三是对保荐工作流程、相应的监管措施以及保荐机构和保荐代表人的法律责任都有详细规定。2005 年修订的《证券法》增加了对保荐制的规定。

2006 年 5 月，证监会废止了《股票发行核准程序》，并公布了《首次公开发行股票并上市管理办法》。所规定的股票发行核准程序为以下五步：

（1）股东会决议。发行人的董事会应当依法就本次股票发行的具体方案、本次募集资金使用的可行性及其他必须明确的事项作出决议，并提请股东大会批准。

（2）保荐与申报。发行人应当按照证监会的有关规定制作申请文件，由保荐人保荐并向证监会申报。

（3）受理。证监会收到申请文件后 5 个工作日内作出是否受理的决定。主要审核申请材料形式上是否符合证监会的规定，如文件制作不符合规定，不予受理。

（4）初审和审核。证监会受理申请文件后，由相关职能部门对发行人的申请文件进行初审，并由发行审核委员会审核。证监会在初审过程中，将征求发行人注册地省级人民政府是否同意发行人发行股票的意见，并就发行人的募集资金投资项目是否符合国家产业政策和投资管理的规定征求国家发展和改革委员会的意见。

（5）核准决定。证监会依照法定条件对发行人的发行申请作出予以核准或者不予核准的决定，并出具相关文件。

7. 核准制与注册制

2013 年 11 月，中央所发布的《中央关于全面深化改革若干重大问题的决定》提出对股票发行推进注册制改革。所谓注册制，实际上与核准制并非对立，都是审核制。二者的区别主要在审核机构以及审核的范围和重点有所不同，即：注册制下审核机构为证券交易所而非政府证券监管机构；注册制侧重形式审核，而核准制侧重实质审核。因此，注册制是把原来所审核的发行条件中涉及公司未来价值等实质性判断的标准进行缩减，基本审核和核准过程仍然存在。有关公司及其发行证券之价值判断，审核机构不再审核，而是通过促进真实、完整和准确的信息披露转由投资者自行判断，因此审核是对基本发行条件把关，以信息披露为中心。

由于注册制下，股票发行审核的条件和标准范围缩小，发行门槛也必然降低，将会刺激更多公司发行股票进行融资。因此，核准制下行政审核权力过大所人为导致的股票发行上市的机会短缺状况会改善，股票发行和上市交易会进一步市场化。

8. 注册制：从科创板试行到全面推行

经党中央、国务院同意，证监会于 2019 年 1 月 30 日发布了《关于在上海证券交易所设立科创板并试点注册制的实施意见》。科创板设立于上海证券交易所，其定位服务于高新技术产业和战略性新兴产业。在制度改革层面，引人注目的是进行股票发行的注册制试点。3 月 1 日，证监会发布《科创板首次公开发行股票注册管理办法（试行）》；6 月 13 日，科创板正式开板。

（1）发行条件。发行人应具备：①持续经营 3 年以上。发行人是依法设立且持续经营 3 年以上的股份有限公司。②财务与风控。财务规范、内控制度有效。③业务要求。经营业务完整，具有直接面向市场独立持续经营的能力。④合法合规。发行人生产经营符合法律、行政法规的规定，符合国家产业政策。对发行人的控股股东、实际控制人、董事、监事、高管等，也有合法合规之要求。

（2）发行申请。发行人董事会就股票发行事项决议并上报股东大会批准。之后，依证监会有关规定制作注册申请文件，由保荐人保荐并向交易所申报。

（3）审核程序。交易所收到注册申请文件后，5个工作日内作出是否受理的决定。受理后，交易所进行审核。审核是基于科创板定位，判断发行人是否符合发行条件、上市条件和信息披露要求。

交易所设立独立的审核部门，负责审核发行人的申请；设立科技创新咨询委员会，负责为科创板建设和发行上市审核提供专业咨询和政策建议；设立科创板股票上市委员会，负责对审核部门出具的审核报告和发行人的申请文件提出审议意见。

交易所按照规定的条件和程序，作出同意或者不同意发行人股票公开发行并上市的审核意见。

（4）注册程序。证监会收到交易所报送的审核意见、发行人注册申请文件及相关审核资料后，履行发行注册程序。发行注册主要关注交易所发行上市审核内容有无遗漏，审核程序是否符合规定，以及发行人在发行条件和信息披露要求的重大方面是否符合相关规定。证监会在20个工作日内对发行人的注册申请作出同意注册或者不予注册的决定。

（5）发行股票。同意注册的决定自作出之日起1年内有效，发行人应当在注册决定有效期内发行股票，发行时点由发行人自主选择。

2019年12月28日，全国人大常委会修订《证券法》，将"核准"改为"注册"，又规定："证券发行注册制的具体范围、实施步骤，由国务院规定。"因此，注册制的推行并非在该修订通过后立即展开，而是在科创板试点成熟之后，由国务院制定具体规定后推行。

专题案例4-2　中国企业首告证监会

事实

经海南省证管办审核和国家民委推荐，1998年2月，海南省的凯立公司被证监会同意上报股票发行申请材料，并列入该省1997年的股票发行计划。1998年6月，凯立公司正式向证监会报送了申请材料。

证监会在收到材料后，先后两次到凯立公司进行调查。之后，证监会向国务院有关部门提交报告，认定：凯利公司97%的利润虚假，严重违反《公司法》，不符合发行上市条件，取消其股票发行资格（以下简称"1999年报告"）。2000年4月，证监会办公厅向凯立公司发函，认定凯立公司财务会计资料不实，不符合上市的有关规定，决定退回股票发行预选申报材料（以下简称"2000年函"）。

凯立公司于2000年7月向北京市第一中院起诉证监会，要求法院撤销被告1999年报告中认定原告利润虚假的结论，撤销被告2000年函中作出的退回申报材料的决定，以及判决被告恢复并依法履行对原告股票发行上市申请的审查和审批程序。

法院判决

一审法院判决证监会败诉，证监会不服提起上诉，被驳回。终审判决如下：

（1）证监会2000年函认定事实的证据不充分。凯立公司的财务资料所反映的利润是否客观真实，关键在于其是否符合国家统一的企业会计制度。证监会在审查中发生疑问，应当委托有关主管部门或者专业机构对其财务资料依照"公司、企业会计核算的特别规定"进行审查确认。证监会在未经专业部门审查确认的情况下作出财务虚假、退回申报材料的认定，结论缺乏充分依据。

（2）退回申报材料的行为违法。1999年7月实施的《证券法》规定了股票发行的核准制，2000年3月，证监会根据《证券法》的规定发布了《股票发行核准程序》。对于列入1997年发行计划的企业，证监会在执行该核准程序时作了保护性规定，即"如发行人属1997年股票发行计划内的企业，在提交发行审核委员会核准前，证监会对发行人的董事、监事和高级管理人员进行《公司法》《证券法》等法律、法规考试"，免除了"对发行人辅导一年"的要求。既然证监会将列入1997年发行计划的企业划归该核准程序调整，应按照该核准程序之规定进行审核。予以核准的，出具核准公开发行的文件；不予核准的，出具书面意见，说明不予核准的理由。但是，证监会没有依据该核准程序之规定进行审核，相关法律法规中也没有可以退回申报材料的规定，因此退回行为不合法。

评论

核准制与原来的审批制相比，一个重要进步就是通过规定股票发行的条件、审核程序等来制止政府主管部门权力的滥用，并且规定专家审核，以限制非专业的主观武断行为。另外，在公开的受监督的程序中，企业为争取上市而进行的暗箱操作或其他非市场性行为也得以遏制。对于企业发行股票的申请，证监会虽有决定的权力，但权力的行使应依据法律法规进行。

思考

你对股票发行核准制有何评价？从计划经济向市场经济过渡的过程中，政府管理市场的理念和行为方式也应发生转变，不妨联系核准制和注册制改革思考一下这方面的问题。

（编写参考：北京市高级人民法院（2001）高行终字第7号判决书）

第二节 公司的变更

公司的变更包括两个层面：一是公司意志的变化，即章程这一体现公司股东共同意志的最重要的文件发生变化，也意味着公司宗旨、经营范围、资本、股东组成、管理机构等重要事项发生变化；二是公司组织的变化，包括公司在法律上组织形式的变化以及公司合并和分立。

一、公司章程的变更

公司章程是公司存续的基础性文件,反映了公司创建者和以后加入该公司之股东的意愿。法律对章程内容有一定的限定,但仍给予章程以很大的自治空间,目的是尊重市场主体的意思自治。公司成立后,股东可能发生变化,市场也在不断变化。当需要公司变更经营目的和宗旨、调整公司结构时,如果公司本身的拓展受到旧的章程的制约,公司章程变更就成为必要。

1. 对公司章程变更的限制

有限责任公司建立时的章程由股东共同制定。而股份有限公司的章程,则是由发起人制定;如果是募集设立,须由出席创立大会的认股人所持表决权的过半数通过。因此公司章程的制定和通过经过了非常严格的表决程序,对其进行变更往往会触及股东的根本利益,甚至有悖于其原来的意愿,因此必须受到限制。

限制之一来自于法律,即法律规定了公司章程变更要满足的一些最低条件,这些条件往往是强制性的,不可违背。

限制之二来自于章程本身,如果原来的章程对公司章程修改的程序等事项作出规定,并且该规定不与法律的强制性规定冲突,必须依据之。

2. 公司章程变更的提出

《公司法》没有直接规定什么人或机构可以提议变更公司的章程,因此可由公司章程自行规定。由于章程变更属股东会表决的事项,一般提出的途径有二:一是由董事会提出;二是符合法律规定条件的董事、监事或股东可以提议召开临时股东会,也可提议股东会对公司章程变更作出表决。对有限责任公司来说,可提议召开临时股东会的人有代表 1/10 以上表决权的股东,1/3 以上董事或者监事;如果不设监事会,则由监事提出。而对于股份有限公司,可提议召开临时股东会的有董事会、监事会和单独或合计持有公司股份 10%以上的股东。

3. 公司章程变更的决定

《公司法》规定修改公司章程的决定权属股东会。修改公司章程的决议,对于有限责任公司,必须经代表 2/3 以上表决权的股东通过;对于股份有限公司,必须经出席股东大会的股东所持表决权的 2/3 以上通过。

特别情况下,如果法律规定公司章程的变更需经主管机关审批,应报请批准,例如国有独资公司章程的修改要由国有资产监督管理机构进行或批准。

4. 公司章程变更的备案

公司变更登记事项涉及修改公司章程的,应当在申请变更登记时提交由公司法定代表人签署的修改后的公司章程或者公司章程修正案。

公司章程修改未涉及登记事项的,公司应当将修改后的公司章程或者公司章程修正案送原公司登记机关备案。

二、公司形式的变更

1. 公司形式变更的含义

公司形式的变更是指不改变公司法律人格的前提下由一种公司组织形式转向另一种形式。如果是公司变为非公司的组织形式,准确地说是公司的消灭,而非变更。

我国公司的形式一般分有限责任公司和股份有限公司两类,因此公司组织形式的变更主要是这两种形式之间的转换。还有一类特殊的公司形式是国有独资公司,由国家单独投资设立,多是国务院确定的提供特殊产品或服务的公司或者属于特定行业的公司。随着市场经济的发展,国有独资公司也有可能进行改制,对外吸收其他股东的入股,这时国有独资公司可变换为一般性的有限责任公司或股份有限公司。

2. 有限责任公司变更为股份有限公司

这种转换最为常见。有限责任公司股东人数有限,当发展良好,需要大规模吸引社会资金时,往往转换为股份有限公司以扩大股东人数和股本量。

有限责任公司变更为股份有限公司,应当符合法律规定的股份有限公司的条件,并依照法律规定的有关设立股份有限公司的程序办理。具体程序为以下几点:

(1)提议与表决。董事会拟议公司变更的方案,由股东会表决。公司形式变更属特别表决事项,因此法律规定必须经代表 2/3 以上表决权的股东通过。

(2)依法办理。有限责任公司变更为股份有限公司的,应进行调整,以符合《公司法》有关股份有限公司设立条件(发起人、资本认缴认购、人数、管理机构等)的规定。

(3)折合股份。有限责任公司由公司章程和出资证明书载明每个股东的出资额,而股份有限公司则是把全部资本划分为等额股份。因此有限责任公司在变更为股份有限公司时,要把有限责任公司股东在公司里的投资和收益折合成新的股份有限公司的股份。在折合时,法律规定折合的股份总额不得高于公司净资产额。

所谓净资产额,即"公司资产"减去"公司负债"之后的余额,也称"所有者权益"。如公司解散,净资产额是可以实际分配到股东那里的额度。净资产额可能高于(例如经营很好)或低于(例如经营不良)股东最初的出资。如折合的股份总额高于净资产,则效果如同虚增公司资本,会导致资本空洞化。

(4)增加资本。如法律或行政法规对股份有限公司注册资本有最低要求,所折合的股份达不到该要求,则需要增加资本。当然公司也可为了公司的今后发展而增加资本。增加资本可由现有股东增加出资,也可对外募集,如果是公开发行股份,应当依法办理。依上节所述,经国务院批准,有限责任公司在依法变更为股份有限公司时,可以采取募集设立方式公开发行股票。公开发行股票要符合证监会的相关要求。

(5)变更登记。公司变更类型的,应当按照拟变更的公司类型的设立条件,在规定的期限内向公司登记机关申请变更登记,并提交有关文件。

有限责任公司依法变更为股份有限公司的,原有限责任公司的债权、债务由变更后的股份有限公司承继。

3. 股份有限公司变更为有限责任公司

（1）符合法律要求。即符合法律对有限责任公司设立条件的要求。最重要的一点是股东人数要减少到 50 人以内。

（2）提议和表决。一般为董事会拟议，股东大会经出席会议的股东所持表决权的 2/3 以上表决通过。

（3）变更登记。公司变更类型的，应当按照拟变更的公司类型的设立条件，在规定的期限内向公司登记机关申请变更登记，并提交有关文件。

股份有限公司依法变更为有限责任公司的，原股份有限公司的债权、债务由变更后的有限责任公司承继。

三、公司的合并

1. 什么是公司合并

公司合并是指两个或两个以上的公司组合成一个公司。

有两种类型：一是新设合并，指参与合并的公司在合并后消灭，合并后产生一个新的公司，如 A 公司与 B 公司合并后设立为 C 公司。二是吸收合并，指参与合并的公司有一个存续，其余的公司在合并后消灭，如 A 公司与 B 公司合并后 B 公司消灭，被并入到 A 公司里。

2. 公司合并的程序

（1）拟订合并方案。该职权属董事会。

（2）表决合并方案。该职权属股东会。《公司法》规定公司合并属公司重大事项，对于有限责任公司，必须经代表 2/3 以上表决权的股东通过；对于股份有限公司，必须经出席股东大会的股东所持表决权的 2/3 以上通过。为保障少数股东的权益，应该赋予有异议的股东以退出权，因此法律规定异议股东有权要求公司以合理价格收购其股份。

（3）签订合并协议。合并各方签订合并协议，并编制资产负债表及财产清单。

（4）通知债权人。为保护债权人利益，法律要求公司应当自作出合并决议之日起 10 日内通知债权人，并于 30 日内在报纸上公告。债权人自接到通知书之日起 30 日内，未接到通知书的自公告之日起 45 日内，有权要求公司清偿债务或者提供相应的担保。

（5）办理登记。公司合并，应当自公告之日起 45 日后申请登记。合并后存续的公司，其登记事项发生变化的，应当申请变更登记；因合并而解散的公司，应当申请注销登记；因合并而新设立的公司，应当申请设立登记。

提交合并协议和合并决议或者决定以及公司在报纸上登载公司合并公告的有关证明和债务清偿或者债务担保情况的说明。依法应报经批准的，还应当提交有关批准文件。根据《公司法》规定，如公司合并涉及国有独资公司，必须由国有资产监督管理机构决定。其中，重要的国有独资公司合并、分立、解散、申请破产的，应当由国有资产监督管理机构审核后，报本级人民政府批准。

3. 公司合并后的债权债务承继

合并各方的债权、债务，应当由合并后存续的公司或者新设的公司承继。

四、公司的分立

1. 什么是公司分立

公司分立是指一个公司分解为两个或两个以上的公司。

有新设分立与派生分立两类。前者指一个公司分解为数个公司，原公司消灭；后者指原公司继续存在，但分解出一个或几个新公司。

公司分立，首先涉及的是财产的分割，由此股东发生分流，法人的主体资格也可能发生变动甚至消灭。

2. 公司分立的程序

（1）拟议分立方案。该职权属董事会。董事会应当编制资产负债表及财产清单，就公司财产的分割和股东分流拟订方案。

（2）表决分立方案。该职权属股东会。表决比例要求与公司合并一样，有异议股东也可要求公司收购其股份。

（3）通知债权人。公司应当自作出分立决议之日起 10 日内通知债权人，并于 30 日内在报纸上公告。

（4）办理登记。与有关公司合并的登记要求基本一致。

3. 公司分立后的债权债务承继

公司分立前的债务由分立后的公司承担连带责任。但是公司在分立前与债权人就债务清偿达成的书面协议另有约定的，从该约定。

第三节　公司的解散与清算

公司终结的情形有两类：破产和解散。

破产是指公司因不能清偿到期债务，可以自己申请或由债权人向法院申请破产。如果被依法宣告破产，则经营活动停止。破产必须依据有关破产的专门法律进行，程序由《破产法》特别规定，《公司法》不作规定。

下面主要介绍《公司法》规定的解散以及与解散密切相关的清算。

一、解散的原因

解散的原因有三：一是自愿解散，即解散是基于公司自己的意愿，没有国家公权力的介入；二是法定解散，指国家有关机构强行解散违法公司；三是请求解散，即股东请求法院解散，也称司法解散。

1. 自愿解散的原因

（1）公司章程规定的营业期限届满，公司未形成延长营业期限之决议。

（2）公司章程规定的其他解散事由出现。

（3）股东会或股东大会决议解散。

（4）因公司合并或者分立需要解散。

2. 法定解散的原因

法定解散主要是因为公司违反法律或行政法规依法吊销营业执照、责令关闭或者被撤销的。主要有如下情形：

（1）虚报注册资本、提交虚假材料或者采取其他欺诈手段隐瞒重要事实取得公司登记的，情节严重的，撤销公司登记或者吊销营业执照。

（2）公司成立后无正当理由超过6个月未开业的，或者开业后自行停业连续6个月以上的，可以由公司登记机关吊销营业执照。

（3）利用公司名义从事危害国家安全、社会公共利益的严重违法行为的，吊销营业执照。

（4）变更经营范围涉及法律、行政法规或者国务院决定所规定的须经批准的项目而未取得批准，擅自从事相关经营活动，情节严重的，吊销营业执照。

（5）伪造、涂改、出租、出借、转让营业执照的，情节严重的，吊销营业执照。

3. 请求法院解散

请求法院解散公司是针对"公司僵局"之情形，即：公司股东会、董事会等决策和管理机构出现冲突和矛盾，内部协商以及决策机制无法解决，从而使得公司无法有效运作、公司经营陷入瘫痪并且股东权益受到严重侵害。此时，只能依靠外部司法力量的强行介入来解决，否则公司僵局长期持续下去，不仅股东权益受损，对社会来说也是资源浪费。因此法律规定在公司僵局出现时，股东可以请求法院来解散公司，即司法解散。

《公司法》规定：公司经营管理发生严重困难，继续存续会使股东利益受到重大损失，通过其他途径不能解决的，持有公司全部股东表决权10%以上的股东，可以请求法院解散公司。

（1）请求主体。向法院请求司法解散的股东应单独或者合计持有公司全部股东表决权10%以上。

（2）僵局情形。有四种：①公司持续两年以上无法召开股东会或者股东大会，公司经营管理发生严重困难的；②股东表决时无法达到法定或者公司章程规定的比例，持续两年以上不能作出有效的股东会或者股东大会决议，公司经营管理发生严重困难的；③公司董事长期冲突，且无法通过股东会或者股东大会解决，公司经营管理发生严重困难的；④经营管理发生其他严重困难，公司继续存续会使股东利益受到重大损失的情形。

（3）最后救济。公司应尽量使其持续，因此司法解散只能是最后的解决手段。只有穷尽其他途径仍不能解决僵局情形，法院方可作出司法解散之决定。因此，最高法院规定：法院审理解散公司案件时，应注重调节。如当事人协商同意由公司或者股东收购股份，或者以减资等方式使公司存续的，且不违反法律法规，法院应予支持。

专题案例4-3　公司僵局与司法解散

案件

小林、小李与小周出资成立一家公司，出资比例分别是25%、25%和50%。公司章程规定：公司每半年一次定期召开股东会会议，临时会议由有代表 1/4 以上表决权的股东或监事提议召开；对于修改公司章程、增加或减少注册资本、分立、合并、解散公司等事项作的决议，必须经代表 2/3 以上表决权的股东同意通过；执行董事为公司的法定代表人，每届任期为三年，任期届满可以连选、连任。公司成立时选出了小周任法定代表人和公司的执行董事。

公司经营 5 年后，小林和小李向法院起诉，要求解散公司。理由有二：一是他们的股东利益严重受损。公司三年未分派红利和公布账务。而且，执行董事第一届任期届满后，小周拒不配合选举工作独自执掌公司至今。二是无法通过其他途径获得救济。如果通过其他途径不能解决僵局时，请求法院解散公司是股东的权利和有效途径。他们两人曾经和小周协商，还通过法院诉讼要求小周召开股东会等，但都不能解决公司的僵局。

法院没有支持原告的请求，理由是：原告欲通过证明公司陷入公司僵局请求法院解散公司。公司僵局的救济具有不同的方式，而法院依照公权力强制解散公司是解决公司僵局最终的手段，须严格符合"公司经营管理发生严重困难，继续存续会使股东利益受到重大损失"的公司僵局事实和其他救济方式不能解决的前提条件。原告在诉讼中主张的公司未进行换届选举工作、未分配红利，其证据尚不能证明系大股东小周侵犯小股东权利、违背《公司法》规定造成的。且公司仍在持续经营，公司的事务尚未陷于瘫痪，公司的运行尚未陷入僵局。在原告未能举证证明已经出现公司僵局的情况下，鉴于公司永久存续性的基本特征，法院不宜利用司法权的介入，强令公司进行解散，人为地对公司法人资格予以消灭。至于原告提出的公司未进行换届选举工作、未分配红利、未公开账务资料等主张，可以通过《公司法》规定的其他救济方式予以解决。

评论

我国 2005 年修订的《公司法》规定了司法解散。公司是市场自治的主体，而司法解散是公权力对市场自由的强行干预，只能作为最后的不得已的手段来使用，因此其实施必须慎重。由此，《公司法》给司法解散限定了"公司经营管理发生严重困难""股东利益受到重大损失""其他途径不能解决"三个条件。从上述案例也可以看出，法院在动用司法解散时是非常谨慎的。

思考

本章正文中提到的四种"僵局情形"（经营管理严重困难），前三种你认为是否合理？第四种的"其他情形"有可能具体有哪些？如何解释"重大损失"（股东利益）？请你发表意见。

（编写参考：成都市高级人民法院（2007）成民终字号 1381 号判决书）

二、清算

1. 什么是清算

清算是指公司停止经营后，清理公司财产并且处理债权债务问题的活动。清算可分为特别清算和一般清算。前者指因破产而进行的清算，按《破产法》进行。后者指破产之外的其他原因导致的公司清算。上文所述的解散原因导致的公司终结，除公司合并或分立外，都需进行清算。公司合并或分立导致的解散公司不发生清算，因为其财产、债权、债务等有承继的公司。以下介绍非破产的一般清算。

2. 清算类型

（1）自行清算。由公司自行组织清算组进行的清算。

（2）强制清算。当公司不能启动清算或者清算有拖延或违法情形的，由债权人或股东申请法院指定清算组进行清算。①

3. 清算组

清算由清算组负责。清算组应在解散事由出现之日起15日内依法成立。

有限责任公司的清算组由股东组成，股份有限公司的清算组由董事或者股东大会确定的人员组成。

公司逾期不成立清算组进行清算的或者拖延或违法清算的，债权人可以申请法院指定有关人员组成清算组，进行清算。如债权人未提起清算申请，公司股东可申请法院指定清算组对公司进行清算。法院应当受理该申请，并及时指定清算组成员进行清算。

4. 清算组的职权

包括如下职权：①清理公司财产，分别编制资产负债表和财产清单；②通知或者公告债权人；③处理与清算有关的公司未了结的业务；④清缴所欠税款以及清算过程中产生的税款；⑤清理债权、债务；⑥处理公司清偿债务后的剩余财产；⑦代表公司参与民事诉讼活动。

5. 清算组成员的义务

清算组成员应当忠于职守，依法履行清算义务。不得利用职权收受贿赂或者其他非法收入，不得侵占公司财产。因故意或者重大过失给公司或者债权人造成损失的，应当承担赔偿责任。

6. 清算过程

（1）通知债权人。清算组应当自成立之日起10日内通知债权人，并于60日内在报纸上公告。

（2）申报和登记债权。债权人应当自接到通知书之日起30日内，未接到通知书的自公告之日起45日内，向清算组申报其债权。债权人申报其债权，应当说明债权的有关事项，并提供证明材料。清算组应当对债权进行登记。

（3）公司财产清理。清算组在清理公司财产、编制资产负债表和财产清单后，应当制定清算方案，并报股东会确认（自行清算）或者法院确认（强制清算）。

清算组如果发现公司财产不足清偿债务的，应当向法院申请宣告破产。公司经法院裁定宣告破产后，清算组应当将清算事务移交给法院，这时应依据破产法律进行特别清算。

---

① 向法院申请指定清算组清算的情形有：公司解散逾期不成立清算组进行清算的；虽然成立清算组但故意拖延清算的；违法清算可能严重损害债权人或者股东利益的。

（4）进行清偿。公司财产应分别支付清算费用、职工的工资、社会保险费用和法定补偿金，缴纳所欠税款，清偿公司债务。

（5）对剩余财产的处理。在上述的费用、工资、税款、债务等没有清偿完之前，公司财产不得分配给股东。因此股东是公司经营风险的负担者，被称为"最后剩余获得者"。对于清偿后的剩余财产，有限责任公司按照股东的出资比例分配，股份有限公司按照股东持有的股份比例分配。

（6）登记与公告。公司清算结束后，清算组应当制作清算报告，报股东会、股东大会（自行清算）或者法院（强制清算）确认，并报送公司登记机关，申请注销公司登记，公告公司终止。

法规指引

- 国家法律：《公司法》《证券法》
- 行政法规：《公司登记管理条例》
- 司法解释：《关于适用〈中华人民共和国公司法〉若干问题的规定》
- 部门规章：《首次公开发行股票并上市管理办法》《科创板首次公开发行股票注册管理办法（试行）》

拓展与思考

1. 推荐阅读

公司从萌芽发展至今已有过千年的历史。公司制是人类在制度上的智力创造，其演变与变革对于经济的发展，尤其是市场经济的飞速发展作用巨大。而我国，在向市场经济转轨的过程中，也是以公司制为核心来建立现代企业制度。推荐阅读：王军. 中国公司法[M]. 第 2 版. 北京：高等教育出版社，2017. 该教材以典型案例展示现实问题，细致分析相关法律法规之应用，引导读者的批判性思考，深入思考关键问题及制度根源。

2. 问题解决

如果有人向你咨询如何设立有限责任公司，你打算从哪些方面给他/她分析呢？不妨就重点问题和咨询要点，写一个简明的纲要。还有一个人想投资，正在两个选择之间犹豫不决：是成为有限合伙企业里的有限合伙人，还是成为有限责任公司里的股东？请你为他分析一下。

3. 制度变革

我国目前的公司法对曾经严格的注册资本制有所放松，虽转向认缴制，但还没有达到英美等国的授权资本制那么宽松的地步。请利用图书馆、网络等资源就注册资本制及其改革作一个专题研究，回答如下问题：我国是否应推行授权资本制？

4. 观点争鸣

对于在《公司法》里增加"一人公司"的建议，支持者认为可以释放个人创业欲望，顺应了经济发展的需要。但也有人持不乐观的态度。史际春教授认为：我国社会对自然人的控制还没达到相当水平,并且个人的诚信水平比较低,一人公司就算是合法的,监管起来也很难。虽然要求公司名称必须标明"一人"字样,可以起到一定的风险警示作用,但效果有限。他指出:"在人们普遍认识不到过路口不看红灯的危害之前,'红灯不得前行'的法条就是空文。"结合两方面的观点,你对一人公司的问题有何看法?可分以下立场进行辩论:

正方:赞成公司法增加一人公司;

反方:反对公司法增加一人公司。

5. 法官判案

A 和 B 是好朋友,合作开公司,每人各占 50%的股份。A 擅长管理,担任执行董事和总经理,也是公司的法定代表人。B 擅长销售,担任副总经理。开始合作不错,但不久两人开始发生争执。A 发布公司文件,免去 B 的副总经理职务,矛盾激化。

B 被排除在公司管理之外。他想查阅账目,A 不许。他想担任执行董事,但 A 的三年任期还没满,而且即使是满了,依据公司章程,执行董事由股东会投票过半数选出,而他只有 50%股份。要求分红,A 说公司亏损。B 于是想退出公司,股份转让给 A,A 拒绝。想把股份卖给其他人,但公司经营不好,股份没人要。要么就是解散公司,在公司法规定的三个自愿解散的原因里,唯一可以援用的是"股东会决议解散"。可是公司法规定公司解散需要 2/3 以上表决权的股东通过。另一个途径就是"司法解散"。B 于是向法院起诉,请求解散公司,清算财产。

如果你是法官,会如何判决此案?如果案件事实不足以让你得出结论,你可以假设所需关键事实给出结论,或者说一下分析此案的思路。

6. 网络搜索

搜索关键词——"真功夫家族内讧"。

两个创始人多年患难与共、通力合作,发展出中国领先的快餐连锁企业"真功夫"。然而,家庭矛盾、利益争夺、理念差异等方面的冲突的集聚最终导致双方矛盾爆发。股权、管理权争夺背后的刀光剑影,为我们勾勒出我国家族企业公司化及扩张道路上的一幅典型图景。

第五章 公司治理

本章学习要点
- 公司治理：治理理论、治理模式
- 公司治理机构：股东会、董事会、监事会和高级管理人员
- 股东权益的保护
- 代理人问题：代理人的决定、代理人的义务、对代理人的监督

第一节 公司治理的现代理论

一、所有权与经营权的分离

合伙的无限连带责任促使投资人在合伙投资时要谨慎选择合作伙伴，并且合伙人还要积极参与管理或监督管理，不敢疏忽。这种责任形式过于严格，因此合伙的合伙人数也相对有限。而公司的有限责任形式更有利于吸引投资，公司的股东人数也相对较多，如果是股份有限公司向社会募集资金，则股东人数更多。

一方面，很多股东只是作投资打算，并不想介入管理，而且公司的有限责任也不像合伙的无限连带责任那样强化投资人参与管理的动机；另一方面，股东人数多时，如果介入公司管理的人太多，不利于公司经营，会导致公司管理和运行的无效率。

股东可以委托一部分股东或选择值得信任的外部人员来进行管理决策，由此公司的所有权与经营权发生分离，即公司的所有者没有或并没有全部参与到公司的经营管理中去，公司的经营管理权在受委托的少数股东或外部人员那里。这些受委托的人即代理人，由股东会选举产生，成为公司的董事，组成董事会，负责公司重大事项的决策。

董事会可以再选择其中的一个或几个董事，也可以聘请外部经理人来负责公司的日常经营，由此经营管理权再次发生分解，即重大事项决策权归董事会，而日常经营管理归总经理（《公司法》称"经理"）及其他高级管理人员。

股东会、董事会和高级管理人员构成公司治理结构的主体。

二、代理人风险及其控制

公司所有权与经营权的分离是公司治理结构形成的基础，其目的在于促进公司的经营决策相对集中、专业化、有效率。但选出的董事和经理可能只是全体股东的一部分，甚至可能是不具股东身份的人，因此存在代理人滥用权力损害所有人权益的可能。由此产生一个新的问题：如何监督代理人？

董事由股东会选出，股东会可根据公司章程所规定的程序罢免或更换董事，董事会也可作出决策，任免总经理等高管，此为来自委托人的监督。但由于股东会和董事会都不是日常管理机构，而且召开程序并不简单，因此这种监督并不完全让人满意。

对董事会和经理人的监督，主要有两种模式：一是股东会定期聘请独立的会计或审计机构来审核公司的财务情况，这是外部监督模式，这种模式多为美国公司采用；二是在公司里设立监事会，由股东会选出，来监督董事会和总经理，这是内部监督模式，这种模式多为欧洲公司采用。

无论外部监督还是内部监督，重点在于监控公司的财务状况，但很难监督业务决策。代理人即使不以权谋私，但如果决策不当或失误，公司同样损失重大。这需要从董事或经理的选择上把关。有的国家法律要求公司董事会里要有中立的外部董事，正是为了避免公司决策完全被内部人控制。

选择董事或经理是为了决策的集中和效率，而引入监督机制又是为了监督代理人。监督不是没有成本的，组织机构的复杂会增加代理成本，一方面体现在机构设立和运作本身的成本，另一方面机构之间的制约会影响效率。因此公司治理结构的具体设计必须在促进效率和代理人风险控制之间进行平衡。

三、内部治理与外部治理

传统公司治理理论的核心是"代理"。董事、经理等为代理人，应维护委托人（股东）的利益。以股东利益至上为根本原则的治理模式被称为"股东治理模式"（ownership model），即公司治理的目标是促使股东利益最大化。但公司作为社会中的组织，影响它以及被它影响的利益主体并不仅限于股东。进入 20 世纪 60 年代以后，利益相关者理论出现，其影响在 20 世纪 80 年代开始逐步扩大。

1963 年，在美国上演了一场名为"股东"（shareholder）的戏剧。斯坦福大学的研究人员受该戏剧启发，使用了一个近似的词"利益相关者"（stakeholder）来表示所有与企业有密切关系的人。所谓利益相关者是指"影响组织目标的实现并为组织行为所影响的任何团体或个人"。[1]它不仅包括股东，还包括雇员、债权人、供应商、顾客、竞争者、所在社区等。

公司与利益相关者之间是影响和被影响的关系。一方面，公司的发展会影响到他们；另一方面，如何协调与利益相关者的利益关系也会影响公司发展。因此，公司治理不应只考虑到股东利益，还要考虑到利益相关者的利益。

由此，公司治理的含义扩大。传统意义上的公司治理仅限于处理股东、董事、经理层之间的关系，被称为内部治理；对股东之外的利益相关者的考虑则被称为外部治理，也称利益相关者治理。广义的公司治理包括内部治理和外部治理两个方面。

对利益相关者在公司治理中的地位，学者有争议。一种观点是反对过多考虑利益相关者，如著名经济学家弗里德曼（Milton Friedman）认为公司的董事或经理应为公司的所有者即股东的利益服务，公司的社会义务仅限于三个方面：一是依合同办事；二是遵

---

[1] Freeman R E. Strategic Management: A Stakeholder Approach[M]. Boston: Pitman Publishing Inc，1984.

守法律；三是在法律和合同之外，符合通常的道德观即可。因此，对利益相关者的考虑只应是对实现股东利益的附带限制。①另一种观点则强调外部治理的作用，认为除遵守法律之外，公司应承担更多的社会责任。例如关闭工厂的决策可能对股东有好处，但会影响到雇员的生活和所在的社区。这种观点将社会福利的最大化作为公司的目标，强调广义的公司治理。

目前，越来越多的公司在进行经营管理决策时会考虑利益相关者。但公司不同，对外部治理的重视程度也不同。要注意的是，外部治理的引入并非是要取代内部治理。虽然外部治理的作用有扩大的趋势，广义的公司治理为企业所重视，但内部治理仍是公司治理的核心。

四、公司治理模式

1. 美英模式

在美国和英国，股票市场非常发达。很多公司的资本主要来源于股票市场。因此在美国和英国，公司上市数量多，公司的股东中有大量的私人股东，股权分散，股东变换也频繁。

与此相对应，美英公司的治理模式呈现出以下特点：

（1）外部控制型。即以市场机制为导向。股东密切注意公司的经营业绩，如果对公司经营没有信心，则"用脚投票"，即抛出股票，迅速走人。由此，公司的治理人员对公司的短期业绩非常重视，非常注意公司股票的市场行情。

（2）股东利益为主导。对利润的追逐是公司的主要目标。只有不断扩大公司的利润，才能吸引投资者的注意，为公司将来扩大股票市场的融资奠定基础。

（3）内部治理为主。当股东利益受到强调时，其他的利益相关者的影响就相应减弱。因此，公司的治理以内部治理为主。近年来，也有强调利益相关者的趋势。

（4）强董事会、弱股东会。由于股权分散，因此公司的管理权力更易向董事会和经理层集中。在很多公司，董事长兼任CEO，这更加导致了管理权的集中。

美英模式的优点在于公司治理对市场的反应灵敏，重视公司利润和股东利益，公司管理权的集中有利于公司的经营效率。但潜在缺陷在于对市场的重视往往忽视了公司的中长期策略，而公司管理权的集中又容易导致代理人滥用代理权。

例释　2001年12月，美国能源巨头安然公司申请破产，震惊世界。经查，该公司长期财务做假。其首席财务官、CEO、董事长等均受到指控。前首席财务官被判刑6年，而董事长兼CEO（也为创始人）一审获刑24年4个月，在上诉判决作出前病逝。

2. 德日模式

这类模式因为在德国和日本最为典型而得名。由于在公司的发展过程中，银行的参与作用很大，因此很多公司为银行所控制，所以这类模式又被称为银行导向的治理模式。其实，除了银行之外，其他法人公司参股以及法人之间彼此参股的现象也比较普遍，而

---

① Marcoux A M. Business Ethics Gone Wrong[R]. CATO Policy Report，CATO Institute，2000-07-24.

相比美国，公司的上市相对不那么积极和普遍，因此股权不如美国公司那么分散。德日模式的特点为以下三点：

（1）内部控制型。由于股权相对集中，大股东更加积极主动地参与公司的监督和管理。在德国的公司，有执行董事会和监事会，前者负责业务决策，而后者监督前者。在美英模式中，一般没有监事会的存在，而是定期请外部审计机构进行审计。

（2）外部治理有所强化。在德国，监事会既代表公司股东利益，也代表职工利益。在日本，员工被认为是企业的重要组成部分，企业非常重视与员工的长期关系，很多经营者是从员工中选拔出来的。

（3）董事会和经理层受制于大股东。大股东对于公司的监督增强，公司的董事和经理等的行为受到的制约相对更多。但从另一个角度看，这种关系也有利于董事和经理等与大股东的密切接触和沟通，从而有利于制定一些中长期战略。

德日模式的优点在于公司重视利益相关者的作用，外部治理得以强化。代理人受到的监督和约束较多，可制约其权力滥用。但缺点是：内部彼此制约过大不利于公司经营效率，而且大股东与董事和经理层的关系密切也有可能会侵犯中小股东利益。

例释 2003年，意大利著名的奶制品公司帕玛拉特公司爆出财务做假丑闻。评论指出：该公司做假长达15年，如果没有企业和银行的勾结是不可能做到的。

3. 家族模式

这一模式在韩国、新加坡、印尼、马来西亚等东亚和东南亚国家最常见。不少公司源自家族企业，即使在上市后，也是家族控股。这一模式的特点是以下几点：

（1）公司管理由家族控制。公司的董事和经理等，以家族成员为主。公司管理带有家长制特点。

（2）公司的价值目标双重。除了利益驱动外，家族传承和发展是重要的激励因素。

（3）公司的监督机制家族化。由于家族控制和股权集中，外部的监督弱化，所以家族成员之间的监督和约束是主要形式。

（4）重视维持员工与企业的关系。公司保有原来家族企业的文化特征，即企业非常重视员工对企业的忠诚度，重视保持与员工的长期关系，重视员工福利等。

家族模式带有明显的文化特征。其好处在于公司有长久的价值理念，管理风格有延续性，便于长期发展战略的制订和实施；另外，家族成员控制使得决策权集中，有利于决策的效率。但不利之处在于家族控制易排除外部管理人员的进入，这并不一定有利于公司发展，而且外部监督的弱化使得中小股东的权益容易受侵害。

例释 Claessens等人考察了9个东亚经济实体中的近3000家公司样本，发现东亚模式出现了新的代理问题，即大股东对小股东的利益侵犯。[①]

4. 转轨模式

转轨国家指由以前的计划经济向市场经济转变的国家，俄罗斯、前东欧国家、中国

---

① 傅绍文. 公司治理理论综述[EB/OL]. http://www.law-economics.org.

是典型代表。这些国家积极开展市场化改革，但速度和方式有所不同。中国是渐进型的改革，而俄罗斯等是激进的私有化改革。

虽然改革方式有所区别，但对企业的市场化改造是共同的任务。在转轨经济国家，公司普遍存在一个常见特征，即内部人控制，也就是经理层控股现象普遍。因为在国有企业的改造过程中，原来的经理人在获取改革利益方面有优势。根据古里耶夫等人的研究，在俄罗斯的工业企业，管理层控股的平均水平大约为20%。[①]

内部人控制不仅表现为公司的股权集中，而且控股人还是公司的管理人员。加之转轨中国家的法律尚不完善，因此内部人侵害中小股东利益的可能性增大。在转轨国家，如何通过完善法律和外部监督来约束内部人，是一个重要课题。

例释 对捷克的研究表明，在私有化企业过程中，经理利用手中的权力，在所有者实际缺位的条件下，大量侵吞企业资产，形成所谓的严重"掏空（tunneling）"问题。[②]

在改造国有企业的同时，转轨国家也鼓励发展多种经济成分，其中私有或民营企业的发展引人注目。这些企业很多是家族企业，因此治理模式有典型的家族特点。

转轨是一个过渡的过程，改革尚在探索之中。因此，如何学习其他国家先进经验以提高本国公司的效率，应为转轨国家的政府和企业所重视。所以，转轨国家的公司治理模式是在学习和借鉴中变化的。

五、我国公司的治理结构

依《公司法》规定，公司内部治理结构包括股东会、董事会、监事会和经理人。股东会是公司的权力机构；董事会由股东会选举的董事组成，负责公司重大事项的决策；经理人，指经理等高级管理人员，由董事会聘任，负责公司的日常经营管理；监事会应包括股东代表和适当比例的公司职工代表，对董事和经理进行监督。

第二节 股 东 会

一、股东会的组成与职权

股东会由全体股东组成，是公司的最高权力机构。股份有限公司的股东会被称为股东大会，有限责任公司则称为股东会。下文行文有时不作区分，都称为股东会。

股东会并不介入公司的经营管理，其职权主要有三：一是选出代理人，即董事和监事，委托其代理行使权力；二是决定公司最为重要的事项；三是通过或修改章程。章程对公司的组织机构以及各机构的权责、表决程序和规则等作了规定，代理人必须依照章程行事。

在我国，股东会的法定职权是以下几点：

---

① 《比较》编辑室. 比较出真知——中国俄罗斯转轨经验比较研讨会综述[M].//吴敬琏. 比较. 第10辑. 北京：中信出版社，2003.

② 傅绍文. 公司治理理论综述[EB/OL]. http://www.law-economics.org.

（1）选举和更换非由职工代表担任的董事和监事，决定有关董事和监事的报酬事项。

（2）审议批准董事会、监事会（或监事）的报告。

（3）决定公司的经营方针和投资计划。

（4）审议批准公司的如下方案：年度财务预算方案、决算方案、利润分配方案、弥补亏损方案。

（5）就如下事项作出决议：公司增加或者减少注册资本；发行公司债券；公司合并、分立、解散和清算；变更公司形式。

（6）修改公司章程。

（7）公司章程规定的其他职权。

一人有限责任公司不设股东会，其股东就上述属股东会职权之事项作出决定时，应采用书面形式，经股东签字后置备于公司。

二、股东会的召集

1. 定期会议

对于有限责任公司的定期会议，法律没有要求，可由公司章程规定会议召开的周期；而对于股份有限公司，法律要求每年至少应召开一次年会。

对于有限责任公司，如果股东意见一致并且采取书面形式，可不必召开股东会会议，直接作出决定，由全体股东在决定文件上签名盖章即可。

2. 临时会议

对于有限责任公司，代表 1/10 以上表决权的股东、1/3 以上的董事、监事会或者不设监事会的公司的监事可提议召开临时会议。

对于股份有限公司，当发生下列情形时，应在两个月内召开临时股东大会：

（1）董事人数不足公司法规定的人数或者公司章程所定人数的 2/3 时。

（2）公司未弥补的亏损达实收股本总额 1/3 时。

（3）单独或合计持有公司股份 10%以上的股东请求时。

（4）董事会认为必要时。

（5）监事会提议召开时。

（6）公司章程规定的其他情形。

3. 股东会的召集和主持

（1）一般情况。对于有限责任公司，股东会的首次会议由出资最多的股东召集和主持。之后，如有限责任公司设董事会，由董事会召集，董事长主持；不设董事会的，由执行董事召集和主持。

对于股份有限公司，在公司成立之前，创立大会已选出了董事会。所以无论股东会的首次会议还是以后的会议，都由董事会召集，并由董事长主持。

（2）特殊情况。指董事会或董事长出现不能履行或不履行其职责的情况。

对于有限责任公司，董事会或者执行董事不能履行或者不履行召集会议职责的，由监事会或者不设监事会的公司的监事召集和主持；监事会或者监事不召集和主持的，代

表 1/10 以上表决权的股东可以自行召集和主持。

对于股份有限公司，董事会不能履行或者不履行召集会议职责的，监事会应当及时召集和主持；监事会不召集和主持的，连续 90 日以上单独或者合计持有公司 10%以上股份的股东可以自行召集和主持。

无论有限责任公司还是股份有限公司，如出现董事长不能履行职务或者不履行职务的情况，由副董事长主持；副董事长不能履行职务或者不履行职务的，由半数以上董事共同推举一名董事主持。

4. 会议的提前通知

对于有限责任公司，应于会议召开 15 日前通知全体股东。但法律允许公司章程另有规定或者全体股东另有约定。

对于股份有限公司，应于会议召开 20 日前通知各股东。对于临时股东大会，应于会议召开 15 日前通过各股东。如果是发行无记名股票的，应当于会议召开 30 日前以公告形式通知。通知内容为会议召开时间、地点和审议事项。股东大会不得对会议召开前未通知股东的事项进行表决。

5. 会议的记录

无论是有限责任公司还是股份有限公司，股东会应当对所议事项的决定做成会议记录。对于有限责任公司，出席会议的股东应当在会议记录上签名；对于股份有限公司，由于股东人数可能众多，法律没有要求股东签名，而是规定由主持人和出席会议的董事签名，并将会议记录与出席股东的签名册及代理出席的委托书一并保存。

三、股东会的表决

股东会的议事方式和表决程序，由公司章程规定，但不得违反法律的强制性规定。法律对股份有限公司的强制性规定相比有限责任公司要严格得多。

1. 有限责任公司股东会的表决

（1）表决权。股东按照出资比例行使表决权。但公司法允许公司章程另有规定。

（2）特别决。如决议涉及的是公司增加或者减少注册资本、合并、分立、解散或者变更公司形式、修改公司章程，必须经代表 2/3 以上表决权的股东通过。

2. 股份有限公司股东会的表决

（1）表决权。股东出席股东大会，所持每一股份有一表决权。股东可以委托代理人出席股东会议，代理人应当向公司提交股东授权委托书，并在授权范围内行使表决权。

另外，为抑制关联交易和保护中小股东利益，证监会规定：（上市公司）股东与股东大会拟审议事项有关联关系时，应当回避表决，其所持有表决权的股份不计入出席股东大会有表决权的股份总数。股东大会审议影响中小投资者利益的重大事项时，对中小投资者的表决应当单独计票。单独计票结果应当及时公开披露。公司持有自己的股份没有表决权，且该部分股份不计入出席股东大会有表决权的股份总数。[①]

---

① 《上市公司股东大会规则》（2016）.

（2）普通决。股东会作出决议，须经出席会议的股东所持表决权的半数以上通过。

（3）特别决。如果涉及的是公司增加或者减少注册资本、合并、分立、解散或者变更公司形式、修改公司章程，须经出席会议的股东所持表决权的 2/3 以上通过。

例释 小李是星星公司的小股东。一年经营结束，公司盈利 100 万，但董事会认为由于公司存在经营困难，需要运作资金，因此提议不分红。在股东会上，由于大股东小王投票支持，股东会通过决议该年度不分红。小李诉称其股东权益受到侵害，要求法院判决股东会决议无效。法院驳回起诉，认为法律和行政法规并未规定公司盈利必须分红，因此是否分红以及资金如何运作使用由公司自治决定。股东会有决定分红方案的权利，另外会议召开和表决程序合法，因此其决议有效。

第三节 董事会、监事会和高级管理人员

一、担任董事、监事、高级管理人员的资格

有下列情形之一的，不得担任公司的董事、监事和高级管理人员：

（1）无民事行为能力或者限制民事行为能力。

（2）因贪污、贿赂、侵占财产、挪用财产或者破坏社会主义市场经济秩序，被判处刑罚，执行期满未逾 5 年；或者因犯罪被剥夺政治权利，执行期满未逾 5 年。

（3）担任因经营不善破产清算的公司、企业的董事或者厂长、经理，并对该公司、企业的破产负有个人责任的，自该公司、企业破产清算完结之日起未逾 3 年。

（4）担任因违法被吊销营业执照的公司、企业的法定代表人，并负有个人责任的，自该公司、企业被吊销营业执照之日起未逾 3 年。

（5）个人所负数额较大的债务到期未清偿。

另外，《公务员法》禁止公务员"从事或者参与营利性活动，在企业或者其他营利性组织中兼任职务"。因此，公务员不可兼任公司的董事、监事和高级管理人员。另外，对去职或退休的公务员也有限制性规定：公务员辞去公职或者退休的，原系领导成员、县处级以上领导职务的公务员在离职 3 年内，其他公务员在离职 2 年内，不得到与原工作业务直接相关的企业或者其他营利性组织任职，不得从事与原工作业务直接相关的营利性活动。[①]

二、董事会

1. 董事会组成

（1）有限责任公司。董事会成员为 3~13 人。股东人数较少和规模较小的，可以设一名执行董事，不设立董事会。执行董事可以兼任公司经理。

两个以上的国有企业或者其他两个以上的国有投资主体投资设立的有限责任公司，

---

① 《公务员法》第 59 条、107 条。

其董事会成员中应当有公司职工代表。董事会中的职工代表通过职工代表大会、职工大会或者其他形式民主选举产生。另外，国有独资公司董事会应有公司职工代表。

（2）股份有限公司。设董事会，其成员为5~19人。

2. 董事的任期

董事任期由公司章程规定，但每届任期不得超过3年。任期届满，连选可以连任。

董事任期届满未及时改选，或者董事在任期内辞职导致董事会成员低于法定人数的，在改选出的董事就任前，原董事仍应当依照法律、行政法规和公司章程的规定，履行董事职务。

3. 董事长

董事会设董事长1人，可以设副董事长。董事长可担任公司的法定代表人，也可由经理担任法定代表人。有关董事长、副董事长的产生办法，法律对有限责任公司没有规定，由公司章程规定；而股份有限公司，则要由董事会以全体董事的过半数选举产生。

4. 董事会职权

董事会对股东会负责，行使的职权主要有四个方面：

（1）对股东会负责的事项，主要是负责召集股东会并向股东会报告工作、执行股东会的决议、就提交股东会表决的事项制订方案。

（2）公司重大事项的决策，包括决定公司的经营计划和投资方案（股东会是决定公司的"经营方针和投资计划"）、决定公司内部管理机构的设置、制定公司的基本管理制度等。

（3）对经理等公司高级管理人员的控制，包括聘任或者解聘公司经理、根据经理的提名聘任或者解聘公司副经理及财务负责人以及决定其报酬事项等。

（4）公司章程规定的其他职权。

5. 董事会会议

（1）定期会议。对有限责任公司，法律没有规定，由公司章程规定。对于股份有限公司，法律要求董事会每年至少召开两次会议，并且，在董事会会议召开10日前通知全体董事和监事。

（2）临时会议。对有限责任公司，法律没有规定。对于股份有限公司，代表1/10以上表决权的股东、1/3以上董事或者监事会，可以提议召开董事会临时会议。董事长应当自接到提议后10日内，召集和主持董事会会议。董事会召开临时会议，可以另定召集董事会的通知方式和通知时限。

（3）召集主持。董事会会议由董事长召集和主持；董事长不能履行或者不履行职务的，由副董事长召集和主持；副董事长不能履行或者不履行职务的，由半数以上董事共同推举一名董事召集和主持。

（4）会议表决。董事会决议，实行一人一票。

对有限责任公司，《公司法》规定："董事会的议事方式和表决程序，除本法有规定的外，由公司章程规定。"

对于股份有限公司，法律要求相对多一些。董事会会议应有过半数的董事出席方可举行。董事会作出决议，必须经全体董事的过半数通过。董事会会议，应由董事本人出席；董事因故不能出席，可以书面委托其他董事代为出席，委托书中应载明授权范围。

对于上市公司，公司法要求：在董事会会议表决时，有利益关联的董事应回避。即上市公司董事与董事会会议决议事项所涉及的企业有关联关系的，不得对该项决议行使表决权，也不得代理其他董事行使表决权。该董事会会议由过半数的无关联关系董事出席即可举行，董事会会议所作决议须经无关联关系董事过半数通过。出席董事会的无关联关系董事人数不足3人的，应将该事项提交上市公司股东大会审议。

（5）会议记录。董事会应当就会议所议事项的决定做成会议记录，出席会议的董事应当在会议记录上签名。

三、监事会

1. 监事会组成

公司的监事会成员不得少于3人。但是股东人数较少或者规模较小的有限责任公司，可以设1~2名监事，不设监事会。

监事会应当包括股东代表和适当比例的公司职工代表，其中职工代表的比例不得低于1/3，具体比例由公司章程规定。职工代表监事由公司职工通过职工代表大会、职工大会或者其他形式民主选举产生。

由于监事的职责是监督董事会和高级管理人员，所以董事、高级管理人员不得兼任监事。

2. 监事的任期

监事的任期每届为3年。监事任期届满，连选可以连任。

监事任期届满未及时改选，或者监事在任期内辞职导致监事会成员低于法定人数的，在改选出的监事就任前，原监事仍应当依照法律、行政法规和公司章程的规定，履行监事职务。

3. 监事会主席

（1）有限责任公司。监事会设主席一人，由全体监事过半数选举产生。

（2）股份有限公司。监事会设主席一人，可设副主席。监事会主席和副主席由全体监事过半数选举产生。

4. 监事会职权

监事会或者监事的主要任务是对公司的经营管理进行监督，制约董事或高级管理人员权力的滥用，主要职权是：

（1）检查权。即有权检查公司财务。

（2）建议权。对董事、高级管理人员执行公司职务的行为进行监督，如发现违法、违反公司章程或股东会决议之情形，可提出罢免建议。

（3）纠正权。当董事和高级管理人员的行为损害公司的利益时，要求其纠正。

（4）提议权。有权提议召开临时股东会。

（5）召集权。在董事会不履行公司法规定的召集和主持股东会会议职责时，召集和主持股东会会议。

(6) 提案权。有权向股东会提出提案。

(7) 诉讼权。在一定条件下,对董事、高级管理人员提起诉讼。[①]

(8) 监督权。监事可以列席董事会会议,并对董事会决议事项提出质询或者建议。

(9) 调查权。监事会、不设监事会的公司的监事发现公司经营情况异常,可以进行调查;必要时,可以聘请会计师事务所等协助其工作,费用由公司承担。

(10) 其他职权。公司章程规定的其他职权。

5. 监事会会议

(1) 定期会议。对于有限责任公司,监事会会议每年至少召开一次;对于股份有限公司,每6个月至少召开一次。

(2) 临时会议。监事可提议召开临时监事会会议。

(3) 召集主持。由监事会主席召集和主持监事会会议。

对于有限责任公司,如果监事会主席不能履行或者不履行职务的,由半数以上监事共同推举一名监事召集和主持监事会会议。

对于股份有限公司,如果监事会主席不能履行或者不履行职务的,依次由监事会副主席、半数以上监事共同推举的一名监事召集和主持监事会会议。

(4) 会议表决。监事会的议事方式和表决程序,在不与公司法规定相冲突的前提下,由公司章程规定。监事会决议应经半数以上监事通过。

(5) 会议记录。监事会应当就所议事项的决定做成会议记录,出席会议的监事应当在会议记录上签名。

四、高级管理人员

1. 高级管理人员的范围和聘任

高级管理人员包括公司的经理、副经理、财务负责人、上市公司董事会秘书和公司章程规定的其他人员。其中上市公司的董事会秘书,负责公司股东大会和董事会会议的筹备、文件保管以及公司股东资料的管理、理信息披露事务等事宜。

以上高级管理人员的聘任、解聘、报酬等,由公司董事会决定。其中,对于经理,由董事会直接决定聘任、解聘以及报酬事项。对于副经理和财务负责人,由董事会根据经理的提名来决定聘任、解聘以及报酬事项。

2. 经理的职权

经理对董事会负责,其职权是日常的经营管理工作,包括:主持公司的生产经营管理工作;组织实施董事会决议;组织实施公司年度经营计划和投资方案;拟订公司内部管理机构设置方案、基本管理制度;制定公司的具体规章;提请聘任或者解聘公司副经理、财务负责人;聘任或者解聘除应由董事会聘任或者解聘之人员以外的负责管理人员;

[①] 《公司法》规定,如果董事、高级管理人员执行公司职务时违反法律、行政法规或者公司章程的规定,给公司造成损失的,应当承担赔偿责任。应股东书面请求,监事会(不设监事会的有限责任公司的监事)可向法院提起诉讼。

公司章程规定的和董事会授予的其他职权。

另外，经理列席董事会会议。

3. 董事兼任经理的问题

设执行董事（不设董事会）的有限责任公司，执行董事可兼任公司经理。设董事会的公司，经董事会决定，可以由董事会成员兼任经理。国有独资公司的董事会成员兼任经理的，需经国有资产监督管理机构的同意。

第四节 股东权益的保护与代理人问题

一、对股东权益的保护

1. 股东权益保护问题的提出

社会中很多资金持有人不想投资后承担个人的无限责任，因此公司的有限责任使公司可以吸引社会中投资人的投资，因而现代社会中大规模的企业多采用公司形式，尤其是股份有限公司形式。

相比个人独资企业和合伙企业，公司的投资人（股东）人数一般更多一些。股东不可能全部参与到公司管理中，而且很多股东只想通过投资获得收益，虽然关心公司经营，但不想直接介入公司管理。由此产生公司的所有权和经营权的分离，或者说，公司并不是由全部股东共同经营，公司的经营权掌握在少数代理人手中，这些代理人可以是股东中的一部分，也可以是股东之外的其他人，例如职业经理人。无论怎样，代理人的行为都有一种隐藏的危险：代理人只是一小部分股东或者根本不是股东，但却掌握着控制公司的权力，不免有侵害股东权益的可能。

代理人与所有人之间的利益冲突是保护股东权益问题的一个方面，除此之外，还有另一种情况，即中小股东权益的保护问题，这也与代理人的问题有关。代理人往往由大股东担任或操纵，这样难免有中小股东权益受损的可能。

2. 保护股东权益的基本原则

保护股东的合法权益，可以强化投资者的投资信心，从而促进社会资本的积极投入和利用，有利于社会经济的发展。因此，《公司法》在第1条中就规定了保护股东的合法权益是《公司法》的宗旨之一。

保护股东权益的基本原则有二：有限责任原则和股东平等原则。

（1）有限责任原则。有限责任是公司制的基石。一方面，投资人的法律风险得以限制，投资得到激励，有利于社会资本的积聚和利用；另一方面，股东的有限责任意味着债权人的交易风险增大，因此立法尽力在限制股东投资风险和防止债权人风险扩大之间进行平衡。一个典型例证就是当投资人利用公司的独立法人资格和有限责任来逃避法律义务时，公司面纱会被揭开，投资人要承担个人责任。

（2）股东平等原则。股东平等原则指股东的权利基于其出资或股份，不可受折损，同等出资或股份应同等对待。具体内容有四：一是股东依出资或股份享受权利，权利不可被折损，例如一股一票；二是同股同权，即同样性质的股份享受的权利内容也一样；三是同股同利，依出资比例或股份数分红，不可因人而异；四是禁止大股东滥用权利侵害小股东。当然例外也有，即允许有限责任公司的股东通过公司章程或共同约定作出不同规定，这是基于股东的意愿，尊重公司经营的灵活性。例如《公司法》规定：有限责任公司股东会会议由股东按照出资比例行使表决权；但是，公司章程另有规定的除外。股东按照实缴的出资比例分取红利；公司新增资本时，股东有权优先按照实缴的出资比例认缴出资；但是，全体股东另行约定除外。

3. 保护股东权益的法律应对

（1）应对之一：法律规定股东的根本权利。这些规定一般为强制性的，公司的章程、股东会决议或董事会决议等不可与之抵触。股东的根本权利包括以下几点：

① 股东的表决权。表决权大小取决于股东的投资数。在有限责任公司，股东依出资比例行使表决权，但允许公司章程作出不同规定；在股份有限公司，股东一股一票。法律规定股东会应定期召开，股份有限公司一年至少召开一次，这是保障股东能有行使表决权的机会。法律对股东会的提前通知、会议记录等进行规定，是通过程序制约来保障股东正常行使表决权。

② 股东会的职权。法律规定某些事项的表决归股东会。这些事项多关涉股东的根本权益，例如修改公司章程、公司变更、选举董事和监事等。对于若干重要事项，法律还规定了至少 2/3 的特别表决比例要求，这也是为了保护股东的根本权益，同时有保护中小股东权益的作用。

③ 股东的收益权。股东投资的目的是回报，因此股东获得收益是其基本权利。我国《公司法》规定利润分配方案必须经股东会批准就是保护股东收益权的一个表现。但表决毕竟是多数决，因此大股东或董事会有可能控制表决来作出长期不分利润或少分利润的决议。利润是分配还是转为后续投资，属公司决策范畴，法律若对此作出限制，则有干预公司决策之嫌。但是，如果利润分配的决策程序偏离公司经营的宗旨，股东应有异议权。《公司法》规定：对于有限责任公司，如果公司连续 5 年盈利并且符合法律规定的分配利润条件，却连续 5 年不分配的，异议股东可请求公司以合理价格收购其股权。

④ 股东的知情权。股东有权了解公司经营的真实情况。股东有权查阅公司章程、股东会会议记录、董事会及监事会会议决议和财务会计报告等。

《公司法》还赋予有限责任公司的股东查阅会计账簿的权利。但同时考虑到需维护公司经营和利益，又做了一定条件的限制：股东要求查阅公司会计账簿的，应当向公司提出书面请求，说明目的。公司有合理根据认为股东查阅会计账簿有不正当目的、可能损害公司合法利益的，可以拒绝提供查阅，并应当自股东提出书面请求之日起 15 日内书面答复股东并说明理由。公司拒绝提供查阅的，股东可以请求法院要求公司提供查阅。

对于股份有限公司，法律要求其财务会计报告应当在召开股东大会年会的 20 日前置备于本公司，供股东查阅。公开发行股票的股份有限公司必须公告其财务会计报告。对于上市公司，在其向社会募股以及上市交易过程中，法律规定公司必须充分、完整、准确、真实、及时地披露相关的重要信息，此为强制信息披露制度。

⑤ 股东转让股权或股份的权利。公司具有独立人格，股东的资本一经投入，便由

公司掌控和利用，不可随意抽回。但是，股东有转让股权或股份的权利。

对于有限责任公司，股东转让股权依公司章程相关规定进行。如章程没有规定，法律区分股东之间转让和向股东之外的人转让两种情况作不同规定。对于股东之间的转让，法律没有限制性规定。但向股东以外的人转让股权，应当经其他股东过半数同意。股东应就其股权转让事项书面通知其他股东征求同意，其他股东自接到书面通知之日起满30日未答复的，视为同意转让。其他股东半数以上不同意转让的，不同意的股东应当购买该转让的股权；不购买的，视为同意转让。经股东同意转让的股权，在同等条件下，其他股东有优先购买权。两个以上股东主张行使优先购买权的，协商确定各自的购买比例；协商不成的，按照转让时各自的出资比例行使优先购买权。法律作出上述限制，主要是由于有限责任公司股东人数有限，股东彼此之间有一定的信任关系，股东虽然可把股权转给外人，但其他股东却不一定愿意与该外人合作。

对于股份有限公司，法律明确规定股东持有的股份可以依法转让。股东转让其股份，应当在依法设立的证券交易场所进行或者按照国务院规定的其他方式进行。如果是记名股票，由股东以背书方式或者法律、行政法规规定的其他方式转让，转让后由公司将受让人的姓名或者名称及住所记载于股东名册；如果是无记名股票的转让，由股东将该股票交付给受让人后即发生转让的效力。另外，法律又对发起人和公司重要决策管理人员股份的转让予以限制。发起人持有的本公司股份，自公司成立之日起一年内不得转让。公司公开发行股份前已发行的股份，自公司股票在证券交易所上市交易之日起一年内不得转让。公司董事、监事、高级管理人员应当向公司申报所持有的本公司的股份及其变动情况，在任职期间每年转让的股份不得超过其所持有的本公司股份总数的25%；所持有的本公司股份自公司股票上市交易之日起一年内不得转让。上述人员离职后半年内，不得转让其所持有的本公司股份。公司章程可以对公司董事、监事、高级管理人员转让其所持有的本公司股份作出其他限制性规定。

⑥ 股东的优先权。指股东因其股东身份而在某些方面享有的优先于非股东的权利。例如上述的有限责任公司股东转让股权，同等条件下，其他股东有优先购买权。另外，除非全体股东另有约定，公司新增资本时，股东有权优先按照实缴的出资比例认缴出资。

（2）应对之二：约束代理人。这些规定可分为三个方面：代理人的决定、代理人的义务以及对代理人的监督。以下分别详述。

二、代理人的决定

1. 选择董事的重要性

董事和高级管理人员掌控着公司的经营管理。前者对公司经营的重大事项作出决策，后者则负责公司的日常经营管理。法律规定董事由股东会选举产生，而经理等由董事会聘任。因而，在公司的组织机构中，董事会的作用可以说是"承上启下"，对上执行股东会决议，对下选择和监督高级管理人员。因此，如果选出的董事能做到全心全意维护公司利益，则有利于全体股东之利益的保护。

2. 董事的产生办法

《公司法》规定了属股东会表决的若干重要事项，董事的选举为其中之一。董事的产生办法，有投票制和委派制两种。投票制指股东投票选举董事，委派制指股东之间分配董事名额，各自按名额自行委派。

对于有限责任公司，《公司法》允许公司章程自行规定，可采用投票制，也可采用委派制。投票的比例由公司章程自行规定。而对于股份有限公司，则只能采取投票制，而且投票的比例法律有约束。

投票制分直接投票制和累积投票制两种。以下分而述之。

3. 直接投票制

实践中很多公司都是采取简单多数决的直接投票制，即股东按其股份投票，获得一定比例以上票数的董事可当选。法律规定股份有限公司选举董事至少应达到简单多数决，即经出席股东会会议的股东所持表决权的过半数通过。

选举董事适用简单多数决的一个弊端是：持有超过 50%表决权的股东可以决定全部的董事人选。

例释 某公司的股东分为两派：A 派股份为 51%，B 派股份为 49%。共选举 5 名董事，A 提名的 5 个董事全部当选，而 B 提名的董事全部落选。B 派股东有将近一半的股份，但没有一名董事当选，显然对他们不公平。

4. 累积投票制

累积投票制是对上述弊端的一个解决办法。所谓累积投票，就是将每一个股东的股份乘以要选的董事名额，所得数字为该股东的票数。该股东可以将所有的票投给一个董事，也可分投给几个董事。最后董事按照票数高低排序当选。

例释 仍援引上述例子。A 派的票数为 51×5=255，B 派的票数为 49×5=245，总票数为 500。B 派将票一分为二：122 票和 123 票，分别投给他所中意的两名候选人。这样 B 至少可以有两名董事当选。

以下这个公式可以帮助股东计算出如果要保证自己提名的董事有一名当选至少需要的股份数：

$$X = 1 / (1+N)$$

X 指所需股份数，N 指要选举的董事名额。例如选举 5 个董事，要选出一名董事至少要有超过 16.6%的股份支持。由此也可得出上述例子中持有 49%票数的 B 派股东至少可以有两名董事当选。

5. 我国法律对累积投票制的规定

《公司法》规定："（股份有限公司的）股东大会选举董事、监事，可以依照公司章程的规定或者股东大会的决议，实行累积投票制。"因此，《公司法》没有强制规定股份有限公司必须采用累积投票制，而是把决定权留给了公司股东们，由其自行议定。

鉴于上市公司股东人数多，股权分散导致大股东控制董事会从而侵害少数股东权益的情况严重，证监会《上市公司治理准则》（2018）规定："董事、监事的选举，应当充分反映中小股东意见。股东大会在董事、监事选举中应当积极推行累积投票制。单一股东及其一致行动人拥有权益的股份比例在30%及以上的上市公司，应当采用累积投票制。采用累积投票制的上市公司应当在公司章程中规定实施细则。"

专题案例 5-1　深新都董事选举案

事实

新都酒店（以下简称"深新都"）是深圳的一家上市公司。2003年，在深新都年度股东大会上，五个最大的股东分成两派，争夺董事席位。

大会采取直接投票制选举董事，共选出董事四名，独立董事两名。虽然第一和第五大股东共持有公司股份将近35%，但由于其他三个大股东控制了50%以上的股份，因此他们所提名的董事无一人当选。

第五大股东于同年8月向当地法院起诉，要求法院裁决该董事选举决议无效。

争议

第五大股东的理由是：依照证监会的规定，上市公司应采取累积投票制。

其他股东辩解：证监会要求"控股股东控股比例在30%以上的上市公司"应采取累积投票制，但公司的最大股东持股也不过22.99%。

第五大股东则认为：其他三个大股东共同行动，应视为控股股东。他们共持有股份超过30%，所以董事选举应采取累积投票制。

由此，如何解释证监会规定中的"控股股东"一词成为该案争议的关键点。

判决

深圳中级人民法院认为联合行动的三个股东应视为"控股股东"，董事选举应采取累积投票制，因此判决深新都股东大会的董事选举决议无效。

思考

证监会2002年《上市公司治理准则》相关规定的用语是"控股股东"，因此并不明确是仅指单一的股东还是也包括共同行动的股东。法院作了广义的解释，之后证监会2018年的修订明确了"单一股东及其一致行动人"。你认为法院之广义解释及证监会2018年的广义规定是否合理？"30%"的比例标准规定是否合理？对于非上市的股份有限公司，我国公司法是否应要求采取累积投票制选董事和监事？

（编写参考：李涛. 深圳市卢堡工贸有限公司诉深圳市新都酒店股份有限公司股东大会选举董事的决议无效案——兼论上市公司实行累积投票制的作用和意义[J]. 判例与研究. 2004（4）.）

三、代理人的义务

1. 代理人的义务概述

董事、监事、经理等都是受人之托代理公司事务的代理人。与委托人之间的委托代理关系决定了代理人的义务。

（1）义务之一：在授权范围内行事的义务。受人之托，就需要在受托的范围内行事。超越了委托范围或滥用代理人权限的行为，除非委托人追认，否则无效。因此第一个义务就是不可越权行事。

（2）义务之二：忠实的义务。当公司利益与个人利益相冲突时，应以公司利益为先，此为忠实义务。违反忠实义务的行为有以下三点：

① 窃取公司的商业机会。代理人将公司的商业机会或盈利机会窃为己有，为自己谋取利益。

例释 B给某公司的董事A打电话，想跟该公司做生意，A没有把B介绍给公司，而是自己跟他做生意。

② 自我交易。代理人自己与所服务的公司之间进行交易。由于代理人有双重身份，难免有利益冲突的可能。

例释 公司的董事A与所服务的公司签订了贷款合同，从公司借款为自己所用。

③ 竞业行为。公司的代理人自己或为他人进行与公司业务相同、相似或有竞争关系的业务。

例释 公司的董事A自己开了一家公司经营羊毛销售，而A任职董事的公司也经营这类业务。对竞业行为的禁止被称为竞业禁止。

上述交易或行为并非绝对被禁止。如果公司章程许可，或者代理人事前将有关信息披露给公司并获得股东会或董事会的同意，也可为之。

另外，侵吞公司财产、挪用公司资金、泄露公司秘密、收受贿赂等是严重违反忠实义务的行为，为法律所禁止，情节严重的甚至会被追究刑事责任。

（3）义务之三：合理注意的义务。又称勤勉义务。所谓"注意"是指对公司经营决策予以关注。注意的程度为"合理"，并不要求董事等在进行决策时达到像律师、会计师那样的专业水准，只要是"善良管理人"的注意即可。由此合理注意的含义有二：一是要求代理人在行为时主观动机为"善意"，应从公司的利益出发进行考虑和决策，没有恶意或严重疏忽；二是要求代理人对公司事务予以适当关注，并不要求尽心竭力，但要有一定程度的勤勉。

合理注意义务并不是对董事等的决策结果进行事后判断，因为任何公司决策都有市场风险，如果以结果来衡量法律责任未免让董事等人感到责任过重，而且法律有干预公司决策之嫌。因此，法律只考察董事等人在进行决策时，程序是否符合法律和章程的规定、动机是否善良、对公司经营管理是否勤勉，以及是否有合理程度的注意。至于决策的结果好坏，法律并不过问。如果股东对决策结果不可容忍或对董事表现不满意，可依法律或公司章程对董事进行罢免。

例释 星星公司总经理小王与太阳公司接洽业务时，未签订有关业务的书面合同，也未能留存证明业务关系的其他有效证据。后太阳公司欠星星公司100万业务款，星星公司诉至法院，但因证据不足未能立案。小王被公司起诉。法院认为小王处理与太阳公司之业务的行为方式违反了勤勉义务，导致公司损失，小王应予赔偿。

2. 我国法律对公司代理人义务的规定

2005年修订前的《公司法》对公司代理人义务的规定不完善，最大的遗漏是没有规定合理注意义务。目前的《公司法》则规定得比较全面，具体规定为以下三项：

（1）董事、监事、高级管理人员应当遵守法律、行政法规和公司章程，对公司负有忠实义务和勤勉义务。

（2）董事、监事、高级管理人员不得利用职权收受贿赂或者其他非法收入，不得侵占公司的财产。

（3）董事、高级管理人员不得有下列行为：挪用公司资金；将公司资金以其个人名义或者以其他个人名义开立账户存储；违反公司章程的规定，未经股东会、股东大会或者董事会同意，将公司资金借贷给他人或者以公司财产为他人提供担保；违反公司章程的规定或者未经股东会、股东大会同意，与本公司订立合同或者进行交易；未经股东会或者股东大会同意，利用职务便利为自己或者他人谋取属于公司的商业机会，自营或者为他人经营与所任职公司同类的业务；接受他人与公司交易的佣金归为己有；擅自披露公司秘密；违反对公司忠实义务的其他行为。

由上述规定可见，《公司法》的规定覆盖了公司代理人的不可越权行事、忠实和合理注意（勤勉）三大义务。对违反忠实义务的行为规定比较详细，但对勤勉义务，即合理注意义务，只有原则性规定，对其含义并无具体解释，对违反勤勉义务的行为也无列举，需留待司法解释补充。

例释 最高法院在其有关公司法的司法解释中，规定了一种董事等违反勤勉义务承担责任的情形：股东在公司增资时未履行或者未全面履行出资义务，其他股东或公司债权人请求未尽勤勉义务而使出资未缴足的董事、高级管理人员承担相应责任的，法院应予支持；董事、高级管理人员承担责任后，可以向未出资股东追偿。

3. 代理人违反义务的责任承担

（1）公司的归入权。相关人员违反忠实义务所得的收入应当归公司所有。

（2）赔偿公司损失。董事、监事、高级管理人员执行公司职务时违反法律、行政法规或者公司章程的规定，给公司造成损失的，应当承担赔偿责任。

另外，构成犯罪的，如挪用资金罪、职务侵占罪、受贿罪等，追究刑事责任。

专题案例5-2　福特汽车公司案

事实与争议

福特汽车公司创建后，迅速获得巨大成功。1916年，公司盈利将近6 000万美元。

---

① 参考上海市第一中级人民法院（2009）沪一中民三（商）终字第969号民事判决书。

公司拿出了120万美元给股东分红，余下的5 800多万美元用作公司再投资。道奇等小股东认为分红太少，要求公司扩大分红，被公司的创建人福特先生拒绝，于是诉至法院。

亨利·福特是公司的创建人，他绝对控制公司，无论是公司的经营还是董事的选举他都有决定权。因此，他的态度直接左右了董事会的决议。

福特先生在法庭上解释了他作出上述决定的理由："我的志向是还要雇佣更多的员工，让尽可能多的人享受到企业带来的好处，帮助他们谋生和建立家庭。因此我们要把利润的大部分再投资到企业中去。"他还指出，公司资本额为200万美元，而分红占到了资本额的60%，股东应该满意了。除了上述正常分红外，公司不打算再扩大分红，而是将其他利润投入到企业里去，这是公司目前的决策。

要说明的是：在我国，利润分配方案应由股东会决定；在美国，可依公司章程规定由董事会决定。

思考

在阅读下面的法院判决之前，请思考：如果你是法官，会作出怎样的判决？然后，将你的判决与下面法院的判决进行比照，看看有什么启发？

法院判决

一审法院判决公司必须分红，并且下达禁令禁止公司建立新工厂等扩张计划。福特汽车公司不服，提出上诉。上诉法院判决如下：

1. 公司的利润可以分配给股东，也可依据公司章程投入到企业中去。管理公司的代理人有权决定利润分配的时间和方式，只要不滥用权力，不违反公司章程，法院就不应干涉。但是，公司的代理人，甚至大股东，不可武断专横地阻止利润的分配，也不可违反章程来使用利润。

2. 福特先生认为股东分红已经很多，而且公司赚了太多的钱，应该降低产品价格，扩大雇员数量，改善雇员福利，让公众来分享公司发展带来的好处。他对公司有控制力，他的这种博爱、利他的思想必然会影响公司决策。

3. 公司可以为员工建医院以及采取其他措施改善员工的生活条件，这些应是偶尔进行的有人情味的支出，但如果将以股东利益为代价来造福公众作为公司的一般目的或计划，性质就不同了。另外，也不应将福特先生所认为的股东应对公众承担的责任和法律所要求的他和其他董事对少数股东应负的责任混为一谈。

4. 组建公司的主要目的是为了让股东有利可图。董事行使他们的职权应服从于这个目的。董事有权决定以何种方式达到这样的目的，但不可以改变目的本身，例如减少利润、不分给股东利润是为了将钱用作其他目的。

5. 法院不应干预企业的扩张计划。法官不是企业家，不能对企业的扩展计划前景如何作出预测。然而，企业在制订这样的计划时通常要考虑的是长期发展、预计的竞争、持续和快速的盈利等因素。法院所不满意的是公司董事决策时的动机并非如此，而是要损害股东的权益。

6. 因此，判决公司必须分红，撤销一审法院禁止公司扩张的禁令。

思考

你赞同上述法官判决的理由吗？如果你是法官，你会作出怎样的判决？

（编写参考：Dodge v. Ford Motor Co. 204 Mich. 459，170 N.W. 668，1919）

四、对代理人的监督

1. 对代理人监督的两种模式

对代理人的监督可分为内部监督和外部监督两种模式。内部监督是指股东会任命代理人来监督其他代理人，最典型的做法就是设立监事会来监督董事和经理，该模式多为德日等国家采用；而外部监督模式则不设监事会，由股东会定期聘请外部的独立会计师事务所对公司财务情况进行审计，该模式多为英美等国家采用。

2. 外部监督模式中的独立董事制

外部监督并非是经常性的，而且只是财务审计，不能监督董事或经理的日常业务决策。为了弥补这一缺陷，在美国产生了独立董事制度。20世纪60年代，接连发生的大公司内部管理丑闻促使美国政府机构积极倡导和推动公司治理的改革，独立董事制是改革的一项重要内容。独立董事属于外部董事，与公司的大股东和经营者没有利益关联，因此更能摆脱大股东的控制，相对独立地站在公司和股东整体利益的立场上进行决策。这一制度的产生是为了限制大股东和董事、经理等内部人对公司的控制，以更好地保护广大股民的利益，对上市的公众公司意义重大。

1978年，纽约股票交易所要求上市公司"在不迟于1978年6月30日以前设立并维持一个全部由独立董事组成的审计委员会，这些独立董事不得与管理层有任何会影响他们作为委员会成员独立判断的关系"。进入20世纪80年代后，独立董事已经普遍出现在美国的各大上市公司中，而且在董事会中比例不断升高。目前美国大多数上市公司的董事会中的外部董事占到2/3以上。[1]

3. 内部监督模式中的独立董事

出现在美国的独立董事制，是为了弥补外部监督对董事、经理约束的不足，其实是以代理人监督代理人。在内部监督模式中，有监事会来监督董事和经理，理论上应该不需要独立董事，但事实并非如此。

在德国的公司中，很少见到独立董事。这是因为在德国，监事会地位高于董事会。《德国股份公司法》规定：董事会成员由监事会任命。董事会对监事会负责，而监事会对股东会负责。[2]在不少采用内部监督模式的公司中，董事会与监事会地位平行，其成员都由股东会任命。监事会由股东代表或/和职工代表组成，与董事会难免有利益关联，存在合谋的可能。而且监事会虽是内部监督机构，但不参与董事会的决策，并不能保证董事会决策的质量。因此，不少采用内部监督模式的公司也引入了独立董事制度，以促进公司的经营决策不偏离公司的根本利益。相对于美国的公司，这些公司中的独立董事

---

[1] 陈俊. 我国引入独立董事制的立法思考[N]. 法制日报，2001-06-24（3）.
[2] 张鹏羽. 美国公司法及独立董事制度对中国公司法的启示[J]. 株洲工学院学报，2004（1）.

在董事会成员中的比例不高，为20%~30%。①

4. 独立董事的作用

独立董事既不代表大股东，也与公司的董事、经理无利益关联。身份的"超脱"有助于他们在决策时以公司和全体股东的利益为出发点，这不仅可以制约大股东和内部董事、经理对公司的控制，促进公司决策尽量考虑到全体股东的利益，而且由于独立董事一般为法律、财务等领域的专家，所以决策的合理性也有提高。

寄托着美好愿望的制度设计在现实中的实施效果是否如意呢？有关独立董事的实证研究表明独立董事的确对公司的治理效果有一定影响，但也有独立性缺乏的可能。

（1）独立董事比例与企业的业绩。对美国公司的研究很难发现二者之间有显著的正相关关系。但是，这并不能完全否认独立董事的价值，因为业绩不好的公司往往会增加独立董事数额，因此独立董事比例高的公司很多业绩较差。而且，独立董事比例只是影响企业业绩的众多因素中的一个。

（2）独立董事比例与企业失败。研究表明独立董事在业绩差的公司里发挥的作用更大。2001年对美国上市公司的一项研究证实，独立董事比例较大的公司被退市的可能性较低，这表明独立董事比例高有阻止企业失败的作用。

（3）独立董事比例与财务的真实性。研究表明独立董事比例与财务情况造假的概率有负相关关系，这意味着独立董事制度有阻止公司作假的作用。

（4）独立董事与CEO的报酬。研究表明独立董事在决定CEO的报酬方面没有起到应有的制约作用。尤其是由CEO任命的独立董事在决定CEO报酬时非常大方，而缺少对CEO报酬的合理评估和限制。并且CEO任命的独立董事越多，这一倾向就越大。这提醒了我们如果独立董事要正常发挥作用，其"独立性"必须得到保障。②

5. 我国上市公司独立董事制度的建立

我国《公司法》规定，公司在股东会下设立监事会以监督董事会和经理，即采用内部监督模式。但现实中，监事会对董事会监督的力度并不理想。我国的上市公司大多由国企改制而来，股权集中度高，大股东控制公司的情况非常严重。据上海证券交易所1999年年底的一项调查表明，我国上市公司中，国家股、法人股的比例高达60%以上，董事会的"内部人"现象比比皆是，70%左右的成员来自于股东单位的派遣，来自第一大股东的成员人数已超过董事会总人数的50%。③法律规定监事由股东代表和职工代表组成，大股东往往可以操纵股东会来选举出代表他们利益的监事，这样董事和监事均为大股东所控制。在我国的上市公司中，监事会主席多由工会主席担任，监事往往是公司的管理人员或其他职工，与董事会和经理在工作中存在从属关系，名义上董事会和监事会是两个机构，但实际上很难起到制衡的作用。

1997年，证监会发布了《上市公司章程指引》，建议上市公司引入独立董事制度。1999年，国家经贸委与证监会联合发布《关于进一步促进境外上市公司规范运作和深化改革的意见》，要求境外上市公司董事会换届时，外部董事应占董事会人数的一半以

---

① 1999年，法国独立董事比例为29%。见：李伟迪．怎样维护小股东的权益[J]．湖南经济，2003（2）．
② 赵山．独立董事在西方灵不灵[N/OL]．粤港信息日报．转自中华财会网．http://www.e521.com．
③ 郑斌．关于独立董事制度的反思[N/OL]．粤港信息日报．转自中华财会网．http://www.e521.com．

上,并应有两名以上的独立董事。

2001 年,证监会发布《关于在上市公司建立独立董事制度的指导意见》(《指导意见》),明确规定上市公司应建立独立董事制度,要求:"各境内上市公司应当按照本指导意见的要求修改公司章程,聘任适当人员担任独立董事,其中至少包括一名会计专业人士(会计专业人士是指具有高级职称或注册会计师资格的人士)。……在 2003 年 6 月 30 日前,上市公司董事会成员中应当至少包括 1/3 独立董事。"该《指导意见》还对独立董事的任职资格、义务等作了规定。

2004 年发布的《关于加强社会公众股股东权益保护的若干规定》强调:"上市公司应当建立独立董事制度。独立董事应当忠实履行职务,维护公司利益,尤其要关注社会公众股股东的合法权益不受损害。"

2005 年修订的《公司法》规定:"上市公司设立独立董事,具体办法由国务院规定。"

6. 独立董事的任职资格

独立董事是指不在公司担任除董事外的其他职务,并与其所受聘的上市公司及其主要股东不存在可能妨碍其进行独立客观判断的关系的董事。独立董事应当具备与其行使职权相适应的任职条件。

担任独立董事应当符合下列基本条件:

(1)根据法律、行政法规及其他有关规定,具备担任上市公司董事的资格。
(2)具有《指导意见》所要求的独立性。
(3)具备上市公司运作的基本知识,熟悉相关法律、行政法规、规章及规则。
(4)具有 5 年以上法律、经济或者其他履行独立董事职责所必需的工作经验。
(5)公司章程规定的其他条件。

在上述条件中,独立董事必须具有独立性是最重要的一项。证监会认为下列人员不具"独立性",不可担任独立董事:

(1)在上市公司或者其附属企业任职的人员及其直系亲属、主要社会关系。直系亲属包括配偶、父母、子女等;主要社会关系包括兄弟姐妹、岳父母、儿媳女婿、兄弟姐妹的配偶、配偶的兄弟姐妹等。
(2)直接或间接持有上市公司已发行股份1%以上或者是上市公司前十名股东中的自然人股东及其直系亲属。
(3)在直接或间接持有上市公司已发行股份5%以上的股东单位或者在上市公司前五名股东单位任职的人员及其直系亲属。
(4)最近一年内曾经具有前三项所列举情形的人员。
(5)为上市公司或者其附属企业提供财务、法律、咨询等服务的人员。
(6)公司章程规定的其他人员。
(7)证监会认定的其他人员。

7. 独立董事的职权

(1)特别职权。为了充分发挥独立董事的作用,独立董事除具有一般董事的职权外,还有以下特别职权:

① 重大关联交易,即上市公司拟与关联人达成的总额高于 300 万元或高于上市公

司最近经审计净资产值的5%的关联交易,应由独立董事认可后提交董事会讨论。独立董事作出判断前,可以聘请中介机构出具独立财务顾问报告作为其判断的依据。

② 向董事会提议聘用或解聘会计师事务所。

③ 向董事会提请召开临时股东大会。

④ 提议召开董事会。

⑤ 独立聘请外部审计机构和咨询机构。

⑥ 可以在股东大会召开前公开向股东征集投票权。

独立董事行使上述职权应当取得全体独立董事的1/2以上同意。如上述提议未被采纳或上述职权不能正常行使,上市公司应将有关情况予以披露。上市公司董事会下设薪酬、审计、提名等委员会的,独立董事应当在委员会成员中占有1/2以上的比例。

（2）发表独立意见的权利。独立董事除履行上述特别职权外,还应当对以下事项向董事会或股东大会发表独立意见:

① 提名、任免董事。

② 聘任或解聘高级管理人员。

③ 公司董事、高级管理人员的薪酬。

④ 上市公司的股东、实际控制人及其关联企业对上市公司现有或新发生的总额高于300万元或高于上市公司最近经审计净资产值的5%的借款或其他资金往来,以及公司是否采取有效措施回收欠款。

⑤ 独立董事认为可能损害中小股东权益的事项。

⑥ 公司章程规定的其他事项。

独立董事应当就上述事项发表以下几类意见之一:同意、保留意见及其理由,反对意见及其理由,无法发表意见及其障碍。如有关事项属于需要披露的事项,上市公司应当将独立董事的意见予以公告,独立董事出现意见分歧无法达成一致时,董事会应将各独立董事的意见分别披露。

8. 独立董事行使职权的条件保障

为了保证独立董事有效行使职权,上市公司应当为独立董事提供以下必要的条件:

（1）上市公司应当保证独立董事享有与其他董事同等的知情权。凡须经董事会决策的事项,上市公司必须按法定的时间提前通知独立董事并同时提供足够的资料,独立董事认为资料不充分的,可以要求补充。当两名或两名以上独立董事认为资料不充分或论证不明确时,可联名书面向董事会提出延期召开董事会会议或延期审议该事项,董事会应予以采纳。上市公司向独立董事提供的资料,上市公司及独立董事本人应当至少保存5年。

（2）上市公司应提供独立董事履行职责所必需的工作条件。上市公司董事会秘书应积极为独立董事履行职责提供协助,如介绍情况、提供材料等。独立董事发表的独立意见、提案及书面说明应当公告的,董事会秘书应及时到证券交易所办理公告事宜。

（3）独立董事行使职权时,上市公司有关人员应当积极配合,不得拒绝、阻碍或隐瞒,不得干预其独立行使职权。

（4）独立董事聘请中介机构的费用及其他行使职权时所需的费用由上市公司承担。

（5）上市公司应当给予独立董事适当的津贴。津贴的标准应当由董事会制订预案，股东大会审议通过，并在公司年报中进行披露。

9. 独立董事的义务

（1）独立董事对上市公司及全体股东负有诚信与勤勉义务。

（2）独立董事应当按照相关法律法规、证监会的指导意见和公司章程的要求，认真履行职责，维护公司整体利益，尤其要关注中小股东的合法权益是否受到损害。

（3）独立董事应当独立履行职责，不受上市公司主要股东、实际控制人或者其他与上市公司存在利害关系的单位或个人的影响。

（4）独立董事原则上最多在五家上市公司兼任独立董事，并确保有足够的时间和精力有效地履行独立董事的职责。

10. 独立董事制所引发的对国企改革问题的思考

美国的公司治理结构中没有监事会，为一元结构。为弥补外部监督的不足，故引入独立董事制度。大陆法系国家多采用二元结构，由监事会作为内部的主要监督机构。虽然也有公司引入独立董事，但在普及性和比例上远不及美国。

我国目前对上市公司独立董事制的强调远胜于其他采用二元制的国家，重视程度甚至超过美国。美国虽然鼓励独立董事制，但不同州的法律不同，很多州并不强制要求建立独立董事制。我国的证监会发布专门文件要求所有上市公司的董事会必须有独立董事，而且要达到 1/3，并且对独立董事的职权作了详细规定，由此可见我国监管部门对独立董事制度的重视。

《公司法》规定的监事会制度在实施中的失灵使得独立董事制被借鉴过来以求加强对代理人的制约。那么，独立董事制是否可以有效解决我国上市公司在公司治理方面的缺陷呢？一个值得注意的观点是认为独立董事是"皇帝的新衣"，改善独立董事的作用不过是"在麻袋上绣花"[1]，意思是独立董事并不能解决中国企业改革的关键问题，不过是遮一时之弊而已。

我国对上市公司的资格审定较为严格。在严格控制上市公司数量的情况下，大型企业为扩张资本积极争夺上市机会。宝贵的上市机会很多被大型的国企所占有，因为它们对我国经济发展举足轻重，政府希望这些企业通过上市来扩大资本，进行股份制改造，建立现代公司治理结构，激发其活力。

然而，这些上市国企的表现却不能令人满意。股东会、董事会、监事会等虽依照《公司法》的规定建立起来，但普遍存在的问题是这些机构是否能真正有效地发挥其各自的作用，而真正操纵和控制公司的是公司的经营管理人员。这种情况被称为"内部人控制"。

内部人控制问题在任何国家的公司都存在，但在我国上市公司中，这个问题非常严重。根据一项对 406 家上市公司"内部人控制"问题的调查报告，我国上市公司的平均内部人控制度（内部董事人数 / 董事会成员总数）为 67%。[2]一项 2017 年的研究表明：

---

[1] 由经济学家张维迎提出。见：李也夫. 独立董事面临的现实尴尬[Z]. 财经周刊, 2002-07-21.
[2] 具体分布为：内部人控制度为 100%的公司有 83 家，占有效样本总数的 20.4%；在 70%～100%的有 145 家，占 35.7%；在 50%～70%的有 86 家，占 21.2%；在 30%～50%的有 54 家，占 13.3%；小于 30%的只有 38 家，仅占有效样本数的 9.4%。见：刘涛. 从"内部人控制"问题谈我国现行公司法的完善[J]. 经济师, 2003（6）.

在其选择的 103 家股权集中度不超过 50%的上市公司（国有企业：45.63%；非国有企业：54.37%）中，内部董事占比的均值为 63%。①

很显然，我国上市公司内部人控制程度要远远高于西方国家。以美国为例，上市公司的内部董事一般不超过董事会人数的 1/3。内部董事既负责公司的日常经营管理，又履行董事职权，使得董事会与经理人之间的监督关系淡化，从而强化了这些内部董事对公司的操纵和控制。而因此产生的财务造假、损害公司利益、损害股东利益的行为比比皆是。②

在上市的大型国企中，国家股仍占主导地位。国家股名义上的股东是"国家"，但必须由相应的政府机构（如国有资产管理机构）代表国家来管理国有资产，这是一重代理。国有资产被投入到企业中去，企业的所有权与经营权分离，这是二重代理。非国有公司也存在代理人的问题，但仅为所有权和经营权的分离，是一重代理。而国有公司是双重代理，即国家的所有人角色被代理，而经营企业时所有人再次被代理。双重代理问题的存在加大了代理人问题解决的难度。非国有公司的所有人在选择代理人经营公司时会充分考虑自己的利益得失，是完全的市场性质的筛选，选定后也会关心公司经营，积极监督代理人。而国有公司的所有人是由相应政府机构代表，这些机构和官员能否做到尊重市场机制，是否有专业的眼光和能力并且抛开个人或部门利益的考虑完全从企业本身发展出发来选择企业的经营者呢？官员的更换是否会影响所选择的合适经营者的稳定性以及监督经营者的持续性和稳定性呢？而选择出来的经营者是否能受到适当的监督和制约以防止其职权的滥用呢？

内部人控制导致上市公司监事会的失灵，而独立董事制是否能克制强大的内部人控制而不至于失灵？我国上市公司"一股独大"是监事会失灵的主要原因。国家股的绝对优势地位不可撼动，代表国家经营公司的"内部人"对企业有绝对的控制力。而双重代理的存在又使得所有者对经营者缺乏监督。推行独立董事旨在对内部人的决策进行监督和限制，而内部人是否会利用其手中的权力通过控制独立董事来再次使独立董事这一监督机制失灵呢？这些都是值得思考的问题。有观点认为：国企改革的关键是使产权明晰化，如果这个问题不解决，监事、独立董事等公司治理方面的改革不过是治表不治里。这启发我们应对我国国企的公司制改革作更深层次的思考。

专题案例 5-3　"花瓶董事"案

事实

陆家豪是郑州市某大学外语系退休教授。1994 年，他参加郑州市的一个会议并就股份制发表意见，引起郑百文公司董事长李福乾的注意。李福乾随后请陆教授担任郑百

---

① 魏媛. 我国上市公司内部人控制对公司绩效的影响研究[D]. 重庆工商大学硕士论文，2017: 30-34.
② 具体表现为：过分的在职消费；信息披露不规范，既不及时，又不真实；财务关系透明度低，甚至"暗箱操作"；短期行为，不是考虑企业的长期利益和发展，而是考虑眼前的成绩、地位和利益；过度投资和耗用资产，使用资产的边际成本极低；工资、奖金、集体福利等收入增长过快，侵占利润；转移国有资产；置小股东利益于不顾，不分红或少分红，大量拖欠债务，甚至严重亏损。见：刘涛. 从"内部人控制"问题谈我国现行公司法的完善[J]. 经济师，2003（6）.

文公司的独立董事。

2001年,郑百文公司制作虚假上市材料、披露虚假信息等行为被发现,受到证监会的处罚。同时,证监会依据相关法规对董事进行处罚,陆家豪被处以10万元的罚款。陆家豪不服,向北京市第一中级人民法院起诉,要求撤销证监会的处罚。

陆家豪辩解道:他接受李福乾的邀请时,与其约好自己不拿郑百文公司一分钱,也不参与公司的具体经营决策,仅为"挂名董事"。他也没有参加讨论相关上市材料、年报等的董事会会议。

你认为陆家豪的辩解有道理吗?

评论

一审法院以起诉超过《行政诉讼法》规定的起诉时间为由驳回了陆家豪的起诉,陆家豪上诉至北京市高院,仍败诉。法院的判决并未触及实体内容。从法理上说,陆家豪的辩解有些牵强。法律规定董事的义务是强制性的,目的是为了保护股东的权益。陆家豪与公司之间的约定并不能排除其法律义务,他不领取报酬以及不参加经营决策也不能成为不承担责任的借口,因为义务是不可放弃的,不作为也可构成违反法律义务。

思考

陆家豪被处罚后,一批挂名的"花瓶董事"纷纷辞去董事之职。这一案件引发了对独立董事制度的热烈讨论。有观点认为:国外独立董事制度的生长环境,国内不具备,照搬该制度结果只能是"南橘北枳"。你对此有何评论?

(资料来源:作者自撰)

法规指引

- 国家法律:《公司法》
- 司法解释:《关于适用〈中华人民共和国公司法〉若干问题的规定》
- 部门规章:《上市公司治理准则》《关于在上市公司建立独立董事制度的指导意见》

拓展与思考

1. 推荐阅读

1997年爆发的金融危机,在宏观制度层面促使人们反思国家经济体制和政策的失误,微观制度层面则引发了对公司治理问题的重视。1998年,OECD(经济合作与发展组织)组织专门小组制定并于1999年对外发布了《公司治理准则》。该准则现已成为各国政府和企业改进公司治理政策和制度的重要指南。2002年至2003年,OECD对成员国的公司治理发展情况展开了调查,并在此基础上吸收各方意见修改了该准则,并于2004年发布了更新版本。2014—2015年的修订则有G20中中国等非OECD成员国的参与,因此发布的版本被命名为:《G20/OECD公司治理准则》,也反映出其参与和影响范围的扩大。该准则主要针对公众公司,但对其他公司完善其治理亦有参考价值。可在

OECD（http://www.oecd.org）下载阅读，并对比评价我国的《上市公司治理准则》（2018）。

另外，推荐阅读：张维迎. 理解公司：产权、激励与治理[M]. 上海：上海人民出版社，2014. 该书旨在提供一个"企业家为中心的公司治理模型"，认为公司治理结构的有效性主要取决于四个方面的制度安排：企业所有权安排，国家法律制度，市场竞争和信誉机制，经理人的薪酬制度及企业内部的晋升制度。

2. 问题解决

有一个人即将出任公司董事。他向你请教：做董事应如何行为方为合法？法律的相关要求和约束是什么？请你就董事行为之法律约束写一个咨询纲要，列出要点。请注意：该纲要应简单明了、思路清晰、通俗易懂。

3. 制度变革

我国《公司法》应该更多地体现"股东利益至上"理念还是"利益相关者"理念？谈谈你的看法，并给出具体的改进建议。

4. 观点争鸣

利用图书馆、网络等资源，就我国的独立董事制度作一个专题研究，并可分以下立场展开辩论：

正方：在我国，独立董事是在"麻袋上绣花"；

反方：在我国，独立董事不是在"麻袋上绣花"。

5. 法官判案

某有限责任公司共有股东9人，开会讨论罢免董事长一事。公司章程规定股东会表决"一人一票"，罢免董事长需经2/3以上票数通过。结果是7人赞成罢免，通过罢免决议。而身为股东的董事长和另一股东反对，认为应按出资比例表决，他们两人的持股比例为40%。

2005年修订前的《公司法》规定一股一票，即股东按出资比例表决。该规定是强制性的，没有例外规定。因此法院判决股东会决议无效。如果依据目前的《公司法》，假如你是法官，会作出怎样的判决呢？另外，请比较旧与新的规定，你认为哪一个规定更合理呢？

6. 网络搜索

搜索关键词——"国美黄陈对决"。

大股东兼董事会主席黄光裕因罪入狱，新晋主席陈晓积极布局，引入机构投资者，稀释股份，扩张管理层控制权，惹恼大股东。大股东、职业经理人、机构投资者、中小股东等各方势力混战博弈，最终双方对决于9.28股东大会。会后大股东继续发难，最终陈晓黯然离去……这是一场有关公司治理权力争斗的经典好戏，你能看到什么？又能想到什么？

第二编

权 利

第六章 民事权利与侵权

❖ **本章学习要点**
- ◇ 物权：所有权、用益物权、担保物权
- ◇ 人身权：人格权、身份权
- ◇ 债：不当得利、无因管理、侵权之债
- ◇ 侵权：归责原则、构成要件、责任方式、抗辩理由

民事权利是民事法律赋予公民和组织从事民事活动（包括商事活动）的资格，是自身生存以及对外交往的基础。民事权利可以是对自己所控制和支配的对象的权利，根据支配对象不同，有物权、人身权和知识产权；还可以是对他人的权利，即债权。

知识产权比较特殊，第七章单独介绍。

第一节 物　　权

一、什么是物权

1. 物权的内容

物权是指权利人依法对特定的物享有直接支配和排他的权利。包括两方面的内容：一是支配权，即法律主体支配物的权利，包括对物的控制、使用、收益和处分等方面的权利；二是排他权，即排除他人非法干涉的权利。

2. 物——动产和不动产

法律上对物的一个主要分类是将物分为动产和不动产。

（1）动产。指可以移动并且移动不会折损其价值的物，例如电视、家具、书籍等。

（2）不动产。指不可移动或移动会折损其价值的物，包括土地以及土地上的建筑物。

另外，一些价值较高的物，如飞机、船舶、机动车等，虽然可移动，但由于价值较高，对权利人意义重大，在法律上类比不动产对之予以规定，称为准不动产。我国《民法典》将之列为动产，但又作了类似于不动产的登记规定：船舶、航空器和机动车等物权的设立、变更、转让和消灭，未经登记，不得对抗善意第三人。

例释 小林欠小李10万元，法院判决后进入执行程序。债主小李发现小林的一辆车在小张那里。原来，小林曾向小张借过钱，与小张签了质押协议，将车押在小张处。

由于该机动车的质押并未登记，所以不能对抗善意第三人（小李），因此法院依小李申请将车取回处理用以偿债。①

（3）区分的法律意义。由于不动产的价值高，对权利人的重要性要超过动产。因此，法律一般对动产的取得和流通等没有限制或限制很少，而对不动产则有更多限制，最主要的方面是不动产物权的设立、变更、转让和消灭等应依法登记，发生效力；未经登记，不发生效力，但法律另有规定的除外。

3. 物权的种类

物权包括所有权、用益物权和担保物权。其中所有权是最完整的物权，用益物权和担保物权则是以所有权为基础衍生出来的物权。

4. 物权法定主义

物权的种类和内容，由法律确定。当事人不可通过自由协商来设立物权。

二、所有权

1. 什么是所有权

所有权是指所有人对自己的不动产或者动产依法享有占有、使用、收益和处分的权利。以下分别介绍所有权的四项权能：占有、使用、收益和处分。

2. 占有

（1）自己占有。占有是指对财产的控制。一般来说，占有人是所有权人，所有权人对自己所有的物品进行占有，是理所当然的。

（2）他人占有。占有也可以是所有权人以外的人占有。如果有合法依据，例如依据合同关系，获得了所有权人或其他权利人的授权或同意，例如所有权人 A 将房屋出租给 B，则 B 依据租赁合同合法占有所有权人 A 的不动产。

如果占有未经权利人授权或同意或没有合法依据，根据占有者的主观意图，区分善意和恶意两种情况。

（3）他人的恶意占有。对恶意占有者，权利人有权要求返还被占有的动产或不动产。如果被占有的物因占有人的使用受到损害，恶意占有人应当承担赔偿责任。

（4）他人的善意占有。如果占有人是善意的，以合理价格从无处分权人那里受让该物的，则取得物的所有权（遗失物除外），原权利人无权要求返还，只能向无权处分人请求赔偿损失。具体来说应同时具备以下三个条件：一是占有人受让该不动产或者动产时是善意的；二是支付了合理的价格；三是该不动产或者动产依照法律规定应当登记的已经登记，不需要登记的已经完成交付。

对于遗失物，法律的规定有所不同。即使占有者是善意的，并且以合理价格从无处分权人那里受让的，在法律上并不当然取得所有权。这时，权利人有权向无处分权人请求损害赔偿，或者自知道或者应当知道受让人之日起两年内向受让人请求返还原物。但

---

① 如果是转让，最高法院司法解释规定：转让人转移船舶、航空器和机动车等所有权，受让人已经支付对价并取得占有，虽未经登记，但转让人的债权人主张其为"善意第三人"的，不予支持，法律另有规定的除外。

是，受让人通过拍卖或者向具有经营资格的经营者购得该遗失物的，权利人请求返还原物时应当支付受让人所付的费用。权利人向受让人支付所付费用后，有权向无处分权人追偿。其他情况下，权利人有权要求善意占有者返还，但应当支付善意占有人因维护该不动产或者动产支出的必要费用。如果被占有的物因占有人的使用受到损害，善意占有人不负赔偿责任。

例释 小林发现他几个月前被偷的自行车在小李那里，要求小李返还。如果小李是在二手市场以正常价格购买的，则小李作为满足上述三个条件的善意第三人取得该自行车的所有权，可拒绝返还。如果自行车是偷车的小周赠送给自己的好朋友小李，而小李并不知道该自行车是被偷来的，则小李为不符合上述三个条件的善意第三人，应返还自行车给所有权人小林，但对于自行车因使用而发生的磨损或损害，不必赔偿。如果小林的自行车是丢的而不是被偷的，属遗失物，即使小李是在二手车商店以正常价格购买，小林也可要求小李返还，但应支付给小李购买该自行车的费用。

3. 使用

使用是指权利人通过对物的利用来满足生产或生活方面的需要。所有人自己使用是其理所当然的权利，非所有人要使用物必须有法律或合同的依据。

对权利人使用权能的限制是不可侵犯他人的权利，也不可违反法律的强制性规定。

4. 收益

收益是指通过对物的使用来获得利益。所有权人自然而然地应获得由物产生的利益，非所有人如要获得物的利益，则必须有法律或合同的依据。

5. 处分

处分是指对财产的处置。处置可以是针对物本身，即物在物质形态上发生变化，例如毁损、消灭等，这是事实上的处分。另外，处置也可以针对有关物的权利，例如将物转让、许可他人使用、在物上设定担保权等，这是法律上的处分。

处分决定了物的命运，是所有权最基本的权能。

三、用益物权

1. 什么是用益物权

所有权的四项权能，所有权人可以自己行使，也可以授权他人行使。当所有权的部分权能依据法律或合同的规定由他人行使时，他人对物获得相应权利。由于所转让的权能主要是使用和收益，故称为用益物权。用益物权是所有权部分权能的分离，并不改变物的所有权人。

动产的价值较小，其权能的转移一般依双方当事人约定。而不动产的价值较大，其权能的转移对双方当事人影响很大，因此法律对其有登记的要求。

2. 不动产用益物权的种类

根据不动产的用途区分，主要包括地上权、地役权、经营权和典权等。

（1）地上权。指为建筑物或工作物使用他人土地地上、地表或地下空间的权利。

在我国，土地为国家或集体所有。但是很多建筑和设施的兴建与保存必须基于土地。使用人依法可获得对土地的使用权，从而使得其以土地为基础的建筑物或工作物等得以建设和保存。

例释 A是市政建设公司，要在街道上建立和维护街灯，需获得对土地的使用权。

（2）地役权。指依据双方合同的约定，为便利使用自己的土地而使用他人土地的权利。土地的使用归于多人，有时一个人要使用自己的土地时，需要使用另一个人的土地。

例释 A要给自己的土地浇水，有一条运水线路需要通过B的土地。获得B的同意后，A可以使用B的土地来运水，从而获得地役权。

（3）经营权。与上述两个权利一样，也是对土地的使用权利，但使用的目的不同。经营权是通过对土地（包括蕴涵的资源）的使用来获得收益的权利。在我国，矿藏、水流、海域属于国家所有，土地、森林、草原、山岭、荒地、滩涂等由国家或集体所有。个人、企业、有关组织等可依法获得对国有或集体所有的土地和自然资源进行占有、使用、收益或在一定条件下进行处分的权利。其实，这是所有权与经营权发生分离的情形，所有权人仍为国家或集体，经营权则归经营人。

（4）典权。指典权人支付典价从而获得对他人不动产的用益物权。如果对象是土地，称为"典地"。典权也可设立于房屋上，称为"典房"。新中国成立前，土地可以私有，私人将土地出典的情形比较常见。新中国成立后，土地虽然公有，但是土地的使用权或房屋的所有权等仍可以作为出典的对象。典实际上为权利人在出售、租赁、抵押不动产之外提供了又一种利用资产、盘活资金的途径，而典权人也可以通过有效利用典物来获利，可促进对典物的有效利用。但《民法典》并没有正式确立典权作为物权的法律地位。

例释 A需要钱，将自己所有的房屋典与B，B支付典价，成为典权人，从而可以对A的房屋占有、使用和收益。A依合同的约定可以回赎典物，从而恢复对其房屋的完整的权利。如到期不赎，B可获得典物完整的权利。

《民法典》对土地承包经营权、建设用地使用权、宅基地使用权、地役权作了专章规定，下面分别介绍。其中土地承包经营权属经营权，建设用地使用权和宅基地使用权属地上权。

3. 土地承包经营权

在我国，农民集体所有和国家所有由农民集体使用的耕地、林地、草地以及其他用于农业的土地，依法实行土地承包经营制度。土地承包经营权人依法对其承包经营的耕地、林地、草地等享有占有、使用和收益的权利，有权从事种植业、林业、畜牧业等农业生产。

《民法典》有关土地承包经营权的规定与《农村土地承包法》的相关规定基本一致，见第三章第一节有关农村承包经营户的规定。

对于土地承包经营权的设立，登记并非权利生效的要件。土地承包经营权自土地承包经营权合同生效时设立。另外,权利人将土地承包经营权互换、转让时,当事人要求登记的,应当向县级以上地方人民政府申请土地承包经营权变更登记;未经登记,不得对抗善意第三人。

4. 建设用地使用权

(1) 权利定义。建设用地使用权人依法对国家所有的土地享有占有、使用和收益的权利,有权利用该土地建造建筑物、构筑物及其附属设施。该权利可以在土地的地表、地上或者地下分别设立。另外,权利人有权处分其使用权,可将其建设用地使用权转让、互换、出资、赠予或者抵押,但法律另有规定的除外。

(2) 设立方式。建设用地使用权的设立方式,有出让和划拨两种。出让是指国家作为土地所有者将土地使用权在一定年限内让与土地使用者,土地使用者需向国家支付土地使用权出让金。划拨则为政府批地,使用人不需为使用支付出让金。由于法律严格限制以划拨方式设立建设用地使用权,因此通常的设立方式是出让,可采用招标、拍卖、协议等具体方式。如果是工业、商业、旅游、娱乐和商品住宅等经营性用地以及同一土地有两个以上意向用地者的,应当采取招标、拍卖等公开竞价的方式出让。

(3) 登记要求。建设用地使用权自登记时设立,此为设立登记。另外,将建设用地使用权转让、互换、出资或者赠予的,应向登记机构申请变更登记。建设用地使用权消灭的,出让人应及时办理注销登记。

(4) 权利约束。建设用地使用权人应当合理利用土地,不得改变土地用途;需要改变土地用途的,应依法经有关行政主管部门批准。权利人还应依照法律规定及合同约定支付出让金等费用。建设用地使用权转让、互换、出资、赠予或者抵押的,当事人应采取书面形式订立相应的合同。使用期限由当事人约定,但不得超过建设用地使用权的剩余期限。

(5) 一并处分。由于土地与其上的房屋设施等连为一体,因此法律要求无论是处分土地使用权还是处分房屋设施的权利,应一并处分。即建设用地使用权转让、互换、出资或者赠予的,附着于该土地上的建筑物、构筑物及其附属设施应一并处分。建筑物、构筑物及其附属设施转让、互换、出资或者赠予的,该建筑物、构筑物及其附属设施占用范围内的建设用地使用权应一并处分。

5. 宅基地使用权

(1) 权利定义。在农村,土地实行集体所有。农村村民为建设住宅获得的对于集体土地的使用权称宅基地使用权。《民法典》规定:宅基地使用权人依法对集体所有的土地享有占有和使用的权利,有权依法利用该土地建造住宅及其附属设施。

(2) 权利取得。根据《土地管理法》规定,农村村民住宅用地如果不涉及占用农用地,经乡(镇)人民政府审核,由县级人民政府批准;如果涉及占用农用地,一般应由省、自治区、直辖市人民政府批准。

为节约用地、保护农业用地,法律规定农村村民一户只能拥有一处宅基地,其宅基地的面积不得超过省、自治区、直辖市规定的标准。农村村民建住宅,应当符合乡(镇)土地利用总体规划,并尽量使用原有的宅基地和村内空闲地。

6. 地役权

（1）权利内容。地役权人有权按照合同约定，利用他人的不动产，以提高自己的不动产的效益。有两个要点：一是使用他人不动产的目的是提高自己不动产的效益；二是依据双方的合同约定设立权利。他人的不动产为供役地，自己的不动产为需役地。

供役地权利人应当按照合同约定，允许地役权人利用其土地，不得妨害地役权人行使权利。

（2）合同订立。设立地役权，当事人应采取书面形式订立地役权合同。一般包括如下条款：当事人的姓名或者名称和住所；供役地和需役地的位置；利用目的和方法；利用期限；费用及其支付方式；解决争议的方法。

（3）登记规定。跟建设用地使用权不同，地役权自地役权合同生效时设立。法律对登记不作强制性规定。如果当事人要求登记的，可以向登记机构申请地役权登记，经登记后对抗善意第三人。

（4）权利约束。地役权的期限由当事人约定，但不得超过土地承包经营权、建设用地使用权等用益物权的剩余期限。

地役权人应当按照合同约定的目的和方法利用供役地，尽量减少对供役地权利人物权的限制。如为有偿用地，应按约定及时支付费用。如果地役权人违反法律规定或者合同约定，滥用地役权，或者，约定的付款期间届满后在合理期限内经两次催告未支付费用的，供役地权利人有权解除地役权合同，地役权消灭。

（5）一并转让。地役权不得单独转让。土地承包经营权、建设用地使用权等转让的，地役权应一并转让，但合同另有约定的除外。另外，地役权不得单独抵押。土地承包经营权、建设用地使用权等抵押的，在实现抵押权时，地役权应一并转让。

四、担保物权

1. 什么是担保物权

在商事交往中，债权人往往要求债务人对债务的履行提供担保。担保可以是用人的信用担保，又称保证；可以是用金钱担保，如定金；也可以是用物或财产来担保，即设定担保物权。

《民法典》规定，债权人在借贷、买卖等民事活动中，为保障实现其债权，需要担保的，可以依法设立担保物权。如果债务人不能按约清偿债务，则债权人作为担保物权人，可行使担保物权，依法享有就担保财产优先受偿的权利。债务人可以以自己的财产担保，也可以以第三人的财产担保。

依担保方式不同，担保物权可分为抵押权、质权和留置权。

2. 抵押权

（1）抵押。指债务人或者第三人在不转移对财产的占有的情况下，将该财产作为债权的担保。提供财产进行担保的债务人或第三人称为抵押人，与之相对应，债权人是抵押权人。当债务人不能依约清偿债务时，债权人可就抵押的财产优先受偿，此项权利为抵押权。

例释 A用自己的机器设备作抵押向B银行贷款。B银行是抵押权人，A是抵押人，该机器设备是抵押财产。在抵押期间，A仍可占有和使用自己被抵押的机器设备。

（2）可抵押的财产。用以抵押的财产可以是动产，也可以是不动产；可以是物，也可以是权利，例如土地承包经营权或土地使用权。一般来说，法律、行政法规未禁止抵押的财产，都可用来抵押，包括：建筑物和其他土地附着物；建设用地使用权；海域使用权；生产设备、原材料、半成品、产品；正在建造的建筑物、船舶、航空器；交通运输工具；法律、行政法规未禁止抵押的其他财产。

（3）不得抵押的财产。《民法典》规定如下财产不得抵押：土地所有权；宅基地、自留地、自留山等集体所有的土地使用权，但法律规定可以抵押的除外；学校、幼儿园、医疗机构等以公益为目的成立的非营利法人的教育设施、医疗卫生设施和其他社会公益设施；所有权、使用权不明或者有争议的财产；依法被查封、扣押、监管的财产；法律、行政法规规定不得抵押的其他财产。

（4）书面合同。设立抵押权，当事人应当采取书面形式订立抵押合同。抵押合同一般包括如下条款：被担保债权的种类和数额；债务人履行债务的期限；抵押财产的名称、数量、质量、状况、所在地、所有权归属或者使用权归属；担保的范围。

（5）抵押权设立。以不动产，包括建筑物、土地使用权和土地承包经营权等，进行抵押的，需要到相关部门进行登记，抵押权自登记时设立。其他财产的抵押则自抵押合同生效时设立抵押权。对于不动产之外的其他财产，登记与否虽不影响权利的设立，但如果登记，可对抗第三人，而且在清偿时，登记的抵押权优先于未登记的抵押权。

（6）抵押财产的处分。在抵押期间，被抵押的财产仍由财产的抵押人占有，抵押人可使用该财产并获得收益。抵押人也有权处分被抵押的财产，事实上的处分仅限于改进、保存等，不可进行毁损其价值的处分；如进行法律上的处分，可以是就该抵押物再设定其他的抵押，但清偿顺序在原抵押之后；如果抵押人要转让抵押物，须经抵押权人同意，应当将转让所得的价款向抵押权人提前清偿债务或者提存。转让的价款超过债权数额的部分归抵押人所有，不足部分由债务人清偿。

（7）抵押权的行使。如果债务到期没有清偿，抵押权人可以就抵押物优先受偿。优先是指受偿顺序先于其他没有抵押权的债权人。受偿的方式可以是拍卖、变卖或折价。另外，行使抵押权不可由抵押权人单方决定和行为，先要与抵押人协商以抵押财产优先受偿，如果不能达成协议，抵押权人可以请求法院拍卖、变卖抵押财产。

（8）清偿顺序。同一财产向两个以上债权人抵押的，拍卖、变卖抵押财产所得的价款依照如下规定清偿：抵押权已登记的，按照登记的先后顺序清偿；顺序相同的，按照债权比例清偿；抵押权已登记的先于未登记的受偿；抵押权未登记的，按照债权比例清偿。

3. 质权

（1）质押。质押与抵押都是以财产来担保债务的履行，但质押转移对财产的占有。用以担保的财产为质押财产，提供质物的人为出质人，占有质物获得担保的人是质权人。如债务到期没有清偿，质权人有权就质押财产优先受偿，此项权利称为质权。

· 128 ·

例释 A把自己的金表放在B处作为质押向B借钱。A是出质人，B是质权人，该金表是质押财产。质物的转移占有是质权与抵押权的一个重要区别。

（2）质权的分类。由于不动产不可转移，因此不可被质押。作为质押对象的可以是动产，也可以是权利，包括各种有价证券、债权、知识产权中的财产权等。因此质权分为动产质权和权利质权两类。

（3）可质押的财产。凡是法律没有禁止转让的动产都可质押。如果是以权利进行质押，则应为债务人或者第三人有权处分的权利，包括：汇票、支票、本票；债券、存款单；仓单、提单；可以转让的基金份额、股权；可以转让的注册商标专用权、专利权、著作权等知识产权中的财产权；应收账款；法律、行政法规规定可以出质的其他财产权利。

（4）书面合同。设立质权，当事人应当采取书面形式订立质权合同。该合同一般包括如下条款：被担保债权的种类和数额；债务人履行债务的期限；质押财产的名称、数量、质量、状况；担保的范围；质押财产交付的时间。

（5）质权设立。如果是以动产出质，质权自出质人交付质押财产时设立。如果是以权利出质，有权利凭证的，质权自权利凭证交付质权人时设立；没有权利凭证的，质权自有关部门办理出质登记时设立。[①]

（6）财产处分。财产出质后，质权人占有质押财产。未经出质人同意，质权人不得擅自使用、处分质押财产，也不可将质押财产转质。给出质人造成损害的，应当承担赔偿责任。权利出质后，未经出质人与质权人协商同意的，不得转让。如果出质人擅自转让，所得的价款，应当向质权人提前清偿债务或者提存。

（7）财产保管。质权人负有妥善保管质押财产的义务。因保管不善致使质押财产毁损、灭失的，应当承担赔偿责任。

（8）质权的行使。如果债务人不履行到期债务或者发生当事人约定的实现质权的情形，质权人可以与出质人协议以质押财产折价，也可以就拍卖、变卖质押财产所得的价款优先受偿。质押财产折价或者拍卖、变卖后，其价款超过债权数额的部分归出质人所有，不足部分由债务人清偿。

4. 留置权

（1）留置。指债权人按照合同约定占有债务人的动产，债务人不按照合同约定的期限履行债务的，债权人有权依法留置该财产，以该财产折价或者以拍卖、变卖该财产的价款优先受偿。债权人因留置所主张的权利为留置权，所占有的财产为留置财产。

（2）构成要件。留置产生的前提之一是：债权人按照合同约定占有债务人的动产，即动产在债权人处这一事实有合同依据。因保管合同、运输合同、加工承揽合同发生的债权，债务人不履行债务的，债权人有留置权。当事人可以在合同中约定不得留置的物。

留置产生的前提之二是：债务人不按照合同约定的期限履行债务。这时债权人有权

[①] 以基金份额、证券登记结算机构登记的股权出质的，在证券登记结算机构办理出质登记；以其他股权出质的，在工商行政管理部门办理登记；以注册商标专用权、专利权、著作权等知识产权中的财产权出质的，在相关主管部门办理登记；以应收账款出质的，在信贷征信机构办理登记。

依照法律的规定留置该财产。

（3）留置权的法定性。留置权是法定的权利。当债务人不能履行合同规定的义务时，债权人可依法留置所占有的动产并处分以优先受偿。留置权是法律赋予的，只要上述两个前提条件发生就可获得，不需要双方在合同中约定。但法律允许双方在合同中约定排除留置。而抵押权和质权则由合同约定，属基于约定产生的权利。

（4）留置财产的保管。留置权人负有妥善保管留置财产的义务。因保管不善致使留置财产毁损、灭失的，应当承担赔偿责任。

（5）留置财产的处分。债务人逾期未履行债务的，留置权人可以与债务人协议以留置财产折价，也可以就拍卖、变卖留置财产所得的价款优先受偿。如留置的物是可分物，留置权人必须依自己的债权数额留置并处分相应价值的物，余下的物应归还债务人；如所留置的物不可分，则处分留置物后所得的款项超过债权数额部分的，应归还债务人。

例释 A与B之间有保管合同，A作为保管人为B保管一批货物（依照合同占有该批货物）。双方约定在7月1日由B来提货并付保管费，但B届时没有履行该义务（债务人不按照合同履行债务）。由此A依法变卖所保管的货物来支付B所欠的保管费（A获得并行使留置权）。如果A保管的货物是大米（可分物），则只能卖掉其价值相当于保管费用数额的部分；如果A保管的是一台机器（不可分物），则从处分后获得的价款中扣除保管费用，余下的归还B。

五、共有

1. 什么是共有

一个物上只能有一个所有权，而所有权人则可能是多个，财产可以由两个以上的公民、法人或其他单位共有。共有是指两个或多个主体对同一项财产共同享有所有权。

共有分为共同共有和按份共有。判断共有是按份还是共同，依共有人的约定。无约定或者约定不明确的，如共有人具有家庭关系，为共同共有；如无家庭关系，则视为按份共有。

2. 按份共有

按份共有是指共有人按照各自的份额对共有财产享有所有权。

按份共有财产的每个共有人有权将自己的财产份额分出或者转让。但在转让时，其他共有人在同等条件下，有优先购买的权利。

3. 共同共有

共同共有指共有人对共有财产共同享有所有权。共同共有可依法产生，最典型的是夫妻共有、家庭共有，也可依合同产生，例如合伙共有。

共同共有人对共有财产享有共同的权利，承担共同的义务。在共同共有关系存续期间，部分共有人擅自处分共有财产的，一般认定无效；其他共有人明知而未提出异议的，可以认定有效。

共同共有相比按份共有，其共有关系更为紧密。因此，法律对共同共有关系的维护严格于按份共有。这在以下有关财产管理、财产分割以及债权债务问题的规定上有具体体现。

4. 共有财产的管理

共有人有约定的，依约定管理共有财产；没有约定或者约定不明确的，各共有人都有管理的权利和义务。对共有物的管理费用以及其他负担，有约定的，按照约定；没有约定或者约定不明确的，按份共有人按照其份额负担，共同共有人共同负担。

5. 共有财产的分割

如果共有人约定不得分割共有财产以维持共有关系的，一般应依其约定在共有关系存续期间不得分割共有财产。共有人如请求分割，必须要有重大理由才可以。如果没有相关约定或者约定不明确的，按份共有人可以随时请求分割，共同共有人在共有的基础丧失或者有重大理由需要分割时可以请求分割。因分割对其他共有人造成损害的，应当给予赔偿。

共有人可以协商确定分割方式。如果达不成协议，共有财产可以分割并且不会因分割减损价值的，应当对实物予以分割；难以分割或者因分割会减损价值的，应当对折价或者拍卖、变卖取得的价款予以分割。共有人分割所得的不动产或者动产有瑕疵的，其他共有人应当分担损失。

分割时份额的划分，如果是按份共有，依各自份额分割。对于共同共有，有约定依约定分割，无约定则应根据等份原则分割财产，并且考虑共有人对共有财产的贡献大小，适当照顾共有人生产、生活的实际需要等情况。但是，分割夫妻共有财产，应当根据《婚姻法》的有关规定处理。

6. 债权债务问题

因共有财产产生的债权债务，在对外关系上，共有人享有连带债权、承担连带债务，但法律另有规定或者第三人知道共有人不具有连带债权债务关系的除外；在共有人内部关系上，除共有人另有约定外，按份共有人按照份额享有债权、承担债务，共同共有人共同享有债权、承担债务。偿还债务超过自己应当承担份额的按份共有人，有权向其他共有人追偿。

六、相邻关系

1. 什么是相邻关系

相邻关系是指两个以上相邻不动产的权利人，各自在行使权利时，对"邻人"的权利应予尊重，邻人之间应彼此给予方便或权利人应进行一定的自我限制。相邻关系主要涉及截水、排水、通行、通风、采光等方面。

2. 处理相邻关系的法律原则和依据

鉴于利益冲突的存在，很难完全通过相邻各方自觉协商处理彼此的关系，因此法律规定了处理相邻关系的法律原则和处理依据。

（1）法律原则。各方应按照有利生产、方便生活、团结互助、公平合理的精神，正确处理相邻关系。

（2）处理依据。在处理相邻关系时，如果法律法规有规定的，依该规定处理。如果法律法规无规定的，可以按照当地习惯处理。

3. 相邻方提供便利

（1）不动产权利人应为相邻权利人的用水、排水提供必要的便利。对自然流水的利用，应在不动产的相邻权利人之间合理分配。对自然流水的排放，应尊重自然流向。

（2）不动产权利人对相邻权利人因通行等必须利用其土地的，应提供必要的便利。

（3）不动产权利人因建造、修缮建筑物以及铺设电线、电缆、水管、暖气和燃气管线等必须利用相邻土地、建筑物的，该土地、建筑物的权利人应当提供必要的便利。

不动产权利人因用水、排水、通行、铺设管线等利用相邻不动产的，应当尽量避免对相邻的不动产权利人造成损害；如造成损害的，应当给予赔偿。

4. 相邻方不得妨害

（1）建造建筑物，不得违反国家有关工程建设标准，妨碍相邻建筑物的通风、采光和日照。

（2）不动产权利人不得违反国家规定弃置固体废物，排放大气污染物、水污染物、噪声、光、电磁波辐射等有害物质。

（3）不动产权利人挖掘土地、建造建筑物、铺设管线以及安装设备等，不得危及相邻不动产的安全。

如果给相邻方造成妨碍或者损失的，行为人应当停止侵害，排除妨碍，赔偿损失。

七、建筑物区分所有权

人类聚集和城市化，促使多人聚居的高层建筑物日益增多。建筑物里居住着多位业主，业主本人的居住空间为专有空间，但个人居住空间之外的场所或空间的所有权属如何确定？这些共享部分应如何管理？由此产生区分所有权的问题。

《民法典》规定："业主对建筑物内的住宅、经营性用房等专有部分享有所有权，对专有部分以外的共有部分享有共有和共同管理的权利。"因此建筑物区分所有权包括三部分权利：业主专有权、业主共有权和业主成员权。

1. 业主专有权

业主专有权指业主对其建筑物专有部分享有占有、使用、收益和处分的权利。但是该权利不是绝对的、没有限制的。业主在行使其专有权利时，不得危及建筑物的安全，不得损害其他业主的合法权益。

2. 业主共有权

建筑物专有部分以外的部分为共有部分。业主共同对共有部分享有共有权。

（1）道路和绿地。建筑区划内的道路属于业主共有，但属于城镇公共道路的除外；绿地属于业主共有，但属于城镇公共绿地或者明示属于个人的除外。

（2）其他场所设施。建筑区划内的其他公共场所、公用设施和物业服务用房，属于业主共有。

（3）车位车库。建筑区划内的规划用于停放汽车的车位、车库应当首先满足业主的需要。建筑区划内，规划用于停放汽车的车位、车库的归属，由当事人通过出售、附赠或者出租等方式约定。占用业主共有的道路或者其他场地用于停放汽车的车位，属于业主共有。

3. 业主成员权

业主成员权也称共同管理权，指业主对共有空间、场所、设施等有共同管理的权利。

业主行使管理权可以是直接行使，即参加业主大会发表意见和投票，一般是对重大事项进行决议；也可是间接行使，即通过业主大会选举业主委员会，由业主委员会依据法律法规、业主大会决议、业主公约等文件来进行日常事务的管理。

业主大会或者业主委员会的决定，对业主具有约束力。但是，如果业主大会或者业主委员会的决定侵害业主合法权益，受侵害的业主可以请求法院予以撤销。

4. 权利的不可分

业主的专有权、共有权及成员权不可分离。因此业主转让建筑物内的住宅、经营性用房，即处分其专有权时，其对共有部分享有的共有权及共同管理权一并转让。

5. 权利与义务的不可分

建筑区划内，专有部分与共有部分连为一体不可分割。对共有部分，只有全体业主参与管理、共同维护，方可发挥其方便众人生活的效用。因此，业主对建筑物专有部分以外的共有部分，既享有权利、又承担义务，并且不得因放弃权利而不履行义务。

例释　某楼房的底层为商用房，A 公司所有，上面几层为居住房，由 B 等住户所有。A 公司要增建夹层，把填充墙全部拆除，并将地面下挖 1 米多深，使部分地梁裸露。B 住户等至法院，要求 A 公司恢复原状。一审法院按相邻关系处理，判决：由于鉴定结论认为该楼房仍基本完好，而且施工方案经政府部门审核批准，因此不支持原告之请求，只是判决被告对墙体裂缝粉刷，对地梁露筋部位做好保护层，疏通下水管道等。二审法院则按建筑物区分所有权处理，认为：A 公司虽然是在自己专有部分增建夹层，但动用了梁、柱、地板以下的掩埋工程等共有部分。共用部分的所有权由全体区分所有权人享有，不是由批准的行政机关享有，因此 A 公司要施工，必须征得全体区分所有权人的同意。因此判决：A 公司拆除增建的夹层，将下挖的部分恢复原状。

八、物权的主体

物权的主体有国家、集体、法人和自然人。

1. 国家和集体

国家所有即全体人民所有，由相应的国家机构代表人民行使权利。集体所有指劳动群众集体组织，包括农村集体组织和城镇集体组织，以集体名义对财产享有所有权。

国家所有和集体所有是"公有"。在我国，法律规定某些财产必须公有。其中有的财产只能由国家所有，包括矿藏、水流、海域、城市的土地、野生动植物资源、无线电频谱资源、法律规定属于国家所有的文物、国防资产、法律规定为国家所有的基础设施等；还有一些财产，如农村土地、森林、山岭、草原、荒地、滩涂等，则为国家或集体所有。

2. 法人

法人作为独立的法律主体，也是权利主体。国有企业和集体企业的财产所有人是国家或集体，但企业本身作为独立法人对财产享有经营权。实际上企业是所有权各项权能的行使者，但要受到国家有关部门的监督。法人企业也可以完全是私人投资，则在所有权属性上，财产为私人所有；还可以是多种所有权主体的混合投资。《物权法》规定："国家、集体和私人依法可以出资设立有限责任公司、股份有限公司或者其他企业。国家、集体和私人所有的不动产或者动产，投到企业的，由出资人按照约定或者出资比例享有资产收益、重大决策以及选择经营管理者等权利并履行义务。"

3. 自然人

自然人所有是典型的"私有"，同时法人企业中私人投资的部分也是"私有"。私人对其合法的收入、房屋、生活用品、生产工具、原材料等不动产和动产享有所有权。私人合法的储蓄、投资及其收益受法律保护。国家依照法律规定保护私人的继承权及其他合法权益。

4. 对私人财产的保护

公有是由相应机构或组织代表行使，这些机构或组织往往拥有权力。而财产私有的主体则是法律上的权利主体。在计划经济时代，公有凌驾于私有之上，公民的财产权利难免受到权力滥用的威胁。随着市场经济的发展和国家对法治的重视，阻止权力对权利的侵犯，重视对公民的私有财产的保护成为发展趋势。

在我国1982年《宪法》中，第12条对公有财产的规定是："社会主义的公共财产神圣不可侵犯。国家保护社会主义的公共财产。禁止任何组织或者个人用任何手段侵占或者破坏国家的和集体的财产。"第13条对私有财产的规定是："国家保护公民的合法的收入、储蓄、房屋和其他合法财产的所有权。"2004年3月14日，第十届全国人大第二次会议通过了宪法修正案，其中最令人关注的一项修改是将上述有关私有财产保护的规定修改为："公民的合法的私有财产不受侵犯。国家依照法律规定保护公民的私有财产权和继承权。国家为了公共利益的需要，可以依照法律规定对公民的私有财产实行征收或者征用并给予补偿。"这次修改标志着我国对私有财产的保护进入一个新的阶段，无论对经济改革还是法治进程都具有重要意义。

2007年通过的《物权法》进一步明确对私人财产权的保护："私人的合法财产受法律保护，禁止任何单位和个人侵占、哄抢、破坏。"对于社会影响很大和反响强烈的个人房屋等不动产被强行征收的情形，也进行了以下严格的限制：

（1）必须是为了公共利益的需要方可征用。

（2）程序上应依照法律规定的权限和程序进行。

（3）应依法给予拆迁补偿，维护被征收人的合法权益；征收个人住宅的，还应当保障被征收人的居住条件。

专题案例 6-1　私产入宪

财产权是民事主体最重要的权利，是公民生产、生活和对外进行经济交往的基础。保护私有财产的目的有二：一是尊重民事主体的财产权，制止公权力对权利的侵蚀，这是保护私产最重要的目的；二是明确民事主体之间财产权利的界限。权利界限清晰有助于减少交易成本，促进经济效率。

从1982年的《宪法》提出保护公民合法财产的所有权到2004年的"私产入宪"，其间《宪法》历经四次修改。这个过程是我国市场经济不断发展的过程，而与之相伴随的，也是对私产保护不断深入的过程。

1988年4月12日，第一次修宪，提出"私营经济是社会主义公有制经济的补充""国家保护私营经济的合法的权利和利益，对私营经济实行引导、监督和管理""土地使用权可以依照法律的规定转让"。

1993年3月29日，第二次修宪，"社会主义市场经济"入宪。

1999年3月15日，第三次修宪，"依法治国""建设社会主义法治国家"入宪。规定"在法律规定范围内的个体经济、私营经济等非公有制经济，是社会主义市场经济的重要组成部分"。

2004年3月14日，第四次修宪，进一步提升非公有制经济的地位，提出"国家鼓励、支持和引导非公有制经济的发展"。另外，私产入宪。

第四次修宪的显著特点是彰显法治与人权。除了明确提出"私有财产不受侵犯"，还增加了"国家建立健全同经济发展水平相适应的社会保障制度""国家尊重和保障人权"等规定。有理由相信这次修宪会进一步加速我国的法治进程。法治社会就是以人为本的社会，是"权利本位"而非"权力本位"的社会。

思考

结合教材第一章提到的拆迁问题，分析一下法律明确和保护私有财产权的重要性。可以从经济学角度分析，也可从其他方面分析。

（资料来源：作者自撰）

第二节　人　身　权

一、人身权概述

1. 人身权的概念

人身权指法律主体所依法享有的、与人身不可分离的、没有直接财产内容的民事权利。人身权反映的是法律主体的人格与身份，为法律主体所专有，不可放弃，不可让与。[①] 此

[①] 也有例外，例如肖像权的部分转让，即将使用权部分转让给他人。企业法人等的名称权也可以转让。

所谓与人身不可分离。

人身权与物权不同。物权涉及的是人与物的关系,权利人通过占有和使用物以满足需要或获得收益。人身权的目的是尊重和保护法律主体所固有的人格和身份,因此没有直接的财产内容。当然人身权也有可能为权利人带来收益,例如肖像权和法人名称权的使用,但这种收益非人身权保护的主要目的。另外,人身权是人独立进行经济交往以及其他民事活动的基础,没有人身权的保护,就不可能有其他财产权利的实现。

2. 人身权的种类

人身权分为人格权和身份权两大类。

(1) 人格权。人格是"人"的特质,将人与其他人相区分。人格有与生俱来的,也有后天形成的。自然人享有生命权、身体权、健康权、姓名权、肖像权、名誉权、荣誉权、隐私权、婚姻自主权等权利;法人、非法人组织享有名称权、名誉权、荣誉权等权利。

(2) 身份权。身份权只有公民才享有,与公民的身份有关。所谓身份是指人的社会角色定位。这个角色是多重的,因此相应的身份权也不止一个。亲属身份是人最重要的身份定位,因此亲属权是人身权的主要内容,其中又包括基于婚姻关系产生的配偶权、父母对于未成年子女的权利(主要是监护权)以及其他亲属权,如父母与成年子女,祖父母与孙子女、外祖父母和外孙子女以及兄弟姐妹之间的身份权。

二、人格权分述

在经济领域,法律主体的"主体"特征体现为独立地承担民事责任。而在精神层面,人格权是法律主体特征的体现,反映了人格的四个方面:独立、自由、平等和尊严。[①]

1. 生命权

生命权是自然人所享有的,以生命的保有、延续和安全为内容的权利。权利人有权维护其生命的存续和安全不受侵害。

一个有争议的问题是:人是否有权利剥夺自己的生命?权利是可以放弃的,生命权似乎也应如此,但实际上与经济权利相比,对生命权等人格权的放弃法律是有限制的。这是因为人格权涉及人的根本道德和社会的根本价值取向,法律的规定是有社会影响的,因此不可不慎重。对于自杀行为,法律不禁止,但道德层面并不提倡,因为生命的坚持是人积极性的表现。那么授权他人剥夺自己的生命法律是否允许?安乐死是一个争论已久的话题。禁止安乐死是对生命权的尊重还是侵害?即使允许安乐死,是否有可行的制度以保证其不被滥用从而侵害公民的生命权?这些都是争论的焦点。目前绝大多数国家的法律并不允许安乐死。

例释 1986年,医生蒲连升在晚期肝癌患者夏素文之子王明成的哀求下,为夏素文实施了安乐死。之后,蒲连升、王明成以涉嫌故意杀人罪被逮捕并被公诉。1992年,

---

[①] 魏振瀛. 民法. 北京:北京大学出版社,2000:640-642.

二人被无罪释放。这并非是我国法律允许安乐死，法院认为：他虽然是故意剥夺他人生命，但安乐死并非夏素文的主要死因，并且"情节显著轻微，危害不大"，故不构成犯罪。一审法院宣判无罪后，蒲、王二人对法院做出的"故意剥夺他人生命"之认定不服，提起上诉；而检察院认为具有较大社会危害性已构成故意杀人罪，提起了抗诉。二审法院维持了原判。

2. 身体权

身体权为自然人所享有，保护的是人的身体器官的完整以及公民对其肢体器官的支配，并且排除他人对自己身体的侵害。很多情形下，身体受侵犯也会导致健康受损，例如身体器官的完整性被破坏会发生健康功能受损。但也有身体被他人侵犯但未造成对健康的损害的情形，例如他人擅自接触、攻击自己的身体但未影响健康。

人对自己的身体有支配权，但受到限制。人自残不为法律所禁止，但并不为道德所提倡。人为了公益目的，可以献血、捐献骨髓和身体器官，但有严格的法律限制，必须依照严格的法律程序办理。器官等身体组成部分的非法转让则为法律所禁止。

3. 健康权

健康权是自然人所享有的，保护的是人的身体结构的完整和身体内部机能的健全。健康关涉的是人生命的质量。

公民有权维护其健康权不受侵害。作为权利，公民可以在一定程度上自己漠视自己的健康权，例如抽烟喝酒。但是，与生命权一样，公民自己对健康权的支配是有限度的，不可超越法律的底线，即当对健康的漠视造成不可容忍的社会影响时，法律则有强制措施。最典型的例子就是法律对吸毒的禁止。

4. 姓名权与名称权

自然人享有姓名权，有权依法决定、使用和依照规定改变自己的姓名，禁止他人干涉、盗用、假冒。公民设定和变更自己的姓名，虽然尊重个人自愿，但法律也有限定。例如姓名不可损害国家或民族尊严、违背民族良俗或引起公众不良反应，某些不规范文字、拼音字母、数字、符号等不可用作姓名。另外，无正当理由，不可变更姓名。

法人企业或非法人组织等享有名称权，有权使用、依法转让自己的名称。企业或其他商业组织的名称是其对外进行经济交往使用的"名义"，长期使用可以为企业带来商誉，关系到企业的经营收益，因此其名称权是人格权中少有的具有财产利益内容的权利。

自然人的姓名权并不直接具有财产利益，但可将其用作商业用途，例如用作企业的名称和商品的商标，则可带来经济利益。

例释 登封市某乡农民集体到公安局上访，要求把"苟"姓改为"敬"，一个重要原因是"苟"姓给生活带来很大的干扰。民警经调查后发现"苟"在历史上源自"敬"姓。以此为依据，并考虑到社会稳定和群众意愿，公安局准予他们改姓。

5. 肖像权

肖像是通过技术手段对自然人形象的再现。自然人对其肖像所享有的权利包括两个方面：一是精神利益层面，即保护其肖像的完整，不被任意传播、不被玷污和扭曲；二是经济利益层面,即使用肖像可以为权利人带来一定的经济收益。

1986 年的《民法通则》规定:"公民享有肖像权,未经本人同意,不得以营利为目的使用公民的肖像。"以营利为目的的使用,包括利用其肖像做广告、商标、装饰橱窗等,视为侵犯肖像权的行为。由此可见,我国法律对肖像权的保护非常有限。自然人精神层面的肖像权受到侵犯时,如果没有营利情形,侵犯人可不承担责任。

为弥补上述保护的不足,1990 年年底,最高法院出台司法解释,规定:以侮辱或者恶意丑化的形式使用他人肖像的,可以认定为侵犯名誉权的行为。但是,对肖像权的保护仍不完整。2021 年实施的《民法典》则规定:未经肖像权人同意,不得制作、使用、公开肖像权人的肖像。至此,肖像权之保护得以完善。

例释 演员对其剧照(电影电视表演中的形象)是否有肖像权?司法实践中一般以"可识别度"作为衡量标准。例如,演员展示的形象与其本人肖像相去甚远,则有可能法院认为该演员对该展示形象没有肖像权。但是,如果所展示的形象仍然在观看者心中被识别为演员本人,则肖像权可获得支持。演员张铁林的清朝皇帝形象被某公司在广告中使用,北京市一中院判决该公司构成侵权,指出:"广告中所使用的人物形象虽着清朝皇帝装,表现为张铁林饰演的某个艺术形象,但该艺术形象的形成必须以张铁林的肖像为基础……"

6. 名誉权

名誉是人的"名声",即自然人和法人等在社会中获得的对其自身品质、才能、信誉等的综合评价。自然人、法人等享有名誉权,其人格尊严或名誉受法律保护,禁止用侮辱、诽谤等方式损害自然人、法人的名誉。

7. 荣誉权

荣誉与名誉相似的地方在于它是自然人和法人等所获得的评价,不同在于,对名誉的评价是综合的,是日积月累形成的,而荣誉则是来自于特定组织的评价;名誉可以是好的,也可能是不好的,而荣誉是奖励,是积极的肯定的评价;荣誉由特定组织赋予,依合法程序也可以被取消,但名誉是人在社会中形成的"名声",可以经由人的努力改变,但不可被取消。

自然人、法人等享有荣誉权,禁止非法剥夺其荣誉称号,不得诋毁、贬损他人的荣誉。

例释 某公司设计师参加设计大赛获特等奖。公司代其领奖后,将奖金给了该设计师,但奖状和奖杯不给,说要放在公司陈列室向客户展示公司实力。如果该奖为个人获奖,则设计师享有荣誉权。法院判决公司归还奖状奖杯并赔礼道歉。

8. 婚姻自主权

婚姻自主权是指公民自主决定婚姻关系的成立与解除的权利。我国法律规定公民享有婚姻自主权,禁止买卖、包办婚姻和其他干涉婚姻自由的行为。

婚姻是家庭形成的重要前提,而家庭关系到社会的稳定与发展,因此结婚和离婚也不是完全自由的,法律有所约束。对婚姻的约束主要体现为相关的婚姻登记制度,必须符合法律规定的登记条件,依一定手续办理,结婚和离婚才会发生法律效力。

在计划经济时代，对婚姻之社会性的关注导致在结婚和离婚手续上国家规定得相对复杂和严格。例如，结婚除应符合结婚条件外，还要所在单位或者所在的村民委员会或居民委员会开具证明，强制体检等，离婚也需要单位开证明。这些做法过多地干预了婚姻的自由，甚至干涉了公民的隐私。随着社会法治与文明的进步，我国在2003年10月1日实施新的《婚姻登记条例》，上述限制被取消，结婚和离婚的办理手续大大简化。

9. 隐私权

隐私涉及公民本人不愿意披露的私人生活或秘密，隐私权是公民保有其私人生活信息和秘密及私人空间和领域并排除他人干涉的权利。我国《民法通则》没有规定隐私权，是一大缺憾。1990年，最高法院有关《民法通则》的司法解释以名誉权来类比保护隐私权，以求弥补这一立法的不足。该解释规定：以书面、口头等形式宣扬他人的隐私，应当认定为侵害公民名誉权的行为。2001年，最高法院在有关精神损害赔偿的司法解释里进一步规定："违反社会公共利益、社会公德侵害他人隐私或者其他人格利益，受害人以侵权为由向人民法院起诉请求赔偿精神损害的，人民法院应当依法予以受理。"并且，对隐私权的保护还延伸到自然人死后。如果发生"非法披露、利用死者隐私，或者以违反社会公共利益、社会公德的其他方式侵害死者隐私"之行为，该死者的近亲属遭受精神痛苦，可向法院起诉请求赔偿精神损害。2009年通过的《侵权责任法》将隐私权列为民事权益，2020年通过的《民法典》也规定了隐私权。

侵犯他人隐私权除承担民事责任，还可能承担行政责任和刑事责任。对于"偷窥、偷拍、窃听、散布他人隐私"的行为，《治安管理处罚法》规定了公安机关可对行为人予以罚款和拘留。侵犯隐私权行为严重构成犯罪的，还可处以刑罚。虽然《刑法》中没有侵犯隐私的罪名，但关于"非法搜查罪"、"非法侵入住宅罪"和"侵犯通信自由罪"等的规定，有对隐私进行保护的作用。

诉讼法中规定法院对于涉及个人隐私的案件不公开审理，也是对公民隐私权的保护。

10. 自由权

自由权保护人的身体自由和精神自由不受非法干涉。人的民事活动自由具体来说有婚姻自由、人身自由、民事交往自由（如合同自由）等。《民法典》规定了婚姻自主权，对婚姻自由和民事权利行使之自由予以了规定。《民法典》规定：自然人的人身自由、人格尊严受法律保护。另外，《宪法》第37条规定："中华人民共和国公民的人身自由不受侵犯。任何公民，非经人民检察院批准或者决定或者人民法院决定，并由公安机关执行，不受逮捕。禁止非法拘禁和以其他方法非法剥夺或者限制公民的人身自由，禁止非法搜查公民的身体。"

11. 贞操权

自然人对其性纯洁、性自由和性安全的保持和保护应得到尊重，由此享有的权利为贞操权。权利人依贞操权可排除他人对其的侵犯。权利人对贞操权的支配在某些情况下受到法律的限制，主要是基于对未成年人或精神有缺陷的人的保护以及对于他人合法权益的保护。例如《刑法》规定与未满 14 岁的幼女发生性行为，构成强奸罪。即使对方同意，也不免责。再如，通过性行为恶意传播疾病也为法律所禁止。我国《民法典》并未列举贞操权。侵犯贞操的行为严重到构成犯罪（如强奸），可以对犯罪人进行刑事制裁。但在民法中如果缺乏贞操权的规定，则受侵害人在要求民事方面的救济时无法律依据。由于对贞操的侵害也是对健康的侵害，因此可援引健康权。但对贞操权的内容超过健康权的部分，依据健康权给予救济有局限性，不能完全保护。

例释 由于我国民事法律没有明确规定"贞操权"，因此很长一段时间里，若当事人贞操权受侵犯，很难获得民事赔偿。但在 2007 年判决的一个案件中，原告主张贞操权，得到东莞法院法官的支持。原告与某男同居怀孕后发现自称未婚的男友已有家室，怒而起诉要求赔偿。法官认为：虽然贞操权未在民事法律中规定，但宪法规定公民的人格尊严不受侵犯。当事人因贞操权被侵犯而遭受了肉体以及精神伤害，应予以赔偿。另外，2010 年《侵权责任法》实施后，也有法院援引"侵害民事权益，应当依照本法承担侵权责任"之一般性规定，认为被侵犯的贞操权系法律所保护的民事权益，判决给予精神损害赔偿。

专题案例 6-2 恒升集团诉王洪侵犯名誉权案

事实

1997 年 8 月 5 日，河北某公司职员王洪在代理商处购买了恒升集团生产的笔记本电脑一台。次年 6 月，因电脑发生故障送至代理商处维修。之后，因代理商解释不明，王洪对恒升集团的售后服务产生不满，于是在网络上发布题为《请看我买恒升上大当的过程》的文章并向消协投诉。这时恒升集团虽答应修理，但要王洪先道歉。王洪遂传真致歉函至恒升集团，承认自己"仅同代理商联系，未能与恒升集团及时沟通"，在情况不明下写下上述文章，造成对恒升集团名誉的损害，表示道歉。恒升集团要求更改致歉函篇幅并在网络上发表，被王洪拒绝。王洪随即在网络上发文、设立个人主页继续"声讨"恒升集团，得到很多网友的支持和声援，多家媒体也对此事进行了报道。

1999 年 4 月，恒升集团在北京市海淀区法院起诉，状告王洪"侵犯名誉权"，索赔数额达 240 万元。一同被诉的还有两家媒体。

一审

1999 年 12 月 15 日，一审法院做出判决：

1. 王洪在互联网上张贴的文章未能客观全面地反映事实，使用了侮辱性语言，如"豆腐""垃圾"等，并号召网友抵制，如"为了让恒升的垃圾品不继续在中国倾销，请网友们帮助转贴到其他的 BBS 上面去"。其目的并非是善意地解决纠纷，主观上明显存有毁损恒升集团名誉的故意。王洪在其主页上开设留言板，收有大量侮辱恒升集团的文字，其行为足以造成恒升集团名誉的社会评价降低，故王洪已构成对恒升集团名誉权的侵害。

2. 判决王洪赔偿恒升集团损失 50 万元，另外两家媒体各赔偿 24 万元。计算的过程是：代理商因王洪事件退货的数额大约为 2 451 万元，法院委托的会计师事务所认定的利润率为 11.7%，法院最终裁定王洪与两家媒体承担相当于退货额 4%的损失，即 98 万元。

争论

判决一出，即引起热烈讨论。反对判决的人认为王洪有言论自由的权利，并且赔偿数额过大。你对一审判决有何看法？

二审

2000 年 12 月 19 日，二审法院做出终审判决：
1. 王洪利用互联网发表侮辱、诽谤、诋毁他人名誉、商业信誉言论的行为构成侵权。
2. 对恒升集团的经济损失的计算仅以恒升集团代理商的退货合同为凭，依据不足，故不予认定。鉴于恒升集团仍需以必要的手段及资金来恢复其受到损害的商业信誉，故王洪除应对恒升集团赔礼道歉外，还应予以适当经济赔偿。法院最终认定王洪赔偿恒升集团 9 万元，另外两家媒体的报道虽然客观上对恒升集团的商业信誉造成不良影响，但鉴于两媒体是接受不完整信息而误导读者，故法院免除其经济赔偿责任。

思考

保护个人的言论自由权与保护他人的名誉权之间，消费者和媒体对商家的批评、监督权与商家的名誉权之间发生冲突时，如何划分相冲突之权利的界限？这里附最高法院的相关解释供参考："消费者对生产者、经营者、销售者的产品质量或者服务质量进行批评、评论，不应当认定为侵害他人名誉权。但借机诽谤、诋毁，损害其名誉的，应当认定为侵害名誉权。新闻单位对生产者、经营者、销售者的产品质量或者服务质量进行批评、评论，内容基本属实，没有侮辱内容的，不应当认定为侵害其名誉权；主要内容失实，损害其名誉的，应当认定为侵害名誉权。"[1]

（编写参考：北京市中级人民法院（2000）一中民终字第 1438 号判决书）

三、身份权分述

亲属关系是最重要的社会关系，人在亲属关系中的身份也是人最重要的社会身份，因此身份权中亲属权是最重要的内容。

亲属关系包括基于血缘关系的血亲、基于配偶关系的配偶亲和基于婚姻关系的姻亲。在血亲中，因父母与未成年子女的关系产生的权利称为亲权，因配偶关系产生的权利为配偶权，其他亲属权归为一类。

1. 亲权

基于父母与未成年子女的亲属关系产生，主要是父母对未成年子女的人身照顾、财产管理、教育、保护等权利。亲权的目的在于保护未成年人的利益，因此父母亲权的行

---

[1] 《最高人民法院关于审理名誉权案件若干问题的解释》。

使受到法律的约束，以防止其滥用而损害未成年人的利益。

2. 配偶权

基于婚姻关系产生，由配偶之间彼此享有。其内容既涉及财产内容，例如共有财产的权利、继承权，也有涉及感情、身体和生活等非财产内容的部分，例如互相忠实、同居权、互相扶助等。

3. 其他亲属权

并非所有的亲属关系在法律上都有意义，其他亲属权一般限于关系密切的血亲关系。主要有三个方面：一是父母与成年子女之间。如成年子女有精神障碍，父母对其有监护和抚养权；如父母生活不能自理，有要求成年子女赡养的权利；彼此之间有继承权。二是祖父母、外祖父母与孙子女、外孙子女之间。三是兄弟姐妹之间。后两类权利内容类似第一类，但权利行使顺序上居后。

第三节　债　　权

一、债与债权

1. 债

债是依合同或依法律产生的当事人之间请求给付的民事法律关系。这种请求给付的权利就是债权，权利人相应称为债权人；与债权相对应的是债务，即被请求的当事人必须给予或履行的义务，义务人相应称为债务人。

2. 债权的特征

债权的典型特征之一是它是一种请求权，即一方当事人请求另一方当事人给付，债务人是否履行义务决定了债权人是否能实现权利；而以所有权为代表的物权则是支配权，一般可通过对物的占有、使用等直接获得收益。

债权的典型特征之二是债权中的义务人（债务人）是特定的，有具体请求的对象；而所有权人的义务人往往是不特定的，所有权人以外的人均负有不得侵害其所有权的义务。

二、债的发生原因

债发生的原因即债权取得的方式，有两个：合同和法律。

1. 意定之债

依据合同产生的债被称为意定之债，相关债权债务内容反映在体现当事人意愿的合同中。

意定之债是依合同产生，因此也称合同之债。当事人之间签订合同，规定权利义务，由此产生债权债务关系。大多数的合同关系是双向的，即当事人之间互为债权人和债务人，如买卖合同；也有部分合同关系是单向的，即当事人一方只是债务人，另一方只是债权人，如赠予合同。

有关合同的成立、生效与履行等问题，详见本教材第八、九、十章。

2. 法定之债

依据法律规定产生的债被称为法定之债。法定之债中根据债的产生原因的不同，又可以分为侵权行为之债、无因管理之债、不当得利之债等。

侵权行为是指侵犯他人合法权益的行为。所侵犯的合法权益受法律的确认和保护，侵权行为发生后，侵权人要依法负担赔偿等责任。侵权人是债务人，受到侵害可以依法请求赔偿的人是债权人，双方的权利义务由法律直接规定，因此是法定之债。

有关侵权，详见本章第四节。以下介绍不当得利之债和无因管理之债。

三、不当得利之债

1. 什么是不当得利

不当得利是指没有合法根据而取得不当利益，造成他人损失。依照法律规定，不当得利人应当将取得的不当利益返还受损失的人。其中，债权人是因不当得利致损的人，债务人是不当得利人。

对不当得利有广义和狭义两种理解。广义的理解是任何没有合法根据获得利益并致人损失，都为不当得利。这种理解下，部分侵权行为和违约行为也被包括在内。例如在侵权行为中，侵权人的行为也没有合法根据，侵犯他人的同时，自己有可能得到利益。违约人违反约定，不支付对方货款，对方因此利益受损。狭义的理解则是认为不当得利非因不当得利者自己所为，而是因为受损的人、第三人或事件产生，利益的获得是被动地接受。这里采用狭义的理解，以与侵权和违约相区分。

例释 A到银行存款，由于柜员操作失误，使得存款数额增大（受损人原因导致A的不当得利）。A到银行汇款给B，由于柜员操作失误，款项汇给了C（第三人原因导致C的不当得利）。A到银行的ATM机上取款1 000元，由于故障，柜员机吐出2 000元（事件导致A的不当得利）。

2. 不当得利的构成要件

（1）得利。指一方获得利益。利益指财产利益，包括积极利益和消极利益。积极利益是指财产的增加，而消极利益指财产本应减少却没有减少。如果没有获得利益而造成他人损失，则有可能归入侵权行为。

（2）受损。指另一方的合法利益的失去。受损包括积极和消极两种，前者指财产的减少，后者指财产本应增加却没有增加。如果一方得益而没有人受损，则可能属于合法情形，例如自己进行种植并收获庄稼，或者适用其他法律规定，例如挖到无主财产。

（3）因果关系。指一方得利致使另一方受损。例如因银行柜员操作失误，A的存款数额增大，A的不当得利是银行受损的原因。

（4）不当。指利益的获得没有合法根据。合法根据包括法律法规的规定和合法的约定。如利益取得有合法依据，则不需返还，例如A与B有赠与合同，B因此得到了A赠送的东西，B的得到导致了A的失去，但并无不当。

（5）被动地接受。指不当得利的发生非因不当得利人主动的行为，而由其他原因所致。

3. 不当得利之债的内容

依法律规定，不当得利人应返还不当利益，包括原物和原物所生的孳息。孳息是基于对原物的所有或占有而获得的收益，包括法定孳息和自然孳息。法定孳息是依法取得的，如银行存款的利息；自然孳息是因自然原因获得，如树结的果实，母牛产的仔。

利用不当得利所取得的其他利益，扣除劳务费用后，应当收缴。

四、无因管理之债

1. 什么是无因管理

无因管理是指没有法定的或者约定的义务，为避免他人利益受损失而进行管理或者服务的行为。因无因管理发生的债权债务关系为无因管理之债。其中为他人管理事务的人称为管理人，是债权人，因管理而受益者为本人或受益人，是债务人。

助人为乐为社会所提倡，很显然，无因管理就是这样一种行为。法律规定无因管理之债旨在使无因管理人在一定条件下获得报偿，以补偿其为管理进行的必要支出。

侵权行为的行为人和无因管理的行为人都是在有目地做一些事情，不过前者侵犯他人权益，后者则旨在帮助他人。前者成为被请求的债务人，后者成为请求的债权人。

例释 A出差在外，某日大风吹坏了A的房屋。B掏钱为A把房屋修好。B的行为是无因管理，B依法有权请求A偿还修缮费用，A有义务偿还。如果A的房屋是B砸坏的，则B的行为构成侵权。

2. 无因管理的构成要件

（1）管理。指管理的是他人的而非自己的事务，是已经发生的客观事实。

（2）无因。指管理人进行管理没有法律义务。如果管理是管理人的义务，或者是法律规定的义务，或者是约定的义务，则是"有因"。

（3）合法。指管理行为本身要合法，如果违法，例如为他人保管赃物，不构成无因管理。

（4）防损。指管理人管理的目的是为了避免他人利益受损。有时动机是混合的，既有为他人谋利益，也有为自己的考虑，例如B修理A被大风吹坏的房屋也是为自己考虑，因为A的房屋倒掉可能会损坏自己的房屋。这种情况下，仍为无因管理。纯粹为自己利益所为的行为不构成无因管理，甚至还会构成侵权，例如B把A的房屋上的砖拆下加固自己的房屋。动机仅限于"避免他人利益受损"，如果他人的利益没有受损的可能，管理人的行为虽然不会致他人利益受损，但对避免利益受损毫无必要，也不构成无因管理，例如B把A的窗户玻璃全部换成他认为更好看的玻璃。

3. 无因管理之债的内容

无因管理的管理人管理事务时往往要花费一定费用，法律规定，管理人有权要求受益人偿付因无因管理而支付的必要费用,包括在管理或者服务活动中直接支出的费用以及在该活动中受到的实际损失。

在认定费用是否必要时,必须分析管理人的管理行为是否适当。对于什么是"适当"的管理行为,法律没有明确的标准。一般认为,应根据有关管理事务的具体情况来认定,管理人在管理时只要达到一般善良管理人的程度即可,即管理时主观上应为善意,行为时应谨慎,要及时通知受益人等。

例释 B 修理 A 被大风吹坏的房屋,如果修缮是达到了房屋加固的基本标准,这样支出的费用是必要的。如果在修缮时进行了豪华装修,则超标部分的费用无必要。

第四节 侵 权

一、侵权行为

侵权行为是指侵害他人合法权益的不法行为。他人的"合法权益"是指他人依法享有的权利或受法律法规保护的权利。"不法"是指行为没有合法依据,违反了法律法规的规定。"侵害行为"可以是积极的行为,即做出了法律所禁止的行为;也可以是消极不作为而致人损害,即法律规定应当做却没有做。

在法律上,最重要的分类是根据归责原则的不同将侵权行为分为一般侵权行为和特殊侵权行为。前者要求行为人的主观有"过错",即以过错责任原则作为归责原则;后者则适用"过错推定"或"无过错"等归责原则。

二、侵权行为的归责原则

1. 过错责任原则

该原则是最基本的归责原则,适用于大多数侵权行为,即一般侵权行为。依此原则,有过错才可能承担责任,无过错则无责任。过错大小还影响到责任承担的多少。

过错关乎行为人的主观状态,包括故意和过失两种情况。故意是指行为人预见到损害的结果,却希望或放任其发生。过失是指行为人应当预见到损害的后果,由于疏忽没有预见或者虽已预见但轻信能够避免。很显然,故意的过错程度大于过失。

由意图上的过错来决定归责与否以及责任大小是意志归责。相对应,不问行为的主观动机,由侵害结果来决定归责是结果归责。意志归责考虑的是人的意志与其行为的关系,有意志控制行为的一面,也有行为不受意志控制的可能。因此,对于人的意志能够控制的行为应当承担责任,对不能控制的行为则不承担责任。结果归责则着眼于行为的损害后果和社会影响,人应对其行为的不良影响负责。意志归责相比结果归责对行为人的要求更为宽松,目前是各国侵权法律中普遍采用的主要归责原则。对于过错责任原则,德国法学家耶林曾有一形象比喻:"使人负责任者,非为损害,而系过失。就如使蜡烛发光者,非为火,而系氧气一般。"[1]

---

[1] 张俊浩. 民法学原理[M]. 北京:中国政法大学出版社,1993:830.

在过错责任原则下，侵害行为本身并不能决定是否构成侵权，但侵害行为可以作为判断主观状态的证据之一，往往需要结合其他证据，如行为人的外在言行以及其他相关证据等，来判断行为人主观上是否有过错。

例释 古罗马法学家保罗举例说："一个人在他的地里焚烧庄稼收割后的余茬或者蒺藜，火势加大而蔓延开来，烧毁了别人的谷物或葡萄树。如果他是在刮风的日子里引火，他就要像一个放任损害发生的人一样被认为犯有过失；如果他没有采取防止火势蔓延的措施，也要受到同样的指控。但是，如果他采取了一切适当的预防措施，或者是由于一阵突如其来的大风造成了火势蔓延，他就没有过失。"[①]

2. 过错推定原则

过错推定原则也强调"过错"是侵权行为的构成要件。因此，从广义上讲，过错推定原则属于过错责任原则。但是，相比过错责任原则，过错推定原则减轻了权利人的举证负担。

在过错责任原则下，谁主张权利，谁举证。因此受侵害的权利人要举证证明侵害人主观上存有过错；而在过错推定原则下，举证责任倒置，即侵害人要举证自己没有过错，如不能证明，则推定为有过错。

3. 无过错责任原则

根据无过错责任原则，只要侵害人的行为造成了他人的损害，就要承担责任，主观上是否有过错不是确定侵权行为要考虑的因素。因此，无过错责任原则是结果归责。

无过错责任原则的确立与19世纪以来的工业化生产有关。大工业生产一方面促进了物质产出的丰富，另一方面也导致了大量的工业事故。因此19世纪也被称为"机器与事故的年代"。[②]事故发生频繁，受害者众多，而受害者在过错责任原则下举证责任重，获得赔偿艰难。虽然很多事故的发生是由于不可知晓或不可控制的技术原因，侵害人并无过错，但是事故损害后果严重、范围广，如果不赔偿，则法律的公平性会受到质疑。由此，无过错责任原则自19世纪开始在一些国家的法律中出现，如普鲁士王国1838年制定的《铁路企业法》。

无过错责任是针对特殊侵权行为的归责原则，因此也称特殊侵权原则。目前无过错责任主要适用于危险性高的操作或作业、产品责任、动物致人损害、环境污染等方面。这些方面都具有危险性高或影响范围广的特点。

主张无过错责任原则的理论主要有以下几点：

（1）危险来源说。企业为谋取利益进行具有危险性的大工业生产，企业应对其制造的危险负责。

（2）支配说。支配者应对被支配者的行为负责。被支配的可能是物，如汽车；可能是动物；也可能是人，如雇主支配雇员、监护人监护被监护人等。

（3）风险控制说。在大工业生产下，不可控制的因素增多，事故发生的不可预见

---

① 王卫国. 过错责任原则：第三次勃兴[M]. 北京：中国法制出版社，2000：34.
② 张延灿. 无过错责任适用范围探析[J]. 法律适用，2001（5）：59.

性增强，由此风险也在加大。实际上，适用不同的归责原则，风险的分配效果不同。在过错责任原则下，风险负担向受害者转移；在无过错责任原则下，风险负担则向企业等侵害人转移，侵害人的责任负担加重。企业等侵害人最接近事故发生的源头，也最了解危险的产生，因此无过错责任可以促使侵害人采取更加谨慎的措施来控制、减少、消除或预防风险的发生，从而可控制损失的发生。

（4）公平说。就物的支配或实施某行为获得利益者应承担其产生的风险。企业享受了工业生产的好处，即应对其危险负责；同样道理，管理者因对物的支配获利，即应赔偿他人因此遭受的损失。另一方面，企业要完全控制损害是不可能的，而无过错责任又使得企业要支付巨额赔偿，这促使企业将风险的负担向社会转移，可以是通过价格的调整转嫁给消费者，也可以是通过事故或责任保险将风险负担分配给社会。①无过错责任促使企业等将风险分散给社会，不使受害人一人承担，更能体现公平。

（5）利益平衡说。在发生利益冲突时，立法者应基于公共政策的考虑平衡双方利益冲突。如何平衡不是基于对侵害人主观动机的分析，而是基于对社会总体利益之影响的分析。②

4. 公平责任原则

公平责任原则是指当事人双方对造成损害都没有过错的，可以根据实际情况，由当事人分担民事责任。

法律对于适用过错推定原则和无过错责任原则的侵权行为作特别规定，该类侵权行为被称为特殊侵权行为。其他没有被特别规定的侵权行为则适用过错责任原则，称一般侵权行为。公平责任原则从本质上说不问主观过错，但可适用于一般侵权行为。对一般侵权行为用过错责任原则衡量后，若发现双方当事人都无过错，甚至被告方不是侵权行为人，因此被诉一方不应承担责任；但鉴于案件的实际情况，如果不对受害人进行赔偿，又有违公平的理念，此时可依公平责任原则，由双方当事人分担责任。

由此可见，公平责任原则只是对其他归责原则之适用的补充，在适用时应非常慎重，除非有特殊情况和确实违反公平理念，否则不应适用。在分配责任时，双方对损害发生的影响、从损害中得利的情况以及双方各自的经济状况都是要考虑的因素。

最高法院通过司法解释规定了适用公平责任原则的一些情况，并非完全的列举：

（1）因堆放物品倒塌造成他人损害的，由有过错一方承担民事责任。如果当事人均无过错，应当根据公平原则酌情处理。

（2）因紧急避险造成他人损失的，如果险情由自然原因引起，行为人采取的措施又无不当，则行为人不承担民事责任。受害人要求补偿，可以责令受益人适当补偿。

（3）当事人对造成损害均无过错，但一方是在为对方利益或者共同利益进行活动的过程中受到损害的，可以责令对方或者受益人给予一定的经济补偿。

---

① 后一个做法显然更可行一些。国家甚至立法强制可能的侵害人办理一些保险，例如有关机动车的强制保险。
② 此观点为社会法学派的观点。庞德在《法哲学》一书中指出：19世纪后期开始的西方各国的法律其目的在于使社会化思想进入法律领域，这个阶段的法律着重于社会利益，而不是个人利益的保护。他认为从一般安全的目的考虑，持有危险物或从事危险事业者，如果未能阻止损害的发生而致他人损害，应负责任。无过错责任是对个人主义的否定，在现代法哲学上有高度的妥当性。见：陈岩．无过错责任理论基础试探[J]．甘肃政法学院学报，1997（4）．

（4）夫妻离婚后，未成年子女侵害他人权益的，同该子女共同生活的一方应当承担民事责任；如果独立承担民事责任确有困难的，可以责令未与该子女共同生活的一方共同承担民事责任。

（5）为维护国家、集体或者他人的合法权益而使自己受到人身损害，因没有侵权人、不能确定侵权人或者侵权人没有赔偿能力，赔偿权利人请求受益人在受益范围内予以适当补偿的，法院应予支持。

（6）帮工人因帮工活动遭受人身损害的，被帮工人应当承担赔偿责任。被帮工人明确拒绝帮工的，不承担赔偿责任，但可以在受益范围内予以适当补偿。

例释 甲患有癫痫病，一日在骑车回家的路上突然发病，连人带车栽倒路边，恰巧碰伤正在路边玩耍的6岁儿童乙。甲发病是无法控制的，因此甲无过错，乙也无过错。但是如果不补偿乙，又有失公平。因此，可根据甲的经济状况和乙受伤的程度，让甲给予乙一定补偿。

专题案例6-3　电梯劝烟猝死案

争执与悲剧

杨某进入电梯后，看到段某在内吸烟，于是劝阻，二人发生言语争执。出电梯后，两人仍有言语争执。后经物业工作人员劝阻，杨某离开。段某来到物业公司，后发病死亡。经查：段某年近七旬，有心脏病史，2007年做过心脏搭桥手术。

视频显示：争执过程中，段某比较激动，而杨某比较冷静，只有语言交流，并无拉扯行为和肢体冲突。三段视频显示的争执时间大概5分钟。

一审判决

法院认为：对于段某的死亡，杨某并无过错。其猝死，亦非杨某所能预料，其劝阻行为与段某之死亡并无因果关系。《侵权责任法》规定："受害人和行为人对损害的发生都没有过错的，可以根据实际情况，由双方分担损失。"因此，依据公平责任原则，判决杨某补偿段某家人15 000元。

二审判决

法院认为：杨某之劝阻行为平和、理性，未发生肢体冲突，行为正当；其并无侵害段某之生命权的故意或过失。虽然杨某之劝阻行为与段某之死亡在时间上是先后发生的，但并无因果关系。虽然双方对损害之发生没有过错，但适用公平责任原则的前提是行为和损害要有法律上的因果关系。因此，一审法院适用法律错误，改判为杨某不承担侵权责任。

法院进一步指出：保护生态环境、维护社会公共利益及公序良俗是民法的基本原则，法院判决应对相关行为依法予以支持和鼓励，以弘扬社会主义核心价值观。依据有关规定，在电梯间等公共场所是禁止吸烟的，公民有权制止不正当的吸烟行为，目的是减少烟雾对环境和身体的侵害，保护公共环境，保障公民身体健康，促进文明、卫生城市建设，维护社会公共利益。如果杨某的行为正当合法且系维护公共利益还要承担法律责任，会挫伤公民依法维护社会公共利益的积极性，既是对社会公共利益的损害，也与民法的立法宗旨相悖，不利于促进社会文明，不利于引导公众共同创造良好的公共环境。

评论

有关公平责任之规定赋予法官可以根据实际情况判决双方分担损失的可裁量权。然而，法官在适用该原则时应谨慎行使该裁量权。一是该原则只是对主要的过错归责原则的补充而不可过度适用甚至越俎代庖，即双方都无过错，但如果不分担责任会有损公平，这时法官方可判决没有过错的行为人适当补偿受损害之人。二是该原则的适用必须是为了更好地达致公平。如果只要双方都无过错，就让行为人多少补偿一些，甚至是为了"和稀泥"，那么滥用公平责任原则反而会有损公平。三是无论是哪一种归责原则，都要共同具备的一个条件是：行为和损害后果之间的因果关系。二审法院认为既然不存在因果关系，判决杨某补偿又有损而非促进公平，则不应适用公平责任原则。

思考

请依据教材上文中所论述的法律上的因果关系，对杨某之行为与段某之死亡是否具有因果关系进行具体分析。另外，如果可以适用公平责任原则，那么"双方分担损失"该如何决定呢？换言之，决定行为人补偿对方之数额时应考虑哪些因素呢？

（编写参考：郑州市中级人民法院（2017）豫01民终14848号判决书）

三、一般侵权行为的构成要件

一般侵权行为的认定有四个要件：主观上有过错、行为的违法性、损害事实的存在以及违法行为与损害事实之间有因果关系。过错责任原则前文已经分析，这里分析其他三个构成要件。

1. 行为的违法性

违法性是指行为不具有合法依据，包括违反法定之作为或不作为义务、违反公序良俗或基本社会道德等情形。如果行为是合法的，但侵害了他人的权益，可以不赔偿，在某些情况下可以依据相应的法律法规补偿，但不是承担侵权责任。

2. 损害事实的存在

损害是指对受害人合法权益的侵害，包括财产损失、人身伤害和精神损害等。

3. 因果关系

世界上的事物普遍存在联系，没有无因之果，也没有无果之因。因与果的联系可以是一对一的，如一因一果；也可以是一对多的，如一因多果或一果多因；也可以是多对多的，如多因多果。因与果的联系可以是直接的，也可以是间接的，甚至是遥远的传导，如巴西热带雨林中的一只蝴蝶偶然扇动翅膀，可能会在美国掀起一场龙卷风。

法律上对因果关系的断定没有这么宽泛，而是非常谨慎。目前各国司法实践较常采用的理论是"相当因果关系说",即强调因果关系的相当性。依此理论,对因果关系的分析分为两步。

首先是分析 A 与 B 之间的联系程度。反证检验是常用的办法,也称必要条件检验,即如无 A,是否会有 B? 如果无 A 则无 B,则 A 是 B 的原因。

其次是分析 A 与 B 之间联系的"相当性"。上一步的分析是将两个事件 A 与 B 提出来进行分析,是事实上的分析。而"相当性"的检验则是法律上的分析,除了考虑已经分析出来的 A 与 B 的关系外,还要考虑法律方面的因素,包括案件的其他事实、行为人的情况、相关法律规则、未来判决的社会影响以及一般人对此行为的认知等。依此来分析:在通常情况下,是否 A 会导致 B? 由此排除 A 与 B 之间联系的偶然性和不普遍性。只有依一般人的情况,A 通常会导致 B,才构成法律上的因果关系。由此可见,法官在判断因果关系方面是非常慎重的。

例释 出租车司机甲送乘客乙到某地。一路上,甲超速驾驶。正好赶上路边树木倒塌,结果乙受伤。如果甲不超速,乙不会早到,因此也不会受伤,因此通过必要条件检验。但甲的超速与乙的受伤之间并无相当性,因为通常情况下,甲超速不会导致乙被树木伤害,也不会增强乙被树木伤害的危险性。如果甲超速,结果与另一辆车相撞,导致乙受伤,则超速与受伤之间有相当性,因为通常情况下,超速可以增加车祸的危险性。[①]

四、特殊侵权行为

对特殊侵权行为不适用通常的过错责任原则,而是适用过错推定或无过错责任原则。另外,特殊的侵害行为可能是非法的,也可能是合法的。以上是其与一般侵权行为的区别。

此外,受害人还要证明:侵害行为、损害的发生、侵害与损害的因果关系。另外,无过错责任不是绝对责任,如果法律规定了抗辩理由,侵害人可依据之进行抗辩以求免除或减轻责任。

1. 适用过错推定原则的特殊侵权行为

(1) 建筑物、构筑物或者其他设施及其搁置物、悬挂物致人损害。如果上述设施及其物品发生脱落、坠落造成他人损害,所有人、管理人或者使用人不能证明自己没有过错,应当承担侵权责任。另外,针对城市聚居中时常发生的高空坠物情况,法律专门规定:从建筑物中抛掷物品或者从建筑物上坠落的物品造成他人损害,难以确定具体侵权人的,除能够证明自己不是侵权人的外,由可能加害的建筑物使用人给予补偿。这也是由被告反证清白的举证倒置。

(2) 堆放物致人损害。堆放物品滚落、滑落或者堆放物倒塌致人损害的,由所有人或者管理人承担赔偿责任,但能够证明自己没有过错的除外。

(3) 树木果实致人损害。树木倾倒、折断或者果实坠落致人损害的,由所有人或者管理人承担赔偿责任,但能够证明自己没有过错的除外。

(4) 地面施工致人损害。在公共场所、道旁或者通道上挖坑、修缮安装地下设施

---

① 曹兆兵. 相当因果关系说述评. 中国民商法律网. http://www.civillaw.com.cn.

等，没有设置明显标志和采取安全措施造成他人损害的，施工人应当承担民事责任。施工人须举证是否设置明显标志和采取安全措施。

（5）地下设施施工致人损害。窨井等地下设施造成他人损害，管理人不能证明尽到管理职责的，应当承担侵权责任。

（6）非法占有高度危险物致人损害。由非法占有人承担侵权责任，而该危险物的所有人或管理人如果不能证明对防止他人非法占有尽到高度注意义务的，与非法占有人承担连带责任。

（7）危险区内的伤害。未经许可进入高度危险活动区域或者高度危险物存放区域受到损害，管理人已经采取安全措施并尽到警示义务的，可以减轻或者不承担责任。

（8）动物园动物伤人。动物园能够证明尽到管理职责的，不承担责任。

（9）教育机构发生的儿童伤害。无民事行为能力人在幼儿园、学校或者其他教育机构学习、生活期间受到人身损害的，该机构应当承担责任，但能够证明尽到教育、管理职责的，不承担责任。注意：如果是限制行为能力人，则按一般侵权行为认定。

（10）医疗行为。因医疗行为引起的侵权诉讼，由医疗机构就医疗行为与损害结果之间不存在因果关系及不存在医疗过错承担举证责任。[①] 在下列情形下，可直接推定医院有过错：违反法律、行政法规、规章以及其他有关诊疗规范的规定；隐匿或者拒绝提供与纠纷有关的病历资料；伪造、篡改或者销毁病历资料。

例释 孕妇小云重病入院。医院决定进行手术，陪同其来院诊治的男友以家属身份拒绝签字，并在手术同意单上写下拒绝手术的文字。后小云病发死亡。家属将医院诉至法院，要求赔偿100余万元。手术前必须征得患者同意，为《医疗机构管理条例》所要求，旨在保障患者的知情权和同意权。但如果医疗机构的医疗义务和该同意权发生冲突，为尊重患者的生命与健康，医疗义务所保障的生命健康权价值在上。法院认为，虽然医院的做法有不足，但其举证证明了诊疗过程符合规范，不存在过错，并且上述不足之处与小云死亡不存在因果关系，不构成侵权。医院主动提出补偿死者家属10万元，法院判定医院支付该金额。[②]

2. 适用无过错责任原则的特殊侵权行为

（1）产品缺陷致人损害。又称产品责任，即因产品存在缺陷造成他人损害的，生产者应当承担侵权责任。这里的无过错责任是针对生产者，如果是销售者，则承担过错责任。教材第十一章有详述。

（2）高度危险作业致人损害。又称高度危险责任，包括如下情形：民用核设施发生核事故造成他人损害；占有或者使用易燃、易爆、剧毒、放射性等高度危险物造成他人损害；从事高空、高压、地下挖掘活动或者使用高速轨道运输工具造成他人损害；遗失、抛弃高度危险物造成他人损害等。如有不可抗力或受害人故意之情形，则不承担责任。

（3）机动车交通事故。机动车与非机动车驾驶者、行人之间的交通事故，适用无

[①] 《最高人民法院关于民事诉讼证据的若干规定》第4条。
[②] 参见北京市第二中级人民法院（2010）二中民终字第05230号民事判决书。

过错责任。另外，规定了免除或减轻司机责任的情形，详见专题案例6-3。

（4）环境污染致人损害。污染环境造成他人损害的，污染者应承担民事责任。如果有法定的免责或减轻责任的情形，由污染者举证，即污染者应当就法律规定的不承担责任或者减轻责任的情形及其行为与损害之间不存在因果关系承担举证责任。即使污染是第三人过错造成的，污染者也要承担连带责任，即受害人可向污染者索赔，污染者赔偿后，再向第三人追偿。

（5）饲养的动物致人损害。饲养的动物造成他人损害的，动物饲养人或者管理人应当承担民事责任。遗弃、逃逸的动物在遗弃、逃逸期间造成他人损害的，原动物饲养人或者管理人仍要承担责任。如果能够证明损害是因被侵权人故意或者重大过失造成的，可以不承担或者减轻责任。如果是第三人过错所致，受害人可向该第三人，也可向动物饲养人或管理人要求赔偿；饲养人或管理人赔偿后，可继续向第三人追偿。

（6）雇主的责任。雇工在受雇佣期间从事雇佣活动造成他人损害的，由雇主承担民事责任。雇员因故意或者重大过失致人损害的，应当与雇主承担连带赔偿责任。雇主承担连带赔偿责任的，可以向雇员追偿。

雇员在从事雇佣活动中遭受人身损害，雇主应当承担赔偿责任。雇佣关系以外的第三人造成雇员人身损害的，赔偿权利人可以请求第三人承担赔偿责任，也可以请求雇主承担赔偿责任。雇主承担赔偿责任后，可以向第三人追偿。

（7）被帮工人的责任。为他人无偿提供劳务的帮工人，在从事帮工活动中致人损害的或者遭受人身损害的，被帮工人应当承担赔偿责任。但是被帮工人明确拒绝帮工的，不承担赔偿责任。

（8）监护人的责任。无民事行为能力人、限制民事行为能力人造成他人损害的，由监护人承担民事责任。监护人尽了监护责任的，可以适当减轻其民事责任。有财产的无民事行为能力人、限制民事行为能力人造成他人损害的，从本人财产中支付赔偿费用。不足部分，由监护人适当赔偿，但单位担任监护人的除外。

专题案例6-4 撞了白撞？

1999年，沈阳市出台《沈阳市行人与机动车道路交通事故处理办法》，规定当发生行人与机动车的交通事故，行人违章而司机无违章行为的，行人负全部责任。这种规定俗称为"撞了白撞"，在社会上引发热烈争论。

当发生交通事故时，受害人是行人，机动车司机是侵害人。如果按照一般侵权行为来分析，受害人必须证明机动车司机主观上有过错。司机没有违章可以证明自己无过错，而行人违章有过错，因此行人不可获得赔偿。如果适用无过错责任原则，则司机的过错与否不是构成要件，只要司机的行为致行人伤害，就要负侵权之责。但司机可以以行人的违章（过错）作为抗辩理由要求减轻责任。

显然，"撞了白撞"规定并不倾向将伤及行人的交通事故列为适用无过错责任原则的特殊侵权行为。对此学术界多持批评态度，认为此规定不仅落后而且违反上位法律。

正如大工业生产引发事故的增多，汽车的出现虽然便利了人们的生活，但引发的交通事故非常严重。自20世纪初起，西方各国陆续出台法律，对交通事故损害赔偿适用无过错责任原则。这样的规定也符合有关无过错责任的法理基础。

我国1986年的《民法通则》第123条规定："……高速运输工具等对周围环境有高度危险的作业造成他人损害的，应当承担民事责任；如果能够证明损害是由受害人故意造成的，不承担民事责任。"这个条款实际上是规定了无过错责任，受害人的故意可以作为抗辩理由。机动车属高速运输工具，因此应适用这一条款。《民法通则》是国家法律，沈阳市的办法是地方规章，地方规章不应与效力更高的国家法律相抵触。

继沈阳之后，又有若干地市出台相关办法，采纳"撞了白撞"的规定，而媒体也为此争论不休。2003年10月28日，全国人大常委会通过的《道路交通安全法》最终拒绝了"撞了白撞"规则。据该法第76条，机动车与非机动车驾驶者、行人之间的交通事故，适用无过错责任原则。机动车司机有一免责抗辩理由，即交通事故的损失如果是由受害人故意造成的，例如自杀、勒索等，机动车一方不承担责任。司机也有一减轻责任的抗辩理由，即如果有证据证明受害人违反道路交通安全法律、法规，而且机动车驾驶人已经采取必要处置措施的，可减轻驾驶人的责任。但法律并没有明确规定可减轻多少。

该法还规定了"实行机动车第三者责任强制保险制度"，具体办法由国务院规定。该保险实际上是将司机的赔偿责任转移到社会负担，可减轻司机的赔偿压力。然而，国务院一直到2006年3月才公布《机动车强制保险条例》，并且保监会规定的赔偿额度又很低，司机的赔偿压力仍很大。

2007年12月29日，全国人大常委会修改了《道路交通安全法》，规定：当发生机动车与行人事故时，如果机动车一方没有过错的，承担不超过10%的赔偿责任。

思考

不妨想想："撞了白撞"规则是否也有合理性？对于机动车与行人之间的交通事故，你支持"撞了白撞"规则还是无过错责任原则？

（编写参考："撞了白撞"6人谈[N]. 南方周末，2000-05-05；梁慧星."行人违章撞了白撞"是违法的[N]. 人民法院报，2001-02-23.）

五、共同侵权

共同侵权，指侵权人为两个以上的侵权行为。包括共同加害行为、教唆帮助行为和共同危险行为。

1. 共同加害行为

指两个或两个以上的人实施的侵害行为共同作用于一个对象身上。行为人之间无论是否共同故意或过失，都要承担连带责任。最高法院的司法解释规定，二人以上共同故意或者共同过失致人损害，或者虽无共同故意、共同过失，但其侵害行为直接结合发生同一损害后果的，构成共同侵权，应当承担连带责任。

2. 教唆帮助行为

指两个以上的侵权人中，有的直接实施了加害行为，有的没有直接实施，但进行了教唆或帮助。教唆帮助行为在法律上被视为共同侵权，应与实际加害人一起承担连带责任。如果被教唆或帮助的是未成年人，其监护人未尽到监护责任的，应当承担相应的责任。

3. 共同危险行为

指两个或两个以上的行为人的行为都有侵犯他人合法权益的危险性，但无法确定具体的加害人，也称为准共同侵权行为。此种情况下，如不能确定具体侵权人的，行为人承担连带责任。

例释 五个中学生边走边玩"推人下河堤"的游戏，看谁会被推下河堤。在互推中小明被推下并受伤。小明起诉其他四人要求赔偿。法院认为：学生的游戏行为有危险性，被告无法举证具体是谁把小明推下去的，因此属共同危险行为，应承担连带责任。由于四被告均未成年，因此由其监护人承担责任。

六、侵权之责任方式

1. 侵权的救济方式

侵权人依法承担侵权责任是对受害人权益受损的救济。具体责任方式有：停止侵害、排除妨碍、消除危险、返还财产、恢复原状、赔偿损失、消除影响并恢复名誉、赔礼道歉。

以上救济方式并非可以全部适用于各种侵权行为，要根据侵权行为的特点来决定适用的方式，其中消除影响并恢复名誉、赔礼道歉仅适用于对人身权的侵害。

赔偿损失可适用于各种侵权行为，是最常用的也是救济效果最为明显的责任方式，以下专门分析。

2. 赔偿损失

赔偿损失也称损害赔偿，指针对侵害行为造成的损害，要求侵害人进行赔偿。侵害行为所造成的损害包括财产损害、人身伤害和精神损害。各种损害的赔偿以下分述。

3. 财产损害的赔偿

财产损害包括直接损失和间接损失。前者指受害人已有财产的减少；后者指预期可得利益的丧失。对于间接损失，要求必须是因侵害行为而丧失的可预期的利益。"可预期"指虽然发生侵权行为时该利益不存在，但如果不发生侵权行为，该利益必然会发生。

4. 人身伤害的赔偿

因人身伤害造成的损失也分直接损失和间接损失。前者指对人身的侵害直接导致的损失，如医疗费用；后者指因伤害而导致的合理可期待收益的损失，例如工资等的损失。

人身伤害赔偿的范围为：为治疗和康复支出的合理费用，包括医疗费、护理费、交通费等；因误工减少的收入；造成残疾的，还应当赔偿残疾生活辅助具费和残疾赔偿金；造成死亡的，还应当赔偿丧葬费和死亡赔偿金。另外，受害人残疾或死亡情形下，应赔偿被抚养人的生活费，该费用计算进残疾赔偿金或死亡赔偿金。

残疾赔偿金根据受害人丧失劳动能力程度或者伤残等级，按照受诉法院所在地上一年度城镇居民人均可支配收入或者农村居民人均纯收入标准，自定残之日起按20年计算。但60周岁以上的，年龄每增加一岁减少一年；75周岁以上的，按5年计算。

死亡赔偿金按照受诉法院所在地上一年度城镇居民人均可支配收入或者农村居民人均纯收入标准，按20年计算。但60周岁以上的，年龄每增加一岁减少一年；75周岁以上的，按5年计算。因同一侵权行为造成多人死亡的，可以以相同数额确定死亡赔偿金。

赔偿权利人举证证明其住所地或者经常居住地城镇居民人均可支配收入或者农村居民人均纯收入高于受诉法院所在地标准的，残疾赔偿金或者死亡赔偿金可以按照其住所地或者经常居住地的相关标准计算。

5. 精神损害赔偿

精神损害是指侵害人的行为所引致的他人生理上的痛苦和精神上的折磨，一般是在人身权侵权中发生。侵害他人人身权益，造成他人严重精神损害的，被侵权人可以请求精神损害赔偿。依最高法院之司法解释，具体规定如下：

第一，可申请精神损害赔偿的主要情形。

（1）如果生命权、健康权、身体权、姓名权、肖像权、名誉权、荣誉权、人格尊严权、人身自由权等遭受非法侵害，可要求精神损害赔偿。

（2）违反社会公共利益、社会公德侵害他人隐私或者其他人格利益的，受害人可要求精神损害赔偿。

（3）非法使被监护人脱离监护，导致亲子关系或者近亲属间的亲属关系遭受严重损害的，监护人向法院起诉请求精神损害赔偿。

（4）具有人格象征意义的特定纪念物品，因侵权行为而永久性灭失或者毁损的，物品所有人可要求精神损害赔偿。

第二，要求精神损害赔偿的人包括受侵害人及其亲属。

（1）自然人因侵权行为致死，或者自然人死亡后人格或者遗体遭受侵害的，死者的配偶、父母和子女可作为原告请求赔偿精神损害。

（2）自然人死亡后，其近亲属因下列侵权行为遭受精神痛苦的，可要求精神损害赔偿：以侮辱、诽谤、贬损、丑化或者违反社会公共利益、社会公德的其他方式，侵害死者姓名、肖像、名誉、荣誉；非法披露、利用死者隐私，或者以违反社会公共利益、社会公德的其他方式侵害死者隐私；非法利用、损害遗体、遗骨，或者以违反社会公共利益、社会公德的其他方式侵害遗体、遗骨。

第三，只有自然人才可要求精神损害赔偿。

法人或者其他组织以人格权利遭受侵害为由，向法院起诉请求赔偿精神损害的，法院不予受理。

第四，精神损害后果需达到严重程度才可获得赔偿。

因侵权致人精神损害，但未造成严重后果，受害人请求赔偿精神损害的，一般不予支持，法院可以根据情形判令侵权人停止侵害、恢复名誉、消除影响、赔礼道歉。

第五，精神损害赔偿的确定标准。

精神损害的赔偿数额根据以下因素确定：（1）侵权人的过错程度，法律另有规定的除外；（2）侵害的手段、场合、行为方式等具体情节；（3）侵权行为所造成的后果；（4）侵权人的获利情况；（5）侵权人承担责任的经济能力；（6）受诉法院所在地平均生活水平。

七、侵权人的抗辩理由

侵权人可以援引的抗辩理由包括两类：一类是正当理由，包括依法执行职务、正当防卫、紧急避险、受害人的同意；另一类是外来原因，包括不可抗力、意外事件、受害人或第三人的过错。

1. 依法执行职务

行为人为执行法定的职责而致人损害。以此为抗辩理由必须符合三个条件：一是执行职务必须有合法根据，是职务行为；二是具体执行行为无论在程序上还是在方式上都要合法；三是侵害行为的发生是执行职务所必要的，即不侵害就不能执行职务。

例释 警察抓小偷，将小偷摁倒在地致其受伤，对小偷所受之伤不承担责任。

2. 正当防卫

正当防卫是指为了使公共利益、自己或者他人的合法权益免受侵害，对正在进行的不法侵害进行阻止和遏制。正当防卫必须满足四个要件：

（1）目的的"正当"，即为了保护相关合法权益免受侵害。

（2）行为的"防卫"，即针对的是正在进行的侵害行为。如果侵害已经结束再采取措施，是"报复"而非"防卫"。

（3）防卫要针对侵害行为人本人，而不能针对其他人。

（4）防卫不可超过必要的限度，应以阻却侵害行为为限度。

因正当防卫造成损害的，不承担民事责任；正当防卫超过必要的限度，造成不应有的损害的，应当承担适当的民事责任。

例释 A发现B正在抢劫行人，遂上前阻止。当B持刀冲向A时，A为了保护自己，随手拿起旁边的一根木棍，将B打晕在地。A的行为虽然侵犯了B的健康权，但构成正当防卫。这时B已不具有威胁，但A气愤之下，继续对其殴打，此时则构成防卫过度。

3. 紧急避险

紧急避险是指为了使公共利益、自己或者他人的合法权益免受正在遭受的紧急危险，不得已所采取的致他人损害的措施。紧急避险必须满足以下四个条件：

（1）目的的正当性。

（2）危险正在发生并危及相关权益。

（3）采取的措施是不得已而为之，措施并无不当。

（4）紧急避险不可超过必要的限度，即所保全的利益要大于所致损的利益。

因紧急避险造成损害的，由引起险情发生的人承担民事责任。如果危险是由自然原因引起，行为人采取的措施又无不当，则行为人不承担民事责任。受害人要求补偿，可以责令受益人适当补偿。因紧急避险采取措施不当或者超过必要的限度，造成不应有的损害的，紧急避险人应当承担适当的民事责任。

4. 受害人同意

受害人同意是指受害人事前明确表示或以其他方式表明愿意承担损害后果或风险，也称"自愿承担危险"。该同意必须是自愿做出，而非受到不正当影响；而且其意思表示要明确地做出，不可采用默示方式；受害人自愿承担后果不得违背法律和公序良俗；该同意须是损害发生之前做出。

例释 小明与同学踢球，结果被飞来的足球击中眼睛受伤。足球运动属对抗性运动，有危险，故小明自愿参加该运动视为在预见和知晓该危险前提下的自愿承担危险，因此侵害人不必承担责任。但是如果侵害人不是在正常的体育运动中踢飞的球，而是为了报复小明，故意把球扔向小明，则要承担责任。

5. 不可抗力

不可抗力是指不能预见、不能避免并不能克服的客观情况，包括两类：一类是由自然因素引起的，如地震、台风等自然灾害；另一类是由社会因素引起的，如战争、暴乱、法律政策变动等。

因不可抗力不能履行合同或者造成他人损害的，不承担民事责任，法律另有规定的除外。

6. 受害人或第三人的过错

如果损害的发生是受害人的故意所致，行为人不承担责任。

如果损害是因第三人造成的，第三人应当承担侵权责任。

如果损害的发生既有侵害人的原因，也有受害人或第三人的过错，则称混合过错，可以减轻侵害人的民事责任。

例释 在"共同侵权"部分例释的案件中，原告小明也参加了该危险性的游戏（"推人下河堤"），因此原告有过错。法院据此将侵权人的赔偿责任减少了20%。

法规指引

- 国家法律：《民法典》
- 司法解释：关于审理人身损害赔偿案件适用法律若干问题的解释》《关于确定民事侵权精神损害赔偿责任若干问题的解释》

拓展与思考

1. 推荐阅读

从1998年委托专家起草，到2007年全国人大会议通过，《物权法》的10年制定过程堪称艰难曲折。中间草案数次被修改，前后经全国人大常委会七次审议。2005年向社会公布草案征求意见时,短短一个多月的时间里,社会各界反馈的意见超过万件。北京大学教授巩献田发表公开信指出《物权法》草案违宪,更是一石激起千层浪,引起了巨大反响和热烈讨论。可以说,《物权法》是我国立法史上迄今为止最受关注的一部法律。为什么民众对物权如此关注?《物权法》对社会发展的意义何在?结合我国的现实情况,我国需要一部怎样的物权保护法律?这些都是值得思考的问题。

推荐阅读:刘贻清,张勤德."巩献田旋风"实录:关于〈物权法(草案)〉的大讨论[M].北京:中国财经出版社,2007.全国人大常委会法工委民法室.物权法立法背景与观点全集[M].北京:法律出版社,2007.苏永通.中国物权立法历程:从未如此曲折 从未如此坚定[N].南方周末,2007-03-22.

2. 问题解决

2004年4月1日,当强制拆迁人员来到北京黄振沄老人的家里时,黄振沄手持新修订的《宪法》进行抵制,并将宪法条文"国家尊重和保障人权"写在家门口。面对《宪法》和周围声援的100多名群众,警察和拆迁工人只得离去。4月14日,拆迁人员再次到来,房屋被强行拆除。

上述场景在近年发生很多。2007年3月,正值《物权法》讨论通过之际,重庆"史上最牛钉子户"的出现,更是将拆迁问题的关注引向高潮。在该事件中,利益的激烈冲突和社会民众的全面关注,向将要实施的《物权法》这部广受民众期待的法律提出拷问:如何解决拆迁问题?不可否认的是:《物权法》的相关规定仍很抽象。请结合上述的钉子户事件进行思考和研究,回答一下:如何解释和判定"公共利益"?如何确定"合理"的补偿?相关程序如何进行?只有解决了上述问题,《宪法》和《物权法》规定的权利才不是仅仅停留在纸面上。

有关"最牛钉子户"事件的详情,可阅读:张悦.重庆"钉子户"事件内幕调查[N].南方周末,2007-03-29.

3. 制度变革

根据最高法院的司法解释,有关残疾赔偿金和死亡赔偿金的确定,是以"城镇居民人均可支配收入或者农村居民人均纯收入"作为计算依据。如果受害人是农村户口,则只能按农村居民人均收入来计算。因此,在同样性质的侵害案件里,受害人是农村还是城市户口,所得到的赔偿相差甚巨。例如北京2017年的上述两个收入分别为"62 406元"和"24 240元",20年的赔偿额会相差超过75万元。而且,不同地区之间的城镇或农村标准也不一样。这就是受到质疑的"同命不同价"问题,其根源在于我国长期以来实行的户籍制度。你对"同命不同价"的规定作何评论?如何改革我国的户籍制度?

4. 观点争鸣

对于医疗事故,医生认为应规定过错责任原则,而患者则支持无过错责任原则。请你分析一下双方可能依据的理由是什么?目前我国的法律对医疗事故规定了过错推定原则,你认为这样的规定合理吗?不妨分成两组,进行一次辩论,从辩论中可以将问题看得更全面和更深入。

正方：对医疗事故，应采用过错责任原则；

反方：对医疗事故，应采用无过错责任原则。

5. 法官判案

你认为公平责任原则"公平"吗？如果你是法官，会如何判决下述案件：

邻居结婚，同院的张老太来看热闹。迎亲的车辆发动时，张老太在车旁摔倒。张老太说是被车撞倒的，而司机小赵说车没有碰到张老太，是人多拥挤加上张老太自己年迈不小心摔倒的。究竟为什么摔倒，双方都没有充分证据。一审法院认为：鉴于当时的特定环境，在双方均不能证明自己主张成立的情况下，应当依据张老太受伤害的后果的实际情况，按照公平责任原则，由双方共同分担原告的实际损失为宜。当时众人的注意力均在新娘等人处，对张老太受伤的具体情节未能有人注意到，但张老太在汽车旁摔伤的事实却是实际存在的。由于小赵开的是单位公派的车，由此产生的后果，应由小赵所在单位承担。[①]

6. 网络搜索

搜索关键词——"南京彭宇案"。

如果你见到有人倒地，扶还是不扶？这竟然成了困扰全中国国民数年仍未解决的重大问题。老太说彭宇撞了自己，彭宇说扶了摔倒的老太，双方争讼法庭。法官做出了怎样的判决？为什么该法官的判决书引发社会广泛关注和讨论？这个2006年发生在南京的一个民间小案，为何震动全国，并被指影响中国道德倒退数十年？

---

① 根据《齐鲁晚报》2003年3月10日的报道整理。

第七章 知识产权

❀ **本章学习要点**
- 知识产权的基本特点：垄断性及其限制
- 著作权：保护对象、权利内容、合理使用
- 专利权：申请条件、取得程序、权利限制
- 商标权：注册条件、注册程序、权利保护

第一节 知识产权概述

一、知识财产与知识产权

知识产权是针对知识财产在法律上设定的权利，旨在保护人类思维的创造。有思想和有创新是人的本质特征，也是促进经济发展和社会进步的动力所在。人经由思维的创造成果是智力产品，可算是一种知识财产，又称"智慧财产"。

知识产权主要有以下三类：

（1）著作权。又称版权，主要是保护有原创性的文学、艺术、科学作品等，计算机程序也受版权保护。

（2）专利权。主要是保护有应用价值的发明创造。

（3）商标权。商标用以区别竞争者之间的同类或类似商品，是企业重要的无形资产。与商标类似的标记权还包括服务标记、地理标记等。

其中专利和商标在工商业中最为普遍适用，故二者又合称工业产权。这是一种传统分类。其实著作权本身也具有很大的商业价值。

我国有关知识产权的法律主要有《著作权法》《专利法》和《商标法》等，国务院还制定了配套的实施条例或细则。

另外，我国还加入了有关知识产权保护的主要国际公约，包括《保护工业产权巴黎公约》《伯尔尼保护文学和艺术作品公约》《世界版权公约》《保护音像制作者防止非法复制公约》《国际专利合作公约》《商标国际注册马德里协定》《商品和服务国际分类尼斯协定》等。

二、知识产权客体的特点

通过分析知识产权的客体"智力活动成果"与"一般的物"的区别可以理解知识产权的基本特点。

物，一般而言指人以外存在于自然界的一切东西。但是，并非一切物均可成为物权的客体，一般认为法律意义上的物可以为人支配并满足人的生活需要，包括有体物与自然力，前者指占有一定空间并有实体存在的物，后者指人体可感觉到的产生于自然界的作用，如热、电等。为便于分析，以下将民法物权的客体称为"一般的物"。

1. 区别之一：一般的物具有独立性，因此具有完全的可支配性；智力活动成果具有可复制性，因此具有有限的可支配性

就物的本质而言，一般的物自产生时起即为社会存在物，具有独立性，即在人这一主体之外独立存在于社会中；而智力活动成果源于人的智力活动，故在产生时为个体存在物，即依附于创造主体而不能独立存在于社会中。

物的存在在于其社会意义，也因其社会存在而体现其存在和价值，因此智力活动成果如要存在于社会并在社会中流转，需在形式上进行转化。转化的方式有两种：一是通过声音等物质信号直接为他人知觉并感受和记忆；二是附着于物质载体之上，如磁带、纸张、光盘等，从而将无形的内容与有形的形式相结合。第二种方式更重要，因其可使智力活动成果在社会中独立存在。以第一种方式转化时，易为他人知觉并占有，一旦告之于人就不可收回；以第二种方式转化时，易通过物质载体的复制而占有。这两种方式均表明智力活动成果具有可复制性，与一般的物相比独立性不足。

一般的物具有独立性，因此物的所有人可以占有物并排除他人占有，从而对物有完全的支配。而智力活动成果的独立性不足，其可复制性决定了无法排除他人的占有，因此智力活动成果的可支配性是有限的。

2. 区别之二：一般的物具有可收益性，而智力活动成果具有无收益性

物的价值体现在使用和流转中。一般的物由一个主体占有即可排除其他主体占有，因此一般的物可正常进入流转过程，其主体可基于对其完全支配获得相应收益，物的市场价值可得以实现，此谓其可收益性。而智力活动成果无法被人完全支配，更不要说可使之进入流转过程获得相应收益了，这就是无收益性。

三、知识产权的基本特点

知识产权是权利的一种，即主体对于作为客体的智力活动成果所享有的权利。权利是通过法律所确定的特定人实现其特定利益的能力。[①]而在通过法律确定不同主体的不同权利时，必须根据客体的特点，从而保障主体基本利益的实现。通过分析权利客体的特点来考察不同权利确定的目的和过程可以发现不同权利的基本特点。

1. 知识产权具有垄断性

智力活动成果的无收益性并不意味着其没有价值。恰恰相反，其潜在价值的体现较之一般的物对社会经济发展的作用更大。因为：第一，智力活动成果具有可复制性，为多个主体的同时使用提供了可能，例如专利可同时许可给多人使用，从而更能创造社会性效益；第二，智力活动成果具有可发展性，可不断以自身为基础进行更新；第三，智

---

① 董世芳. 民法概要[M]. 台北：三民书局，1978：7.

力活动成果与其他生产要素相结合会产生巨大的能量，是生产力发展的催化剂。

但是，由于智力活动成果本身的可支配性有限，故不像一般的物可直接进入流转过程并迅速实现其价值。由于智力活动成果具有可复制性，而可复制成本相对成果本身的开发创造成本来说微不足道，即在经济学上边际成本为零，因此生产与消费的最优化条件得不到满足，市场流转过程存在着障碍，市场经济条件下资源配置的最优化效果无法达到。不仅会导致创造者的收益严重受损，从而创造的积极性降低或不愿使其成果进入市场流转，而且也会使智力活动成果的社会效益不能实现。因此在法律上需对其确定能得到充分保护的权利。

在权利的确定上，由于客体特点不同，民法物权与知识产权体现出不同的特点。民法物权实质上是对占有事实的法律上的认定。由于物的所有人依据对物的完全支配即可对物进行占有、使用、收益和处分，因而民法物权的内容只是对占有事实的重复和确认而已，是为法律救济提供前提，无须再另外设定权利，否则便影响公平并阻碍流转。总之，民法物权具有确认性，即对事实进行认定而未再增设权利。因此，民法物权的特点与其客体的特点相统一，基于其客体的最本质特点——完全的可支配性而体现为独占性或排他性。

鉴于智力活动成果的有限可支配性，法律需增设权利以弥补其占有上的缺陷，强化其独立性，即通过增补权利的实质内容来增强其可支配性。这里产生了一个问题，即是否可将一般物权的内容适用到智力活动成果上，从而使所有人的占有达到与对一般的物一样的完全支配效果？结论是达不到。一般的物的占有效果是以物的特性为前提的。因为智力活动成果不具有一般的物的特点，所以即使在法律上作了这样的权利规定，实质上却达不到这样的效果。民法物权是一物一权，不排除他人对相同或相似物的占有，因为一般的物具有独立性，因此另一主体占有另一相同或相似物本身即表明其物的取得和占有并未侵犯物的占有人的权益。一般的物的发现、创造、对价取得等合法方式即可证明权利的合法性，而对于智力活动成果，设定民法物权的内容则形同虚设，因为：第一，智力活动成果本身的可复制性导致了非法占有人证明合法方式的便利，因此合法方式并不能证明权利的合法性；第二，即使是创造者本人，由于智力活动成果产生时的个体存在物性质及其可复制性，难以在社会中表明自己的权利和身份，更难以行使自己的权利；第三，善意第三人也容易成为对抗的有力抗辩理由。

为促进智力活动成果的社会效益的实现，法律对于智力活动成果必须规定超过一般民法物权的权利内容。首先要规定法定程序来确定权利主体，使权利人对智力活动成果的占有达到"一物一权"的占有效果；其次，权利主体在确定后可排除其他人对与自己权利客体相同或相似的智力活动成果的占有，从而消除了智力活动成果的可复制性所带来的种种障碍。民法物权承认因占有而取得合法权利，而知识产权则是确定权利后即推定他人对相同或相似客体的占有不合法。因此知识产权的排他性远远超过了民法物权的排他性，可称之为"垄断性"。

2. 知识产权具有受限制性

给知识产权规定以垄断性权利内容的目的，在于克服权利认定的困难并使权利人借助法律在实质上达到对客体的完全支配。但这种垄断性的权利对权利人来讲是权利的

"外溢",即超出了其本应享有的权利,这意味着对他人的不公平,如:

(1) 成果虽然相同或相似,但确实为自己独立创造,却因为法定权利人的垄断而不能享有权利。

(2) 先于权利人创造了智力活动成果,但因在法定程序上未先行一步而丧失本应享有的权利,如注册商标的申请在先原则。

(3) 对善意第三人不能充分保护。

(4) 权利人利用其垄断性权利阻碍科技进步,或者通过限制竞争谋取不正当利益。

但是,有时为了社会利益不得不牺牲少数人利益,另外再想其他办法给予补救。补救一方面体现在对这种垄断性权利进行限制,尽量将对他人的侵害减至最低程度或禁止滥用垄断性权利;另一方面体现在通过限制性规定来扩大社会效益,加快社会进步。这些限制性规定主要表现为以下几点:

(1) 促进智力成果进入公众领域,如知识产权的法定时间性。

(2) 促使发挥社会效益,如合理使用和强制许可制度。

(3) 通过程序上的严格规定尽量维护在先创造者的申请权利,如优先权异议、宣告无效、发明在先及使用在先等规定。

(4) 给予因程序原因未获得法定权利的创造者以一定范围的保护,如专利制度中先用权的规定。

(5) 维护公平竞争,即竞争法对权利人滥用垄断性权利等限制竞争行为的管制。

(6) 维护社会公益,如专利法规定对于涉及社会重大利益的若干智力活动成果禁止给予专利权。

(7) 促进科研,如允许为科研目的使用专利,再如著作权中的合理使用。

总之,知识产权一方面具有垄断性,另一方面又具有受限制性。垄断性与受限制性之间的平衡是知识产权的基本特点。知识产权的这一基本特点取决于其客体的特点,体现了知识财产的双重属性,即社会公有属性和个人创造属性。

第二节 著 作 权

一、著作权与版权

著作权与版权在当代是两个可以替代使用的词语。我国《著作权法》规定:"本法所称的著作权即版权。"但追溯两个词语的起源,却有不同的含义,反映了早期著作权立法的不同重心。对之进行考察有助于理解著作权制度演变至今日之形态的过程。

1. 版权的起源

版权,英文为 copyright,本义为有关"复制"的权利,源于英国。15 世纪时,印刷术进入了英国,书籍的出版和销售获利不菲。出版业当时受到严格管制,英王下令组建由出版商组成的出版商公司。版权意味着给予出版商公司某一成员以复制或印刷某一作品的权利。这时的出版业是政府垄断和控制的，要出版作品必须获得版权，获得版权意味着获得盈利的机会，而政府通过版权的控制也获利甚多。值得注意的是，那时版权是给予出版商的，作者没有版权，而且版权没有终止期限。

给予出版商的权利具有垄断性质，不免有被滥用的危险。因此要求解除垄断、放松对出版业的管制的呼声一直不断，对作者权利的忽视也受到了批评。1709年出台的《安娜女王法》最终回应了上述的批评和要求。这部法律通过限定版权保护的时间来限制版权的垄断性，规定版权保护的期限最长不超过28年。而且出版商公司对版权的垄断也被打破，作者以及受许可的任何人都可拥有版权。作者的权利得到了尊重。[①]

在《安娜女王法》之前，版权是出版商享有的永久垄断权。而从18世纪开始，版权不仅开始为作者享有，而且版权的垄断性也有了时间的限制。"复制"是就作品获利的最重要的财产权利，以英国为代表的版权立法体系，从保护复制权开始，以重视复制权等财产权为立法重心。

2. 著作权的起源

在18世纪中期之前的法国，有关复制的权利为书籍出版行业公会所控制。但王室也想从版权控制中盈利，于是行业公会与王室之间就版权的控制发生了争夺。行业公会雇用了一学者撰写论文来为行业公会的权利辩护，辩护是哲学式的，从主张作者的权利出发来反对王室对版权的控制。该学者认为：思想是财产的最高形式，因为它与创作者本人密切相关。"如果人类思维的作品、自己的思想等这些永不腐朽、并且使作者名垂千古的、对人来说最宝贵的东西都不能属于创作者本人的话，还有什么属于他？"[②]

上述观点以保护"作者的权利"为核心，以哲学思辨为论证基础，在18世纪后期逐渐成为最有影响力的观点。阐述作者的权利本来是行业公会用以对抗王室的论点，但受此影响出台的法律对作者权利的重视却出乎行业公会的预期。1793年，法国颁布了《作者权法》，规定对作者的版权保护是其一生加上死后14年。之后，对作者的权利保护还延伸到人身权利（moral right）。

法国以作者的权利为核心来构筑有关作品的权利保护体系。作者的权利不仅包括复制权（版权）等经济权利，还包括人身权利。法文中作者的权利为 droit d'auteur，即英文的 author rights。日文为"著作权"，我国引入的是日文翻译。

虽然早期有关作品保护的立法重心不同，但演变到现代，无论是源自英国的版权一词，还是源自法国的著作权一词，都包括了作者的人身权利和财产权利，含义已经趋同，因此可以换用。

二、著作权保护的智力成果：作品

著作权法中所称的作品，指文学、艺术或科学领域内具有独创性并能以某种有形形式复制的智力成果。

---

① Carla Hesse. Publishing and Cultural Politics in Revolutionary Paris(1789—1810)[M]. Berkeley：University of California Press，1991：101.

② Lyman Ray Patterson. Copyright in Historical Perspective[M]. Nashville：Vanderbilt University Press，1968.

1. 作品的种类

《著作权法》规定作品主要包括下列形式：文字作品；口述作品；音乐、戏剧、曲艺、舞蹈、杂技艺术作品；美术、建筑作品；摄影作品；电影作品和以类似摄制电影的方法创作的作品；图形作品和模型作品，如工程设计图、产品设计图、地图、示意图等；计算机软件；法律、行政法规规定的其他作品。

《著作权法》还强调民间艺术作品应受到保护，由国务院另行规定保护办法。

例释 TOEFL试题是受著作权法保护的作品？法院认为：TOEFL试题由ETS主持开发设计，就设计、创作过程来看，每一道考题均需多人经历多个步骤并且付出创造性劳动才能完成，具有原创性，属于我国著作权法意义上的作品，应受我国法律保护。由此汇编而成的整套试题也应受到我国法律保护。[1]

2. 作品受保护的条件

作品泛指创作出来的智力成果。不是所有的作品都可以得到著作权法的保护，一般来说，受著作权法保护的作品应符合下列条件：

（1）要具有一定的原创性（originality），即作品是智力活动的创作成果。著作权的原创性并不要求在观点、思想上有所创新，即并无对学术价值、文学价值或科学上进步性的衡量，只要在表述形式上是作者独立创作的，有新颖性，即满足原创性的要求。因此，著作权保护的不是思想，而是思想的表达方式。

例释 临摹别人的书法或画作而完成的作品是否受法律保护？一般认为，精确临摹的作品，如果不能反映作者的原创性贡献，则作者对其不享有著作权。

（2）作品要能够表达出来，并可附于有形载体上。如果作品只是完成于大脑中，还没有表达出来，则不受保护。作品的表达是为他人所感知，可以是口头的，也可以是书面的；可以是平面的，如绘画，也可以是立体的，如建筑；可以是静止的，如摄影，也可以是动感的，如影视。作品只有附于有形的载体上，如纸张、布匹、录音带、录像带、碟片、软盘、计算机等，才可以复制和传播，这被称为作品的"可复制性"。当作品被表达出来时，经常已经被附着于有形的载体上，表达和附载往往是同步完成的。但是，作品的表达和附载也有脱节的时候，例如口头的表达并不一定有附载的形式。法律对作品附载于有形载体上只要求具备可能性即可，并不要求一定附载于有形载体上才开始保护。由此，"口述作品"也为著作权法所保护。但为方便保存、利用和证明考虑，作品还是及时附着于有形载体上为好。

（3）作品具有一定的完整性。完整性并非要求作品必须达到一定长度，而应该是对某个或某些想法的独特性的表达要完整。由此，只言片语不受著作权法保护。

3. 不受保护的作品

主要指具有公共信息性质的作品，应为公众享有，不适用《著作权法》，包括法律、法规，国家机关的决议、决定、命令和其他具有立法、行政、司法性质的文件及其官方正式译文；时事新闻；历法、通用数表、通用表格和公式。

---

[1] 北京市高级人民法院（2003）高民终字第1393号民事判决书。

另外，法律对著作权人行使权利的合法性有要求，即著作权人行使著作权，不得违反宪法和法律，不得损害公共利益。国家对作品的出版、传播依法进行监督管理。

专题案例 7-1 "五朵金花"案

事实

《五朵金花》是一部电影，公映于 1959 年，描写了一段发生在云南大理的动人的爱情故事。放映后引起轰动，至今已是家喻户晓的影片。

1974 年，云南曲靖卷烟厂开始生产"五朵金花"牌香烟，并于 1983 年对"五朵金花"商标进行了注册，一直使用至今。

2001 年 2 月，《五朵金花》电影剧本的两位作者赵继康与王公浦提起诉讼，状告曲靖卷烟厂侵犯著作权。

判决

法院认为《五朵金花》剧本是一部完整的作品，受《著作权法》保护。而"五朵金花"四个字是剧本的名称，只是剧本的一部分，而且不能囊括作品的独创部分，因此不是法律意义上的作品，不受《著作权法》保护。

解释

作品受《著作权法》保护的首要条件是要有"独创性"，并非思想或观点的独特，而是表达方式的独特。"金花"一词在云南大理一带常被用来指称白族妇女，"五朵金花"即五个白族妇女之意，法院认为不属某个特定人的思想的独特表现，不能视为"作品"。另外，作为剧本这个作品的一部分，该名字也没有反映作品的实质部分，因此不受保护。

思考

知名作品的名称即使本身不具有独创性，但其广为人知毕竟是得力于作品的影响力，也是因为作者的创作所致。如进行商业使用，可为使用者带来收益。作者之外的人使用而不给作者任何补偿，显然是在"搭便车"，因而导致作者的收益受到折损。由此，有观点认为《著作权法》对知名作品的名称应给予保护。你对此观点是否赞同？

（编写参考：云南省高级人民法院（2003）云高民三终字第 16 号判决书）

三、著作权的主体

著作权的主体是指享有著作权的"人"，这里的"人"既包括自然人，也包括法人等组织。著作权可以由创作者所享有，作者是原始的著作权主体；作者之外的人可以依据合同或法律享有著作权，是派生的著作权主体。

1. 作者

作者为作品的创作者。作者因创作作品自然而然应享有著作权，是最初的著作权享有者，故称为原始主体。

创作活动是智力活动，因此实际上在创作作品的人都是自然人。但法律意义上的"作者"却包括自然人、法人组织以及非法人组织等。公民可以独立地、不受他人支配地来进行作品创作，这样的作者当然为法律所承认。还有一种情况是社会上有大量的法人或非法人组织以独立的名义进行民事活动。如果作品的创作是由法人或非法人单位来组织进行，这些单位有可能成为作品法律意义上的"作者"。《著作权法》规定："由法人或者其他组织主持，代表法人或者其他组织意志创作，并由法人或者其他组织承担责任的作品，法人或者其他组织视为作者。如无相反证明，在作品上署名的公民、法人或者其他组织为作者。"

2. 派生的著作权主体

派生的著作权主体并非作品的作者，其著作权的获得是基于原始著作权主体的著作权，故为派生。

派生的著作权可依据合同产生，例如与作者达成协议，经作者转让或许可而获得部分著作权，也可是依据法律获得，最为常见的一种情况是继承。

四、著作权的内容

著作权是作者以及其他著作权人所享有的对作品的权利，包括人身权和财产权两方面。

1. 人身权

人身权也称精神权。该权利不具有财产性质，反映的是对作者的身份和创作活动的尊重。因此对人身权的保护除了发表权外，没有时间限制，具永久性。作者死后，如果有继承人，继承人可以保护该人身权利；如无继承人，可由相应的国家机构保护。该权利既然是与作者的人身密切相关，故不可与作者身份相分离。

著作权中的人身权包括以下四类：

（1）发表权，即决定作品是否公之于众的权利。

（2）署名权，即表明作者身份，在作品上署名的权利。

（3）修改权，即修改或者授权他人修改作品的权利。

（4）保护作品完整权，即保护作品不受歪曲、篡改的权利。

例释 某新闻社在其出版的刊物封面上使用林先生的摄影作品时，在作品画面中配印与作品主题相反的图案和文字，歪曲林先生作品的内容，并且未给作者署名。该行为侵犯了林先生对其作品的署名权和保护作品完整权。

2. 财产权

财产权指其行使可带来经济收益的权利，故又称经济权利。对财产权的保护可以保障作者的财产收益，有利于刺激作者进行创作活动，从而繁荣文学、艺术、科学等领域的创作，推进社会进步。

根据作者使用作品形式的不同，财产权包括复制权、发行权、出租权、展览权、表演权、放映权、广播权、信息网络传播权、摄制权、改编权、翻译权、汇编权以及由著作权人享有的其他权利。

对于上述财产权,著作权人可以自己行使,可以许可他人行使,也可将上述财产权利部分或全部转让给他人。

3. 有关作品著作权归属的特别规定

(1) 合作作品。由两人以上合作创作的作品,其著作权由合作作者共同享有。没有参加创作的人,不能成为合作作者。合作作品可以分割使用的,作者对各自创作的部分可单独享有著作权,但行使著作权时不得侵犯合作作品整体的著作权。

(2) 汇编作品。汇编作品指汇编若干作品、作品的片段、不构成作品的数据或者其他材料,对其内容的选择或者编排体现独创性的作品,其著作权由汇编人享有,但行使著作权时,不得侵犯原作品的著作权。

(3) 电影作品和以类似摄制电影的方法创作的作品。著作权由制片者享有,但编剧、导演、摄影、作词、作曲等作者享有署名权,并有权按照与制片者签订的合同获得报酬。作品中的剧本、音乐等可以单独使用之作品的作者有权单独行使其著作权。

(4) 职务作品。公民为完成法人或者其他组织(以下简称"单位")工作任务所创作的作品。著作权归属要分不同情况确定。如果作品主要是利用单位的物质技术条件创作并由单位承担责任的工程设计图、产品设计图、地图、计算机软件等职务作品,或者,法律法规规定或者合同约定著作权由单位享有的,作者只享有署名权,著作权的其他权利由单位享有,单位可以给予作者奖励。如果没有上述情形,则著作权由作者享有,但单位有权在其业务范围内优先使用。而且,作品完成两年内,未经单位同意,作者不得许可第三人以与单位使用的相同方式使用该作品。

(5) 受委托创作的作品。著作权的归属由委托人和受托人通过合同约定。合同未作明确约定或者没有订立合同的,著作权属于受托人。

(6) 美术等作品。其原件所有权的转移,不视为作品著作权的转移,但美术作品原件的展览权由原件所有人享有。

例释 书法家关东升应道琼斯公司总裁之请,题写了一个"道"字。后来道琼斯公司将之用作商业标识。法院认定道琼斯公司侵犯了关先生的著作权,因为"道琼斯公司虽然受赠获得该作品的原件,但并未获得该作品的著作权,道琼斯公司可以以展览作品原件的方式使用该作品,但不能据此认为原告已许可其将该作品作为商业标识使用"[①]。

4. 著作权的取得与登记

在我国,著作权可自动取得,即著作权自作品创作完成之日起产生,不需办理任何手续。这一做法也为世界上大多数国家所采用。只有少数国家要求作品创作完成后必须经登记注册方可获得著作权,称为注册取得。相比之下,专利权和注册商标权的取得必须经申请和审查方可获得。

我国法律也规定了作品的注册登记,其并非著作权产生的必要条件,而是自愿的。作品经登记后可获得登记证书,将来在诉讼中可作为证据使用。[②]但是,登记并非最终

---

① 北京市第一中级人民法院(2003)一中民初字第 2944 号判决书。
② 《最高人民法院关于审理著作权民事纠纷案件适用法律若干问题的解释》第 7 条。

的证据,只是初步的证据,可使举证负担转移到对方。如果对方能够举出充分证据证明著作权的归属不当,仍可推翻登记证书的证据效力。

5. 著作权的保护期

作者的人身权中,署名权、修改权和保护作品完整权的保护期不受限制。

作者的人身权中的发表权以及作者的财产权的保护期有一定时间限制。如果是公民的作品,保护期为作者终生及其死亡后50年。

单位的作品、著作权(署名权除外)由单位享有的职务作品、电影作品和以类似摄制电影的方法创作的作品、摄影作品,其发表权以及各项财产权利的保护期为50年,截止于作品首次发表后第50年的12月31日,但作品自创作完成后50年内未发表的,法律不再保护。

五、邻接权

1. 什么是邻接权

邻接权(neighboring right)对应的是作品的传播。传播可以是单纯的复制,例如对书籍不加任何编排的出版。但在传播过程中,传播者也有可能对原来的作品进行了再创作,对作品的表现有了独创性的发挥,例如对出版的书籍进行了有独创性的编排。再如,表演是又一重要传播途径,表演者对已有的作品通过演奏、歌唱、朗诵、舞蹈等形式进行表演。表演虽然是基于原来的作品,但又有表演者的发挥。这些具有独特性的编排或发挥与原来的作品相关联,对其进行保护的权利称为邻接权。

现代传播技术的出现使得大规模的传播成为可能,主要是录音、录像技术的发展以及电视、广播电台、网络等传媒的发展。在视听作品的制作过程中,制作者也付出了一定的劳动,为作品的完成增加了创造性的成分,他们应该相应享有邻接权。

综上所述,邻接权是指在作品的传播过程中,传播者基于对所传播的作品有一定的原创性贡献而相应享受的权利,主要包括四个方面:出版者对出版物的独特编排(如版式设计)所享有的权利;表演者对其表演所享有的权利;录音录像制作者对其制作的音像制品所享有的权利;以及电视、广播电台等对其制作的节目所享有的权利。

2. 邻接权的内容

邻接权人所享有的权利内容与著作权相似,也有人身权和财产权两部分。未经权利人的许可,不可使用邻接权人的作品。

但是,邻接权的保护期与著作权不同。出版者对其版式设计的权利保护期为10年,自首次出版时起算。其他邻接权人的权利保护期为50年,自首次表演、音像作品首次制作完成或者节目首次播放时起算。表演者具有人身性质的权利,包括表明表演者身份和保护表演形象不受歪曲,其保护期不受限制。

六、对著作权的合理使用限制

著作权是具有垄断性的权利,权利人可以经由这种专有权利获利。与此同时,也要看到作品有其社会公益属性,即作品的传播和交流有利于促进社会进步。对垄断权的限制即为体现作品的社会属性。上一部分所述的保护期是时间方面的限制,本部分介绍另一重要限制——合理使用。

1. 什么是合理使用

合理使用是指法律规定某些情况下使用作品可以不经著作权人同意,也不需支付报酬。对合理使用范围的确定有两种方式:一是原则性的界定,即规定其含义或判断是否为合理使用的标准;另一种方式是列举属合理使用的情形。

《保护文学艺术作品伯尔尼公约》第9条规定:"本同盟成员国法律得允许在某些特殊情况下复制上述有关作品,只要这种复制不损害作品的正常使用也不致无故损害作者的合法利益。"WTO的TRIPS第13条也有类似规定。上述规定,形成了分析合理使用的"三步检验法":

首先,只限于特殊或特别情况。合理使用是对著作权的限制,在立法中属于例外性规定,并且范围是有限和确定的。

其次,不损害作品的正常使用。即不能影响著作权人权利的正常行使。

最后,不得无故损害作者的合法利益。TRIPS的用语是"不至于给权利人的合法利益造成不合理损害"。合理使用既然是对著作权的限制,很难做到一点损害都没有,但损害不能是不合理的(not unreasonable)。

2. 我国有关合理使用的规定

我国采用列举式,规定了12种属合理使用的情况,包括:

(1) 为个人学习、研究或者欣赏的使用,仅限于已发表的作品。

(2) 适当引用,仅限于他人已发表的作品。

(3) 媒体为报道时事新闻的使用,仅限于已发表的作品。

(4) 媒体刊登或者播放其他媒体已经发表的时事性文章,但作者声明不许刊登、播放的除外。

(5) 媒体刊登或者播放在公众集会上发表的讲话,但作者声明不许刊登、播放的除外。

(6) 为学校课堂教学或者科学研究,翻译或者少量复制已经发表的作品,供教学或者科研人员使用,但不得出版发行。

(7) 国家机关为执行公务在合理范围内使用已经发表的作品。

(8) 图书馆、档案馆、纪念馆、博物馆、美术馆等为陈列或者保存版本的需要,复制本馆收藏的作品。

(9) 免费表演已经发表的作品,该表演未向公众收取费用,也未向表演者支付报酬。

(10) 对设置或者陈列在室外公共场所的艺术作品进行临摹、绘画、摄影、录像。

(11) 将中国公民、法人或者其他组织已经发表的以汉语言文字创作的作品翻译成少数民族语言文字的作品在国内出版发行。

(12) 将已经发表的作品改成盲文出版。

即使是合理使用,也应指明作者姓名、作品名称,并且不得侵犯著作权人享有的其他权利。

可以看出，上面所列举的合理使用情形基本上是出于社会公益考虑，不具商业性质，或为促进学习研究，或为促进作品的传播和交流，或为促进有价值作品的保存等，使用范围有限，不会对著作权人的利益造成实质损害，从而在保护著作权人的个人利益与促进社会公益方面达到平衡。

例释 北京电影学院未经权利人许可，将一部小说改编摄制成电影，并组团携该影片参加国际学生电影节。学院辩称：摄制该影片属学生毕业作业，只作教学观摩，参加电影节也只放了一次，属合理使用。法院认为：如果仅限于在学院内进行教学观摩和教学评定，属合理使用。但在电影节放映，"使之进入公知领域，超出了为本校课堂教学而使用的范围，不属于著作权法规定的合理使用"，因此构成侵权。[①]

第三节 专　利

一、专利制度的起源与发展

1474年，威尼斯颁布了世界上最早的一部专利法。该法的保护范围非常有限，仅限于机械装置。其规定虽然非常简单，却已具备现代专利制度的基本框架。第一，该法要求获得专利的机械装置必须新颖和实用；第二，该法规定专利必须登记后方可获得；第三，获得专利后，享有专有权，他人如有侵权行为，要进行损害赔偿，并且侵权产品要被销毁；第四，专利权有时间限制，为10年。[②]

由此可见，专利制度出现伊始就着重于平衡发明人的个人利益与社会利益，一方面规定垄断性的专利权来促进技术发明，另一方面通过限制垄断权利来维护公共利益。这一立法精神一直到现代仍是专利制度设计的基础。

英国1623年颁布的《垄断法》被认为是现代专利制度的蓝本。其实，在立法精神上，该法与威尼斯的法律并无二致，只是在具体规定上更加完整和清晰。该法规定专利是一种合法的垄断权，但只有14年的保护期，而且不得违反国家其他法律，不得抬高物价或损害贸易。[③]

之后，欧美其他国家相继出台了专利法，虽然具体内容有所出入，但基本立法框架相似，反映在以下方面：一是赋予专利权的对象是发明创造，要求有新颖性、实用性和创造性，既要先进，还要有工业应用价值；二是专利权的获得必须经申请和审查批准；三是专利权是垄断性的专有权利，发明人虽可获得专利权，但技术资料要向社会公开，保护时间也有限；四是基于公共利益或防止垄断权力滥用可以实施强制许可。

二、专利权保护的智力成果：发明创造

专利立法的目的是鼓励发明创造，促进发明创造的推广应用，进而促进科技的进步和创新。

---

① 北京市第一中级人民法院[1995]一中知终字第19号判决书.
② 唐昭红. 解读专利制度的缘起[J]. 科技与法律，2004（1）：62.
③ Five Hundred Years of Patents. http://www.patent.gov.uk/patent/history/fivehundred/index.htm.

1. 发明创造的种类

《专利法》所指的发明创造包括三类：发明、实用新型和外观设计。

（1）发明。指对产品、方法或者其改进所提出的新的技术方案。由此，发明可分为产品发明和方法发明。在原有发明的基础上进行的改进也属发明，可获得专利。

（2）实用新型。指对产品的形状、构造或者其结合所提出的适于实用的新的技术方案。相比发明，其创造性要弱，但实用性强，因此又称小发明。授予实用新型专利的条件相比发明宽松，保护期短。实用新型只适用于产品，不适用于方法。

（3）外观设计。指对产品的整体或者局部的形状、图案或者其结合以及色彩与形状、图案的结合所作出的富有美感并适于工业应用的新设计。外观设计在技术改进上最弱，甚至没有，其重点在于对产品外形或外观做出改进。不少国家，如法国、德国、日本等并不在专利法中规定外观设计，而是单独立法进行保护。我国在《专利法》中进行了规定，但有关规定与发明和实用新型有所不同。

2. 授予专利权的条件

发明和实用新型要获得专利权，应当具备新颖性、创造性和实用性。

（1）新颖性。指不属于现有技术，即不属于申请日以前在国内外为公众所知的技术；也没有任何单位或者个人就同样的发明或者实用新型在申请日以前向国务院专利行政部门提出过申请，并记载在申请日以后公布的专利申请文件或者公告的专利文件中。"为公众所知"，指在出版物上公开发表过、公开使用过或者以其他方式为公众所知。

由此可见，一旦发明和实用新型或其相关技术资料被公开，则丧失新颖性，不可获得专利。但是，发明和实用新型的公开有时是服务于国家需要或为了进行学术交流，也有可能是因为他人的过失导致，因此法律规定了在以下四种情况下，虽然发明和实用新型公开，但如果在6个月内申请专利，则不视为丧失新颖性：

① 在国家出现紧急状态或者非常情况时，为公共利益目的首次公开的。

② 在中国政府主办或者承认的国际展览会上首次展出的。

③ 在规定的学术会议或者技术会议上首次发表的。

④ 他人未经申请人同意而泄露其内容的。

（2）创造性。指同申请日以前已有技术相比，该发明有突出的实质性特点和显著的进步，该实用新型有实质性特点和进步。

（3）实用性。指该发明或者实用新型能够制造或者使用，并且能够产生积极效果。

外观设计要获得专利权，需满足三个条件：一是新颖性，指不属于现有设计，即不属于申请日以前在国内外为公众所知的设计；也没有任何单位或者个人就同样的外观设计在申请日以前向国务院专利行政部门提出过申请，并记载在申请日以后公告的专利文件中；二是创新性或独特性，指现有设计或者现有设计特征的组合相比，应当具有明显区别；三是不得与他人在先取得的合法权利相冲突。依最高法院的解释，在先取得的合法权利是指商标权、著作权、企业名称权、肖像权、知名商品特有包装或者装潢使用权等。

3. 不授予专利权的情形

以下情形不授予专利权：

（1）科学发现。科学发现对于科学研究非常重要，不宜为某一个人垄断，并且不具有直接的工业应用性，故排除在专利之外。一般各国对重大的科学发现有奖励制度，发现人对有关科学发现的作品享有著作权。

（2）智力活动的规则和方法。是指导人类思维活动的规则和方法，并不直接作用于人周围的环境，而是通过人的思维活动和具体行为来间接发挥作用，如教学方法、统计方法、计算方法、各种表格、游戏规则、图书分类规则等。因不具有技术的特征，故不授予专利权。

（3）疾病的诊断和治疗方法。因关涉公众健康，应及时推广普及，故不授予专利。

（4）动物和植物品种。关于动植物品种是否可获得专利，争议很大。反对的观点认为动植物品种的培育过程中，自然作用为主，人力影响不是关键，因此不应授予专利。近年来，随着生物技术的发展，利用基因技术，人为制造的动植物品种开始出现。因此有要求给予动植物品种以专利的呼声。各国这方面的规定并不一致。我国不授予动植物品种本身以专利，但其生产方法可获得专利。对植物新品种，可依《植物新品种保护条例》申请品种权，保护期依植物类别不同为15年或20年。

（5）原子核变换方法以及用原子核变换方法获得的物质。因关涉国家利益，故不授予专利。

（6）对平面印刷品的图案、色彩或者二者的结合做出的主要起标识作用的设计。上述标识性涉及创新性或独特性不足，故不授予专利。

（7）对违反国家法律、社会公德或者妨害公共利益的发明创造，不授予专利权。

（8）对违反法律、行政法规的规定获取或者利用遗传资源，并依赖该遗传资源完成的发明创造，不授予专利权。此规定是针对"生物剽窃"现象，常见为发达国家有资金和研发实力的公司利用发展中国家的生物资源进行药品、食品等发明创造的开发，继而申请专利独享经济利益，这对生物遗传资源国不公平。依此规定，无法律依据而擅自利用我国生物资源开发出来的创造发明等，不授予专利。

三、专利权的主体

1. 发明人和设计人

发明人或设计人是指对发明创造的实质性特点做出创造性贡献的人。"创造性贡献"是强调的重点。如果在发明创造中只是进行一些辅助性工作，如只负责组织工作的人、为物质技术条件的利用提供方便的人或者从事其他辅助工作的人，不是发明人或设计人。发明人相对于发明或实用新型而言，设计人是相对于外观设计。

如果发明人或设计人自行发明或设计，申请专利的权利归发明人或设计人。专利获得后，该发明人或设计人为专利权人。

2. 职务发明创造

职务发明创造指执行本单位的任务或者主要是利用本单位的物质技术条件所完成的发明创造。其中"执行本单位的任务所完成的发明创造"指：一是在本职工作中做出的发明创造；二是履行本单位交付的本职工作之外的任务所做出的发明创造；三是退休、调离原单位后或者劳动、人事关系终止后1年内做出的，与其在原单位承担的本职工作或者原单位分配的任务有关的发明创造。"物质技术条件"指资金、设备、零部件、原材料或者不对外公开的技术资料等。

对职务发明创造，申请专利的权利属于单位，申请被批准后，该单位为专利权人。

利用本单位的物质技术条件所完成的发明创造，单位与发明人或者设计人订有合同，对申请专利的权利和专利权的归属做出约定的，从其约定。

如单位获得专利权，发明人或设计人可享有三项法律规定的权利：一是署名权，即有权在专利文件中写明自己是发明人或者设计人；二是获奖励权，即要求单位给予奖励的权利。该奖励由双方约定或由单位规章制度规定，但一项发明专利的奖金最低不少于3 000元，一项实用新型专利或者外观设计专利的奖金最低不少于1 000元；三是获报酬权，即在发明创造专利实施后，根据其推广应用的范围和取得的经济效益，可获得合理的报酬。①

例释 烤鸡厂与该厂技师唐某就烤鸡制作方法之专利申请权发生纠纷。法院认为：制作方法是唐某在家传秘方的基础上加以完善的一项技术。正是由于唐某有此技术，烤鸡厂才聘请被告传授烤鸡技术。唐某在到该厂之前，已经完成了烤鸡制作方法这一发明创造。因此该方法非职务发明创造，专利申请权归唐某个人。②

3. 合作完成的发明创造

两个以上单位或者个人合作完成的发明创造，如果双方有协议，从其约定；如果无协议，申请专利的权利属于完成或者共同完成的单位或者个人；申请被批准后，申请的单位或者个人为专利权人。

4. 受委托完成的发明创造

一个单位或者个人接受其他单位或者个人委托所完成的发明创造，如果没有协议约定，申请专利的权利属于完成或者共同完成的单位或者个人；申请被批准后，申请的单位或者个人为专利权人。

四、专利权的取得程序

与著作权不同，专利权的获得需经法定程序。在三项主要的知识产权中，专利权的垄断性最强，相应地，有关专利权取得的规定也最为严格。

1. 先申请原则

先申请原则是指：当两个以上的申请人分别就同样的发明创造申请专利时，专利权授予最先申请的人。我国《专利法》采用这一原则，世界上大多数国家也采此原则。

与先申请原则相对的是先发明原则，即先发明者获得专利权。采用的国家很少，2013

---

① 《专利法实施细则》规定：该报酬数额或计算方式由双方约定或依据单位之规定。如无约定或规定，在专利权有效期限内，实施发明创造专利后，每年应当从实施该项发明或者实用新型专利的营业利润中提取不低于2%或者从实施该项外观设计专利的营业利润中提取不低于0.2%，作为报酬给予发明人或者设计人，或者参照上述比例，给予发明人或者设计人一次性报酬；被授予专利权的单位许可其他单位或者个人实施其专利的，应当从收取的使用费中提取不低于10%，作为报酬给予发明人或者设计人。

② 北京市高级人民法院. 平谷宫廷风味烤鸡厂诉唐国兴确认专利申请权纠纷案. 最高人民法院公报. 1993（2）.

年前，美国曾经长期是采用此原则的典型代表。

专利的审查过程非常烦琐，如果适用先发明原则，对先发明者的鉴别将增加专利审查的复杂程度。先申请原则可以简化审查手续，降低操作成本。

2. 优先权

专利权具有地域性，即在一个国家申请的专利只在该国范围内有效，在不同国家申请专利要分别依据各国家的法律进行。如果在 A 国先申请专利，之后再到 B 国申请专利，很有可能因为时间差而被 B 国认定丧失新颖性或创造性。由此，《保护工业产权巴黎公约》在第 3 条规定了优先权，即如果权利人在公约的某一成员国提出专利申请之后的一定期间内再到另一成员国就同一主题申请专利，首次申请的日期视为申请日。发明或实用新型的优先权期间是 12 个月，外观设计为 6 个月。

我国作为《巴黎公约》的成员国，在《专利法》中采纳了上述规定。另外，申请人自发明或者实用新型在中国第一次提出专利申请之日起 12 个月内，又向国务院专利行政部门就相同主题提出专利申请的，可以享有优先权；对于外观设计，规定了 6 个月。

3. 申请日的确定

国务院专利行政部门收到专利申请文件之日为申请递交日。如果申请文件是邮寄的，以寄出的邮戳日为申请递交日。邮戳日不清晰的，除当事人能够提出证明外，以国务院专利行政部门收到日为准。

4. 专利申请过程（一）：提交申请文件

申请发明或者实用新型专利的，应当提交请求书、说明书及其摘要和权利要求书等文件。

（1）请求书。请求书应当写明发明或者实用新型的名称，发明人的姓名，申请人姓名或者名称、地址，以及其他事项。

（2）说明书及其摘要。说明书应当对发明或者实用新型做出清楚、完整的说明，以所属技术领域的技术人员能够实现为准；必要的时候，应当有附图。摘要应当简要说明发明或者实用新型的技术要点。

（3）权利要求书。权利要求书应当以说明书为依据，清楚、简要地限定要求专利保护的范围。如被授予专利，权利要求书是确定专利权人权利范围的基础，因此在权利要求书的填写上应格外慎重。权利要求书应当说明发明或者实用新型的技术特征,清楚、简要地表述请求保护的范围。权利要求书应当有独立权利要求，也可以有从属权利要求。独立权利要求应当从整体上反映发明或者实用新型的技术方案,记载解决技术问题的必要技术特征。从属权利要求应当有附加的技术特征，对引用的权利要求作进一步限定。

另外，依赖遗传资源完成的发明创造，申请人应在申请文件中说明该遗传资源的直接来源和原始来源；申请人无法说明原始来源的，应当陈述理由。

专利材料的填写对于专利申请是否顺利以及专利能否取得至关重要。不仅涉及技术内容，也涉及法律问题。因此专利申请一般通过有专业资格的专利代理机构进行。

申请外观设计专利的，应当提交请求书、该外观设计的图片或者照片以及对该外观设计的简要说明等文件。

5. 专利申请过程（二）：专利申请的审查和批准

专利申请的审查分初步审查和实质审查两个阶段。对三类专利的技术进步性要求不同，相应的审查要求也不同。

（1）对实用新型和外观设计的审查。实用新型和外观设计只需进行初步审查。经初步审查没有发现驳回理由的，由专利行政部门做出授予专利权的决定，发给相应的专利证书，同时予以登记和公告。专利权自公告之日起生效。

（2）对发明的审查。对于发明，由于对其技术进步性要求最高，因此审查最为严格，要进行初步审查和实质审查两个阶段：

① 初步审查。专利行政部门收到发明专利申请后，经初步审查认为符合专利法要求的，自申请日起满 18 个月，即行公布。国务院专利行政部门可以根据申请人的请求早日公布其申请。

② 实质审查。发明专利申请自申请日起 3 年内，专利行政部门可以根据申请人随时提出的请求，对其申请进行实质审查；申请人无正当理由逾期不请求实质审查的，该申请即被视为撤回。专利行政部门认为必要时，可以自行对发明专利申请进行实质审查。

专利行政部门对发明专利申请进行实质审查后，如认为不符合法律规定的，应通知申请人，要求其在指定的期限内陈述意见，或者对其申请进行修改；无正当理由逾期不答复的，该申请即被视为撤回。发明专利申请经申请人陈述意见或者进行修改后，专利行政部门仍认为不符合专利法规定的，应当予以驳回。

经实质审查没有发现驳回理由的，专利行政部门应做出授予发明专利权的决定，发给发明专利证书，同时予以登记和公告。发明专利权自公告之日起生效。

6. 异议程序

（1）复审。专利申请人对专利行政部门驳回申请的决定不服的，可以自收到通知之日起 3 个月内，向国务院专利行政部门请求复审。该专利行政部门复审后，做出决定，并通知专利申请人。

（2）起诉。专利申请人对国务院专利行政部门的复审决定不服的，可以自收到通知之日起 3 个月内向法院起诉。

专题案例 7-2　美国的先发明原则

2013 年以前，美国的专利申请长期采用先发明原则，即专利授予先发明的人。

何为发明人

发明的过程有两步：一是构思（conception），这是证明自己是发明人的关键，指发明人脑中对完整的发明以及实现发明的方法已经形成明确的、持久的想法，并且这些想法足够清晰以至于相关技术领域里的一般技术人员不需再进行试验和研究就可实施。二是付诸实施（reduction to practice），指对发明进行制作和测试以确认其可以达到发明的目的，也称"实际"的付诸实施。向专利机构申请专利被视为付诸实施，称为"推定的"（constructive）付诸实施。

如果一个人进行了付诸实施的活动，但没有构思，即使付诸实施活动在发明过程中占有重要比重，也不是发明人。例如，负责发明的某一小部分的人、由别人指导进行试验的人、为发明提供咨询意见的人、提供想法但不知道怎么去实现想法的人等都不是发明人。

先发明人的确定

既有构思又付诸实施的方为发明人。由于申请专利可视为付诸实施，因此当发明构思完成后向专利机构申请专利被视为满足法律对发明人的要求。

如果对同一专利发生申请上的争执，就需要确定谁是先发明人。仅仅是先构思还不能视为先发明，还必须证明自己先付诸实施。例如 A 先提出专利申请，但 B 证明自己比 A 更早地"实际"付诸实施，则 B 为先发明人。另外，为了保护先构思的人，法律还给予其一个抗辩理由，即 B 虽然没有实际地付诸实施，但已经在为实施进行合理的积极努力（reasonable diligence），也视为先发明人。

评论

先发明人必须提出充足的证据证明自己先构思并且先付诸实施或进行了合理的积极努力，因此在研发以及实施过程中进行记录并保存相关证据非常重要。实际上，美国的绝大部分专利都给予了"推定"付诸实施的先申请者，有关先发明争议的案件不多。尽管如此，先申请者还是要证明自己的构思，因此美国的专利申请制度相比先申请原则要复杂得多。

虽然绝大多数国家采用先申请原则，但这并不意味着先发明原则没有合理性。先发明原则也有可取之处，例如，它更尊重先发明人的权利。另外，美国采用先发明原则已经多年，如果改变，会导致整个行政以及司法制度的改变成本太大。

转向先申请原则

2011 年，美国通过《美国发明法案》，正式放弃了其自 1790 年开始实施的在世界上与众不同的先发明原则。依据该法案，自 2013 年 3 月 16 日起，实施发明人先申请原则。

思考

比较先申请原则和先发明原则，哪个原则更合理？先发明原则是否有利于中小发明者？对此问题有争议。你的看法呢？

（编写参考：Townsend v. Smith, 36 F.2d 292, 295（CCPA 1930），Hiatt v. Ziegler, 179 USPQ 757. 763（Bd. Pat. Inter. 1973），Manual of Patent Examining Procedure（USPTO）.）

五、专利权的内容

1. 人身权——署名权

专利权有人身权和财产权两方面内容，但是相比著作权，其人身权的内容很少，只有一项署名权，即发明人或设计人有权在专利文件中标明自己是发明人或设计人，这一权利与发明人或设计人不可分离。

2. 专利权的核心——专有权

即专利权人对授予专利的产品、方法或外观设计具有独占的权利,这是一种独家垄断的权利。

(1) 发明和实用新型。专利权被授予后,除法律另有规定的(如下文所述的强制许可)以外,任何单位或者个人未经专利权人许可,都不得实施其专利,即不得为生产经营目的制造、使用、许诺销售、销售、进口其专利产品,或者使用其专利方法以及使用、许诺销售、销售、进口依照该专利方法直接获得的产品。

(2) 外观设计。专利权被授予后,任何单位或者个人未经专利权人许可,都不得实施其专利,即不得为生产经营目的制造、许诺销售、销售、进口其外观设计专利产品。

3. 专有权的派生权利——许可权和转让权

因为专利权人对专利独家占有,因此可通过专利的许可或转让来获得利益。

专利权人许可他人使用,可以是独家许可,也可以许可多家,从而收取专利实施许可费。法律要求许可双方必须订立实施许可合同。

专利权人也可转让其专利申请权以及专利权,如将专利权卖与或赠予他人。双方当事人应订立书面合同,并向专利行政部门登记,由专利行政部门予以公告。专利申请权或者专利权的转让自登记之日起生效。

中国单位或者个人向外国人、外国企业或者外国其他组织转让专利申请权或者专利权的,应当依照有关法律、行政法规的规定办理手续。

4. 标记权

专利权人有权在其专利产品或者该产品的包装上标明专利标识。专利标识有向社会公示产品已取得专利的效果,有助于维护自身权益。另一方面,专利标识也有对外宣传产品以及吸引买家的作用。

例释 A与B签订技术转让协议,B使用A的专利技术进行生产。B被C起诉侵犯专利权,因为B生产和销售的产品与C享有专利权的产品相似。但B的确是依A获得的专利进行生产的。经对比,依A之专利生产的产品,比C的专利产品多出两项技术特征,但其他主要技术特征相同。虽然A和C都有专利,但C申请在先,是基本专利,A获得在后,是从属专利。后者的实施必须依赖于实施前者的专利技术。从属专利权人实施其专利时,应当得到基本专利权人的许可,否则即构成侵权。因此,B生产的产品也构成对C的专利侵权,关于B所说的其产品技术来源合法、不构成侵权的抗辩理由,不能成立。A与B应共同对C承担连带责任。①

六、对专利权的限制

1. 专利权的时间限制

发明专利的有效期是20年,实用新型和外观设计专利的有效期分别为10年和15年,

---

① 参考江苏省高级人民法院审理的宋志安诉无锡锅炉厂一分厂专利侵权纠纷案。

自申请日起算。有效期届满后，相关产品或方法进入公共领域，任何人都可无偿使用。

实际上，由于其他方面的一些法律规定，专利权有可能在有效期满前就失去或不再具有实质意义。主要原因有以下几点：

（1）专利因更好之技术的出现而被替代。专利有效期满前，可能被出现的更好的技术取代，从而垄断权事实上受限制。凡申请专利者，主管部门会公开其技术资料，而且因科学研究或实验使用专利也不视为侵权，从而加速了更先进或更实用技术的出现。

（2）专利因未缴纳年费而失效。专利权人应当自被授予专利权的当年开始缴纳年费。未按照规定缴纳年费的，专利在有效期满前会终止。

（3）专利权人以书面声明放弃其专利权的，专利在有效期满前终止。

（4）专利因他人申请宣告无效而被撤销。在授予专利权之后，任何单位或者个人认为该专利权的授予不符合有关法律规定的，可请求专利复审委员会宣告该专利权无效。如果最终被宣告无效，该专利权视为自始即不存在。

2. 不视为侵犯专利权或免责的情况

（1）权利穷竭。专利产品或者依照专利方法直接获得的产品，由专利权人或者经其许可的单位、个人售出后，使用、许诺销售、销售、进口该产品的。

（2）对在先权利人权利的保护。在专利申请日前已经制造相同产品、使用相同方法或者已经作好制造、使用的必要准备，并且仅在原有范围内继续制造、使用的。

（3）国际互惠。临时通过中国领陆、领水、领空的外国运输工具，依照其所属国同中国签订的协议或者共同参加的国际条约，或者依照互惠原则，为运输工具自身需要而在其装置和设备中使用有关专利的。

（4）促进科研。专为科学研究和实验而使用有关专利的。

（5）药品或医疗器械审批信息需要之例外。为提供行政审批所需要的信息，制造、使用、进口专利药品或者专利医疗器械的，以及专门为其制造、进口专利药品或者专利医疗器械的。此处使用他人专利的目的仅为行政审批所要求的信息之收集。①

（6）无过错免责。为生产经营目的使用、许诺销售或者销售不知道是未经专利权人许可而制造并售出的专利侵权产品，能证明该产品合法来源的，不承担赔偿责任。

3. 强制许可

强制许可是对专利权人独占权利的直接限制。在某些特殊情况下，他人可不必获得专利权人同意，经向专利主管部门申请并获同意后实施相关的专利；专利主管部门也可自行决定许可他人实施专利。由于这种许可使用专利的方式是国家命令的强行介入，故称强制许可。

《专利法》规定了四种情况下，可给予强制许可：

---

① 该例外主要针对仿制药品或医疗器械。在药品专利到期后，任何人都可仿制该药品。然而药品要进行申请和注册，需要耗费很长时间。因此，计划仿制将来到期的某专利药品（属其他公司）的公司，有可能在到期前两年就开始着手准备仿制药的申请和审批。为提供审批机构所要求的信息，申请公司会制造、使用或进口将来计划仿制的专利药品，而此时该药品专利还未到期，上述行为有可能被专利权人控为侵权。因此，此例外条款使得提前进行仿制药申请的人免除上述侵权风险，有利于仿制公司提前做好实验、生产和申请等准备，等要仿制的专利一到期，仿制药可以马上衔接上以供应市场。此例外又称"Bolar 例外"，名称源自美国 1984 年的Roche Products, Inc. v. Bolar Pharmaceutical Co.一案。

(1) 专利权人懈怠实施专利。指专利权人自专利权被授予之日起满3年，且自提出专利申请之日起满4年，无正当理由未实施或者未充分实施其专利的。具备实施条件的单位或者个人可提出申请，由专利行政部门决定给予实施发明专利或者实用新型专利的强制许可。

(2) 限制垄断权力之滥用。专利权人行使专利权的行为被依法认定为垄断行为，为消除或者减少该行为对竞争产生的不利影响，经具备实施条件的单位或个人申请，专利行政部门可给予强制许可。作如此规定是因为，当专利权人控制某些专利，不给他人许可，造成国内市场供应短缺时，该专利权人是在利用其垄断权获取过分的垄断利润，这时通过强制许可可以限制其垄断权的滥用。

(3) 实现公共利益。在国家出现紧急状态或者非常情况时，或者为了公共利益的目的，专利行政部门可以给予实施发明专利或者实用新型专利的强制许可。另外，为了公共健康目的，对取得专利权的药品，国务院专利行政部门可以给予制造并将其出口到符合中国参加的有关国际条约规定的国家或者地区的强制许可。

(4) 权利依赖。也称从属专利情形。一项取得专利权的发明或者实用新型比以前已经取得专利权的发明或者实用新型具有显著经济意义的重大技术进步，其实施又有赖于前一发明或者实用新型的实施的，专利行政部门根据后一专利权人的申请，可以给予实施前一发明或者实用新型的强制许可。在依照前述规定给予实施强制许可的情形下，专利行政部门根据前一专利权人的申请，也可以给予实施后一发明或者实用新型的强制许可。这是为了促进科技进步，也有限制专利权滥用的效果。

法律还规定，如果强制许可涉及的发明创造是半导体技术的，强制许可实施仅限于公共的非商业性使用，或者经司法程序或者行政程序确定为反竞争行为而给予救济的使用。

取得实施强制许可的单位或者个人应当付给专利权人合理的使用费，其数额由双方协商。协商不成的，由专利行政部门裁决。

第四节 商 标

一、商标的概念和分类

1. 商标及其功用

标志在生活中无处不在。国旗是国家的标志，交通有信号和指示标志，姓名是每一个人的标志，运动会使用吉祥物作为标志，学校有校徽作为标志等。当我们看到标志时，标志本身的文字或图案不是我们所要的信息，但可以通过标志想到其所代表的东西或其他信息。标志往往比其所要代表的东西或信息简单明了得多，因而使用方便，从而使我们可以迅速联想到它要告诉我们什么。

商标是被用在商品或服务上的标志。企业等使用它是要告诉我们商品或服务的来源，即来自哪个企业或哪个地区。消费者或其他交易者对商标熟悉以后，一见到商标就可以迅速判别出商品或服务的来源,将该商品或服务与其他的相同或相似商品或服务识别开来。帮助消费者识别商品或服务的来源是商标的基本功用。

商标之于商品,就如姓名之于个人。当说到某一个人的名字的时候,我们知道他是谁。如果了解他更多,直接从名字想到了关于这个人的很多信息,包括对他的评价。消费者经由商标来识别商品或服务的来源,另外,对商品质量、服务质量、厂家信誉等的评价也直接汇集成对商标的综合评价。由此,商标的价值有可能随着时间的推移而增加。商标代表了企业的商誉,是企业重要的无形资产。商标长时期的使用,可以形成品牌效应,此为商标的又一功用。

例释 世界品牌商标价值评估网站 Brandirectory 于 2018 年评出的全球最有价值品牌的前五名为:亚马逊(1 508 亿美元)、苹果(1 463 亿美元)、谷歌(1 209 亿美元)、三星(923 亿美元)和 AT&T(824 亿美元)。

2. 商标的种类

最基本的两类商标是商品商标和服务商标。另外还有集体商标和证明商标。

(1)集体商标。指以团体、协会或者其他组织名义注册,供该组织成员在商事活动中使用,以表明使用者在该组织中的成员资格的标志。例如南京鸭业协会注册的"南京盐水鸭"商标。

(2)证明商标。指由对某种商品或者服务具有监督能力的组织所控制,而由该组织以外的单位或者个人使用其商品或者服务,用以证明该商品或者服务的原产地、原料、制造方法、质量或者其他特定品质的标志。例如"纯羊毛"(Woolmark)标志。

3. 商标的构成

商标主要是进行视觉的识别,因此可使用一切便于视觉识别的文字、图画、图形、数字、颜色或其组合。商标可以是平面的,也可以是三维的。

另外,声音或其与上述要素的组合,也可申请注册。

4. 不可作为商标使用的标志

(1)同中华人民共和国的国家名称、国旗、国徽、国歌、军旗、军徽、军歌、勋章等相同或者近似的,以及同中央国家机关的名称、标志、所在地特定地点的名称或者标志性建筑物的名称、图形相同的。

(2)同外国的国家名称、国旗、国徽、军旗等相同或者近似的,但该国政府同意的除外。

(3)同政府间国际组织的名称、旗帜、徽记相同或者近似的,但经该组织同意或者不易误导公众的除外。

(4)与表明实施控制、予以保证的官方标志、检验印记相同或者近似的,但经授权的除外。

(5)同"红十字""红新月"的名称、标志相同或者近似的。

(6)带有民族歧视性的。

(7)带有欺骗性,容易使公众对商品的质量等特点或者产地产生误认的。

(8)有害于社会主义道德风尚或者有其他不良影响的。

县级以上行政区划的地名或者公众知晓的外国地名，不得作为商标。但是，地名具有其他含义或者作为集体商标、证明商标组成部分的除外。我国1982年颁布《商标法》时没有禁止使用上述地名，因此有企业注册了这类商标。已经注册的使用地名的商标继续有效，如"青岛啤酒"。

例释 上海俊客公司于2011年获商标局核准注册MLGB（服饰产品）。2015年，姚某向商标评审委员会申请宣告该注册商标无效，理由是"有害于社会主义道德风尚或者有其他不良影响"。被委员会宣告无效后，俊客公司诉诸法院，辩解说MLGB标志是My life is getting better的缩写。法院维持该宣告无效决定，指出：俊客公司所辩解的缩写并非英文常见表达，也非为公众知悉或能消除该商标的不文明含义所致人之厌恶感。"诉争商标对青少年群体而言含义低俗，维持注册，更容易产生将低俗另类当作追求时尚的不良引导，这种不良引导直接影响的是青少年群体，危害后果必将及于整个社会的道德风尚。"[①]

二、注册商标的取得

1. 自愿注册

商标的使用一般不以注册为前提，商标的权利人是否注册完全自愿，此为"自愿注册"原则。与自愿注册相对应的是强制注册，即商标非经注册不得使用。目前自愿注册是各国普遍采用的原则。

我国以"自愿注册"为主，但有强制注册的例外，即如果国家法律法规规定必须使用注册商标的，商标未经注册不得使用，而且商品也不得在市场上销售。《烟草专卖法》规定："卷烟、雪茄烟和有包装的烟丝必须申请商标注册，未经核准注册的，不得生产、销售。"

2. 商标注册的意义

商标注册后可获得商标专用权。专用权意味着注册商标的拥有者可排除竞争对手使用相同或相似商标。这里要注意的是专用权并非排除在所有商品上对相同或类似商标的使用，而是仅限于同种或类似商品上对相同或相似商标的使用。同种或类似商品意味着彼此之间有竞争关系，才有商品识别的必要。

3. 商标权的取得原则

有关商标权的取得，有先使用和先申请两种原则。先使用原则是指商标专用权授予在先使用商标的人，而先申请原则是指把商标专用权授予在先申请注册的人。

世界上采用先使用原则的国家极少，典型代表如美国。我国与绝大多数国家一样，实行先申请原则，即先申请、先注册的人先得到商标专用权。我国法律规定，两个或者两个以上的商标注册申请人，在同一种商品或者类似商品上，以相同或者近似的商标申请注册的，初步审定并公告申请在先的商标。只有发生同一天申请这种情况，才初步审定并公告使用在先的商标。

---

① 北京市高级人民法院（2018）京行终137号判决书。

4. 优先权

有关商标的优先权规定与专利类似，优先权的期间是6个月。即：商标注册申请人自其商标在外国第一次提出商标注册申请之日起6个月内，又在中国就相同商品以同一商标提出商标注册申请的，依照相关国际协议、条约，或者按照相互承认优先权的原则，可以享有优先权。

另外，商标在中国政府主办的或者承认的国际展览会展出的商品上首次使用的，自该商品展出之日起6个月内，该商标的注册申请人享有优先权。

专题案例7-3　商标抢注

什么是商标抢注

商标抢注包括两种情况：一是将他人的商标抢注，包括将他人已经使用但尚未注册的商标抢注，和将他人注册于某类商品的商标在他类商品上抢注两种情况；二是将有影响力或知名度的词语、名称、图案等抢注为商标，例如将"刘老根""十面埋伏""果子狸""非典""杨利伟"等抢注为商标。

《商标法》实行先申请原则。1982年《商标法》颁布后，曾出现过一阵抢注风潮，主要是很多企业法律意识不够，不了解新出台的《商标法》，自己先使用的商标被别人注册，最后还得花钱从别人那里买回来。近年来第二种情况的抢注增多。

相关法律规定

1. 诚实信用原则

《商标法》规定："申请注册和使用商标，应当遵循诚实信用原则。"恶意抢注可被认定为违反诚实信用规定。

2. 以使用为目的

《商标法》规定："不以使用为目的的恶意商标注册申请，应当予以驳回。"因此，符合诚实信用原则的商标注册申请应以正常的商业使用为目的。

3. 不得损害他人在先权利

相关权利人如果有"在先权利"，可对抗恶意抢注。例如名人对其姓名有姓名权，作家对其作品有著作权，企业对其企业名称有名称权等，如果其在先权利因抢注而受到损害，可主张权利，阻止商标注册。即使商标已经注册，也可向商标局申请宣告注册无效。

4. 抢注他人已经使用并有一定影响的商标

《商标法》规定："不得以不正当手段抢先注册他人已经使用并有一定影响的商标。"如果他人已使用商标并产生一定影响，抢注人的动机是通过抢注获得他人付出努力而产生商誉价值的商标，还可能抢注后再迫使原使用人买回，违背了善意和诚实信用原则。

5. 代理人抢注被代理人之商标

《商标法》规定："未经授权，代理人或者代表人以自己的名义将被代理人或者被代表人的商标进行注册，被代理人或者被代表人提出异议的，不予注册并禁止使用。"代理人应以被代理人的利益为先，但其违背被代理人之信任恶意抢注被代理人的商标，严重违反诚信原则。

6. 明知他人商标存在和使用而进行的恶意抢注

《商标法》规定："就同一种商品或者类似商品申请注册的商标与他人在先使用的未注册商标相同或者近似，申请人与该他人具有前款规定（前述代理关系）以外的合同、业务往来关系或者其他关系而明知该他人商标存在，该他人提出异议的，不予注册。"

7. 法律后果

对于恶意抢注的商标，不予注册。如已获得注册，商标局宣告该注册商标无效；其他单位或者个人可以请求商标评审委员会宣告该注册商标无效。

商标代理机构有恶意注册行为的，由市场监督管理部门责令限期改正，给予警告，处1万元以上10万元以下的罚款；对直接负责的主管人员和其他直接责任人员给予警告，处5 000元以上5万元以下的罚款。

对恶意申请商标注册的，根据情节给予警告、罚款等行政处罚。

因商标注册人的恶意给他人造成的损失，应当给予赔偿。

思考

反对商标抢注的观点认为抢注是一种投机行为，侵犯他人权益，违背基本商业道德，构成不正当竞争，扰乱市场秩序。也有观点认为商标抢注没什么不好，受损害的人不该去埋怨抢注者，怪只怪自己没有商业头脑，法律意识淡薄。因此，抢注不仅没什么不对，还有助于强化人们的市场以及法律意识，正所谓"有了'抢注'的这条狼才能让我们早点知道要保护好自己的羊"。[①]请就此谈谈你的看法。

（资料来源：作者自撰）

三、商标注册的条件

前述的法律规定不可作为商标使用的标志，不可注册为商标。除此之外，法律还对商标的注册规定了如下的要求。

1. 申请注册的商标之构成因素是可视性标志、声音

包括文字、图形、字母、数字、三维标志和颜色组合、声音以及上述要素的组合。

2. 商标必须具有显著性

申请注册的商标要能够将自然人、法人或者其他组织的商品与他人的商品区别开。商标是用以识别商品或服务的标志，因此商标的设计和构成应让人感到有显著特征，这样方可发挥其识别功用。《商标法》规定：申请注册的商标，应当有显著特征，便于识别。

下列标志因为缺乏显著性，所以不可注册：

（1）仅有本商品的通用名称、图形、型号的，如以"干洗"作为洗衣服务的商标。

---

① 阮直. 抢注商标真好[N]. 大连日报，2004-04-25.

(2) 仅直接表示商品的质量、主要原料、功能、用途、重量、数量及其他特点的，如"18K"黄金、"高级"轿车、"保健"药品等。

(3) 其他缺乏显著特征的。

这些一般不可获得注册的标志，如果经过使用取得显著特征并便于识别的，可以作为商标注册。经过使用取得显著特征也称"获得第二含义"，即消费者看到该商标后，除了知道它本身的意思外，还把它跟某一企业联系起来。

这里以文字为例作解释。文字是最经常使用的商标，当文字被用来识别商品时，有四种分类：

(1)"臆造性"（fanciful）的词汇。如"柯达"，这个词本来没有，完全是生编硬造的，除了用于它所标识的商品外，没有任何其他意思。这类词显著性最强。

(2)"任意性"（arbitrary）的词汇。如用于石油的"壳"牌，这个词有其自己的意思，但与所使用的商品无任何关联，是随意取用的，显著性仅次于臆造的词。

(3)"暗示性"（suggestive）的词汇。例如有人申请"布什"牌纸尿布，该词汇的谐音是"不湿"，实际上是要描述商品的功能，但用了"布什"这个词作商标后，需要脑子转一下才能想到两者的联系，从而能给消费者留下比较深刻的印象。再如"长寿"牌电池。这类词汇的显著性也比较强，可以申请商标注册。

(4)"描述性"（descriptive）的词汇。该类词汇直接对产品进行描述，如"不湿"牌纸尿布，"甜蜜蜜"果汁等，用作商标缺乏显著特征，一般不可进行商标注册，除非其经过使用后获得了第二含义。

另外，以三维标志申请注册商标的，仅由商品自身的性质产生的形状、为获得技术效果而需有的商品形状或者使商品具有实质性价值的形状，不得注册。这也是因为缺乏显著性。

例释 可口可乐公司申请将芬达饮料瓶注册为三维商标，未获商标局核准。公司诉至法院，未获支持。法院认为：有关瓶子的三维标识是在普通瓶型的下半部加了棱纹设计，但与普通瓶型的视觉效果差异不大，因此不具显著性。①

3. 不可侵犯他人在先权利

商标的构成内容不得与他人在先取得的合法权利相冲突。例如，某人申请注册的商标包含一幅他人享有著作权的图画。

4. 商标应新颖

申请注册的商标不可同他人在同一种商品或者类似商品上已经注册的或者初步审定的商标相同或者近似。

因此，申请注册的商标虽然与已注册或初步审定的商标形同或近似，但所注册的类别不是同种类商品或服务，或者，虽为同种类商品或服务，但所涉及的相同或近似的商标还未注册、也未初步审定，则不影响注册申请。

如果涉及驰名商标，即使该驰名商标未在中国注册或者与申请注册的商标不在同一

---

① 参见北京市第一中级人民法院（2004）一中行初字第1081号判决书。

种或类似商品上，不予注册并禁止使用。

5. 含有地理标志的商标不可误导公众

商标中有商品的地理标志，而该商品并非来源于该标志所标示的地区，误导公众的，不予注册并禁止使用，但是，已经善意取得注册的继续有效。这里所称的地理标志是指标示某商品来源于某地区，该商品的特定质量、信誉或者其他特征主要由该地区的自然因素或者人文因素所决定的标志。

四、申请商标注册的程序

1. 提交申请

申请商标注册，应当按照公布的商品和服务分类表按类申请。依据有关商标申请的规定向商标局提交《商标注册申请书》、商标图样、着色图样、声音样本、身份证明文件等材料。

如果要求优先权，应当在提出商标注册申请的时候提出书面声明，并且在3个月内提交相关证明文件。未提出书面声明或者逾期未提交证明文件的，视为未要求优先权。

2. 审查和核准

（1）初审与公告。申请注册的商标，如符合法律规定，由商标局初步审定，予以公告。如不符合相关法律规定，驳回申请，不予公告。审查期是9个月。

（2）异议。对初步审定的商标，自公告之日起3个月为异议期。

（3）核准与公告。公告期满无异议的，予以核准注册，发给商标注册证，并予公告；如有异议，经裁定异议不能成立的，予以核准注册，发给商标注册证，并予公告；经裁定异议成立的，不予核准注册。

（4）复审程序。对商标局的决定不服的，可以自收到通知之日起15日内向商标评审委员会申请复审。如当事人对商标评审委员会的裁定不服的，可以自收到通知之日起30日内向法院起诉。

专题案例7-4　中国声音商标第一案

腾讯公司申请注册声音商标被驳回

使用QQ的读者，一定对如下提示音不陌生吧："滴滴滴滴滴滴"（有消息了）；"砰砰砰"（好友上线了）；"咳咳"（有新朋友要加你了）。

我国《商标法》一开始只允许注册可视性标志。2013年修订时允许申请"声音"商标。修订后的规定于2004年5月1日实施后，5月4日，腾讯公司向商标局申请注册"嘀嘀嘀嘀嘀嘀"（声音商标），指定使用在第38类"电视播放；新闻社；信息传送；电话会议服务；提供在线论坛；计算机辅助信息和图像传送；提供互联网聊天室；在线贺卡传送；数字文件传送；电子邮件（截止）"服务上。

审核后，商标局驳回申请，做出不予注册之决定，理由是：申请商标由简单、普通的音调或旋律组成，使用在指定使用项目上缺乏显著性，不得作为商标注册。

腾讯不服提起行政诉讼

一审法院认为该声音商标已具备了识别服务来源之功能，应予注册。理由是：

该声音整体上并非简单，因为："同一声音元素'嘀'音构成且整体持续时间较短，但申请商标包含六声'嘀'音，且每个'嘀'音音调较高，各'嘀'音之间的间隔时间短且呈连续状态，申请商标整体在听觉感知上形成比较明快、连续、短促的效果，具有特定的节奏、音效，且并非生活中所常见……"

该声音具显著性，因为："申请商标所依附的QQ软件作为即时通讯软件持续使用的时间长，范围广泛，市场占比份额较大；使用群体所涉及的领域众多，随着QQ软件、'QQ'商标知名度的提升，申请商标作为QQ软件默认的新消息传来时的提示音已经与QQ软件之间形成了可相互指代的关系，申请商标的声音亦已经在即时通讯领域建立了较高的知名度，其识别性进一步增强，申请商标与QQ软件、腾讯公司之间已经建立了稳定的对应关系，申请商标在指定使用的'信息传送'服务项目上起到了商标应有的标识服务来源的功能。"

如何认定声音商标的"显著性"？

商标局不服，提起上诉。二审法院驳回上诉，维持原判，但在部分理由上与一审之分析不同。结合一、二审法院判决，可得出认定声音商标之显著性的要点。

1. 声音商标自身的显著性。要考虑该声音的构成因素的复杂性及其音长等，分析其旋律、节奏、音效等，考察其整体上是否会在听觉感知上起到识别作用。二审法院赞同商标评审委员会对该声音"过于简单"的认定，认为所申请商标仅由单一而重复的"嘀"音构成，自身不具显著性。

2. 声音商标后天获得的显著性。即使商标自身不具显著性，经过长时期的使用，可增强其显著性。此时要考虑该商标使用的商品或服务、所在的行业、相关的公众认知等。经过腾讯公司的长期持续使用，该声音商标，从一般公众的认知角度，已具备了识别服务来源的作用，因此获得了显著性。但既然是通过长期使用而获得的显著性，该显著性一定是与该使用所指向的商品或服务相关。因此，即使获得注册，也应仅以实际使用的商品或服务为限。此审查原则称为"商品和服务项目特定化"。由此，二审法院认为，该声音商标的显著性应限于"信息传送、提供在线论坛、计算机辅助信息和图像传送、提供互联网聊天室、数字文件传送、在线贺卡传送、电子邮件"服务。对于一审法院支持的"电视播放、新闻社、电话会议服务"，二审法院认为既未实际使用，则在这些服务上不具显著性。

思考

一审法院支持在"电视播放、新闻社、电话会议服务"上也具有显著性的理由是：虽然该声音未在电话会议服务上使用，但超级群聊天服务与申请商标指定使用的电话会议服务在功能上完全相同。另外，电视播放与新闻社服务与"信息传送"均属于国际分类第38类"电信"领域，这些服务项目在功能、用途、服务对象等方面存在着比较紧密的联系。互联网企业间的竞争实质上是平台竞争,在平台上不断创新和提供更多的服务内容。因此,在综合性即时通讯服务平台提供电视播放、新闻服务项目是其实际发展模式。再结合 QQ 软件和商标的知名度,该声音商标在没有实际使用的三个服务上可以起到商标应有的标识服务来源的功能。

你赞同一审法院还是二审法院的观点?

(编写参考:北京市高级人民法院(2018)京行终字第 3673 号判决书)

五、对注册商标的保护

1. 保护期

注册商标的有效期为 10 年,自核准注册之日起计算。有效期满前可以申请续展,每次续展 10 年,可以无限次续展。

续展应当在期满前 12 个月内提出申请;在此期间未能提出申请的,可以给予 6 个月的宽展期。宽展期满仍未提出申请的,注销其注册商标。

2. 注册商标专用权及其他权利

商标经过注册后,商标权人获得对该商标的专用权,这是具有一定垄断性的权利,可以排除他人使用相同或近似的商标,但只以核定使用的商品为限。

由商标专用权又可派生出如下三项权利:

(1)商标权可依法转让。转让人和受让人应当签订转让协议,并共同向商标局提出申请。受让人应当保证使用该注册商标的商品的质量。转让经核准后,予以公告。受让人自公告之日起享有商标专用权。

另外,对其在同一种商品上注册的近似的商标,或者在类似商品上注册的相同或者近似的商标,转让人应当一并转让。

对容易导致混淆或者有其他不良影响的转让,商标局不予核准,书面通知申请人并说明理由。

(2)商标权可许可他人使用。许可不涉及商标权人的变动,因此不需向商标局申请和取得核准,但要在许可合同签订之日起 3 个月内将合同副本报商标局备案。未经备案的,该商标许可行为不得对抗善意第三人。

许可人应当监督被许可人使用其注册商标的商品的质量。被许可人应当保证使用该注册商标的商品的质量。经许可使用他人注册商标的,必须在使用该注册商标的商品上标明被许可人的名称和商品产地。

(3)使用商标标识的权利。商标注册人可以将商标用于商品、商品包装或者容器以及商品交易文书上,或者将商标用于广告宣传、展览以及其他商业活动中。商标注册人有权在商品、商品包装、说明书或者其他附着物上标明"注册商标"或者注册标记。注册标记包括"注外加〇"和"R 外加〇"。使用注册标志,应当标注在商标的右上角或者右下角。

3. 侵犯注册商标专用权的行为

下列情形为侵犯注册商标专用权的行为,法律予以禁止:

（1）未经商标注册人的许可，在同一种商品上使用与其注册商标相同的商标的。

（2）未经商标注册人的许可，在同一种商品上使用与其注册商标近似的商标，或者在类似商品上使用与其注册商标相同或者近似的商标，容易导致混淆的。以上两项行为是最为典型的侵犯商标权行为，实际上侵权人是在搭商标权人的便车，旨在混淆商品的来源，欺骗消费者。两项行为在认定上的区别点是：第（2）项行为须证明有导致混淆之效果。如不容易导致混淆，则不构成侵权。

（3）销售侵犯注册商标专用权的商品。在2001年《商标法》修订之前，该项限定为行为人必须"明知"或"应知"所销售的商品是侵权商品却仍然还在销售，才构成侵权。也就是说，商标权人须证明侵权人有主观过错，即存在"故意"或"过失"。修订后，这一对主观过错的要求已被去掉。如果销售的商品是侵权商品，事实本身就是侵权的证据，商标权人不需要再证明对方有主观过错。销售人如果的确是不知道所销售的商品是侵犯注册商标专用权，必须要证明该商品是自己合法取得的并说明提供者，方可免责。这一修改加强了对商标权人的保护，也增强了销售者的自律意识，通过对销售渠道的严加控制来遏止侵权商品流入市场。

（4）伪造、擅自制造他人注册商标标识或者销售伪造、擅自制造的注册商标标识的。

（5）未经商标注册人同意，更换其注册商标并将该更换商标的商品又投入市场的。

（6）故意为侵犯他人商标专用权行为提供便利条件，如仓储、运输、邮寄、隐匿等，帮助他人实施侵犯商标专用权行为的。

（7）给他人的注册商标专用权造成其他损害的。例如，在同一种或者类似商品上，将与他人注册商标相同或者近似的标志作为商品名称或者商品装潢使用，误导公众的；将与他人注册商标相同或者相近似的文字作为企业的字号在相同或者类似商品上突出使用，容易使相关公众产生误认的；复制、摹仿、翻译他人注册的驰名商标或其主要部分在不相同或者不相类似商品上作为商标使用，误导公众，致使该驰名商标注册人的利益可能受到损害的；将与他人注册商标相同或者相近似的文字注册为域名，并且通过该域名进行相关商品交易的电子商务，容易使相关公众产生误认的。

4. 商标侵权之法律责任

（1）行政处罚。当发现上述侵权行为时，权利人可通过行政和司法两个途径维护其权利，既可向市场监督管理部门举报，也可向法院起诉。市场监督管理部门如果认定侵权行为成立，应责令立即停止侵权行为，没收、销毁侵权商品和专门用于制造侵权商品、伪造注册商标标识的工具，并可处以罚款。罚款根据非法经营额计算，违法经营额5万元以上的，可以处违法经营额5倍以下的罚款，没有违法经营额或者违法经营额不足5万元的，可以处25万元以下的罚款。对5年内实施两次以上商标侵权行为或者有其他严重情节的，应当从重处罚。

（2）民事赔偿。至于权利人的损失赔偿，市场监督管理部门无权决定，只可进行调解，由双方达成赔偿协议。如调解不成，权利人可向法院起诉要求赔偿损失。

可以确定实际损失的，赔偿数额按照权利人因被侵权所受到的实际损失确定；难以确定实际损失的，按照侵权人因侵权所获得的利益确定赔偿数额；如实际损失或所获得的利益均难以确定,参照该商标许可使用费的倍数合理确定。

对恶意侵犯商标专用权,情节严重的,可以在按照上述方法确定数额的1倍以上5倍以下确定赔偿数额。赔偿数额应当包括权利人为制止侵权行为所支付的合理开支。

如上述实际损失、侵权所获得的利益、许可使用费难以确定的,由法院根据侵权行为的情节判决给予五百万元以下的赔偿。

(3) 刑事责任。如果侵权人侵权情节严重,构成侵犯注册商标罪,处最高达7年的有期徒刑,可并处罚金。

六、有关驰名商标的特别规定

1. 驰名商标的认定

驰名商标指为相关公众所熟知的商标。在行政执法、处理商标争议或进行诉讼时,依据当事人的请求,相关行政机构或法院可考虑如下因素认定相关商标是否为驰名商标:

(1) 相关公众对该商标的知晓程度。
(2) 该商标使用的持续时间。
(3) 该商标的任何宣传工作的持续时间、程度和地理范围。
(4) 该商标作为驰名商标受保护的记录。
(5) 该商标驰名的其他因素。

2. 驰名商标的扩展保护

如果涉及驰名商标,则保护范围比非驰名商标要大。相关规定包括以下几项:

(1) 就相同或者类似商品申请注册的商标是复制、摹仿或者翻译他人未在中国注册的驰名商标,容易导致混淆的,不予注册并禁止使用。因此,相比非驰名商标,驰名商标即使未在中国注册,也可对抗他人在相同或类似商品上有混淆效果的注册或使用。

(2) 就不相同或者不相类似商品申请注册的商标是复制、摹仿或者翻译他人已经在中国注册的驰名商标,误导公众,致使该驰名商标注册人的利益可能受到损害的,不予注册并禁止使用。因此,如果驰名商标在中国注册,还可对抗他人在不同类别商品上有误导公众效果的注册或使用。

(3) 如果是驰名商标,无论注册与否,他人以之作为企业名称中的字号使用,误导公众的,可认定为不正当竞争行为处理。

(4) 已经注册的商标,违反商标法相关规定的,自商标注册之日起5年内,在先权利人或者利害关系人可以请求商标评审委员会宣告该注册商标无效。对恶意注册的,驰名商标所有人不受5年的时间限制。

3. 对使用驰名商标标记的禁止

驰名商标是当事人主张权利时的事实认定,并非企业可恒定拥有的荣誉。另外,企业滥用驰名商标字样进行宣传,会导致对消费者的误导。因此,《商标法》规定:生产、经营者不得将"驰名商标"字样用于商品、商品包装或者容器上,或者用于广告宣传、展览以及其他商业活动中。违反者,由地方市场监督管理部门责令改正,处10万元罚款。

七、对注册商标的管理

1. 商标局撤销注册商标的情形

注册人使用注册商标时，应按照所注册的内容和信息等使用。如果注册人自行改变注册商标、注册人名义、地址或者其他注册事项的，由地方市场监督管理部门责令限期改正；期满不改正的，由商标局撤销其注册商标。

2. 他人申请撤销注册商标的情形

有以下情形的，任何单位或者个人可以向商标局申请撤销该注册商标：

（1）商标通用化。即注册商标成为其核定使用的商品的通用名称，此时商标的显著性不存在，不符合商标注册的条件。

（2）懈怠。注册商标没有正当理由连续3年不使用的，也可被他人申请撤销。正当理由包括：不可抗力、政府政策性限制、破产清算以及其他不可归责于商标注册人的正当事由。

3. 其他方面的管理

注册商标被撤销、被宣告无效或者期满不再续展的，自撤销、宣告无效或者注销之日起1年内，商标局对与该商标相同或者近似的商标注册申请，不予核准。

如果法律规定必须使用注册商标而未申请商标注册，由市场监督管理部门责令限期申请注册，可以并处罚款。违法经营额5万元以上的，可以处违法经营额20%以下的罚款，没有违法经营额或者违法经营额不足5万元的，可以处1万元以下的罚款。

法规指引

- 国家法律：《著作权法》《专利法》《商标法》
- 行政法规：《著作权法实施条例》《专利法实施细则》《商标法实施条例》
- 司法解释：《关于审理著作权民事纠纷案件适用法律若干问题的解释》《关于审理专利纠纷案件适用法律问题的若干规定》《关于审理商标民事纠纷案件适用法律若干问题的解释》

拓展与思考

1. 推荐阅读

推荐阅读：威廉·M·兰德斯，波斯纳. 知识产权法的经济结构[M]. 金海军，译. 中译本第二版. 北京：北京大学出版社，2016. 该书对著作权、商标权、专利、商业秘密等法律进行了经济学分析，并且分析了知识产权保护与反垄断。

2. 问题解决

专利虽然赋予专利权人具有垄断性的权利，但也有诸多限制。专利并非在任何情况下都是保护发明或设计的首选途径。例如，可口可乐公司的饮料配方并未申请专利，上百年来通过商业秘密自我保护方式维持。另外，专利申请的成功率并不高。我国每年审批的专利占申请的 25%左右。很多人盲目申请专利，申请下来后却不实施。据统计，专利的实施率在美国等西方国家约为 25%，我国可能更低。

因此，专利只是保护发明创造的途径之一。假设有一个企业，正在犹豫要不要对其发明创造申请专利。请你从法律和商业两个方面为该企业分析一下专利保护的利与弊。

3. 制度变革

2004 年 4 月，在中美商贸联合委员会会议上，时任副总理吴仪承诺中国政府将采取一系列行动打击侵犯知识产权的行为。同年，美国贸易代表办公室发布的"特别 301 报告"指出：关注中国知识产权保护状况是该办公室工作的重中之重（top priority），并且要对中国履行其承诺的情况进行评估。

"特别 301"指美国 1974 年贸易法（Trade Act of 1974）的第 301 条。依据该条款，美国政府对侵犯其知识产权的国家进行关注和年度审核，对重点国家可发起调查，并根据调查结果决定是否进行贸易报复。报告对各国知识产权保护情况进行了分析，其中侵犯知识产权情况最严重的列入重点关注名单（priority watch list），其次列入关注名单。从 2005 年到 2018 年，该报告连续将中国列为重点关注国家。2018 年的报告指责我国有关知识产权保护的诸多问题长期未得以有效解决，例如强制技术转让、网络盗版严重、盗版伪造严重、知识产权执法有效性欠缺、商业秘密保护不足等等。我国政府的回应是：该报告罔顾事实，缺乏客观标准和公正性。

你认为我国知识产权保护状况如何？美国指责中方的事实和理由是否成立？你对改善我国知识产权保护有何制度改革方面的建议？可在美国贸易代表办公室网站（http://www.ustr.gov）下载特殊 301 报告阅读，并对比我国政府发布的《中国知识产权保护状况白皮书》，给出你的看法。[①]

4. 观点争鸣

"神舟五号"载人飞船升空后，引起对"神舟五号"的商标抢注，商品涉及服装、车辆、鞋子等。依据现有的法律，是否应给予注册？如果是注册"神五"、"神舟"或"神舟五号"呢？可分成两组进行辩论。

正方：支持给予"神舟五号"商标注册；

反方：反对给予"神舟五号"商标注册。

5. 法官判案

天虎音乐网向网民提供 MP3 歌曲下载和在线试听，被歌曲版权人香港三家唱片公司告上法庭。此为全国首例网络音乐侵权案。天虎音乐网辩称：该网站登载了"版权声明"，要求下载者下载 24 小时后删除，因此尽到了一定程度的注意义务。并且下载和试听是免费的。法院认定其行为构成侵权，判决其停止侵权行为并赔偿 37 万元。

与天虎音乐网不同，百度公司是向用户提供 MP3 搜索服务，而非直接提供侵权的 MP3 歌曲。2005 年，某唱片公司起诉百度公司指控其侵权。海淀区人民法院一审认为百度公司构成侵权，因为"搜索引擎的服务范围限于搜集整理信息并向互联网用户提供

---

① 各年度白皮书可在国家知识产权局网站（http://www.sipo.gov.cn/sipo/zcll）找到。

查询服务,而不是利用搜集到的信息内容营利"。在用户下载过程中,"网页上自动弹出下载框,注明相关的 MP3 文件来自 mp3.baidu.com,同时此网页右侧刊载有雀巢咖啡、摩托罗拉手机等商品的广告"。因此,百度公司的行为"已超出了其所定义的'给出查询结果、提供相应的摘要信息'的搜索引擎的服务范围,其行为不是在介绍涉案歌曲的艺术价值并提供查询信息,而是直接利用 MP3 文件营利,在未能明确相关 MP3 文件的合法来源、未经原告许可的情况下,该行为阻碍了原告在国际互联网上传播其录音制品,应属侵权"。判赔权利人 6.8 万元(2 000 元/每首歌)。百度公司上诉后,北京市第一中级人民法院并未做出判决,而是由双方达成调解协议,百度公司支付对方"合理实际支出三万元"。①

如果你是受理上诉的法官,会做出怎样的判决呢?不妨就此争议写一份判决书。

6. 网络搜索

搜索关键词——"广药大战加多宝"。

源起广州的凉茶著名品牌"王老吉",其所有人广药集团为何在商标许可使用期未届满前就要求收回?被许可人鸿道公司失去"王老吉"的使用权后发起了一连串的反击和诉讼,并推出自己的品牌"加多宝"。从商标之争到罐体、广告语之诉,从诉讼到广告宣传和品牌营销,双方在法庭内外持续对攻,剧情高潮迭起。

---

① 参见北京市海淀区人民法院(2005)海民初字第 14665 号民事判决书,以及北京市第一中级人民法院(2006)一中民终字第 2491 号民事调解书。原告最终接受调解的一个重要原因是北京市第一中级人民法院曾在类似的案件中判决过百度公司胜诉。由此可见法官在百度公司是否侵权之问题上有分歧。

第三编

交 易

第八章　合同的成立与效力

> **本章学习要点**
> - 契约自由与契约正义
> - 合同的成立：要约、承诺
> - 合同的效力：无效、可撤销、格式条款

第一节　契约自由与契约正义

一、什么是合同

1. 广义的合同：协商一致

合同，也称协议或契约，广义上是指民事主体之间协商一致的状态。

如果每个人的一切可以自给自足，不需要任何交往，也就没有合同。合同随人与人之间的交往出现，是交往的具体体现。人与人之间的民事交往是人最重要的活动。交往的内容纷繁复杂，可以是单纯的意见交流，也可以是彼此需要的交换。

商业上有意义的交往是彼此需要的交换，即交易，如买卖、雇佣、借贷等。当人们之间进行交易时，首先确定自己需要什么，再寻找合适的提供者，与之协商谈判交易条件，达成一致意见，合同由此产生。因此，达成合同的过程就是一个人们交往或交易的过程，就合同的条件和条款进行磋商的过程，即俗称的讨价还价。

合同可以以各种方式达成，可以是口头，也可以是书面，有时甚至可以通过行为。无论何种方式，只要双方当事人能就某一事项达成协商一致，即形成合同。

2. 法律意义上的合同："协商一致"＋"承诺"

合同从广义上讲就是"合意"，即人与人之间的协商一致。

合意可以是单纯的意见交流。这种意见交流可以是同向的，即双方就某一问题、事项表述同样的看法，如两个学生对伊拉克战争的意见达成一致的看法；也可以是交互的，例如银行和企业之间决定展开合作，但仅仅达成意向，并没有涉及具体的权利义务。上述合意并不约束双方，因为双方对具体的行为没有做出承诺，双方不需要继续就此合意做什么事情（作为）或不做什么事情（不作为）。

合意还可以是含有承诺的意思表示的一致。反对伊拉克战争的两个学生决定做一些事情来表达他们的不满，A有钱，B有才，于是A答应付给B 100元，请他画一个宣传画，B同意。再如银行与企业之间决定合作，银行答应给企业贷款，企业答应按时偿还

并付息。这样的合意中含有了"承诺",即针对对方的允诺(针对自己的允诺叫"决定")。

法律意义的合同是有承诺的一类,可以说承诺是合同的精髓。承诺在绝大多数情况下是双向的,彼此承诺,即交换或交易。少数情况下是单向的,如赠予。当一方做出承诺后,对方对之有"合理的期待"和"合理的依赖",并可能由此期待和依赖继而做出一些"合理的准备"乃至"合理的行为"。例如,B 得到 A 将来付钱的允诺后,开始动手买纸张、颜料等,并开始构思和设计草图。如果承诺能够实现,则承诺人守信用;如果承诺"随风而逝",承诺人则毫无信用,对方的"合理期待"也随之落空。信用是社会交往和交易的基础,在道德上守信是人的基本品质,人若言而无信,不知其可。在商业中,信用是市场经济的基础,没有信用,就没有交换和合作,也就没有经济的发展。一个信用缺失的社会,是一个道德沦丧、市场机制和法治文化薄弱的社会。由此,法律的力量有必要介入,以维持承诺的实现,保护受承诺方的合理期待,捍卫社会的信用基础。

法律意义上的合同是使对方产生合理期待和依赖的合同。

二、契约自由

平等和自由是法律最根本的原则,也是法律要达致的终极理想。平等和自由原则的实现,不仅是经济活动开展的基础,也是人类法治和文明的核心。

人的平等和自由需要通过权利的设定和保障来实现。这里所说的平等是法律地位的平等,是机会的公平,而非结果的平等。法律地位的平等是自由的前提,而自由是最大程度实现机会公平的途径。在民商事活动中,民事主体具有同等的权利能力。权利能力是民事交往的资格,资格和地位平等,才有可能积极自由地交往;交往不受限制,才可交流频繁以促进社会发展。因此,人都应有同等的资格自由进行交往,不能在机会的给予上有所区别(此为平等),也不能对机会的利用有所限制(此为自由)。至于行为的具体结果,取决于每个人的能力,人在竞争中能力发挥到最大程度,而社会也因此进步。由此,平等和自由体现机会公平,竞争体现效率。机会公平是效率的基础。

契约自由也称合同自由,是自由原则在民事领域的体现。契约自由早在古罗马时期就已萌芽,传承至今,是各国民事经济法律中的基本原则之一。[①]之所以重要,是因为人只有自由地表达意志,才可信息充分;自由地交换意见,才可信息对称;自由地选择交易的对象、形式和内容,才可达致有效率的结果。因此,契约自由是促进经济效率的基础。

契约自由贯穿合同形成的全过程,包括意思表示的自由、缔约的自由、选择缔约对象的自由、缔约内容的自由、缔约方式的自由以及变更或解除合同的自由。

1. 意思表示的自由

意思表示提供了交易的信息。每个人都想通过交易实现自己真正的需要,因此人的意思表示不应受到不正当的影响或限制,否则真实意志就会被扭曲,交易的效率会受到折损。意思表示不受限制是意思表示自由的第一个方面。

[①] 民法的三个基本原则是自由平等原则、所有权原则和契约自由原则。

意思表示的自由并不意味着人在交易中必须完全和正确地表达自己的想法,人有权利决定表达多少和怎样表达,这是人进行交易时的策略选择,是竞争的需要。如何表达的自由是意思表示自由的第二个方面。

2. 缔约的自由

民事主体有权决定是否与他人缔约。对于自己的需要,主体自己最了解。如何满足自己的需要,最有发言权的是主体自己。民事主体可以自给自足,也可以与他人交易,主体自己的选择是最趋向效率的选择。

3. 选择缔约对象的自由

如果民事主体决定与他人交易,可能的交易对象有多个。交易主体有权决定与何人交易,他人不可干预。

4. 缔约内容的自由

民事主体自由决定以怎样的条件与他人进行交易,即合同的条款由当事人双方协商确定,他人不可干预。合同内容的确定非一人所能决定,而是合意的结果。

5. 缔约方式的自由

民事主体可以自由选择以怎样的方式订立合同,可以是书面的,也可以是口头的,还可以是其他方式。对缔约方式的决定也是合意的结果。

在古代,曾有过对缔约方式作严格限定的阶段。在古罗马早期,合同必须要履行一定的方式方可达成,例如当事人要到场,依一定程序进行,用专门的语言缔约,还要有证人。[①]在古代中国,合同写在龟甲或兽骨上,必须将甲或骨分为两半,双方各存一半。双方对上(契合)方有合同,这是"契约"一词的来历。这一形式有验证合同和防伪之效。在古代英国,有对契约形式的严格要求,不仅要求书面,还要密封、封蜡等。对缔约形式的严格限定,有强化当事人尊重约定、便于保存证据之效,有利于交易安全,但会阻却交易的效率,因为很多合同因为形式欠缺而无效。后期罗马法对形式的要求开始放松,近现代各国法律大多摒弃了形式主义,给予缔约的当事人决定合同方式的自由。

形式主义是国家对民事主体行为的约束,抛弃形式主义是对民事主体独立性的尊重,由此意思自治原则得以确立,成为近代民法的根本原则之一。所谓意思自治,即由民事主体自己来决定交易的对象、方式和内容,并应对其决定负责。在合同领域即体现为契约自由原则。因此,意思自治和契约自由原则是人的个体权利得到尊重的结果。

6. 变更或解除合同的自由

缔约后,双方当事人如经协议,可变更或解除合同。那么,单方可否解除合同?在古罗马,对单方解除合同有严格限制,合同一经成立,当事人必须履行。这样的规定有稳定交易之效,但并不利于交易效率,也不一定有利于债权人利益。例如债务人已经发生履行不能的情况,这时如果债权人单方解除合同,一方面可要求债务人赔偿,另一方面可以从其他渠道满足需要,这样对债权人更有利。因此,当前法律在一定条件下赋予了合同当事人单方解约的权利,例如一方当事人履行不能或拒绝履行时。

---

① 梅因. 古代法[M]. 沈景一,译. 北京:商务印书馆,1959:181.

随着自由和平等理念的传播，契约自由作为民法基本原则的地位最终得以确立。契约的理念甚至超出了商品交易的范畴，扩展到社会的各个领域，与自由竞争一起成为社会民众的基本信念。在封建社会，人生而不平等，身份决定人的权利（权力），社会有严格等级，权力阶层统治民众阶层。封建社会被推翻后，人们的先天身份被取消，人生而平等成为宪法的宗旨。法律上人人平等，平等的人自由交往，自由达成交易，以契约来决定彼此的权利义务。同样，管理国家的政府机构或人民代表，其权力来自于人民的授予，是基于人民与官员之间的"契约"，而非封建社会的"承袭"。由此，从封建社会到现代法治社会，被称为"从身份到契约"。[①]

三、契约正义

人生而平等是理念的宣示，而非现实状态。平等是法律上资格的平等，是机会而非结果的公平，契约自由即为体现机会公平。在机会公平之后，是竞争的领地。

人虽法律地位平等，但能力、智慧、资源的占有与经验等方面存在区别。民事交往是一个竞争的过程，在竞争中，每个人都发挥其最大的能力和智慧，资源流向最有产出效益的主体手里，由此经济达到效率。

以机会公平为基础的自由竞争推动了经济增长，带来了资本主义社会的繁荣。但进入20世纪后，一些问题的出现却引发了人们对契约自由的反思。

首先，自由竞争促使社会资源的集中，具有垄断力量的企业出现。这些企业因竞争而获取资源本无可厚非，但垄断力量的具有又使得它们的交易力量增强，可通过垄断力量的滥用来获取垄断利润。当其他企业与垄断企业交易时，由于双方谈判力量悬殊，交易方没有其他选择，不得不接受一些违心的条件，这样达成的合同虽然表面上符合了契约自由，但实际上一方交易人无论是意思表示还是缔约人选择、缔约内容选择方面，自由都受到限制。此问题不仅发生在强势企业与弱势企业之间，还发生在强势企业和消费者之间。

其次，大工业生产有规模经济效应，提高了效率，但工人在经济生活中的地位也因此降低。家族生产时，一个工匠的独立性很强，其才能受到尊重；而在大工业生产中，分工越来越细，工人只是流水线上的一个零部件而已。工人是劳动力的提供者，企业是需求者，在交易中，工人处于弱势地位。工人不得不接受苛刻的条款，危害工人权益乃至生命健康的情形增多。

由于交易双方力量的悬殊，虽然表面上是自由达成合同，但实际上并不自由，这不仅恶化了事实上的不平等，也阻止了机会的公平获得。消费者使用产品后身体受伤，但合同中有企业免责条款。缔约时，由于产品的提供者是强势企业，消费者没有选择，不得不接受该类条款。身体是消费者生产和生活的资源，身体受损即机会受损。免责条款阻碍了机会的恢复。

契约正义，也称合同正义，其出现不是取代契约自由原则，而是纠正契约自由原则下一些过分损害公平的现象，是对契约自由原则的限制。契约正义原则主要体现为国家

---

① 梅因. 古代法[M]. 沈景一, 译. 北京：商务印书馆, 1959：181.

法律规定在某些情况下双方达成的合同无效或者可以被撤销。例如法律规定了工人的最低工资，劳动合同中有关工资的规定就不能低于该最低标准。

在双方交易地位越是相差悬殊的合同领域，契约正义原则限制契约自由原则的范围就越广泛，最典型的两个例子就是消费者保护和劳动保护。

四、我国合同法的变革

在计划经济体制下，市场交易和竞争被计划取代，契约自由没有生存的土壤。改革开放以来，随着商品经济和社会主义市场经济的发展，契约自由原则逐渐得到了承认和尊重，我国合同法的变革体现了这一变化过程。

进入20世纪80年代，我国开始进行改革开放，对内主要是改革僵硬的计划经济体制，大力发展商品经济。1981年12月，我国颁布《经济合同法》。这时，改革刚刚起步，因此该法对契约自由的承认非常有限，仍带有浓重的计划经济色彩。例如要求经济合同的订立必须符合国家计划的要求。如果违反国家计划，合同无效。而且，赋予工商行政管理机关和相关产业主管部门以合同的管理权。

1985年3月，我国通过了《涉外经济合同法》。1986年4月，又出台了《技术合同法》。由此形成合同法领域三法鼎立的状况。

进入20世纪90年代，经济体制改革步伐进一步加快。1992年，我国提出经济体制改革的目标是建立社会主义市场经济。1993年，社会主义市场经济写入《宪法》。同年，第八届全国人大常委会修改了《经济合同法》，涉及政府计划以及政府机构管理合同的内容大部分被删掉。计划色彩的消退意味着契约自由的精神得到进一步体现。

到此时，我国合同法的立法仍存在不少问题需要解决。首先，《经济合同法》中有些条款留有计划经济的色彩，例如国家有权向企业下达指令性计划；其次，有关合同的成立、效力、履行、合同分论等规定缺乏严密性，概念不清晰，尚与现代合同理念有差距；最后，合同立法有三部法律，有内容重复的地方，也有各不相同的地方，有关合同的法律适用不统一。

有鉴于此，全国人大常委会自1993年起着手进行新合同法的起草工作。经过6年的修改和论证，全国人大于1999年3月通过了《合同法》，三法合一。这部法律基本消除了计划经济的色彩，契约自由原则得以充分体现，对契约正义原则也作了适当的考虑。所用的概念和规则与欧美国家主流合同理念趋同，体系完整，是比较成功的立法。该法的主要规定目前被纳入《民法典》之第三编"合同"。

五、合同法的基本原则

合同法的基本原则可以分为两类：一类体现了契约自由原则，另一类反映契约正义原则。有关契约自由的规定在前，而体现契约正义的规定在后。

1. 体现契约自由的原则

（1）合同当事人的法律地位平等，一方不得将自己的意志强加给另一方。

（2）当事人依法享有自愿订立合同的权利，任何单位和个人不得非法干预。

2. 体现契约正义的原则

（1）当事人应当遵循公平原则合理确定各方的权利和义务。

（2）当事人行使权利、履行义务应当遵循诚实信用原则，秉持诚实，恪守承诺。

（3）当事人订立、履行合同，不得违反法律，不得违背公序良俗。

（4）依法成立的合同，对当事人具有法律约束力。当事人应当按照约定履行自己的义务，不得擅自变更或者解除合同。依法成立的合同，受法律保护。

第二节 要 约

缔结合同的当事人应当具有相应的民事权利能力和民事行为能力，可以自己参与订立合同，也可以委托他人代理订立。

合同的成立指双方意思表示达成一致。合同形成的过程即为交易的谈判过程，包括两个方面：要约和承诺。本节和下一节分而述之。

一、要约的概念和构成要件

1. 要约的概念

要约是希望和他人订立合同的意思表示，该意思表示内容应具体确定、表明经对方承诺即受该意思表示约束。在贸易实务中，要约被称为发价、发盘或报价等。所使用的名称怎样并不重要，关键是分析是否符合要约的构成要件。发出要约的人为要约人，收到要约的人为受要约人。

2. 要约的构成要件

（1）构成要件一：要约的发出是以订立合同为目的。要约要么直接表明希望和他人订立合同的愿望，要么可以从内容中合理地推出该目的。

如果没有表明订立合同的愿望，即使具备某个合同的全部条款，也不是要约，只是某种信息的传递而已。

例释 A 在网络上看到一个商品需求信息，觉得对 B 有用，于是转发给 B。A 向 B 发送的是要约吗？显然不是，因其转发之目的并非要与 B 缔约。

（2）构成要件二：要约的内容应具体确定。"具体"指要约应具备将来所订立合同的基本条款，具备基本交易条件即可，不必全部具备。"基本"指能让对方明白将来所订立合同的根本条件。例如为订立买卖合同所发出的要约，至少要指明买卖的标的、数量和价格，因为这些信息是任何一个买卖合同至少应该具备的。

"确定"指要约的内容明确，能让对方有清晰、明白的理解。

例释 A 向 B 发出一个传真："现向你方提供大米 100 斤，价格每斤不高于 3 元。"传真涉及了将来买卖合同的主要事项，但价格不确定，因此不是要约。

（3）构成要件三：表明经受要约人承诺，要约人即受该意思表示约束。可以是直接表明，也可以是从要约的内容中合理推出。一般来说，只要有订立合同的意图而且要约内容具体确定，除非有相反意思表示，应可推定有受约束的表示。

例释 A向B发传真："提供大米100斤，价格每斤3元。如需要，请回复。"此为要约。如果还有一句"将来合同成立需经我方最终确认"，则表明不愿在对方承诺后即受约束，非要约。

（4）构成要件四：需向交易对方发出。要约不是目的，目的是通过要约与别人交易，因此应把要约发给要交易的对方。

例释 A向B发传真，但拨错了号码，发给了C。对C发出的不是要约。

所发给的交易对方一般应是特定的人，即发出要约的人所选定的人，发出的要约有针对性。如果发给的是不特定的人，例如广告，虽然具备要约的内容，一般不认为是要约。但也有例外规定，如果广告内容具体而确定，表明受该意思表示的约束，即具备了要约的构成要件，则为要约。

例释 A发布广告："本人有大米一袋（100斤），价格300元。有意购买者请与我联系，最先联系者保证供货。"该广告具备交易的基本条件，交易意愿确定，为要约。另外一个广告："大米一袋，300元起。"不是要约，因为数量不明确，价格也不确定。

二、要约邀请

要约邀请是希望他人向自己发出要约的意思表示。

一方向另一方发出信息表明要订立合同的愿望，但如果内容不具体明确，或者没直接或间接表明经对方承诺即受约束，则为要约邀请。如果连订立合同的愿望都没有，则为一般的信息传递。

要约邀请一般是一方想与对方订立合同，但并不想马上表明交易条件，或者虽然提出交易条件，但还想留有回旋余地。因此通过要约邀请，希望要约在对方那里发出。

例释 A向B发出传真："现我处有大米100斤，价格优惠，是否需要？"此为要约邀请。A没有给出价格，是想让对方先出价。

如果意思表示是向不特定的对象发出，如寄送的价目表、拍卖公告、招标公告、招股说明书、商业广告等，也是要约邀请。其中，商业广告的内容如果符合要约规定的，视为要约。

最高法院的司法解释规定：商品房的销售广告和宣传资料为要约邀请，但是出卖人就商品房开发规划范围内的房屋及相关设施所做的说明和允诺具体确定，并对商品房买卖合同的订立以及房屋价格的确定有重大影响的，应当视为要约。该说明和允诺即使未载入商品房买卖合同，亦应当视为合同内容，当事人违反的，应当承担违约责任。[1]

---

[1] 《最高人民法院关于审理商品房买卖合同纠纷案件适用法律若干问题的解释》第3条。

三、要约的生效

1. 要约生效的时间

要约的发出以对话方式作业，相对人知道其内容时生效。如果以非对话方式作出，则要约到达受要约人才生效。

由于在网络时代，电子邮件等网络传递成为经常使用的信息传递方式，故《民法典》对之特别作了规定：采用数据电文形式订立合同，收件人指定特定系统接收数据电文的，该数据电文进入该特定系统的时间，视为到达时间；未指定特定系统的，相对人知道或应当知道该数据电文进入其系统时生效。

2. 要约生效的法律意义

要约生效后，要约人即受到约束，不可随意修改或撤销要约。而且，如果对方在要约有效期内做出承诺，则合同成立，要约人成为合同当事人，受合同约束。

相应地，受要约人在要约生效后获得承诺的权利，既可以做出承诺，也可以拒绝，还可以修改要约内容。承诺须在要约有效期内做出，否则不成立合同。

3. 要约的有效期

要约生效后，在有效期内才对要约人和受要约人有法律意义。如果要约本身规定了要约的有效期，则依据之；如果要约没有规定，分两种情况对待：

（1）如果要约以对话方式做出，要约的有效期为"即时"，即对话当时。

（2）如不是对话方式，则要约的有效期为"合理期间"。

合理期间如何确定？一般应根据与交易有关的具体情况进行确定，包括要约人与受要约人之间以前是否有交易、交易的特点、是否有通行的行业惯例、双方的通信方式和通信时间等。一般来说，思路如下：

（1）如果双方以前有类似交易，或者有通行的行业或市场惯例，该习惯或惯例是重要判断依据。同时，还要考察本次交易的具体情况。

（2）如果没有习惯或惯例，则主要考察本次交易双方当事人的情况以及交易的内容、通信方式等，考虑受要约人作出回复需要多少时间才为合理。

例释 A向B以传真发要约："现我处有大米100斤,价格每斤10元,是否需要？" B两周后回复说要购买。B的回复是在要约的有效期（合理期间）内吗？这需要根据具体的情况来确定。例如A与B以往多次交易，B都是两周后答复，而A交货履行，则依交易习惯，可构成合理时间。如果是首次交易，考虑到传真到达对方是即时的，而且交易内容简单金额小不需要长时间考虑，因此两周后回复不在合理期间。

四、要约的撤回和撤销

1. 要约的撤回

要约人在要约生效之前取消要约为撤回要约。要约可以撤回，撤回要约的通知应当在要约到达受要约人之前或者与要约同时到达受要约人。

2. 要约的撤销

要约人在要约生效以后取消要约为撤销要约。由于要约已经生效，所以法律对撤销要约的情况有限定。如果要约是不可撤销的，则不能撤销。如果没有不可撤销的情况，则可以撤销。

要约不可撤销的情形有三：（1）要约人确定了承诺期限；（2）要约人以其他形式明示要约不可撤销；（3）受要约人有理由认为要约是不可撤销的，并已经为履行合同作了准备工作。

要约人确定了承诺期限，也就是规定了要约的有效期。既然要约的有效期非常明确，则为维持交易稳定考虑，要约人不可撤销要约。

要约中虽然没有规定要约有效期，但如果要约人以其他形式表明要约不可撤销，则要约不得撤销。例如受要约人收到要约后对要约人说：最近这段时间工作太忙，是否可以在下个星期二之前答复？要约人同意。则要约在下个星期二之前不可撤销。

第三种不可撤销的情形是为了保护受要约人的合理期待。如果受要约人有合理理由相信要约在一定时间内不可撤销，并且已经为合同履行作了准备，则如果要约人撤销要约，受要约人不仅期待落空，而且会有损失。

如果要约可撤销，撤销要约的通知应在受要约人发出承诺通知前到达受要约人。

例释 A 向 B 租了一个门面卖大米，租期一年。租期届满前一个月，B 发来通知："门面下一年的租金调整为每平方米每月 200 元。请于 12 月 15 日前携带身份证来我处办理续租手续并缴纳前三个月的租金。"通知发出后，B 又于 12 月 10 日通知 A 不续租了。第一次所发通知明确了办理续租的时间，故为不可撤销之要约，A 只要在 12 月 15 日前承诺，则 B 有义务办理续租。

五、要约的消灭

要约的消灭指要约效力的丧失。导致要约消灭的原因有：

一是受要约人的拒绝。受要约人拒绝要约，要约即使有效期未满，也即失效。要约失效的时间是拒绝的通知到达要约人之时。

二是要约人依法撤销要约。如果要约没有不可撤销的情形，则撤销使要约失效。要约失效的时间是撤销的通知到达受要约人之时。

三是承诺期限届满，受要约人未做出承诺。这也称为要约的自然失效。如果要约没有规定有效期或承诺期，则在合理期限届满后失效。

四是受要约人对要约的内容做出实质性变更。受要约人变更要约的实质性内容即是与要约人讨价还价，实际上是提出了一个新要约，也称反要约。新要约的出现使得原来的要约失效。不是所有的变更都有反要约的效果，只有是实质性变更才可使原来要约无效。有关这一点，可见本章第三节。

第三节 承　　诺

一、承诺的概念和构成要件

1. 承诺的概念

承诺是受要约人同意要约的意思表示。在贸易实务中，承诺又称接盘或接受。做出承诺的受要约人称为承诺人。

2. 承诺的构成要件

（1）构成要件一：承诺须由受要约人发出。可以是受要约人自己发出，也可是其代理人发出。代为发出的人即使没有代理权，但如果构成表见代理，也发生代理的效力。

（2）构成要件二：承诺须发给要约人。可以是发给要约人本人，也可以是发给要约人指定的人或授权的代理人。

（3）构成要件三：承诺应在要约的有效期内做出。具体有以下规则：

① 在要约尚未生效之前做出的答复，不发生承诺的效力。

② 在要约生效之后，回复必须在要约的有效期内做出方为承诺。如果要约是以对话方式做出，承诺应即时做出，当事人另有约定的除外。如果要约是以非对话方式做出，则区分两种情况：要约规定了承诺期限的，承诺应在承诺期内到达要约人；如没有承诺期的规定，则承诺应在合理期限内到达要约人。

③ 如果承诺的做出超过承诺期限，即承诺迟到，除要约人及时通知受要约人该承诺有效的以外，为新要约。实际上要约人的及时通知接受也可看作是对新要约（迟到的承诺）的承诺。有些时候，承诺的迟到并非受要约人晚发的原因，而可能是其他原因，例如传送过程中发生障碍，发出的"特快"不快等。这时，受要约人可能已经认为合同肯定成立，甚至为合同履行开始准备。一般情况下，要约人收到迟到的承诺不必理会，因为构成新要约，合同不成立。但如系邮递延迟等，这样做有违诚实信用原则，也不利于受要约人。因此法律要求在此种情况下，要约人如果不想成立合同，应通知受要约人，否则迟到的承诺有效。《合同法》规定："受要约人在承诺期限内发出承诺，按照通常情形能够及时到达要约人，但因其他原因承诺到达要约人时超过承诺期限的，除要约人及时通知受要约人因承诺超过期限不接受该承诺的以外，该承诺有效。"

④ 要约以信件或者电报做出的，承诺期限自信件载明的日期或者电报交发之日开始计算。信件未载明日期的，自投寄该信件的邮戳日期开始计算。要约以电话、传真、电子邮件等快速通讯方式作出的，承诺期限自要约到达受要约人时开始计算。

（4）构成要件四：承诺的内容应当与要约的内容一致。合同是双方的意思表示一致。如果受要约人的回复与要约的内容有出入，则意思表示没有一致，即合同不成立。早期的法律规定要求承诺必须与要约的内容完全一致，不得有任何的修改、增加或减少。回复有一点变化，即构成反要约，而非承诺。这一要求承诺的内容应绝对与要约对应的规则被称为"镜像"（mirror image）原则。

严格的镜像原则并不利于交易的方便。很多时候，回复中的变动不构成对要约实质内容的变更。在合同的实际履行过程中，有些变动甚至根本不会被涉及。例如对方在回复中加了一句：请你方在运交货物之前务必检查两次。如果所运抵的货物没有任何问题，即使对方不检查又有何干？如果仅仅因为一些不重要的变动就否认承诺，也即否认合同的存在，交易的效率会受影响，而且也会恶化诚信，因为当事人有可能恶意利用小的变动来达到毁约的目的。有鉴于此，当前各国的法律多不要求要约与承诺的严格对应，而是区分实质性变更和非实质性变更区别对待。

根据《民法典》之规定，如果受要约人对要约的内容做出实质性变更的，为新要约。有关合同标的、数量、质量、价款或者报酬、履行期限、履行地点和方式、违约责任和解决争议方法等的变更，是对要约内容的实质性变更。

如果是非实质性变更，则并不当然否定其承诺效力。但是，在具体的交易中，一些非实质性变更可能对要约人来说重要，因此也应给其一定的机会应对。有鉴于此，《民法典》规定，如果承诺对要约的内容做出非实质性变更的，除要约人及时表示反对或者要约表明承诺不得对要约的内容做出任何变更的以外，该承诺有效，合同的内容以承诺的内容为准。

二、承诺的方式

承诺是要告诉要约人要约被接受，因此应当以通知的方式做出。通知是明示的可传达信息的方式，与不涉及语言表达的"行为"相对应。行为可以是积极行为，例如在收到订货的要约后，开始准备货物；也可以是消极的，例如沉默。一般来说，以行为方式来表达自己的意愿，很难为对方所知晓，因此不构成承诺。但也有例外情况：一是根据交易习惯可以用行为方式；二是要约表明对方可以通过行为做出承诺。

三、承诺的生效

在承诺的生效时间上，英美法系采发出主义，也称投邮主义，即承诺自发出之日生效；而我国随大陆法系采到达主义，即承诺到达要约人时生效。

承诺一般以通知方式做出，故承诺通知到达要约人时生效。特殊情况下，承诺不需要通知，而是可以通过行为方式做出的，在做出符合要求的行为时生效。

以数据电文形式订立合同的，承诺到达的时间认定参见有关要约到达时间的规定。

四、承诺的撤回

承诺在未发生效力之前可以撤回。撤回承诺的通知应当在承诺通知到达要约人之前或者与承诺通知同时到达要约人。

由于承诺生效合同即成立，因此承诺不存在撤销的问题。在合同成立后，如想变更或解除合同，需双方协商或者符合合同约定或法律规定。

专题案例 8-1　悬赏广告案

争议与判决

1993 年，天津的李绍华委托朱晋华代办汽车提货手续，朱晋华却把装有提货单等重要单证的包遗失。李、朱二人在报纸上登广告，称："一周内有知情送还者酬谢 15 000 元"。拾到包的李珉看到广告后联系失主还包。失主反悔，李珉遂向法院起诉。

一审法院判决李珉败诉，理由有二：一是依据《民法通则》第 58 条，一方以欺诈、胁迫的手段或者乘人之危，使对方在违背真实意思的情况下所为的民事行为无效。法院认为李、朱二人的广告非其真实意思表示；二是依据《民法通则》第 79 条，拾得遗失物、漂流物或者失散的饲养动物，应当归还失主，因此而支出的费用由失主偿还。

李珉不服，提起上诉。二审法院认为：一审法院认定广告非发布人的真实意思缺乏充分依据。李、朱二人的广告为悬赏广告，只要李珉完成了符合广告要求的行为，即是对广告发布人的有效承诺，双方形成债权债务关系，广告发布人不得擅自变更或解除。而且该反悔行为也有违《民法通则》第 4 条规定的诚实信用原则，故不予支持。

《民法通则》规定拾得遗失物应归还失主，有法院认为这是对拾得人规定了归还的义务，因此拒绝支持拾得人获得酬谢。其实，规定归还的义务虽然意味着拾得人不可将拾取物据为己有，但不因此否定其可以获得额外报酬的权利。如果是失主自愿承诺酬谢，双方形成法律上的合同关系，获得酬谢有合法依据，法院应予以支持。

相关立法发展

悬赏广告在日常生活中随处可见，例如悬赏破案、寻人、寻物、引资、举证等。一般来说，悬赏广告是指向不特定的人发出的、表示对完成一定行为给予一定报酬的意思表示。如行为人的行为符合广告要求，即可要求报酬，不需先行承诺。一般的合同是意思表示一致的结果，即承诺对承诺，此为诺成合同，而悬赏广告是承诺对行为，属实践合同。

该案发生时，由于缺乏针对悬赏广告的专门规定，因此二审法院引用了民法的诚信原则。1999 年《合同法》出台后，最高法院在相关司法解释中明确："悬赏人以公开方式声明对完成一定行为的人支付报酬，完成特定行为的人请求悬赏人支付报酬的，人民法院依法予以支持。"2007 年通过的《物权法》第 112 条第 2 款明确规定："权利人悬赏寻找遗失物的，领取遗失物时应当按照承诺履行义务。"拾得人应当及时通知权利人领取，或者送交公安等有关部门。如果拾得人侵占遗失物，则无权请求权利人按照承诺履行义务。

思考

李、朱二人辩称：公文包内有李绍华单位及本人的联系线索，李珉不主动寻找失包人，物归原主，却等待酬金。你认为这一理由是否会影响法院的判决？

（编写参考：李珉诉朱晋华、李绍华悬赏广告酬金纠纷上诉案. 最高人民法院公报，1995（2））

第四节 合同的成立

一、合同成立的时间和地点

1. 合同成立的时间

一般来说,承诺生效时合同成立。

有时虽然经过谈判过程,但双方还约定要签订最后的确认书或合同书。当事人采用信件、数据电文等形式订立合同的,可以在合同成立之前要求签订确认书,则签订确认书时合同成立。当事人采用合同书形式订立合同的,自双方当事人均签名、盖章或者按指印时合同成立。

2. 合同成立的地点

承诺生效的地点为合同成立的地点。采用数据电文形式订立合同的,收件人的主营业地为合同成立的地点;没有主营业地的,其住所地为合同成立的地点。当事人另有约定的,按照其约定。当事人采用合同书形式订立合同的,最后签名、盖章或者按指印的地点为合同成立的地点。

合同成立的地点对将来发生争议时确定管辖的法院有意义。因合同纠纷提起的诉讼,由被告住所地或者合同履行地法院管辖。合同的双方当事人可以在书面合同中协议选择被告住所地、合同履行地、合同签订地、原告住所地、标的物所在地法院管辖。①

3. 合同事实上的成立

法律、行政法规规定或者当事人约定采用书面形式订立合同,当事人未采用书面形式但一方已经履行主要义务、对方接受的,该合同成立。

采用合同书形式订立合同,在签字或者盖章之前,当事人一方已经履行主要义务、对方接受的,该合同成立。

虽然表明合同成立的书面合同或合同书还没有签订,但如果一方履行了主要义务并且对方接受,事实上合同已经成立,法律予以承认。

二、合同的形式

合同的形式是指合同的内容以怎样的形式表现出来,主要分为三类:口头形式、书面形式和其他形式。网络时代产生一种新的形式——数据电文,目前各国法律大多视之为书面形式。

书面形式易于保存,便于交易的安全。法律如果强制性规定合同成立必须采取某种形式,主要是强制要求采用书面形式,为要式原则。如果不作强制要求,当事人可以自行确定,则为不要式原则。

---

① 《民事诉讼法》第24、25条。

本着交易以效率为先、安全为辅的精神,各国法律通行的做法是以不要式原则为主,特殊情况下对某些合同作例外规定。

我国已失效的《经济合同法》是以要式原则为主,规定:经济合同,除即时清结者外,应当采用书面形式。1999 年的《合同法》则改为以不要式原则为主。《民法典》规定:当事人订立合同,可以采用书面形式、口头形式或者其他形式。法律、行政法规规定采用特定形式的,应当采用特定形式。①当事人约定采用特定形式的,应当采用特定形式。《民法典》规定如下合同应采书面形式:租赁期 6 个月以上的租赁合同、融资租赁合同、建筑工程合同、(建筑工程)委托监理合同、技术开发合同、技术转让合同、技术许可合同、保理合同、借款合同、物业服务合同等。

上述规定中的"其他形式"是指通过行为成立合同,可以是积极行为,也可以是消极行为。一般是在有交易惯例或双方约定的情况下使用。

例释 A 长期供货于 B。合同结束后,A 又发了一批货物给 B,B 接受(积极行为)。如果 A 提供产品给 B 试用,双方约定如果 B 在 5 天内没有退货即视为接受。5 天后,B 没有退货,合同成立(消极行为)。

三、合同的内容

合同的内容即为合同所具备的条款。

1. 合同内容主要由当事人约定

合同的内容由当事人约定,只要不违反法律、行政法规或公序良俗。

2. 合同的条款

《民法典》对合同一般所具有的条款作了规定,该规定不具强制性,而是提示性的,供缔约人参考。

合同一般包括如下条款:当事人的名称或者姓名和住所;标的;数量;质量;价款或者报酬;履行期限、地点和方式;违约责任;解决争议的方法。

3. 强制性的法律规定和补充性的法律规定

如果法律对合同的内容有强制性要求的,则合同条款不得与该强制性要求相悖。这些规定主要是基于契约正义原则对某些特殊合同的干预。例如法律规定了最低工资,劳动合同中有关工资额的条款不得违反之。

有些情况下,法律的规定是有约定从约定,无约定从法律。例如合伙企业的利润分配如合伙协议有规定,依据协议;如没有协议或协商不成,《合伙企业法》规定按照实缴出资比例分配;无法确定出资比例的,由合伙人平均分配。这样的法律规定是补充性质的,其效力让位于当事人的约定。

---

① 法律、行政法规规定应采用书面形式的举例如下。《著作权法》:著作权转让合同;《专利法》:专利申请权或专利权转让合同;《商标法》:注册商标转让合同;《招投标法》:中标后签订的合同;《劳动合同法》:劳动合同;《信托法》:设立信托之合同或文件;《海商法》:船舶所有权转让合同;《合伙企业法》:合伙协议;《个人独资企业法》:投资人与受托人(管理企业)之间的合同;《城市房地产管理法》:土地使用权出让合同、房地产转让合同、房屋租赁合同;《保险法》:保险单或者其他保险凭证。

四、几种特殊合同的成立

1. 竞争缔约

竞争缔约是指以公开竞争的方式来确定最终与之缔约的人。拍卖和招标投标是典型例子。

(1) 拍卖。拍卖指以公开竞价的形式,将特定物品或者财产权利转让给最高应价者的买卖方式。其过程为:

① 拍卖委托。一方当事人委托拍卖人拍卖其财产。在我国,从事拍卖活动的拍卖人应依法设立,为企业法人。

② 发布拍卖公告。该公告列明与拍卖以及拍卖标的有关的事项。依《合同法》,该公告为要约邀请。

③ 竞价。在拍卖过程中,想购买拍卖标的的人可以竞价。竞价为提出要约,当更高的价格出现时,原来的竞价被取代。

④ 拍定。拍卖师最终确定最高价并接受之,此为拍定。拍定为承诺,合同成立。

(2) 招标投标。招标投标包括招标和投标两个阶段,也是以竞价方式选出最优投标人与之缔约。其过程为:

① 招标。可以是向社会招标,即公开招标;也可以是邀请特定的人,即邀请招标。招标公告或招标邀请书等招标文件为要约邀请。

② 投标。投标人响应招标,参加投标竞争。投标人制作和提交投标文件,即标书,是要约。

③ 决标。投标截止后,招标人应公开投标文件,此为开标。招标人应依法组织评标委员会对投标进行评审,决定最后的中标人,此为评标和定标。定标为承诺。中标人确定后,招标人应当向中标人发出中标通知书,该通知书的到达为承诺的到达。法律要求招标人和中标人应当自中标通知书发出之日起 30 日内按照招标文件和中标人的投标文件订立书面合同,招标人和中标人不得再行订立背离合同实质性内容的其他协议。该书面合同的签署标志着合同的成立。

2. 强制缔约

强制缔约是指当一方当事人提出缔约的要求时,另一方当事人必须与之缔约,而不能拒绝。强制缔约限制了合同一方当事人选择缔约对象的自由,与契约自由原则相悖,但其产生符合契约正义原则。在某些情况下,为达致社会的公平和正义,法律规定了强制缔约。

强制缔约多出现在公用事业和公共服务部门,如水、电、煤气、公共运输、公共医疗、银行等。这类部门具有社会服务性质,关系到民众的日常生活便利,而且多数部门属垄断性质,有滥用优势地位之嫌,故法律对之做出约束,强制缔约即为约束之一,目的在于保护消费者。在这类部门,价格和服务条件等一般应向社会公开,只要消费者依该条件提出缔约,非有正当理由,不可拒绝。例如,《民法典》第 810 条规定:"从事公共运输的承运人不得拒绝旅客、托运人的通常、合理的运输要求。"因此,出租车司机如为空车，不得拒载。有正当理由，方可拒绝，例如开车时间已经达到限度，需回家休息。因此公用事业部门内的强制缔约是要求产品或服务的提供者对所有用户一视同仁。即使有正当理由拒绝时，依该正当理由一般应拒绝所有的消费者。

还有一类强制缔约，属于可以选择缔约对象，但受一定条件限制。典型的例子是合同的缔约对象依法或依合同在一定条件下享有缔约的优先权，只要主张优先权的条件满足，则必须与之缔约。[①] 例如，房屋出租人出卖房屋，在同等条件下，承租人有优先购买权。有限责任公司的股东转让股权，在同等条件下，其他股东有优先购买权。

3. 格式合同

格式合同，又称定式合同、标准合同、格式条款等，指合同的条款由一方当事人提前拟订的合同。广义的格式合同包括三种情况：

（1）使用范本。主要是长期贸易交往中形成的一些固定做法或惯例，例如提单、信用证、租船合同等。这些文本一般由中立性的组织设计，目的是为方便交易，内容兼顾各方利益。

（2）当事人一方提供格式合同作为双方谈判的基础，另一方仍可提出修改、补充等。

（3）一方提供格式合同，另一方要么接受，要么走开。

上述的前两种情况为自愿接受的格式合同，双方使用格式合同或格式条款是为了交易的方便。第（3）种情况则是提供格式合同的一方有强势地位，另一方没有讨价还价的余地。使用格式合同虽能方便交易，但可能存在不公平条款。狭义的格式合同指此种情况。

随着资本主义经济的发展，大规模生产和大规模交易也随之出现。很多情况下，交易的对象众多，而且交易的性质和条件相同，如果都是一对一的谈判，则交易成本巨大。格式合同的应用有减少交易成本、增加交易效率之效。例如，企业事先印好订货单，订货时发出即可。再如银行印好信用卡条款，顾客办理业务时签字即可。

上述第（1）（2）种情况的格式合同要么由行业协会、国际组织等中立机构设计，要么由双方谈判，因此格式合同的采用者为自愿接受。而第（3）种情况下，交易双方谈判地位不对等，主要是发生在企业与消费者之间，也有可能发生在强势企业与弱势企业之间。由于格式合同的提供者具有优势地位，交易对方不得不接受可能含有不公平条款的合同，因此这类合同又称附合合同，俗称"霸王合同"。对这类合同，法律对其效力进行限制，即规定在某些情况下合同条款无效或可撤销。

五、缔约过失责任

合同成立，一方当事人如果违约，应承担违约责任。在缔约过程中，如果一方当事人有过错，给对方造成损失，应承担什么责任？显然，这时合同没有成立，不适用违约责任。适用传统的侵权责任也不合适，因为侵权涉及对具体的财产、人身等权益的侵害。

由此缔约过失责任问题被提出。最早提出者为德国法学家耶林，他在1861年的论

[①] 蒋学跃. 论强制缔约[J]. 杭州商学院学报，2004（2）：38.

文中阐述了确立这一责任的必要性：

"从事契约缔结的人，是从契约交易外的消极义务范畴，进入契约上的积极义务范畴。其因此而承担的首要义务，系于缔约时善尽必要的注意。法律所保护的，并非仅是一个业已存在的契约关系，正在发生的契约关系亦应包括在内，否则，契约交易将暴露于外，不受保护，契约一方当事人不免成为他方疏忽或不注意的牺牲品。"①

人与人之间的交易是积极主动寻找缔约对象并与之谈判以求达成合同的过程。交易双方应诚实守信、互相配合、披露真实信息，在缔约过程中应谨慎对待交易，考虑自己行为对他方的影响，并尽一定的注意义务，这样方可促进交易公平而有效率地进行。缔约过失责任的确立旨在约束交易人在缔约过程中的不正当行为以鼓励合法守信的交易。缔约过失责任又称先合同义务。

《民法典》规定当事人在订立合同过程中有下列情形之一，给对方造成损失的，应当承担损害赔偿责任：

（1）假借订立合同，恶意进行磋商。

（2）故意隐瞒与订立合同有关的重要事实或者提供虚假情况。

（3）泄露或者不正当地使用在缔约过程中获得的商业秘密。当事人在订立合同过程中知悉的商业秘密，无论合同是否成立，不得泄露或者不正当地使用。由此给对方造成损失的，应当承担损害赔偿责任。

（4）有其他违背诚实信用原则的行为。

例释 陈某在银行等待办理汇款业务时，被人抢走20万元。后案件侦破，但仍有9万多元无法追回。陈某遂起诉银行要求赔偿。法院认为：陈某到银行办理业务，说明其对该行的服务环境是信任的。款项数目较大，该行工作人员没有马上采取措施，而是称要向领导汇报，紧接着抢夺案发生。这说明该行的工作人员无职业敏感和责任心。并且，该行没有配备专职保安人员，亦无其他应急措施。同时放现金的窗口闭路电视探头损坏，不能正常运转。这些事实也说明了该行疏于防范、应急措施不力。虽然陈某被抢时业务尚未办理（合同未成立），但银行已违背了诚实信用原则，违反了先合同义务，应承担缔约过失责任。判决银行赔偿原告损失的60%。②

第五节 合同的效力

依意思自治和契约自由原则，合同当事人自由订立合同，应受合同的约束。因此，合同成立即生效，这是一般原则。如果当事人另有约定或者法律对生效规定有条件但未满足或者法律的强制规定被违反等，则可能产生合同虽成立但效力受影响的例外情况。主要有：一是合同生效的延迟，二是合同无效，三是合同的效力不确定。合同效力不确定的情况又分为两种：效力待定和可撤销。

---

① 耶林在其主编的《耶林学说年报》第四卷上发表了《缔约上过失，契约无效与未臻完全时之损害赔偿》一文。见：王利明. 违约责任论[M]. 北京：中国政法大学出版社，1996：595.
② 陈武庞诉中国农业银行睢宁县支行金融服务合同案. 人民法院报，2006-09-07.

一、合同生效的延迟

双方当事人已经完成形成合同的要约和承诺,但由于合同没有满足双方约定的或法律规定的生效条件,因此合同生效的时间延迟。

1. 附条件的合同

双方当事人可以约定合同生效的条件。只有在约定的条件得到满足(成就)时,合同方才生效。

所附于合同的条件,必须是将来可能发生的合法事实的成就或不成就,事实包括事件和行为。已经发生的事实作为条件毫无意义。确定要发生的事实不被认为是附条件,而是附期限。一定不会发生的事实使得合同的存在毫无意义。如果所附的条件是违背法律规定或者不可能发生的,应认定该合同无效。

条件的满足可以是事实的发生(成就),此为积极条件;也可是事实的不发生(不成就),此为消极条件。

如条件被满足,则合同生效。如条件没有被满足,则合同没有任何效力。当事人为自己的利益不正当地阻止条件成就的,视为条件已成就;不正当地促成条件成就的,视为条件不成就。

双方当事人也可以就合同的解除约定条件,称为解除条件。附解除条件的合同,自条件成就时失效。延缓合同生效的条件相应称为延缓条件。

2. 附期限的合同

双方当事人可以约定合同生效的期限。只有在约定的期限到来时,合同方才生效。

法律上的"期限"可以是某一个特定的日子,此为期日;也可以是时间的经过,此为期间;还可以是某一特定事实的发生。期日和期间可以预期,都是确定的期限。事实的发生如果是可以预先确定为某一时间,也是确定的期限。事实确定发生,但什么时候发生不可知,则为不确定的期限。

例释 A与B约定合同于一个月后生效(期间/确定期限)。A与B约定合同于今年奥运会召开之日起生效(事实/变相的期日规定/确定期限)。A与B约定,当A的父亲去世时,将房子卖给B(事实/不确定期限)。

双方当事人也可以就合同的解除约定期限,此为解除期限。延迟合同生效的期限相应称为延缓期限。

3. 法律法规对之有生效条件要求的合同

依法成立的合同,自成立时生效。法律、行政法规规定应当办理批准、登记等手续生效的,依照其规定。

批准是国家对某些民事活动的控制,非经批准,不可发生,是实质性的要求。而登记则是出于备案、公示和统计之目的,是偏于形式的要求。最高法院在1999年出台的有关《合同法》的司法解释中区分了批准和登记两种情况,认为对合同效力的影响不同。

(1) 如果法律、行政法规规定合同应当办理批准手续,或者办理批准、登记等手续才生效,在一审法庭辩论终结前当事人仍未办理批准手续的,或者仍未办理批准、登记等手续的，法院应当认定该合同未生效。

（2）法律、行政法规规定合同应当办理登记手续，但未规定登记后生效的，当事人未办理登记手续不影响合同的效力，合同标的物所有权及其他物权不能转移。

由此可见，批准上的缺陷可导致合同不生效。登记则区分两种情况：一是法律明文规定登记后才生效的，不登记则合同不生效；二是法律仅规定"应登记"，则不登记不影响合同的效力，但限制物权的变动。

上述司法解释的立场是进一步松动形式要求对于合同效力的影响，体现了对当事人意思自治的尊重，对市场交易自主性的尊重。有同样效果的还有对超越经营范围订立之合同的效力的解释。对于此种合同，以往的司法实践认定为无效，而最高法院1999年的司法解释则规定：当事人超越经营范围订立合同，法院不因此认定合同无效。但违反国家限制经营、特许经营以及法律、行政法规禁止经营规定的除外。

二、合同的无效

合同无效，是指成立的合同不被法律承认，自始即无效。

1. 合同无效的情形

有下列情形之一的，合同无效：

（1）无民事行为能力人订立的合同。

（2）恶意串通，损害他人合法权益。

例释 A与B约定，如果B把C的玻璃窗砸碎，A给B 100元钱。该约定损害了第三人C的利益。

（3）当事人的合同为虚假意思表示。

例释 公民甲与房地产开发商乙签订一份商品房买卖合同，乙提出，为少交契税建议将部分购房款算作装修费用，甲未表示反对。后发生纠纷，甲以所付装修费用远远高于装修标准为由，请求法院对装修费用予以变更。该装修费用条款效力应如何认定？以合法形式掩盖非法目的，其意思表示虚假，因此无效。

（4）违反法律、行政法规的强制性规定。不可将这一条规定简化成"违法的合同无效"。首先，所违反的"法"有严格限定，其中"法律"指的是由全国人大及其常委会制订颁布的法律文件，而"行政法规"是指由国家最高行政机关国务院制订颁布的规范性文件。所违反的强制性规定可分为对合同形式的要求和对合同内容的要求，违反形式要求的合同并非都不生效。

例释 培新小学租袁某的客车接送学生，双方签订合同。后培新小学不履行合同，袁某诉其违约。法院判决：袁某的客车"未取得校车使用许可，未取得公安机关管理部门发放的校车标牌，未配备取得校车驾驶资格的驾驶人员，也未投保机动车承运人责任保险，不符合国务院颁布实施的《校车安全管理条例》中对校车及经营者的强制性规定，故其与培新小学签订的《培新小学车辆租赁合同》为无效合同。"①

（5）违背公序良俗。即使合同的约定没有违反国家法律或行政法规的强制性规定，如果违背了公序良俗，也被认定是无效。

对社会公德和公共利益的尊重体现为民法的一项基本原则：公序良俗。该原则在英美法系被称为公共政策。公序良俗的全称为公共秩序和良好风俗，前者指国家或社会的根本性利益，后者则指社会中最根本的伦理道德要求。

法律对于怎样确定"公序""良俗"或"公共利益"没有明确的标准，属法官的任意裁量权限。应注意的是：公序良俗是以"公共的利益或道德"为理由否决个体行为的有效性，因此法官不可从自己对公共利益或道德的判断出发进行解释，也不应对案件事实作价值判断，而应分析如果法院支持该行为，对社会公共利益和公共道德有何影响。而且，只有该影响是非常实质性的时候，才可以做出行为或合同无效的判决。

例释 在日本，娱乐餐饮业的老板与服务小姐签订的合同里有一条款，规定服务小姐要对客人欠的债务负保证责任。即如果顾客没付款，则从服务员的工资里扣。法院认为：娱乐餐饮业中，很多来消费又赖账的客人是有钱有势的人物，老板自己对他们笑脸相迎，不敢要钱，却让服务小姐这些社会地位较低的、力量较弱小的人去要，还扣她们工资。因此，该保证条款违背了善良风俗，无效。②

2. 合同中免责条款无效的情况

合同中的下列免责条款无效：

（1）造成对方人身伤害的。

（2）因故意或者重大过失造成对方财产损失的。

例释 搬家公司与顾客签订的合同规定："如搬运途中，顾客财产发生损害，搬家公司概不承担责任。"如果顾客的财产损失是由于搬家公司人员故意或重大过失造成的，例如抽烟导致财产被烧，则搬家公司不可依该条款免责。

3. 合同无效的法律后果

无效的合同自始没有法律约束力。合同部分无效，不影响其他部分效力的，其他部分仍然有效。

合同无效后，因该合同取得的财产，应当予以返还；不能返还或者没有必要返还的，应当折价赔偿。有过错的一方应当赔偿对方因此所受到的损失，双方都有过错的，应当各自承担相应的责任。

例释 前述的校车租赁合同无效案中，袁某要求培新小学承担违约责任。因合同被认定无效，因此校方的不履行合同不构成违约。但是，袁某已交给小学的 4 000 元押金，小学应返还给袁某。

---

① 参见（2014）乌中民二终字第 328 号判决书。
② 梁慧星研究员于 1999 年 5 月 25 日所作的合同法讲座中提及此案。

专题案例 8-2　中国公序良俗第一案

事实

黄某立下书面遗嘱,将财产遗赠给婚外同居约五年并育有一子的女子张某。黄某去世后,与黄某结婚三十余年的妻子蒋某控制着全部财产,拒绝分给张某,张遂向四川省泸州市纳溪区法院起诉蒋某,主张赠与财产。

法官在判决中适用了公序良俗原则,这在司法实践中非常少见,引发了热烈讨论。本案被媒体称为我国的公序良俗第一案。

判决

一审法院认为:《民法通则》第7条明确规定民事行为不得违反公共秩序和社会公德,违反者其行为无效。黄某与蒋某系结婚多年的夫妻,应互相扶助、互相忠实、互相尊重。黄某与原告张某长期非法同居是违反《婚姻法》的行为。虽然遗嘱是黄某的真实意思表示并且形式上合法,但是是基于他与张某有非法同居关系而立下的,是一种违反公共秩序和社会公德的行为。另外,蒋某在黄某患肝癌晚期住院直至去世期间,一直对其护理照顾,履行了夫妻扶助的义务,黄某却无视法律规定,违反社会公德,漠视结发夫妻的忠实与扶助,将财产赠与与其非法同居的原告张某,实际上损害了被告蒋某合法的财产继承权,败坏了社会风气。

法院判决遗嘱无效。张某提起上诉,被驳回。

分析

上述判决有不少值得商榷的地方。德国最高法院曾判过一个类似案件,法院认为被继承人将情妇列为继承人应认定有效。法官指出:关键的问题并不在于对某一个人的行为进行评判并对这种不道德的行为进行制裁,而仅仅在于判断某项法律行为是否违反了善良风俗。由此,可以想到如下的分析思路:

1. 在案件中有两个行为,婚外同居行为和立遗嘱的行为。虽然两个行为有所联系,但不可混淆。婚外同居行为是不是道德,属于道德领域的问题。法官判案把守的是法律领域,本案中的焦点是对遗嘱这一法律行为的效力进行认定。

2. 婚外同居即使不道德,也不可因立遗嘱人有不道德的行为就否认立遗嘱这一法律行为的有效性。即使婚外同居这一行为有不法性,是否就必然可以否定另一个遗嘱行为的法律效力?因此本案中所要判断的是:如果法官支持了该遗嘱,会有怎样的社会影响,会不会影响公序良俗?

3. 有关公序良俗的内涵,法律没有清晰的规定,学术界也无一致的看法,属法官的任意裁量范围。但法官在裁量时的立场应是立足"社会",即分析如果支持该遗嘱,会有怎样的"社会"影响,而非只分析对案件中"个人"的影响。法官也不可将自己的道德好恶带到案件的审理中来。

4. 如果遗嘱是立遗嘱人真实的意思表示,即其意思自治,法院应予尊重。以公序良俗为理由来否定意思自治这一奠定市民社会基础的重要原则时，法官应慎之又慎。该公序良俗必须是对社会发展如此根本以至于可以超越意思自治。举两个被认为违反公序良俗的例子。一个是意思自治凌驾于人身自由。有偷情毛病的丈夫向妻子保证"今后不单独进行业务旅行或娱乐旅行"，法院没有应妻子的要求强制丈夫履行这个承诺，因为这个承诺限制了丈夫的行动自由，违反婚姻的道德本质。另一个是突破了道德底线。法院认为以展示"性行为"为业的行为违背善良风俗，合同无效。

那么，允许婚外情人获得遗赠是否对社会基本道德和价值观念有如此根本的影响以至于可以否认意思自治呢？这个问题留给你来思考，请说说你的看法。

（编写参考：何兵. 冥河对岸怨恨的目光. 中评网）

三、合同的效力不确定（一）：效力待定

合同效力不确定是指合同效力存在瑕疵，有两种类型：一是效力待定，指合同虽然形式上成立，但缺乏法律规定的有效要件，主要是缔约人的缔约资格有问题，因此必须得到有权人的承认或追认方才生效。二是可撤销，指合同存在可撤销的原因，如果权利人申请撤销合同，可使合同效力归于消灭。

效力待定主要涉及合同当事人缔约资格有问题的情况。

1. 限制民事行为能力人订立的合同

如果是纯获利益的合同或者与是其年龄、智力、精神健康状况相适应而订立的合同，该合同当然有效，不必经法定代理人追认。上述情况之外，经法定代理人追认后，该合同才有效。

相对人可以催告法定代理人在 30 日内予以追认。法定代理人未作表示的，视为拒绝追认。合同被追认之前，善意相对人有撤销的权利。撤销应当以通知的方式做出。

2. 无民事行为能力人订立的合同

《民法典》对此没有规定。依最高法院对《民法通则》的解释，如果是纯获利益的合同，例如接受奖励、赠与、报酬等，不应认定为无效。

3. 狭义的无权代理

如果是狭义的无权代理人订立的合同，即行为人没有代理权、超越代理权或者代理权终止后以被代理人名义订立的合同，未经被代理人追认，对被代理人不发生效力，由行为人承担责任。相对人可以催告被代理人在 30 日内予以追认。被代理人未作表示的，视为拒绝追认。合同被追认之前，善意相对人有撤销的权利。撤销应当以通知的方式做出。

4. 无权处分人处分他人财产

无处分权的人处分他人财产，经权利人追认或者无处分权的人订立合同后取得处分权的，该合同有效。

与狭义的无权代理不同的是无权处分人是以自己的名义而非权利人的名义处分财产。

如果没有追认或没有事后取得处分权，合同也不必然无效。如果取得财产的第三人（受让人）是善意的，并且以合理价格受让，而且法律要求该进行的登记已完成，则受

让人取得财产的所有权。原权利人不可以以合同无效为由要求返还财产。如果无权处分人获得价款,原权利人可要求其返还。如仍不足以赔偿损害,还可继续索赔。可参考教材第六章第一节的相关内容。

四、合同的效力不确定(二):可撤销

对于效力待定的合同,如果有事后追认或承认的情形,则其欠缺的法律要件被补正,合同有效,因此又称可补正的合同。而可撤销的合同,因为有可撤销原因的存在,合同的一方当事人有撤销合同效力的权利。如果不行使撤销权,则合同继续有效。

合同可撤销的原因有:欺诈、胁迫、重大误解和显失公平。当事人行使撤销权应向法院或仲裁机构提出,由其裁决,而不可自行行使。

1. 欺诈、胁迫

(1)欺诈。欺诈指一方当事人故意告知对方虚假情况,或者故意隐瞒真实情况,诱使对方当事人做出错误意思表示。

(2)胁迫。胁迫指通过要挟对方,例如以给公民及其亲友的生命健康、名誉、荣誉、财产等造成损害,或者以给法人的名誉、荣誉、财产等造成损害为要挟,使对方陷入恐惧,并因恐惧而被迫订立合同。

《民法通则》规定欺诈、胁迫可导致民事行为无效,而其后颁布的《合同法》则规定此类合同为可撤销或可变更。这是赋予当事人以选择权,由相关当事人自己决定是否行使撤销请求权。

例释 大李在商店买了手表,后发现该表不是商店所说的进口货,而是国产。但大李觉得该表式样和质量都不错,自己很喜欢,于是就没有追究。虽然商店欺诈,但要不要撤销合同由大李决定。合同法是尊重当事人意思自治的法律,其立法目的不是打击欺诈行为,而是保护当事人的合同权益。

2. 重大误解

误解是指错误认识。误解必须"重大"方可成为撤销的原因。根据最高法院的司法解释,所谓"重大"必须同时符合三个条件:

(1)错误认识是涉及合同的重要事项,如对行为(合同)的性质、对方当事人、标的物的品种、质量、规格和数量等的错误认识。

(2)误解导致的行为的后果与自己的意思相悖。

(3)造成较大损失。

例释 某公司董事会和股东代表大会做出公司股权整体转让的决议。依该决议,公司股权转让给刘某。公司股东(主要为职工股东)依决议办理退股手续,签署股权转让协议,并领取了退股金。后经法院判决,上述两项决议无效。部分职工以重大误解为由要求法院撤销股权转让协议获法院支持,因为职工转让股权时并非自愿,是基于对两项决议之效力的错误认识,即认为必须服从该决议而办理的退股和转让,属重大误解。

3. 显失公平

一方当事人利用对方处于危困状态、缺乏判断能力等情形，致使双方的权利与义务明显违反公平原则的，可以认定为显失公平。

上述的欺诈、胁迫或重大误解也可导致显失公平，如发生，以上述原因请求撤销即可。这里所说的显失公平是在无上述原因的情况下发生，通过撤销来纠正该不公平的交易结果。

要注意的是，这里的结果是指合同具体权利义务的设定，即分析显失公平的时间点为合同订立之时，而非分析合同履行后的结果或风险。

在英美国家，也有显失公平的规定，但法官在适用时非常慎重。在美国，法官决定是否构成"显失公平"要同时分析两个方面的因素：一是程序上的"显失公平"，即分析订约程序或订约方式是否有不公平的地方，例如是否有一方对另一方施加不正当的影响、交易双方的谈判力量是否相差悬殊、处于不利地位的人是否另外有选择机会、处于不利地位的人是否知道并且自己愿意承担风险、是否有误述、是否使用的是格式合同、格式合同的设计是否在故意遮掩一些重要条款使之不易被发现或被理解等；二是实体上的"显失公平"，即看合同条款的不公平性有多大，合同条款是否不道德、是否违反了公共政策、是否一方当事人的权利过多而另一方的义务过重？单纯的程序因素或实体因素很难让法官做出"显失公平"的决定，往往是法官在综合考虑两方面多个因素后，如果认为不仅合同条款令人难以忍受（oppressive），而且交易程序上也很不公平，才裁决"显失公平"。由此可见，对于体现市场交易的合同，法律的干预应仅限于非常例外的情况，而且法官的决定也应非常谨慎。

认定显失公平要满足两个条件：一是缔约时双方的交易机会和力量不对等，即一方当事人利用了对方的危困状态、缺乏判断能力；二是缔约产生的交易条件明显不公平，即双方的权利与义务明显违反公平原则。

利用危困状态也称乘人之危。乘人之危指一方当事人乘对方处于危难之际，为牟取不正当利益，迫使对方做出不真实的意思表示，严重损害对方利益。

例释 孕妇急于到医院分娩，出租车司机索要6倍于平时乘车费的款额。当时时值清晨，出租车少，并且情况紧急，司机的行为构成乘人之危。

4. 撤销权的消灭

撤销权的有效期是1年，自当事人知道或者应当知道撤销事由之日起计算。如果是重大误解，则为90日。如果期满没有行使撤销权，则撤销权消灭。

具有撤销权的当事人知道撤销事由后明确表示或者以自己的行为放弃撤销权，则撤销权消灭。

5. 行使撤销权的法律后果

如法院或仲裁机构裁决合同被撤销，则被撤销的合同自始没有法律约束力。如果是部分无效，无效的部分不影响合同其他部分的效力的，其他部分仍然有效。

合同被撤销后，因该合同取得的财产，应当予以返还；不能返还或者没有必要返还的，应当折价赔偿。有过错的一方应当赔偿对方因此所受到的损失，双方都有过错的，应当各自承担相应的责任。

例释 赵某将房产出租给某公司开餐厅。合同规定："房租为餐厅营业额的8%，如果租赁期内遇拆迁，该拆迁补偿款归公司。"后赵某以显失公平为由请求法院撤销该合同。法院认为：赵某签订合同时对合同内容了解，知晓未来可能的风险。对于房租的约定，国家法律法规没有强制性的规定，因此当事人可自由约定。并且对比可比时间内可比房产的租赁价格，公司实际支付的租金在评估价格范围内，而且随营业额上升，支付的租金也随之增加。国家相关法规规定了房产被拆迁时承租人享有被补偿权，双方有关拆迁补偿款归属的约定合法有效。另外，赵某起诉时间已超过签约日（应知撤销事项之日）后1年，其撤销权消灭。

五、对格式条款的特别规定

1. 格式条款的概念

格式条款是当事人为了重复使用而预先拟定，并在订立合同时未与对方协商的条款。

2. 格式条款提供方的义务

采用格式条款订立合同的，提供格式条款的一方应当遵循公平原则确定当事人之间的权利和义务，并采取合理的方式提请对方注意免除或者限制其责任的条款，按照对方的要求，对该条款予以说明。

3. 格式条款无效的情形

格式条款如构成前文所述合同无效或者免责条款无效的情形，该格式条款无效。

另外，提供格式条款一方免除其责任、加重对方责任、排除对方主要权利的，该条款无效。

4. 格式条款的解释

对格式条款的理解发生争议的，应当按照通常理解予以解释。对格式条款有两种以上解释的，应当做出不利于提供格式条款一方的解释。格式条款和非格式条款不一致的，应当采用非格式条款。

例释 当前商业促销铺天盖地。在一些有奖销售活动中，经常在抽奖规则中看到这样的话："对本次活动本公司保留最终的解释权"。当双方就抽奖规则发生解释上的争议时，应怎样解释？

六、对消费者合同的特别规定

消费者合同是指合同一方为消费者的合同。由于消费者在谈判力量上薄弱，各国多有保护消费者的专门立法。格式条款是消费者合同中常见的形式。

我国《消费者权益保护法》的以下规定可用于对消费者合同（主要是格式条款等）的分析：

（1）总的原则。经营者与消费者进行交易，应当遵循自愿、平等、公平、诚实信用的原则。

（2）消费者进行交易的相关权利。主要包括：知情权，即有权获取与交易有关的真实而充分的信息；自主选择权，即自主选择交易对象、商品或服务、交易方式等并有权对比鉴定和作自主决定；公平交易权，即消费者有权获得公平交易条件，有权拒绝经营者的强制交易行为。

（3）经营者的重要格式条款提示义务。经营者使用格式条款，应当以明显方式提请消费者注意商品或者服务的数量和质量、价款或者费用、履行期限和方式、风险警示、售后服务、民事责任等与消费者有重大利害关系的内容，并按照消费者的要求予以说明。

（4）对格式条款等的公平合理性要求。经营者不得以格式条款、通知、声明、店堂告示等方式，做出排除或者限制消费者权利、减轻或者免除经营者责任、加重消费者责任等对消费者不公平、不合理的规定，不得利用格式条款并借助技术手段强制交易。格式条款、通知、声明、店堂告示等含有前面所列内容的，其内容无效。

专题案例8-3　陈发树诉红塔公司

事实与请求

2009年9月10日，云南红塔集团有限公司（以下简称红塔公司）与陈发树签订了《股份转让协议》（以下简称《协议》），将其持有的占云南白药集团（上市公司）总股本12.32%的股份全部转让给陈发树，总价款超过22亿元。签约后，陈发树依约支付了价款，红塔公司则依约进行信息披露和上报上级机构办理审批手续。

2011年4月27日，陈发树向红塔公司发函催促对方办理股份过户。红塔公司回复：已办理报批，但尚未收到批复，因此无法办理过户。

2011年12月21日，付款后等待了两年多仍无果的陈发树向云南高院起诉红塔公司，请求：确认《协议》合法有效，判令红塔公司履行该协议；确认红塔公司未恰当履行报批之合同义务，构成违约，判令其承担违约责任。

2012年1月17日，中国烟草总公司（以下简称中烟总公司）做出不同意本次股份转让之批复。

一审判决

云南高院确认《协议》合法有效，理由是：该协议为双方的真实意思表示，内容未违反法律法规的强制性规定，并且《协议》第30条规定了"本协议自签订之日起生效"。

该第30条还规定："但须获得有权国有资产监督管理机构的批准同意后方能实施"。因此法院不予支持陈发树要求对方全面履行义务办理股份过户的请求，因为该转让目前未获批。

《协议》签订后的第二天，红塔公司就及时依约履行了相应的信息披露手续并向其上级机构红塔烟草（集团）有限责任公司上报了相关审批手续，未构成违约，因此也不承担违约责任。

二审判决

陈发树不服一审判决上诉到最高法院。

最高法院并不认为该《协议》有效。本案所涉股份为国有股权,国务院《企业国有资产监督管理暂行条例》规定:"国有资产监督管理机构决定其所出资企业的国有股权转让","所出资企业投资设立的重要子企业的重大事项,需由所出资企业报国有资产监督管理机构批准的,管理办法由国务院国有资产监督管理机构另行制定,报国务院批准。"之后,经国务院同意,相关机构出台了对国有股东转让所持上市公司股份行为进行规范的相关办法,规定:股份转让协议签订后,"应按规定程序报国务院国有资产监督管理机构审核批准"。

依据有关烟草行业产权转让之审批程序和权限的规定,本案之股份转让,应由各单位逐级上报中烟总公司(国家烟草专卖局),再由中烟总公司报财政部审批。中烟总公司做出的不同意股份转让的批复,终结了报批程序。

本案之《协议》是《合同法》所规定的"法律、行政法规规定应当办理批准、登记等手续生效的,依照其规定"之情形。由于报批程序结束,《协议》已确定无法得到有权机关批准,故应依法认定为不生效合同。并且,前述《合同法》之规定是合同的法定生效条件,属于强制性规定,不允许当事人通过约定的方式予以变更,因此尽管当事人对合同生效有约定,但仍要依据上述法律规定来判断合同之效力。

既然《协议》不生效,红塔公司无须承担违约责任。可类比有关合同无效或可撤销的规定,返还因该合同取得的财产。因此最高法院判决红塔公司返还已收取价款给陈发树,并给付相应利息,利息标准根据公平原则应按照银行同期贷款利率计算。

思考

一审认定"合同合法有效",但双方还约定(《协议》第26条),如得不到批准,则红塔公司"不计利息"退款给陈,"本协议自乙方(陈)收到甲方(红塔公司)退还的全部款项之日起解除"。因此,未能批准是双方约定的解除条件,当解除条件成立,协议解除。二审则认定"合同未生效",因其未满足法定生效条件,并且该法定生效条件高于约定。你赞同哪一个的分析思路?

陈发树指出:中烟总公司不是审批机构,但它做出不同意转让之决定并且没有上报有权审批机构(财政部),因此不应产生对本案股权转让不批准的法律效力,其行为应构成红塔集团对陈发树的违约。但最高法院认为:虽然中烟总公司无权审批股权转让,但作为红塔集团的出资人,根据国有资产监督管理相关规定,行使股东重大决策权和国有资产出资人权利,其做出的不同意本次股权转让的批复,终结了《协议》的报批程序。此外,中烟总公司是红塔集团的出资人,属于独立的主体,且不是《协议》的当事人,将中烟总公司的行为视为红塔集团违约亦缺乏法律依据。请问:你赞同陈发树的看法还是最高法院的分析?

(编写参考:最高人民法院(2013)民二终字第42号判决书)

法规指引

> 国家法律：《民法典》《拍卖法》《招标投标法》

拓展与思考

1. 推荐阅读

美国学者波斯纳指出：自愿达成协议进行交换的活动对促进资源向更高价值之使用转移非常重要，但有实现的障碍存在。如果合同双方当事人能同时履行契约义务，如一手交钱一手交货，则不需要法律对自愿交换过程的干预。但现实中合同履行往往不是同时进行，由此有两种危险存在：一是投机（opportunism）；二是偶发事件（contingency）。合同法正是为此提供救济的。

投机行为指不顾他人利益来利用机会。例如 A 雇 B 为他盖房子，约定房子盖成后付工钱。房子盖成后，A 有可能拖延付款或压价。同样，如果约定是先付钱后盖房子，则 B 有投机的优势，例如为节省成本而降低房屋质量。法律的干预可以抑制投机行为，尽量使交易双方达到各自目的，从而促进资源的配置效率。

偶发事件则是指未来的不确定性。例如 A 想卖一样东西，B 出价 50 元，C 出价 100 元。将东西卖给 C 是有效率的结果，但问题是 B 是立即支付，而 C 是要过几天才支付。因此 A 有可能因对未来不确定性的担心而将东西卖给 B。法律的保障可以强化 A 对 C 所作之承诺的信任，减少 A 对偶发事件的担心，可促进资源的有效配置。

以上是学者从经济学角度分析合同法的一个片段，你认为上述解释有道理吗？有兴趣的同学，推荐阅读：《法律的经济学分析》中有关合同法的章节，该书作者为美国学者理查德·A. 波斯纳，由蒋兆康翻译，中国大百科全书出版社于 1997 年出版。

2. 问题解决

法律上有关合同的规定，与现实中很多人对合同的通常理解很不一样。有一个企业经理说："订合同就是大家坐下来谈判，谈好了起草书面合同，然后签字盖章，一人一份，合同就订好了。"请你给他上一课，讲讲他对合同的理解有哪些不完善或不正确的地方。另外，请你给他提提建议：企业在订立合同时应注意些什么？

3. 制度变革

以显失公平请求法院变更或撤销合同，有两种情况：一是合同订立时显失公平；二是合同订立后显失公平。我国 1999 年通过的《合同法》只规定了第一种情况作为可撤销或可变更的理由。第二种情况是指在合同订立生效后，由于原来合同订立时所基于的客观现实情况和环境发生重大变化，使得合同如果继续履行，会对一方当事人利益造成很大损害，对之过于不公平。该情况也称"情势变更"（或"情势变迁""情事变更"，change in circumstance），被德国、日本等国立法和司法实践采纳。

我国的合同法草案中曾经有关于"情势变更"的规定，但在全国人大审议时受到人大代表"几乎是一致地反对"而被删除。

2020 年通过的《民法典》则规定了"情势变更"。你认为法律应否规定情势变更呢？在适用的时候，应如何理解和解释"情势变更"？在学习了第九章第四节第二部分后，可再思考此问题。

4. 观点争鸣

重新阅读专题案例8-2，谈谈你的看法。可分以下立场进行辩论：

正方：支持判决该遗嘱无效；

反方：反对判决该遗嘱无效。

5. 法官判案

A银行的ATM机上贴了一张A4大小的纸张，上面以3号黑色打印字体写着："跨行取款的银行卡如被吞卡，请在次日起三日内携带有关证件领取，过期不领，卡将被销毁。"假设大李持B银行的卡到A银行的ATM机上取款，结果卡被吞。大李在五天后才来领取，但被告知卡已被销毁。大李承认自己看到了贴在ATM机上的声明，但觉得很不合理，就没有当真。

如果大李诉诸法院。你作为法官，会如何判决此案？如果你认为上面所提供的事实不足以让你做出判决，也可以说一下分析该案的思路。

6. 网络搜索

搜索关键词——"马云契约门"或"支付宝事件"。

法治社会是契约社会。契约精神被认为是基本商业道德"诚信"的体现，是市场经济的基石。2011年6月，胡舒立发文炮轰马云违背契约原则，指出："事情发生在国内外深受尊重、被视为中国企业家标杆人物的马云身上，发生在中国引以为豪的成功企业阿里巴巴，其'负示范作用'就更为显著，可能直接影响海外投资者对中国公司的信任……"胡舒立缘何发怒？马云如何为自己辩护？当事方雅虎和软银又是如何反应？争议最终如何收场？你认为马云在该事件中是否诚信？

第九章 合同的履行与违约责任

❀ **本章学习要点**
- ✧ 合同的履行：履行的原则、补充性法律规则、履行抗辩权
- ✧ 合同的担保：保证、定金
- ✧ 合同的终止与解除
- ✧ 违约责任：继续履行、赔偿损失、违约金

第一节 合同的履行

合同的履行是合同债务人履行其义务，债权人实现其权利的过程。交易之目的因合同的履行而实现。

一、合同履行的原则

1. 全面履行原则

合同体现了当事人之间的承诺，一方承诺后，交易对方由此产生对承诺的信赖并依之行为。不遵守合同的约定即为失信，既损害了对方的利益，也不利于交易的安全和效率。双方当事人应依照合同的约定全面履行自己的义务，兑现自己的承诺，此为全面履行原则。《民法典》在"合同的履行"这一部分首先规定了这一原则，可见其重要性。

所谓"全面"是指：不仅履行的标的及其质量、数量、规格等要符合合同约定，而且履行期限、履行地点、履行方式等也要符合合同约定。即当事人要遵守自己在合同中做出的所有承诺。

2. 协作履行原则

合同的履行往往需要交易对方的配合才能完成。如果合同本身对有关配合的事项有约定的，从约定。即使没有约定，法律也要求合同当事人依诚实信用原则给予履行方适当的配合，此为协作履行原则。

《民法典》第509条第2款规定："当事人应当遵循诚信原则，根据合同的性质、目的和交易习惯履行通知、协助、保密等义务。"

诚信原则是民法以及合同法的一项根本原则，被称为"帝王条款"。对这一原则，法律并未做详细解释，属法官任意裁量范围。

3. 经济合理的原则

当事人在履行合同时，应顾及债权人的利益，以尽量经济合理的方式或途径来履行

债务,以实现合同的目的。

合同的目的涉及两方当事人的利益。经济合理原则不要求债务人以折损自己利益为代价来实现对方的权益,而是要求债务人如果有几种可行的履行方式都可达到履行的目的时,在不增加自身成本的前提下,尽量选用经济效益为佳的那种。

另外,本章第五节违约责任中提及的减损规则也体现了经济合理原则。

4. 补充履行原则

合同不可能穷尽履行的一切细节。合同生效后,当事人就质量、价款或者报酬、履行地点等内容没有约定或者约定不明确的,不可因此不履行,而应依以下顺序确定履行的依据:首先,协议补充;其次,不能达成补充协议的,按照合同有关条款或者交易习惯确定;再次,仍不能确定的,依照法律规定履行。

上述顺序所确定的规则是对原来有缺陷合同的补充,补充履行原则是指在合同规定有缺陷时,应依法补充合同履行的依据,继续履行合同。这一原则是全面履行原则的延伸。

二、有关合同履行的补充性法律规则

如合同有缺陷影响履行,法律首先尊重的是当事人的意志,即由其协议补充。协议不成,依据合同有关条款或交易习惯确定。仍不能确定的,就由法律规定的规则补进,因此这些法律规则是补充性的。

1. 质量要求不明确

按照国家标准、行业标准履行;没有国家标准、行业标准的,按照通常标准或者符合合同目的的特定标准履行。

2. 价款或者报酬不明确

如果不是实行政府定价或政府指导价的,按照订立合同时履行地的市场价格履行;如果是依法应当执行政府定价或者政府指导价的,按照规定履行。

执行政府定价或者政府指导价的,在合同约定的交付期限内政府价格调整时,按照交付时的价格计价。逾期交付标的物的,遇价格上涨时,按照原价格执行;价格下降时,按照新价格执行。逾期提取标的物或者逾期付款的,遇价格上涨时,按照新价格执行;价格下降时,按照原价格执行。

3. 履行地点不明确

给付货币的,在接受货币一方所在地履行;交付不动产的,在不动产所在地履行;其他标的,在履行义务一方所在地履行。

4. 履行期限不明确

债务人可以随时履行,债权人也可以随时要求履行,但应当给对方必要的准备时间。

5. 履行方式不明确

按照有利于实现合同目的的方式履行。

6. 履行费用的负担不明确

由履行义务一方负担。因债权人原因增加的履行费用由债权人负担。

三、债务人的履行抗辩权

履行抗辩权是指债权人行使债权时,债务人根据法定事由,对抗债权人行使请求权的权利。该权利由法律赋予,只要符合法律规定的条件,合同的债务人就可暂时拒绝对方的履行请求。由于该权利的行使有法律依据,故不构成违约。

1. 同时履行抗辩权

当事人互负债务,没有先后履行顺序的,应当同时履行。一方在对方履行之前或者在对方履行债务不符合约定时,有权拒绝其履行要求。

互负债务的合同也称双务合同,合同当事人互为债权人和债务人,因此债务的履行需要确定顺序。如果依合同约定或交易习惯等可以确定履行的先后顺序,依该顺序履行。如果不能确定,应同时履行。如果对方自己没有履行而要求我方履行,己方可以拒绝。对方虽然已经履行但履行不合约定,己方也可拒绝履行。

同时履行的情况下,合同双方当事人都有同时履行抗辩权。

例释 小李把房子卖给小周,双方签了合同。合同并未规定是先付房款,还是先办房屋过户手续。于是小周不愿先交房款,小李也不愿先办手续。双方都有同时履行抗辩权,因此都不违约。

2. 先履行抗辩权

先履行抗辩权发生在履行有先后顺序的双务合同中,先履行一方如果没有履行其义务或履行有问题的,后履行的一方可以拒绝履行己方的义务。

例释 上一个例子中,如果合同规定了先办理手续后付钱,如小李未办手续之前要求小周付房款的话,则小周可依先履行抗辩权拒绝。

3. 不安抗辩权

在双务合同的履行中,如果应当先履行的一方发现对方履约能力有问题,可以依法行使不安抗辩权,中止履行自己的债务。之所以称为不安抗辩权,是因为基于对交易对方的履约能力的"不安"而产生此权利。在另一方当事人履约能力有问题的情况下,如果己方继续履约,则将来己方利益可能受损,故法律赋予其此抗辩权。

导致先履行人不安的情况有:

(1) 经营状况严重恶化。

(2) 转移财产、抽逃资金,以逃避债务。

(3) 丧失商业信誉。

(4) 有丧失或者可能丧失履行债务能力的其他情形。

主张不安抗辩权的先履行人必须有确切证据证明上述情况的存在。如果没有确切证据而中止履行己方义务,应承担违约责任。

当事人依法行使不安抗辩权中止履行的,应当及时通知对方。对方提供适当担保后,应当恢复履行。中止履行后，对方在合理期限内未恢复履行能力并且未提供适当担保的，中止履行的一方可以解除合同。

例释 继续上面的例子。小李正打算办理过户手续，得知小周被债主告上法庭。小李可中止履行合同，但要通知小周。小周知道后，找来某信誉良好的公司作担保。这时，小李应恢复履行。

4. 无法履行抗辩权

应履行义务的一方如果因对方原因导致己方无法或很难履行义务，可中止履行。

例如：债权人分立、合并或者变更住所没有通知债务人，致使履行债务发生困难的，债务人可以中止履行或者将标的物提存。

例释 继续上面的例子。小李办好过户手续后，小周依约来付款，却发现无法联系上小李，无法得到其收款账户。到小李留下的地址去找他，单位不知其去向，家里也无人。小周可中止义务履行。

四、债权人的法定权利

上述的抗辩权是法律赋予债务人的，而这里介绍的权利也由法律规定，但是赋予债权人。这些规定的目的是保护债权人基于合同之利益的实现。

1. 提前履行情况下债权人的权利

债权人可以拒绝债务人提前履行债务，但提前履行不损害债权人利益的除外。债务人提前履行债务给债权人增加的费用由债务人负担。

例释 合同规定卖方在4月1日交货。卖方想提前几天交货，如不损害买方利益，可以提前交。但买方指出自己还没腾出仓库，如果提前交，需租赁其他地方储存。这时若卖方提前交货，要承担所增加的保管、运输等费用。

2. 部分履行情况下债权人的权利

债权人可以拒绝债务人部分履行债务，但部分履行不损害债权人利益的除外。债务人部分履行债务给债权人增加的费用由债务人负担。

3. 请求行使代位权

因债务人怠于行使其对第三方的到期债权，对债权人造成损害的，债权人可以向法院请求以自己的名义代位行使债务人的债权，但该债权专属于债务人自身的除外。代位权的行使范围以债权人的到期债权为限。债权人行使代位权的必要费用，由债务人负担。

例释 买方A到期不支付贷款5万元。卖方B得知C欠A一笔贷款10万元，而A却不找C索要。B可向法院请求行使代位权，向C索要，但只可索要5万元。

4. 请求撤销债务人的行为

因债务人放弃其债权或者无偿转让财产等行为，对债权人造成损害的，债权人可以请求法院撤销债务人的行为。债务人以明显不合理的低价转让财产，对债权人造成损害，并且受让人知道该情形的，债权人也可以请求法院撤销债务人的行为。撤销权的行使范围以债权人的债权为限。债权人行使撤销权的必要费用，由债务人负担。

撤销权自债权人知道或者应当知道撤销事由之日起 1 年内行使。自债务人的行为发生之日起 5 年内没有行使撤销权的，该撤销权消灭。

例释 继续上面的例子。如果 A 不付款给 B，还与 C 签协议豁免 C 的债务，则 B 可请求法院撤销该协议。

第二节 对合同的担保

为叙述方便，本节将对合同的担保简称为"合同担保"。

当事人愿意订立合同，是基于对对方履约能力的信任。但很多情况下，当事人对彼此之间的履约能力尚有担心，为消除交易方的担忧，强化履约信用，当事人可以对合同提供担保。因此，合同担保的目的是确保合同的履行。

担保方式包括人的担保、物的担保和金钱担保。其中物的担保是指在债务人或其他人的财产上设立担保物权，以保障债权的实现，包括抵押、质押、留置等形式。关于物的担保，本书第六章第一节已涉及，在此不再赘述。下面介绍人的担保和金钱担保。

一、人的担保

1. 保证

人的担保称为"保证"，指保证人和债权人约定，当债务人不履行或不能债务时，保证人按照约定履行债务或者承担责任的行为。

保证实际上是在债务人之外又增加一个第三人作为保证人来为债务的履行提供保障。保证人并不提供实际的财产或金钱，而是承诺在债务人不履行或不能履行债务时承担相应责任，因此保证是保证人以其信用为担保。

2. 保证人

保证人可以是公民，也可以是法人或其他组织，具有代为清偿债务的能力。这里所说的"其他组织"主要包括依法登记领取营业执照的独资企业、合伙企业、联营企业、中外合作经营企业；经民政部门核准登记的社会团体；经核准登记领取营业执照的乡镇、街道、村办企业。"具有代为清偿债务的能力"不是指实际上具有该能力，而是指具有法律上的合法资格和行为能力。如果保证人没有完全代偿能力，签订保证合同后又以此为借口要求免除保证责任，法院不予支持。

保证人需要有独立承担债务的能力。企业法人的分支机构、职能部门不得为保证人。企业法人的分支机构有法人书面授权的，可以在授权范围内提供保证，如超过授权范围提供保证，则超出部分无效。分支机构未经法人书面授权提供保证的，保证合同无效。债权人和企业法人有过错的，应当根据其过错各自承担相应的民事责任；债权人无过错的，由企业法人承担民事责任。

国家机关虽然是独立的法人，但并非营利机构，其财产专款专用。其既不宜介入民商事活动，而且如承担大数额的担保责任，可能引发财政风险。因此《民法典》规定其不得为保证人。有一例外情形，即经国务院批准为使用外国政府或者国际经济组织贷款进行转贷的除外。

学校、幼儿园、医院等以公益为目的的非营利法人、非法人组织，也不得为保证人。公益单位如果承担担保责任有可能减少其财产，而财产减少会影响公益目的的实现，造成社会影响，故法律予以禁止。从事经营活动的事业单位、社会团体可以提供保证。

上述的国家机关或公益单位违法提供担保的，该担保无效。如果担保人有过错，依过错承担责任，具体而言就是对因其过错造成的损失进行赔偿。

例释 某乡政府为支持农业合作社，为合作社社员贷款开具承诺函，承诺对贷款本息承担连带保证责任。后某社员到期未还款，债权人要求该乡政府还本付息。法院判决：国家机关不得作为保证人，因此该承诺函无效。但该乡政府应知自己不能担保而为之，有过错；债权人未尽审查之注意，也有过错。《担保法》规定：债权人、担保人有过错的，担保人承担民事责任的部分，不应超过债务人不能清偿部分的1/2。因此判决该乡政府对未偿还部分的一半承担清偿责任。

3. 单独保证与共同保证

保证人可以是一个，为单独保证。共同保证指多个保证人共同担保同一债权。

根据共同保证的保证人承担责任方式的不同，可分为按份共同保证和连带共同保证。如果保证合同约定了各保证人的保证份额，则保证人应按该份额承担保证责任，此为按份共同保证。如果没有约定保证份额，保证人承担连带责任，此为连带共同保证。

4. 一般保证和连带责任保证

从保证责任的承担上来看，保证可分为一般保证和连带责任保证。

（1）一般保证。一般保证指当事人在保证合同中约定，债务人"不能"履行债务时，由保证人承担保证责任。

一般保证的情况下，如果要求保证人承担保证责任，需满足一个前提条件，即债务人"不能"履行债务。债权人要证明债务人履行债务不能方可要求保证人承担责任，否则保证人可以拒绝承担责任。

（2）连带责任保证。连带责任保证指当事人在保证合同中约定保证人与债务人对债务承担连带责任，即债务人在主合同规定的债务履行期届满没有履行债务的，债权人可要求债务人履行债务，也可要求保证人在其保证范围内承担保证责任。

对于连带责任保证，只要到期没有履行债务的事实（即"不履行"）发生，债权人即可要求保证人承担责任，不需证明债务人的履约能力。

当事人对保证方式没有约定或者约定不明确的，按照一般保证承担保证责任。

5. 保证合同

保证合同由保证人与债权人签订，应当采用书面形式。

保证合同可以有多种方式，只要是书面形式并且能表明保证人提供保证的意志，即构成保证合同。其主要形式有：

（1）单独的保证合同。该合同为从合同，债权人与债务人之间的合同为主合同。

（2）在主合同中设保证条款，由保证人签署。

（3）主合同中虽然没有保证条款，但是保证人在主合同上以保证人的身份签字或者盖章的，保证合同成立。

（4）第三人单方以书面形式向债权人出具担保书，债权人接受且未提出异议的，保证合同成立。

保证合同应当包括以下内容：被保证的主债权种类、数额；债务人履行债务的期限；保证的方式；保证担保的范围；保证的期间；双方认为需要约定的其他事项。

6. 保证的范围

保证合同对保证责任的范围有约定的，随约定。如果没有约定或者约定不明确的，保证人应当对全部债务承担责任，包括主债权及利息、违约金、损害赔偿金和实现债权的费用。

7. 保证的期间

如果保证合同有约定的，从约定。如果没有约定，保证期间为主债务履行期届满之日起6个月。

在保证期间，债权人未要求保证人承担保证责任的，保证人免除保证责任。

8. 主合同的变动与保证责任

保证期间，如果是债权转让，即债权人依法将主债权转让给第三人的，保证人在原保证担保的范围内继续承担保证责任。保证合同另有约定的，依约定。

保证期间，如果是债权人许可债务人转让债务的，应当取得保证人书面同意，保证人对未经其同意转让的债务，不再承担保证责任。

债权人与债务人协议变更主合同的，应当取得保证人的书面同意，未经保证人书面同意的，保证人不再承担保证责任。保证合同另有约定的，从约定。

二、金钱担保

对合同的金钱担保主要指定金。

1. 定金的种类

（1）履约定金。定金可用以担保合同的履行，指合同一方当事人在合同履行之前给予对方当事人一定数额的金钱作为合同履行的保障。根据《民法典》的规定，当事人可以约定一方向对方给付定金作为债权的担保。

（2）立约定金。定金还可以用来担保主合同的订立。当事人可以约定以交付定金作为订立主合同的担保。

2. 定金合同的成立和生效

定金应当以书面形式约定，当事人在定金合同中应当约定交付定金的期限。定金合同从实际交付定金之日起生效。

定金合同可以是单独订立的书面合同，包括当事人之间具有担保性质的信函、传真等，也可以是主合同中的担保条款。当事人交付留置金、担保金、保证金、订约金、押金或者订金等，但没有约定定金性质的，当事人主张定金权利的，法院不予支持。

定金的数额由当事人约定，但不得超过主合同标的额的 20%，如果超过，对于超过的部分，法院不予支持。实际交付的定金数额多于或者少于约定数额，视为变更定金合同。收受定金一方提出异议并拒绝接受定金的，定金合同不生效。

例释 "订金"与"定金"，一字之差，但法律效果截然不同。如果写的是订金，又不对其"定金"性质作说明，为预付款性质，不适用定金罚则。

3. 定金罚则

（1）履约定金。债务人履行债务后，定金应当抵作价款或者收回。

给付定金的一方不履行约定的债务的，无权要求返还定金；收受定金的一方不履行约定的债务的，应当双倍返还定金。因此定金对双方当事人的合同履行均有约束。

因当事人一方迟延履行或者有其他违约行为致使合同目的不能实现，可以适用定金罚则，但法律另有规定或者当事人另有约定的除外。当事人一方不完全履行合同的，应当按照未履行部分所占合同约定内容的比例，适用定金罚则。

（2）立约定金。当事人约定以交付定金作为订立主合同担保的，给付定金的一方拒绝订立主合同的，无权要求返还定金；收受定金的一方拒绝订立合同的，应当双倍返还。

当事人约定以交付定金作为主合同成立或者生效要件的，给付定金的一方未支付定金，但主合同已经履行或者已经履行主要部分的，不影响主合同的成立或者生效。

定金交付后，交付定金的一方可以按照合同的约定以丧失定金为代价而解除主合同，收受定金的一方可以以双倍返还定金为代价而解除主合同。对解除主合同后责任的处理，参见本章第四节有关合同解除的部分。

4. 定金责任的免除

因不可抗力、意外事件致使主合同不能履行的，不适用定金罚则。因合同关系以外第三人的过错，致使主合同不能履行的，适用定金罚则。受定金处罚的一方当事人，可以依法向第三人追偿。

专题案例 9-1　定金之争

事实

太阳公司是楼盘的开发商，月亮公司是太阳公司的代理销售商，授权书只写明"全权代理楼盘销售"。星星经月亮公司介绍，打算购买1栋3号房一套。由于1栋正在施工，不便参观，所以月亮公司带领星星参观了户型相同的5栋3号房。看后，星星表示满意，决定购买。星星在月亮公司的房产认购单上签字，并交纳定金1万元。房产认购单上写明了星星要购买的房屋的情况以及价格、签约时间等，还注明"如客户不按时至指定地点办理签约，视为放弃认购权，客户所付定金不予退还"字样。

到了签约日，星星来到了月亮公司。看合同时他发现1栋3号房只有客厅空调的外机预留机位,没有卧室空调的预留机位,而他所参观的 5 栋 3 号房则都有。月亮公司翻阅太阳公司的设计图、宣传单等有关资料,发现的确没有。星星提出增加机位,但月亮公司认为这会更改楼房设计,影响楼房美观,因此拒绝。双方未能签约。

星星诉诸法院,要求太阳公司和月亮公司双倍返还定金。

问题

如果你是法官,会做出怎样的判决?请先不要看下面的分析,自己尝试给出判决。除了运用本章所学的内容外,还要综合运用已经学过的其他法律知识。

判决

1. 双方约定的定金,其目的是担保主合同的订立,为立约定金。定金条款明确说明了定金的性质,因此有效。定金条款从星星交付定金时生效。

2. 立约定金的目的在于促进双方依约定订立合同。有的情况是在交纳定金前已经将合同的所有细节问题谈妥,只等最后签约,这时如有一方拒绝签约,则适用定金罚则。还有一种情况是在交纳定金之前虽然达成初步意向,但是并未就合同具体内容谈妥。尤其是涉及房地产这样价值重大的物品,应当允许双方在定金条款生效后继续协商具体合同内容,除非双方明确表示不需要再协商。

3. 在协商的过程中,双方不可恶意阻止合同的订立。星星参观的楼房有卧室的预留机位,但实际购买的却没有。而且,没有预留机位的确为买主生活造成了不方便,因此星星提出此项要求并无不当。月亮公司也没有过错,因为他们并非故意隐瞒房屋没有预留机位的情况,而且以"改变设计,影响楼房外观"为理由拒绝也有合理之处。太阳公司在有关资料中如实反映了事实,因此也无过错。

三方当事人都无过错,没有《合同法》所规定的缔约过失情况,不承担缔约过失责任(见第八章第四节)。因此,星星的定金应被退还,不支持双倍返还的请求。

4. 太阳公司与月亮公司之间是委托代理关系。被代理人应对代理人在代理权限内的行为承担责任。授权书只写明"全权代理销售",对定金收取问题并未写明,属授权不明。委托书授权不明的,代理人负连带责任(见第二章第二节)。故太阳公司和月亮公司在返还星星定金上负连带责任。

(编写参考:北京市通州区人民法院相关案例)

第三节 合同的变更与转让

一、合同的变更

这里所说的合同的变更指合同内容的变更。广义的合同变更还包括合同主体的变更,即下一部分所述的合同的转让。

1. 合同变更的含义

合同变更发生在合同成立后、效力终止之前,是合同内容的变化,包括标的物、履行方式、履行期间、合同性质、争议解决方式等有关合同具体权利义务条款的变动。

2. 合同变更的法律规则

合同成立后即形成合意，当事人单方不可变更。如要变更，必须协商，达成一致意见。当事人对合同变更的内容约定不明确的，推定为未变更。

法律、行政法规规定变更合同应当办理批准、登记等手续的，依照其规定。

二、合同的转让

1. 合同转让的含义

合同的转让指合同主体的变动，即不改变合同现有的权利义务内容，只是权利义务的承受人发生变动。

合同的转让可以是权利的转让或义务的转让，也可以是权利加义务的概括转让。合同转让并不一定需要双方协商一致，视情况而定。如果法律、行政法规规定转让权利或者转移义务应当办理批准、登记等手续的，依照其规定。

2. 权利的转让

债权人可以将合同的权利全部或者部分转让给第三人。但是，如果根据合同性质、按照当事人约定或者依照法律规定不得转让的，则不可转让。

债权人转让权利的，应当通知债务人。未经通知，该转让对债务人不发生效力。债权人转让权利的通知不得撤销，但经受让人同意的除外。

债权人转让权利的，受让人除获得所转让的债权，还取得与债权有关的从权利，但该从权利专属于债权人自身的除外。

债务人接到债权转让通知后，债务人对让与人的抗辩，可以向受让人主张。

债务人接到债权转让通知时，债务人对让与人享有债权，并且债务人的债权先于转让的债权到期或者同时到期的，债务人可以向受让人主张抵销。

3. 义务的转让

债务人将合同的义务全部或者部分转移给第三人的，应当经债权人同意。

债务人转移义务的，新债务人可以主张原债务人对债权人的抗辩。

债务人转移义务的，从债务随主债务一起转移至新债务人，但该从债务专属于原债务人自身的除外。

4. 概括转让

当事人一方经对方同意，可以将自己在合同中的权利和义务一并转让给第三人。

因合并或分立导致权利义务概括转让的情况比较常见，法律对之作专门规定：当事人订立合同后合并的，由合并后的法人或者其他组织行使合同权利，履行合同义务；当事人订立合同后分立的，除债权人和债务人另有约定的以外，由分立的法人或者其他组织对合同的权利和义务享有连带债权，承担连带债务。

第四节　合同的终止

合同的终止指合同权利义务的消灭。

合同的权利义务终止后,当事人应当遵循诚实信用原则,根据交易习惯履行通知、协助、保密等义务。

一、合同终止的情形

1. 清偿

清偿指债务已经按照约定履行。债务履行,债权实现,合同目的达到,合同自然终止。

2. 解除

解除指合同解除。由当事人一方或双方终止合同效力,可以依据法律规定,也可以依据合同约定。具体内容在合同的解除部分介绍。

3. 抵销

抵销指债务相互抵销,包括两种情况:

(1) 单方抵销。当事人互负到期债务,该债务的标的物种类、品质相同的,任何一方可将自己的债务与对方的债务抵销,但依照法律规定或者按照合同性质不得抵销的除外。当事人主张抵销的,应通知对方,通知自到达对方时生效。抵销不得附条件或者附期限。

(2) 双方协商抵销。当事人互负债务,其标的物种类、品质不相同的,经双方协商一致,也可以抵销。

例释　小李欠小周货款1万元,小周也欠小李货款5 000元,可单方抵销掉5 000元。如果小李欠小周100吨大米,而小周欠小李100吨小米,则必须双方协商才可抵销。

4. 提存

提存指债务人依法将标的物提存。

债务人履行需有债权人的配合。如因债权人的原因导致债务人无法履行债务,债务人可以将履行的标的物提交有关机构,此为提存。债务人提存即视为债务履行完毕。

导致债务人将标的物提存的情形有:债权人无正当理由拒绝受领;债权人下落不明;债权人死亡未确定继承人或者丧失民事行为能力未确定监护人;其他法定情形。

如果标的物不适于提存或者提存费用过高的,债务人可以依法拍卖或者变卖标的物,之后提存所得的价款。

标的物提存后,除债权人下落不明外,债务人应当及时通知债权人或者债权人的继承人、监护人。

标的物提存后,毁损、灭失的风险由债权人承担。提存期间,标的物的孳息归债权人所有。提存费用由债权人负担。

债权人可随时领取提存物,但如果债权人对债务人负有到期债务的,在债权人未履行债务或者提供担保之前,提存部门根据债务人的要求应拒绝债权人领取提存物。债权人领取提存物的权利自提存之日起5年内不行使而消灭,提存物扣除提存费用后归国家所有。

公证机构,依据自然人、法人或者其他组织的申请,可办理提存。

5. 免除

免除指债权人免除对方的债务。

债权人免除债务人部分或者全部债务的,合同的权利义务部分或者全部终止。

6. 混同

混同指债权债务同归于一人。

合同双方主体合为一方,例如合同双方企业合并,合同关系消灭,但涉及第三人利益的除外。

7. 法律规定或者当事人约定终止的其他情形

法律规定合同终止情形的,依法律规定。当事人也可约定合同终止的情形。

二、合同的解除

1. 协商解除

经合同双方当事人协商一致可以解除合同,实际上是以一个解除合同的合意取代了原来的合同,因此可依据有关要约、承诺以及合同效力的规则来分析该合意是否成立以及有效。如果法律、行政法规规定应当办理批准、登记等手续的,依照其规定。

2. 约定解除

约定解除指在合同中约定解除的条件。双方当事人可以在协议中约定单方解除的条件,当解除条件具备时,有解除权的人可解除合同。

例释 小李与房产公司订立合同,约定:如办理不了按揭贷款,小李可解除合同。

3. 法定解除

解除的依据由法律规定。当事人可以依法解除合同的情形有:

(1)因不可抗力致使不能实现合同目的。

(2)在履行期限届满之前,当事人一方明确表示或者以自己的行为表明不履行主要债务。

(3)当事人一方迟延履行主要债务,经催告后在合理期限内仍未履行。

(4)当事人一方迟延履行债务或者有其他违约行为致使不能实现合同目的。

(5)法律规定的其他情形。

4. 情势变迁

1999年的《合同法》并未作相应规定,此解除情形是由最高法院在2009年出台的有关合同法的司法解释中补充。2020年的《民典法》规定:合同成立后,合同的基础条件发生了当事人在订立合同时无法预见的、不属于商业风险的重大变化，继续履行合同对于一方当事人明显不公平，受不利影响的当事人可以请求法院或者仲裁机构变更或者解除合同。

例释 如果合同订立后，成本、价格变化大，受影响方可否以"情势变迁"变更或解除合同？如该变化为营商之人可预见到的正常商业风险，不属情势变迁。某公司通过竞拍获得某湖泊采沙权，但履行合同过程中遇上当地36年以来未遇的罕见低水位。法院认为：该低水位出现是合同双方缔约时所不能预见的客观情况的重大变化，如继续依原合同条款履行，则合同一方（当地沙办）获得全部收益，而另一方（采沙公司）会形成巨额亏损，承受全部投资损失，造成极大的不公平。法院支持了采沙公司变更部分合同条款（退还部分合同款）之请求。[①]

5. 单方解除的通知义务

协商解除为双方解除，而约定解除和法定解除为单方解除。单方解除合同时，解除人应当通知对方。合同自通知到达对方时解除。对方有异议的，可以请求法院或者仲裁机构确认解除合同的效力。法律、行政法规规定解除合同应当办理批准、登记等手续的，依照其规定。

6. 合同解除的法律后果

合同解除后，尚未履行的，终止履行；已经履行的，根据履行情况和合同性质，当事人可以要求恢复原状、采取其他补救措施，并有权要求赔偿损失。

合同的权利义务终止，不影响合同中结算和清理条款的效力。结算条款规定双方的结算方式，而清理条款是有关债权债务的清点、估价和处理，规定清理机构（例如会计师事务所）、清理范围和清理方法等。即使合同解除，双方仍需要结算和清理，如原合同有结算清理条款，依该条款进行结算清理。

第五节 违约责任

合同当事人如违反合同，应就其违约行为承担违约责任。

一、违约行为的表现

违反合同义务，有单方违约，也有双方违约；可能是全面性的违约，也可能是违反部分义务，即部分违约。下面介绍几类主要的违约行为。

1. 履行不能

债务人主观上并非不想履行合同，但实际已不具有履行能力。例如债务人严重亏损、提供劳务的债务人丧失劳动能力、合同的标的物灭失且不可替代等。

例释 A购买B收藏的一幅名画，在B交画之前画因火灾烧毁。因标的物灭失且不可替代，故为履行不能。如果被烧毁的是大米，因其可替代，故不构成履行不能。

[①] 参考最高人民法院（2008）民二终字第91号判决书。

不能履行可分为事实上的不能履行和法律上的不能履行。前者指自然不能履行，即不能履行是事实存在，例如上述的标的物被毁。后者指依法律规定不能履行合同，例如合同标的物的流通为法律所禁止。

2. 拒绝履行

债务人有履行能力而拒绝履行合同，是主观的故意。拒绝可以明示做出，即告知债权人自己不履行合同；也可以默示做出，即通过行为表明自己不履行合同。

例释 A购买B收藏的一幅名画，B在交画之前又将画卖给别人（善意第三人）。

履行不能和拒绝履行合称为不履行。

3. 迟延履行

迟延履行也称逾期履行，指债务人有履行能力，但履行期限届满时仍不履行。逾期尚不履行这一事实本身并不构成拒绝履行。但是，如果债务人在迟延后还有拒绝履行的表示，即为拒绝履行。

如果合同规定了履行期限，该期限届满未履行即构成迟延履行。如果合同未规定履行期限，债权人可以随时要求履行，但应当给对方必要的准备时间，如果债务人在合理的准备时间届满仍未履行，即构成迟延履行。

4. 履行不完全

履行不完全也称履行不适当，指债务人虽然有履行行为，但不符合要求，例如交货数量、规格、包装、质量等不符合要求等。与以上所述的违约行为相比，违约人尚有积极的履行行为。不同行为的违约严重程度有所不同。

如果履行只是不符合要求，但未造成债权人进一步的损害，为履行有瑕疵。如果不符合要求的履行造成了债权人的人身或财产受损，例如质量有问题的机器爆炸炸伤了债权人，则为加害给付。在加害给付的情况下，不仅有违约行为，还有侵权行为。

二、违约责任的形式和性质

1. 违约责任的形式

违约责任的形式主要有继续履行、赔偿损失、违约金、定金罚则等。有关定金，已在本章第二节叙述，其他三种违约责任形式在下面分别介绍。

2. 违约责任与侵权责任的区别

违约责任与侵权责任是民事责任的两大类别，前者针对的是违约行为，后者针对的是侵权行为。

（1）责任前提。违约行为侵犯的主要是合同设定的权利，在合同规定不明确的情况下，也可由法律规则补进，这些法律规则让位于合同约定。侵权行为所侵犯的权利是由法律所规定的。因此，违约责任产生的前提是合同的约定，侵权责任产生的前提则是法律的规定。

（2）责任主体。违约责任的主体是合同当事人或相对人，是特定的。而侵权责任的承担者可以是任何侵犯他人法定权利的人，是不特定的。

（3）归责要件。违约责任是无过错责任，不要求以过错为归责要件。而侵权责任涉及的大多数侵权行为以过错为构成要件。损失或损害是侵权责任的构成要件，而违约责任中，损害则不是必须具备的，一般是主张赔偿损失时才需要举证损失。如主张继续履行或定金罚则等责任，则无须举证损失。

（4）责任方式。违约责任主要财产责任方式，就违约行为承担财产性质的责任，包括继续履行、赔偿损失、支付违约金等。而侵权责任可以是财产责任方式，也可以是非财产责任方式，例如消除影响、恢复名誉、赔礼道歉等。

（5）诉讼时效。依《民法典》，向法院请求保护民事权利的诉讼时效为3年。但某些侵权情形，有法律规定少于3年的诉讼时效，例如《产品质量法》规定因产品存在缺陷造成损害要求赔偿的诉讼时效期间为2年。

3. 违约责任与侵权责任的竞合

竞合指一个行为同时具有违约和侵权两种性质。

因当事人一方的违约行为，侵害对方人身、财产权益的，受损害方有权选择依照合同法要求其承担违约责任，或者，依照其他法律要求其承担侵权责任。

三、继续履行

1. 什么是继续履行

继续履行也称强制履行、实际履行或特定履行，指当合同一方当事人违约时，另一方可要求法院命令违约方继续履行合同义务。继续履行实际上是借助国家公权力来实现合同的目的，而当事人自愿的履行是正常履行。

在大陆法系国家，继续履行与赔偿损失都是基本的违约责任方式。既然违约行为折损交易的目的，就应强制履行来促成交易完成，在逻辑上似乎是顺理成章的事。但是，英美国家的法院很少判决继续履行，而以赔偿损失为主要的违约救济方式，一个主要原因是判决继续履行后涉及监督履行或强制履行的问题，如果仍不继续履行，还要判决损失赔偿，不如以赔偿损失方式迅速终结双方纠纷，既有利于节约司法成本，也有利于交易的效率。

我国随大陆法系的传统，但也适当考虑了英美法系的做法。

2. 继续履行的构成要件

（1）要有违约行为的存在。如果没有违约行为发生，仍属正常履行阶段，不可求助于公权力。

（2）由非违约方请求。非违约方要自己决定是否请求法院强制违约方继续履行。如果没有此项请求，法院一般不会做出继续履行的判决。从另一个角度看，只有当事人自己才能判断怎样的方式可以最好地救济自己。

（3）违约方必须有履约的可能。如果是履行不能，即违约方客观上已不具备履约的能力，即使提出继续履行的请求，法院也不支持。

3. 继续履行的具体表现

对方如果拒绝履行，可以请求法院强制对方履行。

对方如果是迟延履行，可以给予对方一个宽限期，让其继续履行。

对方如果是不完全履行，可以要求对方纠正履行的瑕疵，例如补足货物数量、补足货款、修理、重作、更换等。

4. 不适用继续履行的情形

《民法典》规定在三种情形下，不适用继续履行：

（1）法律上或者事实上不能履行。

（2）债务的标的不适于强制履行或者履行费用过高。

（3）债权人在合理期限内未请求履行。

对于第（1）种情形，前文（"违约行为的表现"）已有叙述。

有关第（2）种情形，"债务的标的不适于强制履行"指债务的性质决定了适用继续履行不合适，典型例子是一些具有人身专属性的合同，例如演出合同、技术开发合同、代理合同等。这些合同的债务履行要由债务人本人进行，如果其不想履行，而法院又要强制其履行，必然要造成对这些人的人身限制，因此不适宜。

"履行费用过高"是指继续履行的代价太高，如果强制履行，虽然请求继续履行的一方的权益得到保障，但对履行人来说花费太大，因此从平衡双方利益和节约社会资源角度考虑，法院可不支持强制履行。

有关第（3）种情形，债权人在过期后会失去请求继续履行之权利，为失权期间之规定。如此规定是约束债权人使其主张继续履行不可过度拖延。该"合理期限"由法官视案件具体情况酌定。

5. 继续履行与赔偿损失的关系

两种违约责任并非完全非此即彼。根据《合同法》规定，继续履行义务或采取补救措施之后，对方还有其他损失的，应当赔偿损失。

例释 欣欣公司将其商业大厦中的上百间商铺出售，方女士购买了一个。之后三年多的时间，因公司经营不善，大厦两次停业。公司决心对大厦进行重新规划，回收了大部分商铺。但方女士拒绝解除合同，要求欣欣公司继续履行。法院认为：继续履行是首选的让违约方承担责任的方式，因其相比其他违约责任，会更有利于实现合同目的。但如果不适合实现合同目的时，则不宜使用。本案中，如果继续履行，则欣欣公司要以大厦数万平方米面积来为方女士22平方米的商铺服务，履行费用太高，因此不予支持。[1]

四、赔偿损失

1. 什么是赔偿损失

赔偿损失指违约方补偿对方因违约行为所遭受的损失。赔偿可以是用金钱，也可以是用实物。我国规定以金钱赔偿为主。

---

[1] 参考：南京市中级人民法院. 新宇公司诉冯玉梅商铺买卖合同纠纷案. 最高人民法院公报，2006（6）.

债权人如果要求赔偿损失,必须证明三点:对方有违约行为、债权人受损以及违约行为与债权人的损失之间有因果关系。

2. 赔偿损失范围

(1) 完全赔偿原则。赔偿损失的目的是补偿受损害人的损失。当事人一方违反合同的赔偿责任,应当相当于另一方因此所受到的损失。这是一个确定赔偿范围的总的指导原则,称完全赔偿原则。

(2) 积极损失和消极损失。损失包括积极损失和消极损失。积极损失又称所受损失,即违约行为所导致的债权人现有财产的损失。消极损失又称所失利益或可得利益,是指合同如果履行,债权人可以获得的比现有财产为多的利益。依《民法典》,损失赔偿额应当相当于因违约所造成的损失,包括合同履行后可以获得的利益。

(3) 合理预见原则。赔偿数额按合理预见原则确定。所谓合理预见,指损失赔偿额不得超过违反合同一方订立合同时预见到或者应当预见到的因违反合同可能造成的损失。判断是基于一般理性人的预见能力,分析一般的理性的民事主体处于违约方的境况所能合理预见到的损失,判断的时间是订立合同时。合理预见原则限制了可得利益的范围,从另一个角度来说,也是因果关系之相当性的要求。

例释 深圳左先生为老板买回《幽默大全》等三本书,没想到三本都是盗版书,因此错误很多。老板依照书上的内容发短信,结果被人嘲笑没文化。一气之下,老板让左先生给书挑错。左先生由此误工十天,于是向书店索要误工费 1 000 元。[①]误工费属书店合理预见的范围吗?

(4) 减损规则。当事人一方违约后,对方应当采取适当措施防止损失的扩大;没有采取适当措施致使损失扩大的,不得就扩大的损失要求赔偿。当事人因防止损失扩大而支出的合理费用,由违约方承担。这一规则也被称为受害人的减损义务。

例释 小李从小周处购买苹果一批,约好由小李来取货。到了交货的时间,小李却迟迟不来。如果不及时处理,苹果就会腐烂。小周应采取措施,例如冷藏或转卖掉,来防止损失的扩大。

五、违约金

1. 什么是违约金

违约金指依当事人的约定,违约方应向受害方支付的一定数额的金钱或财物。《民法典》规定:当事人可以约定一方违约时应当根据违约情况向对方支付一定数额的违约金,也可以约定因违约产生的损失赔偿额的计算方法。

2. 对违约金的调整

约定的违约金低于所造成的损失的,当事人可请求法院或者仲裁机构予以增加;约定的违约金过分高于所造成的损失的,当事人可请求法院或者仲裁机构予以适当减少。

[①] 温元元. 买了盗版书,索要误工费[N]. 南方都市报,2004-07-21(A44).

上述规定体现了违约救济的补偿性质。要求增加违约金实际上就是要求赔偿约定的违约金所不能弥补的损失,直至增加到弥补损失为止。如果违约金已被调高到覆盖实际损失,当事人再要求赔偿损失的,法院不予支持。违约金可以高于损失额,但不能"过分"高于,而将约定的违约金调低,并不是要调整到与损失额相同,故规定"适当"减少。这样规定既尊重了当事人的约定,也限制了违约金过高从而偏离其补偿性质。最高法院规定:在决定"适当减少"时,法院应考虑合同的履行情况、当事人的过错程度以及预期利益等综合因素,根据公平原则和诚实信用原则予以衡量。如果违约金超过所致损失30%,一般可认定为"过分高于"。

3. 违约金与定金

定金担保债的履行,同时,定金罚则的适用有违约救济的作用,因此《民法典》把定金规定为一种违约责任。

当合同中同时约定违约金和定金,可否并用?《民法典》的回答是否定的:当事人既约定违约金,又约定定金的,一方违约时,对方可以选择适用违约金或者定金条款。

六、违约责任的免除或限制

1. 免除或限制违约责任的途径

当事人可以通过两种途径来免除或限制其违约责任:一是依据合同中约定的免责条款,二是依据法律规定的免责条件。

2. 免责条款

免责条款是双方约定的合同条款,其内容是排除或限制未来可能产生的民事责任,可能是违约责任,也可能是侵权责任。免除责任的范围可能是全部的概括性免除,也可能是免除一部分责任,还可能是规定责任承担的最高限度。

免责条款是合同条款,因此用来分析合同效力的规则都可适用于分析免责条款。具体思路为:

(1)是否存在合同无效的情形。
(2)是否存在法律规定的免责条款无效的情形。
(3)是否存在免责条款可撤销的情形。
(4)如果是格式条款,还要分析有关格式条款的法律规定。
(5)如果是消费者合同,还要分析有关消费者保护的规定。

3. 免责条件

也称免责事由,由法律规定。《民法典》规定的免责条件有:

(1)不可抗力。指不能预见、不能避免并不能克服的客观情况。因不可抗力不能履行合同的,根据不可抗力的影响,部分或者全部免除责任,但法律另有规定的除外。当事人迟延履行后发生不可抗力的,不能免除责任。当事人一方因不可抗力不能履行合同的,应及时通知对方,以减轻可能给对方造成的损失,并应在合理期限内提供证明。

(2)货物的自然或合理损耗。承运人证明货物的毁损、灭失是因货物本身的自然性质或者合理损耗造成的,不承担损害赔偿责任。

(3) 债权人的过错。如果损失是由债权人造成的，则债务人不承担责任。例如《民法典》规定，承运人证明货物的毁损、灭失是因托运人、收货人的过错造成的，不承担损害赔偿责任。

(4) 混合责任。当事人双方都违反合同的，应当各自承担相应的责任。

但是，第三人原因导致的违约不免除责任。当事人一方因第三人的原因造成违约的，应当向对方承担违约责任。当事人一方和第三人之间的纠纷，依照法律规定或者约定解决。

专题案例9-2　认购书之争

近年来，房屋价格在有些年份、有些地区会发生大幅度上扬。一些签订了认购书，甚至收了定金的开发商开始反悔，甚至撕毁认购书。在上海、广州等大城市，有关认购书的法律纠纷激增。

广州的陈先生与某楼盘开发商签订房屋认购书，认购了一套房屋，支付定金1万元。认购书规定："在预售许可证办出之后，陈先生应在7日内付清首期房款并签署正式的《商品房买卖合同》。"9个月后，陈先生和许多签了认购书的人接到开发商电话，要求解除认购书，开发商愿意双倍返还定金。然而此时的房价已由一年前的5 000元/平方米上升到7 500～8 000元/平方米。要求被陈先生断然拒绝后，开发商诉至法院，请求法院确认该认购书无效，理由是：签订时，双方就已知道楼盘没有取得预售证，此后，该项目受地铁线建设的影响，至起诉之日，仍未取得预售许可证。由于国家有关法律规定商品房没有取得预售合同，不能进行预售，因此该认购书无效。

1. 认购书是不是合同

1999年《合同法》的一个重要革新就是确立了合同的"不要式"，即合同是否成立，不取决于形式上是口头还是书面，是一份正规签署的协议还是一堆往来的传真或电子邮件，只要符合了法律上规定的合同的要件，合同就已成立。

合同的要件是：双方意思表示一致、内容具体确定以及双方有受合同约束的意愿。即使双方签的东西叫认购书，没起"合同"的名字，只要具备了合同要件，就是法律上的合同。

如果认购书对双方交易的内容和相关权利义务有具体明确的规定，并且没有排除受约束的表示，则该认购书在法律上已经成为合同。因此有的房地产开发商声称的"认购书不是合同，要签房地产管理部门的标准合同才是合同"的说法是站不住脚的。所谓标准合同只不过是提供样本，供参考而已。

2. 认购书是什么合同

名字叫认购书，叫协议，还是叫合同，并不影响合同本身的成立和效力，而是要观察该文本的具体内容是什么。房屋认购书一般明确了买卖的对象、价格和套数，但又规定：双方将来以此条件来订立房屋买卖合同。那这种认购书是什么合同？

虽然不是最终买卖房屋的合同，但仍是合同，是一种为了将来订立某个合同而签订的合同，可称为"订约合同"或"预约合同"。一旦条件具备，例如开发商获得了预售证，双方就有义务遵守彼此的约定来签订下一个房屋买卖合同。有的时候，甚至还交付了定金来约束，这叫订约定金，其目的是促使双方将来依据目前的认购书这个合同来进一步订立一个房屋买卖合同。如果没有法律上允许的正当理由，规定的时间到了，或者具备的条件符合了，而一方不遵守认购书拒绝签订下一步的合同，构成违约，不仅执行定金罚则，还要承担其他违约责任。

3. 没有办理预售证情况下签订的认购书是否有效

开发商的一个论调是：国家法律规定没有预售证不可预售商品房，因此认购书违法无效。虽然违反法律的合同无效，但是，认购书不是最终的房屋销售合同，而是为了将来签订房屋销售合同而预先签订的"订约合同"，这个合同是约束开发商在将来符合销售条件时必须依认购书的条件来签订买卖合同的，是"认购"，而非"预售"，并不受预售证规定的约束。另外，即使是预售，也未必导致合同无效，因为预售证是对开发商的管理规定，并非是导致合同无效的强制性规定。如果违法预售的开发商还可用违法行为来让合同无效，那法律要维护的诚信和公平何在？

如果因为政府的原因导致开发商无法按时拿到预售证，是不是开发商就可以解约？并非如此。解除合同要么是双方协商，要么是合同中规定的解除条件出现，要么应符合法定解除的规定。此案中，协商解除和约定解除都不可行，那法定解除呢？要么是对方当事人陈先生出现拒绝履行合同或严重的违约行为，要么是不可抗力等使得合同目的不能实现才可以。如果政府的原因只是导致预售证的迟延，并非不可获得或彻底不能，双方可继续等待，开发商不能因此撕毁认购书。

最终，法院驳回了开发商的请求，认定房屋认购书是有效的预约合同。

4. 撕毁认购书应当承担什么法律责任

如果认购书有效，开发商的毁约行为就是违约，要承担违约责任。有的开发商声称："按照定金罚则，大不了双倍返还定金就是。"房价涨了，给了购房者双倍定金，还是赚。这个如意算盘打得不错，但法律却不会无视如此不公平结果的发生。

如果在认购书里还规定了违约金，依法律规定，定金罚则和违约金只能主张一个。此外，还可主张其他的违约救济，如继续履行、赔偿损失。

我国合同法以继续履行为优先的责任形式，依此，是否陈先生等购房者可要求法院判决开发商实际履行？可以主张，但存在一种可能性：房屋认购书虽是合同，但毕竟不是最终的房屋买卖合同，其权利义务内容不是"交付房产"，而是"继续订约"。如果法院判决继续履行，就意味着法院要强制开发商和购房者坐下来继续谈判，细化条款并签订合同，具有对人身的强制性。如果开发商坚决不肯，法院认为不适合强制其继续缔约，或者有履行不能，例如可履行的标的已全部卖给他人，则属于合同法规定的不适于强制继续履行的情况。此时，购房者可要求法院判决开发商赔偿损失。

5. 还有一把尚方宝剑高悬头顶：诚信

市场经济要发展，诚实守信是基础。在民法里，诚信原则是根本原则，被称为"帝王条款"，可见其重要性。这一原则也被合同法确立为基本原则，用来指导合同从磋商、谈判、订立到履行的全过程。即使双方合同没有成立，例如仍是在磋商和谈判阶段，如果一方违背诚信原则，故意或者过失给对方造成损害也要赔偿，此为缔约过失责任。如果订立合同的基本条件成就，一方没有正当理由恶意阻止合同的成立，也是违背诚信。当合同成立生效后，双方更应以诚信原则为指导，积极履行义务，彼此配合促成合同的实现。因此，即使开发商的认购书因为缺乏合同要件而非合同，但如果开发商在磋商、谈判、订立文本的过程中有违背诚信原则之行为给对方造成损害，法院也可依这一"帝王条款"判决赔偿损失。

法规指引

> 国家法律：《民法典》

拓展与思考

1. 推荐阅读

违约责任之规定是促进当事人诚信交易的重要法律制度。推荐阅读：刘廷华. 违约责任制度研究：法经济学视角[M]. 北京：法律出版社，2015.

2. 问题解决

小明向别人借钱，请大李给他做担保人。大李向你请教：作为保证人，他在法律上要承担什么责任？有哪些保证的方式可以选择，不同的法律后果是什么？如果用财产为他人担保，会承担什么责任？与保证有何不同？另外，如何签订担保合同？

3. 制度变革

在起草《合同法》的过程中，曾就违约责任的归责原则有过争论。英美法系的违约责任以不要求过错的严格责任为主，有关国际货物销售的国际公约也采此归责原则。而过错责任原则多见于大陆法系国家的法律规定。我国《合同法》以及之后的《民法典》最终没有出现对过错的要求，因此可推定为持倾向于无过错责任的态度。

请思考：采用过错责任原则或无过错责任原则各有何利弊？你认为有关违约责任的立法应采用哪一原则？

4. 观点争鸣

如果你是企业的负责人，你会故意违约吗？你计算了一下违约的法律责任（违约成本）和违约后得到的利益（违约收益），发现前者大大小于后者。例如，在认购书纠纷中，如果律师告诉你违约后，法院一般会判决你赔偿对方损失5万元。而你毁约把房子卖给他人则可能多获利50万甚至上百万。这是一个法律问题，也是一个道德问题，同时还是企业管理的策略选择问题。不妨选出两组同学，各持一方立场进行辩论：

正方：如果我是企业负责人，我会让企业故意违约；

反方：如果我是企业负责人，我不会让企业故意违约。

5. 法官判案

继续专题案例9-2。如果房产开发商无合法理由，仍坚持撕毁认购书，购房者可要求法院追究其违约责任。双倍返还定金肯定可以得到支持。如果强制继续履行不适合，可要求赔偿损失。对损失赔偿的范围，法官们的意见并不一致。司法实践中出现了三种意见：

一是不赔。即判决开发商返还双倍定金，此外不再判赔偿损失。理由是：认购书并非最终的房屋买卖合同，在继续谈判签订房屋买卖合同的过程中，还有诸多因素会导致最终的买卖合同不成立，因此违反认购书导致的损失并不能确定和合理期待。

二是全赔。理由是：房屋认购书已载明房屋买卖的主要条款，房产商无正当理由毁约纯属恶意，是为了追求高价把房屋转卖给别人。如果认购书正当履行，则购房者可以以原定的低价买到房屋。因此差价是开发商违约给消费者造成的实际损失，应该赔偿。

三是部分赔。即法院酌情判赔部分损失。理由是：开发商的违约行为给购房者造成预期利益的损失，应进行赔偿。但另一方面，双方仅处于预约阶段，购房者未全额支付对价，只是造成对方的机会损失。从制裁违约和平衡利益出发，法官应"综合考虑守约方的履约情况、违约方的过错程度、合理的成本支出等因素，酌情做出判定。"[①]

如果你是法官，在损失赔偿方面会做出怎样的判决？

6. 网络搜索

搜索关键词——"老赖"。

欠债不还，如何治理？执行难是我国法院长期以来致力解决的痼疾。近年来，最高法院更是动作频频，限制消费、拘留、刑罚、信息披露等招数迭出。老赖问题积重难返的原因是什么？你能建议什么有效的对策？

[①] 参见上海市第一中级人民法院（2006）沪一中民二（民）终字第2312号民事判决书。该案中，法官判决赔偿5万元。另外，根据《新快报》报道，广州市中级人民法院的态度是：如果开发商是非常明显的、极端恶意的"捂盘"，最高可判开发商将房价上涨的部分全部赔给买房人。一般的违约情况下，法院则会判开发商返还双倍定金，如果是住宅，另行赔偿上涨差价的20%～30%；非住宅，则赔偿上涨差价的10%。

第十章 合同分论

> **本章学习要点**
> ✧ 买卖合同、赠与合同、借款合同
> ✧ 租赁合同、承揽合同、技术合同
> ✧ 网络时代的合同：电子合同

第一节 各类合同分述

《民法典》对19类合同作了单独规定，包括：买卖合同、赠与合同、借款合同、租赁合同、融资租赁合同、承揽合同、建设工程合同、运输合同、技术合同、保管合同、仓储合同、委托合同、行纪合同、中介合同、保理合同、保证合同、物业服务合同、合伙合同以及供用电、水、气、热力合同。本章重点对买卖、赠与、借款、租赁、承揽、技术等6类合同作介绍，对其他合同作提要。

一、买卖合同

日常生活中的大部分合同是有偿合同，或称双务合同，即合同双方互为债权人，也互为债务人。买卖合同是最典型的有偿合同，这一地位在《民法典》的如下规定中得以体现："法律对其他有偿合同有规定的，依照其规定；没有规定的，参照适用买卖合同的有关规定。"

1. 买卖合同概述

买卖合同是出卖人转移标的物之所有权予买受人、买受人支付价款的合同。广义的买卖合同还包括买受人以货易货的情形，此为互易合同。《民法典》对互易合同没有单独规定，可适用买卖合同的有关规定。

2. 出卖人的义务

（1）交付标的物。即依据约定交付，此为其首要义务。合同对交货地点、时间和方式等没有约定或约定不明的，可依据交易习惯及法律规则。

（2）转移单证。即交付提取标的物的单证以便买受人可以提取货物。依约定或交易习惯还应交付提取标的物单证以外的有关单证和资料的，也应交付。

（3）转移所有权。一般情况下，如果标的物是动产，当交付给买受人，即买受人占有该物时，所有权随即转移。如果是不动产，法律规定转让应办理有关手续，主要是登记手续。如果合同约定由出卖方办理，出卖人应及时办理以转移所有权属。如约定为买受人办理，出卖人也有协助义务。

（4）物的瑕疵担保义务。出卖人应保证所交付的货物的质量、功效、价值等符合要求。如有折损，应负继续履行、采取补救措施和赔偿损失之责。

（5）权利的瑕疵担保义务。出卖人应保证其交付的物在权利上是"干净"的，其有权处分该物，将来不会有第三人就该物主张权利（例如主张担保物权），也不会侵害他人的知识产权。如果买受人知道权利有瑕疵并且愿意接受，则出卖人不负此责。

> **例释** A公司供货给B公司，授权B公司在某区域经销。B公司销售货物后，被C公司告上法院，指控货物侵权了C公司的专利权。B公司遂起诉A公司要求赔偿其损失。法院判决A公司应保证其制造和提供的货物不会侵犯他人的知识产权，因此应承担权利瑕疵担保责任，赔偿B公司损失，不仅包括直接损失，也包括本来应可以获得的利益，但不超过当事人缔约时可预见的范围。

3. 买受人的义务

（1）支付价款。应按约定的数额、地点、日期等支付。如合同无约定或约定不明，依交易习惯或法律规定。有关地点不明确的法律补充规则是：应当在出卖人的营业地支付，但约定支付价款以交付标的物或者交付提取标的物单证为条件的，在交付标的物或者交付提取标的物单证的所在地支付。有关时间不明确的法律补充规则是：应当在收到标的物或者提取标的物单证的同时支付。

（2）受领标的物。买受人应及时受领，否则构成迟延受领。

（3）检验标的物。确切地讲这是准义务。买受人不检验，不一定会负违约责任，但法律上的权利有可能失去。如果对检验期间有约定，买受人应在该期间内将标的物不符合约定的情形通知出卖人。如怠于通知，视为标的物的数量或者质量符合约定。如果没有约定检验期间，买受人应当在发现或者应当发现标的物不符合约定的合理期间内通知对方。如未在该合理期间内通知或者自标的物收到之日起两年内未通知出卖人的，视为标的物的数量或者质量符合约定。

> **例释** 最高法院规定：上述的合理期间，应当综合当事人之间的交易性质、交易目的、交易方式、交易习惯、标的物的种类、数量、性质、安装和使用情况、瑕疵的性质、买受人应尽的合理注意义务、检验方法和难易程度、买受人或者检验人所处的具体环境、自身技能以及其他合理因素，依据诚实信用原则进行判断。

4. 标的物意外损失的风险负担

合同成立之后，标的物有可能发生意外毁损灭失。所谓"意外"，指该物的损失不可归责于任何一方当事人。如有约定，从约定。如无约定，依下述法律规则确定：

（1）一般原则为：风险随标的物的交付转移。因买受人的原因致使标的物不能按照约定的期限交付的，买受人应当自违反约定之日起承担标的物毁损、灭失的风险。

（2）出卖人出卖交由承运人运输的在途标的物，除当事人另有约定，毁损、灭失的风险自合同成立时起由买受人承担。

（3）当事人没有约定交付地点或者约定不明确，如果标的物需要运输，出卖人将标的物交付给第一承运人后，标的物毁损、灭失的风险由买受人承担。

（4）出卖人按照约定或者依法将标的物置于交付地点，买受人违反约定没有收取的，标的物毁损、灭失的风险自违反约定之日起由买受人承担。

（5）因标的物质量不符合质量要求，致使不能实现合同目的的，买受人可以拒绝接受标的物或者解除合同。买受人拒绝接受标的物或者解除合同的，标的物毁损、灭失的风险由出卖人承担。

例释　小刘在商场买了台彩电，付了款，跟商场约好第二天取。商场将该彩电撤下架转移到办公室存放，当晚雷雨大作，彩电被雷电击毁。小刘要求退款，商场认为头一天买卖已完成，商场尽了合理保管之责，因此彩电灭失风险应由老刘负担。法院判决：雷电击毁彩电乃不可抗力。依《合同法》，除非双方另有约定，货物灭失风险应自货物交付时转移至买受人。因此商场应承担风险，退款给小刘。

二、赠与合同

1. 赠与合同概述

赠与合同是赠与人将自己的财产无偿给予受赠人，受赠人表示接受赠与的合同。赠与合同是最典型的无偿合同或单务合同。

2. 赠与人的撤销权

赠与合同的成立过程与其他合同一样，须经意思表示一致。其他合同一经成立，双方即须遵守承诺，非经合意，不可变更或取消合同。但由于赠与具有无偿性，因此法律赋予赠与人以撤销权，即赠与人在赠与财产的权利转移之前可以撤销赠与。如财产的权利随交付转移，则在实际交付赠与物之前可撤销；如果财产的权利转移需办手续，则在手续办理之前可撤销。

赠与合同如果具有救灾、扶贫、助残等社会公益、道德义务性质或者经过公证，赠与人无撤销权。

例释　大虎和小红离婚，约定某一套房子归女方所有。一年后，双方签订协议：小红将其所有的那套房子赠与大虎和四岁的儿子小虎，之后小红不再承担对小虎的抚养义务。签约后，小红又反悔了，诉诸法院要求撤销该赠与。法院判决：小红以房子赠与来放弃对儿子的抚养，该赠与具有道德义务之性质，因此不可撤销。

3. 其他可撤销赠与的情况

（1）受赠人严重侵害赠与人或者赠与人的近亲属，赠与人可以撤销赠与。

（2）受赠人对赠与人有扶养义务而不履行，赠与人可以撤销赠与。

（3）赠与人的经济状况显著恶化，严重影响其生产经营或者家庭生活的，可以不再履行赠与义务。

（4）因受赠人的违法行为致使赠与人死亡或者丧失民事行为能力的，赠与人的继承人或者法定代理人可以撤销赠与。

4. 赠与人不负物的瑕疵担保责任

赠与的财产有瑕疵的，赠与人不承担责任。如此规定是基于赠与的无偿性。

5. 附义务的赠与

赠与可以附义务,所附义务实际上是获赠的条件。赠与附义务的,受赠人应当按照约定履行义务。如果受赠人不依合同约定履行义务,赠与人可撤销赠与。撤销权自赠与人知道或者应当知道撤销原因之日起1年内行使。

赠与的财产有瑕疵的,赠与人在附义务的限度内承担与出卖人相同的责任。赠与人故意不告知瑕疵或者保证无瑕疵,造成受赠人损失的,应当承担损害赔偿责任。

三、借款合同

1. 借款合同概述

借款合同是借款人向贷款人借款,到期返还借款并支付利息的合同。借款合同的内容包括借款种类、币种、用途、数额、利率、期限和还款方式等条款。

借款的取得一般以支付利息为代价,故为有偿。某些情况下,也有不支付利息的借款,为无偿合同。

贷款人可分为机构和自然人。前者一般为国家许可的金融机构,其借款合同为有偿。无偿的借款合同有时会发生于民间,即自然人之间的借款。法律规定:自然人之间的借款合同对支付利息没有约定或者约定不明确的,视为没有利息。

自然人间的借款,自贷款人提供借款时生效。而其他借款,自合同成立时起生效。

2. 对借款合同的形式要求

自然人之间的借款属民间借贷,形式灵活,数额相对不高,合同采口头或书面形式由当事人自己决定。其他借款主要是金融机构的贷款,数额大,关涉金融秩序,国家予以规范,故规定借款合同应采用书面形式。

3. 贷款人的义务

基本义务是贷款人应当按照约定的日期、数额提供借款。如违约造成借款人损失的,应当赔偿损失。

还有一个义务是:不得预先在本金中扣除借款的利息。利息预先在本金中扣除的,借款人应当按照实际借款数额返还借款并计算利息。

有关贷款的利率,法律有限制。银行等金融机构的贷款,遵循金融管理机构的规定;对于民间借贷,利率可以适当高于银行的利率。最高法院规定:民间借贷的年利率超过合同成立时一年期贷款市场报价利率四倍的,法院不支持。

4. 借款人的义务

(1)按照约定的日期、数额收取借款。如违约,应当按照约定的日期、数额支付利息。

(2)按照约定的借款用途使用借款。如违约,贷款人可以停止发放借款、提前收回借款或者解除合同。

(3)按照约定的期限支付利息。如无法协商确定,也无法依交易习惯确定支付利息的期限,借款期间不满1年的,应当在返还借款时一并支付;借款期间1年以上的,应当在每届满1年时支付，剩余期间不满1年的，应当在返还借款时一并支付。

（4）按照约定的期限返还借款。如果违约，应当按照约定或者国家有关规定支付逾期利息。如无法协商或依交易习惯确定借款期限，借款人可以随时返还；贷款人可以催告借款人在合理期限内返还。

（5）按照约定接受贷款人对借款使用情况的检查、监督。

（6）按照约定向贷款人定期提供财务会计报表等资料。

5. 借款人提前还款

借款人提前偿还借款的，除当事人另有约定外，应当按照实际借款的时间计算利息。

专题案例10-1　吴英案：民间借贷还是集资诈骗？

吴英之罪：集资诈骗被判死刑

2005年3月起，吴英向他人高息集资。之后，她用非法集资款短时间内虚假注册多家公司，于2006年10月组建本色控股集团。法院指出：她所注册的公司大多都未实际经营或经营亏损，但她"采用虚构事实、隐瞒真相、虚假宣传等方法，给社会造成其公司具有雄厚经济实力的假象，以骗取更多的社会资金"。

一审认定吴英构成集资诈骗罪，判其死刑，理由是："吴英以非法占有为目的，隐瞒事实真相，虚构资金用途，以高额利息或高额投资回报为诱饵，骗取集资款人民币77 339.5万元，实际集资诈骗人民币38 426.5万元，数额特别巨大，其行为不仅侵犯了他人的财产所有权；而且破坏了国家的金融管理秩序……"

吴英上诉，被驳回，二审裁定维持原判。

吴英之辩：民间借贷、非法吸收公众存款罪

一审中，吴英辩称借款为民间借贷，自己借款没有非法占有的故意，所借款项用于公司实际经营。本想通过将公司做强做大后上市，再将借款归还，但因为经营不善，无法及时偿还。因此，只涉及民事责任，不构成犯罪。

民间借贷为银行等金融机构贷款之外的借款活动，发生在自然人、企业等彼此之间，实质上形成借款合同关系。而集资诈骗罪是指以非法占有为目的，使用诈骗方法非法集资达到定罪数额的行为（《刑法》第192条）。该罪与民间借款相区别的一个关键点在于吴英借款时的主观动机是"非法占有"还是合法目的。法院认为："吴英明知没有归还能力，仍虚构借款用途，以高息为诱饵，大肆向社会公众集资，并对取得的集资款恶意处分和挥霍，造成巨额资金不能返还，足以认定其主观上具有非法占有的故意。"

二审中，吴英又称只构成非法吸收公众存款罪。该罪指非法吸收公众存款或者变相吸收公众存款，扰乱金融秩序的行为，最高判10年有期徒刑（《刑法》第176条）。其与集资诈骗罪的主要区别有二：一是主观动机上，集资诈骗罪是"非法占有"，而该罪是"非法吸收"，其占有是临时性的，有将来还款的承诺和意图。二是使用的方法，集资诈骗采用虚构事实、隐瞒真相等欺骗方式，即"诈骗"；该罪是通过承诺还本付高息来吸引资金。如果非法吸收公众存款是以非法占有为目的，使用诈骗方法，则按集资诈骗罪定罪处罚。法院认为：吴英在已欠巨额债务情形下，明知无偿还能力，仍大肆巨债，并且并未用于经营，而是用新债还旧债和用于个人挥霍，有非法占有之故意；集资时虚构事实、隐瞒真相、向社会虚假宣传，以欺骗手法集资。

吴英案之后：呼唤融资体制改革

吴英被判死刑后，引发社会广泛讨论。诸多商界人士和学者发声，认为吴英罪不至死。韩志国认为：应该死去的是垄断的金融制度。不应对吴英处以极刑，去变相地维护被长期诟病的僵化垄断的金融体制。王巍指出："吴英案是中国民间金融环境的产物，是融资制度演变过程中的事件.将制度和社会问题归结到一个毫无特权和资源的草根女子身上，这个不公平是显而易见的。"

2012年3月14日，时任总理温家宝在两会结束后接受记者采访时谈到了"吴英案"。他指出该案件有三点启示：第一，对于民间借贷的法律关系和处置原则应该做深入的研究，使民间借贷有明确的法律保障。第二，对于案件的处理，一定要坚持实事求是。我注意到，最高人民法院下发了关于慎重处理民间借贷纠纷案件的通知，并且对吴英案采取了十分审慎的态度。第三，这件事情反映了民间金融的发展与我们经济社会发展的需求还不适应。现在的问题是，一方面企业，特别是小型微型企业需要大量资金，而银行又不能满足，民间又存有不少的资金。

2012年4月20日，最高院裁定不核准吴英死刑，发回浙江省高院重审。5月21日，浙江省高院重审后改判吴英死缓。

2015年8月29日，全国人大常委会表决通过《刑法修正案（九）》，有关集资诈骗罪的死刑规定被删除。

（编写参考：金华市中级人民法院（2009）浙金刑二初字第1号刑事判决书、浙江省高级人民法院（2010）浙刑二终字第27号刑事裁定书）

四、租赁合同

1. 租赁合同概述

租赁合同是出租人将租赁物交付承租人使用、收益，承租人支付租金的合同。其最本质的特征是：合同转移的是租赁物的使用和收益权而非所有权，承租人在租赁期内获得对租赁物的用益物权。在租赁期间因占有、使用租赁物获得的收益，归承租人所有，但当事人另有约定的除外。

承租人获得的用益权在租赁期间内不受所有权变动的影响，所有权变动不影响租赁合同的效力。此原则为"买卖不破租赁"。

租赁合同的内容一般包括租赁物的名称、数量、用途、租赁期限、租金及其支付期限和方式、租赁物维修等条款。

例释 英雄公司与豪华公司签订了《房屋使用权抵债合同》，约定：豪华公司将其名下豪华大楼交给英雄公司使用18年以偿还其所欠英雄公司的300万。后华夏公司经拍卖获得豪华大楼物权，要求英雄公司搬离。英雄公司则以"买卖不破租赁"拒绝，主张继续使用该大楼。法院认为：所签合同是用房屋使用权抵偿欠款，因此并非租赁合同，不可用"买卖不破租赁"来对抗物权人。[1]

2. 动产租赁与不动产租赁

区分的意义在于：对于不动产，以及船舶、汽车、航天器等准不动产的租赁，法律一般规定了特殊要求，例如登记制度。

3. 定期租赁与不定期租赁

区分的标准为合同是否有固定期限。6个月以上的定期租赁合同应采用书面形式，如果不采用书面形式，无法确定租货期限的，视为不定期租赁。

租赁期限由双方约定，但法律要求不得超过20年。超过20年的，超过部分无效。租赁期间届满，当事人可以续订租赁合同，但租赁期限自续订之日起不得超过20年。

租赁期间届满，承租人继续使用租赁物，出租人没有提出异议的，原租赁合同继续有效，但租赁期限为不定期。

4. 出租人的义务

（1）出租人应当按照约定将租赁物交付承租人并在租赁期间保持租赁物符合约定的用途。这是出租人的基本义务。出租人应按时交付，所交付标的物的数量质量等应符合约定，如无约定，应符合该物的通常用途。在租赁期内，出租人要一直保持该物符合约定的用途。如发生质量问题，应修复；如第三人妨害，应负责排除妨害。

（2）瑕疵担保义务。瑕疵担保义务包括物和权利两个方面，可适用有关买卖合同相关部分的规定。另外，租赁物危及承租人的安全或者健康的，即使承租人订立合同时明知该租赁物质量不合格，承租人仍然可以随时解除合同。

（3）权利担保义务。因第三人主张权利，致使承租人不能对租赁物使用、收益的，承租人可以要求减少租金或者不支付租金。第三人主张权利的，承租人应当及时通知出租人。

（4）对租赁物的维修义务。该义务可通过约定排除，如无约定，则为出租人的义务。承租人在租赁物需要维修时可以要求出租人在合理期限内维修。出租人未履行维修义务的，承租人可以自行维修，维修费用由出租人负担。因维修租赁物影响承租人使用的，应当相应减少租金或者延长租期。

5. 承租人的义务

（1）支付租金。支付租金为承租人的主要义务。承租人应当按照约定的期限支付租金。如无约定，可协商补充。协商不成，可按合同有关条款或交易习惯确定。如仍不能确定，租赁期间不满一年的，应当在租赁期间届满时支付；租赁期间1年以上的，应当在每届满1年时支付，剩余期间不满1年的，应当在租赁期间届满时支付。承租人无正当理由未支付或者迟延支付租金的，出租人可以要求承租人在合理期限内支付。承租人逾期不支付的，出租人可以解除合同。

（2）按照约定的方法使用租赁物。如无约定，可协商补充。协商不成，可按合同

---

[1] 参考最高人民法院（2014）民申字第215号民事裁定书。

有关条款或交易习惯确定。如仍不能确定的，应当按照租赁物的性质使用。承租人按照约定的方法或者租赁物的性质使用租赁物，致使租赁物受到损耗的，不承担损害赔偿责任；未按照约定的方法或者租赁物的性质使用租赁物致使租赁物受到损失的，出租人可以解除合同并要求赔偿损失。

（3）妥善保管租赁物。因保管不善造成租赁物毁损、灭失的，承租人应当承担损害赔偿责任。何为"妥善"？如果对保管有约定，依约定；如无约定，应尽善良管理人的注意义务。

（4）不得随意转租。承租人经出租人同意，可以将租赁物转租给第三人。承租人转租的，承租人与出租人之间的租赁合同继续有效，第三人对租赁物造成损失的，承租人应当赔偿损失。承租人未经出租人同意转租的，出租人可以解除合同。

（5）返还租赁物。租赁期间届满，承租人应当返还租赁物。返还的租赁物应当符合按照约定或者租赁物的性质使用后的状态。

6. 房屋租赁合同

（1）对房屋租赁的书面形式要求。城市中房屋的租赁，出租人和承租人应当签订书面租赁合同，约定租赁期限、租赁用途、租赁价格、修缮责任等条款以及双方的其他权利和义务，并向房产管理部门登记备案。

（2）承租人的优先购买权。出租人出卖租赁房屋的，应当在出卖之前的合理期限内通知承租人，承租人享有以同等条件优先购买的权利。但是，房屋按份共有人行使优先购买权或者出租人将房屋出卖给近亲属的除外。

五、承揽合同

1. 承揽合同概述

承揽合同是承揽人按照定作人的要求完成工作，交付工作成果，定作人给付报酬的合同。承揽包括加工、定作、修理、复制、测试、检验等工作。

（1）加工。指定作人提供原材料，承揽人将之加工成符合定作人要求的成果。

（2）定作。指承揽人提供原材料，按定作人的要求将之加工成成品。

（3）修理。指承揽人修复定作人的被损坏的物品。

（4）复制。指定作人提供样品，承揽人依样制作若干份。

（5）测试。指承揽人用自己的物力人力为定作人指定的项目作测试，并提交测试结果。

（6）检验。指承揽人用自己的物力人力为定作人指定的物品、工程或项目进行检验，并提交检验结论。

承揽合同的内容包括承揽的标的、数量、质量、报酬、承揽方式、材料的提供、履行期限、验收标准和方法等条款。

定作人选定承揽人为其完成一定工作，是基于对承揽人的信任，承揽人不可随意将工作转给他人完成。承揽人应依定作人的要求用自己的技术、设备、劳动来完成工作并交付工作成果。这是承揽合同最主要的特征。

例释 金子公司与星星石材厂签订《×××石材供应合同》，约定："星星石材厂按合同规定的名称、品牌、型号规格、数量、包装要求、质量要求向金子公司提供×××石材。"后双方发生纠纷，金子公司主张该合同为买卖合同，理由是：自己未向对方提供原材料，也未对加工过程进行监督控制，而且合同还规定了具有买卖合同特点的"货到付款"之条款。法院认定该合同为承揽合同，因为金子公司所要求的规格和数量的石材在合同签订时并不存在，星星石材厂是按照金子公司的要求利用自己的设备、技术和劳力进行制作，而后将制作好的石材交给金子公司。[①]

2. 承揽人的义务

（1）依合同约定完成承揽工作。承揽人应在约定期限内完成工作，工作应符合定作人的要求。除非合同另有约定，对于主要工作，承揽人应独立地以自己的设备、技术和劳力完成，不可转与第三人完成。如果转与，应当就该第三人完成的工作成果向定作人负责；未经定作人同意的，定作人可以解除合同。辅助工作部分，可以转与第三人完成，承揽人应就该第三人完成的工作成果向定作人负责。

（2）依约定提供原材料或接受定作方提供的原材料。如果原材料由承揽人提供，承揽人应当按照约定选用材料，并接受定作人检验。定作人提供材料的，承揽人对定作人提供的材料，应当及时检验，发现不符合约定的，应及时通知定作人更换、补齐或者采取其他补救措施。承揽人不得擅自更换定作人提供的材料，不得更换不需要修理的零部件。

（3）接受检验、监督。承揽人在工作期间，应当接受定作人必要的监督检验。定作人不得因监督检验妨碍承揽人的正常工作。

（4）对承揽的工作保密。承揽人应当按照定作人的要求保守秘密，未经定作人许可，不得留存复制品或者技术资料。

（5）妥善保管义务。承揽人应当妥善保管定作人提供的材料以及完成的工作成果，因保管不善造成毁损、灭失的，承揽人应当承担损害赔偿责任。

（6）交付工作成果并对工作成果负瑕疵担保义务。承揽人完成了工作，应当向定作人交付工作成果，并提交必要的技术资料和有关质量证明。承揽人交付的工作成果不符合质量要求的，定作人可以合理选择请求承揽人承担修理、重作、减少报酬、赔偿损失等违约责任。

（7）共同承揽人的责任负担。共同承揽人对定作人承担连带责任，但当事人另有约定的除外。

3. 定作人的义务

（1）协助义务。承揽工作需要定作人协助的，定作人有协助义务。定作人不履行协助义务致使承揽工作不能完成的，承揽人可以催告定作人在合理期限内履行义务，并可以顺延履行期限；定作人逾期不履行的，承揽人可以解除合同。

（2）验收工作成果。承揽人向定作人交付工作成果时，定作人应当验收该工作成果。

[①] 编写参考最高人民法院（2015）民申字第1048号民事裁定书。

（3）支付报酬。定作人应当按照约定的期限支付报酬。如无约定，可协商补充。协商不成，可按合同有关条款或交易习惯确定。仍不能确定的，定作人应当在承揽人交付工作成果时支付；工作成果部分交付的，定作人应当相应支付。定作人未向承揽人支付报酬或者材料费等价款的，承揽人对完成的工作成果享有留置权，但当事人另有约定的除外。

4. 定作人的随时解约权

定作人可以随时解除承揽合同，因解除造成承揽人损失的，应当赔偿损失。即法律允许定作人在赔偿承揽人损失的前提下随时解除合同。

定作往往是满足定作人的特定要求。如定作人给出定作要求后需求发生变化，又无法征得承揽方同意协商解除，则等到定作完成，不仅所获得的定作物无法满足需求，而且定作继续进行会造成更多的资源浪费。另外，定作人面对的是一个承揽人，而承揽人面对诸多定作人，即使有一两个定作人解除，对承揽人总体业务影响不大。因此法律赋予定作人任意解约权，但为公平对待承揽人，又规定以赔偿承揽人之损失为约束。

六、技术合同

1. 技术合同概述

技术合同是当事人就技术开发、转让、许可、咨询或者服务订立的确立相互之间权利和义务的合同。

技术合同的典型特点是合同的标的物为技术成果，而其他合同的标的为商品或劳务。

由于技术对社会进步非常重要，因此《民法典》规定：订立技术合同，应当有利于知识产权的保护和科学技术的进步，促进科学技术成果的研发、转化、应用和推广。非法垄断技术或者侵害他人技术成果的技术合同无效。

技术合同的内容由当事人约定，一般包括以下条款：项目名称；标的的内容、范围和要求；履行的计划、地点和方式；技术信息和资料的保密；技术成果的归属和收益的分配办法；验收标准和方法；名词和术语的解释。其中，技术成果的归属是一个应注意的条款。

2. 职务技术成果和非职务技术成果

（1）职务技术成果。指执行法人或者非法人组织的工作任务，或者主要是利用法人或者其他组织（以下简称"单位"）的物质技术条件所完成的技术成果。职务技术成果的使用权、转让权属于单位的，单位可以就该项职务技术成果订立技术合同。单位订立技术合同转让职务技术成果时，职务技术成果的完成人享有以同等条件优先受让的权利。

（2）非职务技术成果。其使用权、转让权属于完成技术成果的个人，完成技术成果的个人可以就该项非职务技术成果订立技术合同。

完成技术成果的个人享有在有关技术成果的文件上写明自己是技术成果完成者的权利和取得荣誉证书、奖励的权利。

3. 技术开发合同

指当事人之间就新技术、新产品、新工艺或者新材料及其系统的研究开发所订立的合同。技术开发合同应当采用书面形式。当事人之间就具有产业应用价值的科技成果的实施转化订立的合同，参照技术开发合同的规定。

技术开发合同包括委托开发合同和合作开发合同。

（1）委托开发合同双方当事人的义务。委托人的义务有：应当按照约定支付研究开发经费和报酬；提供技术资料；提出研究开发要求；完成协作事项；接受研究开发成果。

研究开发人的义务有：应当按照约定制定和实施研究开发计划；合理使用研究开发经费；按期完成研究开发工作，交付研究开发成果，提供有关的技术资料和必要的技术指导，帮助委托人掌握研究开发成果。

（2）合作开发合同双方当事人的义务。包括：应当按照约定进行投资，包括以技术进行投资；分工参与研究开发工作；协作配合研究开发工作。

（3）技术成果的权利归属。有约定的，从约定。如无约定，依下列规定：

① 在委托开发中，申请专利的权利属于研究开发人。研究开发人取得专利权的，委托人可以依法实施该专利。研究开发人转让专利申请权的，委托人享有以同等条件优先受让的权利。

② 在合作开发中，申请专利的权利属于合作开发的当事人共有。当事人一方转让其共有的专利申请权的，其他各方享有以同等条件优先受让的权利。合作开发的当事人一方声明放弃其共有的专利申请权的，可以由另一方单独申请或者由其他各方共同申请。申请人取得专利权的，放弃专利申请权的一方可以免费实施该专利。合作开发的当事人一方不同意申请专利的，另一方或者其他各方不得申请专利。

③ 如果不申请专利，则无论委托开发或合作开发，技术秘密成果的使用权、转让权以及利益的分配办法，由当事人约定。没有约定的，依合同有关条款或交易习惯确定。如仍不能确定，则当事人均有使用和转让的权利，但研究开发人不得在向委托人交付研究开发成果之前将研究开发成果转让给第三人。

4. 技术转让合同和技术许可合同

技术转让合同和技术许可合同包括专利权转让、专利申请权转让、技术秘密转让、专利实施许可、技术秘密使用许可等合同。技术转让合同和技术许可合同应当采用书面形式。

（1）"使用范围"条款及对其限制。技术转让合同和技术许可合同可以约定实施专利或者使用技术秘密的范围，这些范围多涉及在时间、地域和使用方式等方面对技术使用做出限制。一方面，国家尊重技术权利人通过使用技术获得利益的权利，允许其做出限制；另一方面，出于国家整体利益的考虑，又要求对使用范围的约定不得限制技术竞争和技术发展。

（2）当事人的义务。技术转让合同的让与人和技术许可合同的许可人应当保证自己是所提供技术的合法拥有者，并保证所提供的技术完整、无误、有效，能够达到约定的目标。

技术转让合同的受让人与技术许可合同的被许可人应当按照约定使用专利或技术，支付使用费或许可费；并按照约定的范围和期限，对让与人提供的技术中尚未公开的秘密部分，承担保密义务。

（3）后续改进之技术成果的分享。当事人可以按照互利的原则，在合同中约定实施专利、使用技术秘密后续改进之技术成果的分享办法。没有约定或者约定不明确的，依合同有关条款或交易习惯确定。如仍不能确定，一方后续改进的技术成果，其他各方无权分享。

5. 技术咨询合同和技术服务合同

（1）技术咨询合同。包括就特定技术项目提供可行性论证、技术预测、专题技术调查、分析评价报告等合同。

委托人应当按照约定阐明咨询的问题，提供技术背景材料及有关技术资料、数据；接受受托人的工作成果，支付报酬。

受托人应当按照约定的期限完成咨询报告或者解答问题；提出的咨询报告应当达到约定的要求。

（2）技术服务合同。指当事人一方以技术知识为另一方解决特定技术问题所订立的合同，不包括建设工程合同和承揽合同。

委托人应当按照约定提供工作条件，完成配合事项，接受工作成果并支付报酬。

受托人应当按照约定完成服务项目，解决技术问题，保证工作质量，并传授解决技术问题的知识。

（3）新技术成果的归属。技术咨询或服务合同履行过程中，受托人利用委托人提供的技术资料和工作条件完成的新的技术成果，属于受托人。委托人利用受托人的工作成果完成的新的技术成果，属于委托人。当事人另有约定的，按照其约定。

七、其他合同提要

1. 供用电、水、气、热力合同

合同一方为公用事业单位，另一方为用户。由于公用事业一般为国家控制或严格管制，国家对费率、安全、质量等有很多限制性规定，双方当事人的约定不得违背。另外，由于用户众多，供应方如一对一谈判缔约，不利于效率，因此该类合同多采用格式合同。

2. 融资租赁合同

融资租赁合同是出租人根据承租人对出卖人、租赁物的选择，向出卖人购买租赁物，提供给承租人使用，承租人支付租金的合同。

融资租赁兼具"融资"和"租赁"两种属性。之所以称为"融资"，是因为承租人无力购买所需的物品，于是由财力比较雄厚的出租人购买后再租给承租人使用。这一租赁方式往往适合于价值高昂的物品，例如飞机、大型机械设备等，涉及三方当事人和两个合同：一个是购买租赁物品的买卖合同，另一个是租赁合同。

租赁期限、租赁费用的确定以及租赁期间届满后租赁物的归属，是该类合同缔结中应重点注意的事项。

3. 建设工程合同

建设工程合同是承包人进行工程建设，发包人支付价款的合同，包括工程勘察、设计和施工合同。由于建设工程价值大，周期长，为规范考虑，法律要求合同采用书面形式。

这类合同可协议缔结，但现实中多采取招投标的形式进行。根据《民法典》的规定，招投标活动应公开、公平、公正进行，符合有关招投标的法律规定。

建设工程的质量和验收是该类合同应重点注意的事项。

4. 运输合同

运输合同是承运人将旅客或者货物从起运地点运输到约定地点，旅客、托运人或收货人支付票款或运输费用的合同。

这类合同可协议缔结，但如果是公共运输，法律规定承运人不得拒绝旅客或托运人通常、合理的运输要求。

根据运输对象不同，可分为客运合同和货运合同。客运合同的承运人应提供正常、及时和安全的运输，对有病和遇险的乘客应尽力救助。货运合同的承运人应按约定将货物运抵，并对运输过程中货物的毁损、灭失承担损害赔偿责任。如果托运人或收货人不支付运费、保管费以及其他运输费用的，承运人对相应的运输货物享有留置权。

5. 保管合同

保管合同是保管人保管寄存人交付的保管物，并返还该物的合同。如当事人没有约定合同何时成立，则保管合同自保管物交付时成立。

妥善保管保管物是保管人的义务。保管期间，因保管人保管不善造成保管物毁损、灭失的，保管人应当承担损害赔偿责任。但如果保管是无偿的，保管人证明自己没有故意或重大过失的，不承担损害赔偿责任。

6. 仓储合同

仓储合同是保管人储存存货人交付的仓储物，存货人支付仓储费的合同。广义讲，仓储属保管，但为专业性质的保管，《民法典》将之单独列出。专业仓储之外的保管归入"保管合同"。仓储合同自保管人和存货人意思表示一致时成立。

仓储物的损耗标准是仓储合同缔结时应重点注意的事项。

7. 委托合同

委托合同是委托人和受托人约定，由受托人处理委托人事务的合同。委托人对受托人有信任，因此受托人应当亲自处理委托事务。

受托人处理受托的事务可能会涉及第三人，委托人和受托人对第三人的责任可适用有关代理的规定。

8. 行纪合同

行纪合同是行纪人以自己的名义为委托人从事贸易活动，委托人支付报酬的合同。广义上行纪是委托的一种，与其他委托合同不同的是，行纪人以自己的名义对外交往，因此行纪人与第三人订立合同的，行纪人对该合同直接享有权利并承担义务。第三人不履行义务致使委托人受到损害的，行纪人应当承担损害赔偿责任，行纪人与委托人另有约定的除外。

9. 中介合同

中介合同是中介人向委托人报告订立合同的机会或者提供订立合同的媒介服务，委托人支付报酬的合同。

中介人对委托人有忠实的义务，应当就有关订立合同的事项向委托人如实报告，不可故意隐瞒相关重要事实或者提供虚假情况。

中介人促成合同成立的，委托人应支付报酬。对中介人的报酬无约定并且无法确定的，根据中介人的劳务合理确定。因中介人提供订立合同的媒介服务而促成合同成立的，由该合同的当事人平均负担中介人的报酬。中介人促成合同成立的，中介活动的费用，由中介人负担。中介人未促成合同成立的，不得要求支付报酬，但可以要求委托人支付从事中介活动支出的必要费用。

10. 保理合同

保理合同是应收账款债权人将现有的或者将有的应收账款转让给保理人，保理人提供资金融通、应收账款管理或者催收、应收账款债务人付款担保等服务的合同。

11. 保证合同

保证合同是为保障债权的实现，保证人和债权人约定，当债务人不履行到期债务或者发生当事人约定的情形时，保证人履行债务或者承担责任的合同。有关"保证"，详见本教材第九章第二节一。

12. 物业服务合同

物业服务合同是物业服务人在物业服务区域内，为业主提供建筑物及其附属设施的维修养护、环境卫生和相关秩序的管理维护等物业服务，业主支付物业费的合同。物业服务人包括物业服务企业和其他管理人。

13. 合伙合同

合伙合同是两个以上合伙人为了共同的事业目的，订立的共享利益、共担风险的协议。有关"个人合伙"，详见本教材第三章第一节。

第二节 电 子 合 同

除了传统的口头和书面形式，随着信息技术的发展又出现了一种新形式：电子合同，即以数据电文的形式进行信息交换而形成的合同。

数据电文是指由电子、光学、磁或类似手段生成、发送、接收或储存的信息。上述的电子、光学等手段不仅包括传统的传真、电传、电报等形式，也包括后来兴起的电子邮件、电子数据交换（EDI）等。[1]电子数据交换是指使用计算机进行电子信息传送和

---

[1] 联合国国际贸易委员会制定的《电子商业示范法》第2条。

存储。

同传真等形式相比,电子数据交换是彻底的无纸化,不需要纸张作为载体。这里所探讨的电子合同主要指通过电子邮件或 EDI 形成的合同,也称网络合同。

一、电子合同的成立

1. 要约

与其他合同一样,电子合同的成立要经过要约和承诺两个阶段。虽然交易双方的信息交换采用电子形式,同样适用有关要约和承诺的一般法律规定。

网络中电子信息的传送大致分为两类:

(1)向特定的人发出信息。例如专门向某一个企业或客户发送信息,可以是以电子邮件方式,也可以是通过彼此之间专门为交易建立的 EDI 系统。这与日常生活中特定地向某一个人发送一封信没有区别,只要符合要约的条件,即构成要约。

(2)向不特定的人发出信息。最典型的例子是在网络媒体上发布信息,这与在报纸、杂志上发布信息性质一样,是商业广告。根据《民法典》的规定,商业广告如果内容符合要约的条件,则为要约。依《电子商务法》,电子商务经营者发布的商品或者服务信息符合要约条件的,构成要约。如果另有约定,则除外,例如在有效的用户注册协议里约定所发布信息不具要约性质。另外,通过电子邮件发送信息给某人并不意味着一定是向特定的人发送,可以是广告性质的发送,就像日常生活中向人们的信箱里放置宣传品或通过邮局寄送材料,一般应视为要约邀请。是否是特定的发送应根据发送人的信息内容和彼此之间的关系来判断。

2. 要约的到达

应区分两种情况:一是收件人指定特定系统接收数据电文。这种情况下,该数据电文进入特定系统的时间,视为到达时间;二是未指定特定系统。这时该数据电文进入收件人的任何系统的首次时间,视为到达时间。

法律没有对"特定系统"作进一步解释。实际上,系统往往是分层次的,一个系统有可能嵌在一个更大的系统之内。例如,A 告诉了 B 他的 E-mail 地址,B 向 A 的邮箱发送了一个要约。那么,要约应到达的系统是电子邮箱系统,还是该电子邮箱所在的服务器?如果要约到达了服务器但没有进入邮箱,是否为到达?对此法律没有明确的规定。笔者认为应该区分两种情况分别对待:如果该服务器是接收人控制的,则进入该服务器即视为到达;如果是接收人不可控制的,如电子邮箱是在一个公共网站上注册的,则应以进入电子邮箱为到达时间。

3. 要约的撤回和撤销

要约到达时间非常迅速,基本不可能撤回,除非由于系统问题导致传输出现延缓或错误从而给要约人留出一定时间。

4. 承诺

网络空间中的承诺形式最常见的有两种:一是电子邮件或 EDI 系统回复;二是点击,例如单击"我同意"按钮。以前一种方式进行回复时,有可能涉及对要约内容的变动,是否构成承诺依有关承诺的构成要件判断。而点击则类似日常生活中对格式合同的接受,要么同意,要么走开,一般没有修改要约的可能。在电子商务中,一般以用户点击提交订单成功为承诺做出。依《电子商务法》,如果电子商务经营者发布的商品信息等构成要约,用户选择该商品或者服务并提交订单成功,合同成立,但双方另有约定除外。

判断承诺到达的时间适用有关要约的规定,承诺一般也很难撤回。

交易分对话方式和非对话方式。对于对话方式,除非另有约定,否则承诺应当时做出。对于非对话方式,承诺可在要约的有效期内或合理期限内做出。一个有趣的问题是:网络空间中的信息交换表面上不同于日常生活中的对话方式,但其传输速度之快有时与对话方式无异,例如邮件可以马上在手机上显示,是否应视为对话方式?其实对话方式与非对话方式的一个区别是传输速度,但更本质的区别不是到达的时间多快,而是对方是否能即时了解要约方的信息。虽然电子邮件瞬间到达对方,但是对方并不一定能马上知道。例如,传统的传真方式到达速度也非常快,但没有被视为对话方式。那么在QQ、微信等社交网络上的聊天呢?区分两种情况:一是即时通话,是对话方式;二是文字或声音留言,对方并不一定马上知道,应为非对话方式。

例释 山山公司的股东大刘在微信里跟另一股东老赵聊退股之事。聊天信息显示:老赵答应承接大刘之股份,双方就支付款项、利息计算、付款时间等条件进行了协商。之后,大刘多次催促老赵付款以办理股权转移,但老赵以未签任何有效合同为由拒绝。法院判决老赵支付转让款并协助大刘办理有关股东变更的工商管理登记,理由是:聊天记录证明双方已就股权转让达成一致意见,股权转让合同已成立。

5. 合同的成立

承诺生效时合同即成立。对于传统合同,承诺生效的地点为合同成立的地点。采用数据电文形式订立合同的,收件人的主营业地为合同成立的地点;没有主营业地的,其经常居住地为合同成立的地点。当事人另有约定的,按照其约定。主要是考虑到在电子商务时代,承诺人在营业地或居住地之外的很多地方都可以查收回复电子邮件或其他电子信息,因此这样规定有利于明确合同成立的地点,便于管辖。

6. 电子代理人

电子代理人是一种提前设定好的系统,该系统在接收到信息后会自动进行答复甚至进行一定的交易而不需要经过具体人员的控制。电子代理人有一定的"自治性",此为其根本特征。根据美国《统一计算机信息交易法》,电子代理人指的是"不需要个人加以干预就能独立地用来启动某个行为,对电子记录或履行做出回应的计算机程序、电子手段,或者其他自动化手段"。

与一般的沟通工具相比,电子代理人有一定的主动性特点,而非完全被动的被操作工具。虽然电子代理人有一定的"智能",但还不能达到与自然人代理人一样的程度,因此主张给予电子代理人以法律上的"代理人"地位的观点尚不可取,电子代理人仍然只是一种交易工具而已。但是,高智能的工具往往更难控制,出现错误的可能也更多。那么,在出现错误时,是否因为其智能性和不可控制性的增加就可以相应免除或减轻相应一方当事人的责任？这是一个尚待立法解决的问题。

二、书面形式

1. 国外立法趋势

书面形式的作用有二：一是其相比口头形式证据效力要强，二是法律规定某些合同应采用书面形式。那么电子合同是否可满足法律对书面形式的要求？从目前各国立法的趋势来看，倾向于将电子数据交换等形式视为书面形式或满足对书面形式的要求，但要符合一定要求。联合国国际贸易委员会制定的《电子商业示范法》是很多国家进行电子商务立法的范本，其规定：当法律要求信息必须采用书面形式时，如果数据电文所包含的信息可以随时调取以备日后查用，则满足该书面形式的要求。[1]美国的法律也有类似规定，要求信息的接收者能保存该信息。[2]由此可见，电子信息的"可保留性"是其满足书面形式要求的前提。如果信息的发送者禁止接收者储存或打印电子信息，则为不可保留，不视为书面形式。

2. 我国立法进程

我国1999年的《合同法》对数据电文形式予以认可，并对采用数据电文形式订立合同时要约和承诺的到达如何判断这一问题作了规定。但是，《合同法》并没有明确规定数据电文是否是书面形式，这是立法的缺失。

一些地方立法率先对上述问题予以规定。如1996年的《广东省对外贸易实施数据交换（EDI）暂行规定》第9条规定："凡法律、法规规定必须采用书面形式，而电子报文的内容可以随时查阅的，则该电子报文视同合法的书面文件。"

2004年，全国人大常委会通过了《电子签名法》，对电子信息的效力问题作了规定。

3. 《电子签名法》的相关规定

（1）对使用电子形式和信息的认可。该法第3条规定："民事活动中的合同或者其他文件、单证等文书，当事人可以约定使用或者不使用电子签名、数据电文。当事人约定使用电子签名、数据电文的文书，不得仅因为其采用电子签名、数据电文的形式而否定其法律效力。"

但是以上规定不适用于下列文书：

① 涉及婚姻、收养、继承等人身关系的。
② 涉及停止供水、供热、供气、供电等公用事业服务的。
③ 法律、行政法规规定的不适用电子文书的其他情形。

（2）数据电文为书面形式所要满足的条件。能够有形地表现所载内容并可以随时调取查用的数据电文，视为符合法律、法规要求的书面形式。

符合下列条件的数据电文，视为满足法律、法规规定的原件形式要求：

① 能够有效地表现所载内容并可供随时调取查用。

---

[1] 联合国国际贸易委员会制定的《电子商业示范法》第6条。
[2] 如《统一电子交易法》（UETA）。

② 能够可靠地保证自最终形成时起,内容保持完整、未被更改。但是,在数据电文上增加背书以及数据交换、储存和显示过程中发生的形式变化不影响数据电文的完整性。

(3) 数据电文作为证据。数据电文不得仅因为其是以电子、光学、磁或者类似手段生成、发送、接收或者储存的而被拒绝作为证据使用。审查数据电文作为证据的真实性,应当考虑以下因素:

① 生成、储存或者传递数据电文方法的可靠性。
② 保持内容完整性方法的可靠性。
③ 用以鉴别发件人方法的可靠性。
④ 其他相关因素。

三、电子签名

与书面形式相联系的另一个问题是电子签名。签名的主要作用是表明当事人的身份,传统方式是手签或盖章,而电子签名则是以电子形式来达到签名的效果。

1. 电子签名的种类

目前使用的电子签名有两类:一类是将指纹、眼虹膜、脑波等生物特征电子化后作为签名使用,称为生物特征签名。这类签名安全性好,但成本太高,不易普及。另一类是数位签名,也称"非对称加密",是目前最为常见的电子签名,其操作程序为:签名者先制作一对密钥,一为私钥,由签名者持有;一为公钥,由接收者持有。进行签名时,签名者用私钥加密后发出签名,接收者用公钥解密以确认发出人的身份。

2. 国外立法趋势

目前各国立法的主流是倾向于承认电子签名的法律效力。例如《电子商业示范法》规定数据电文可以满足法律对签名的要求,但要符合一定的条件,即所使用的方法或技术手段是可靠的,能鉴定签名者的身份并且表明签名者认可数据电文中的信息。

信息技术的发展非常迅猛,虽然目前常用的电子签名技术手段是数位签名,但也出现了其他可用的方法或手段。因此《电子商业示范法》以及多数国家的法律都只是规定电子签名所使用的手段要达到的要求,并不具体规定应使用哪一种技术手段,以防对技术发展形成不适当的阻碍,这一立法原则被称为"技术中立"。[①]

3. 《电子签名法》的相关规定

(1) 电子签名的定义。电子签名指数据电文中以电子形式所含、所附用于识别签名人身份并表明签名人认可其中内容的数据。

(2) 可靠的电子签名。可靠的电子签名与手写签名或者盖章具有同等的法律效力。电子签名同时符合下列条件的,视为可靠的电子签名:

① 电子签名制作数据用于电子签名时,属于电子签名人专有。
② 签署时电子签名制作数据仅由电子签名人控制。

---

① 联合国国际贸易委员会制订的《电子商业示范法》第7条。

③ 签署后对电子签名的任何改动都能够被发现。
④ 签署后对数据电文内容和形式的任何改动都能够被发现。

另外，当事人也可以选择使用符合其约定的可靠条件的电子签名。

（3）电子签名人的妥善保管义务。电子签名人应当妥善保管电子签名制作数据。电子签名人知悉电子签名制作数据已经失密或者可能已经失密时，应当及时告知有关各方，并终止使用该电子签名制作数据。

四、电子合同的效力（一）：点击合同

随着经济的发展，格式合同越来越多。在网络时代，格式合同更是普遍，而且以电子形式出现，要约和承诺的方式也不同，有技术上的复杂性，这就要求在分析电子格式合同的效力时，要考虑电子合同订立的特点。

有三类常见的电子合同，也称网络合同：点击合同、浏览合同与撕封合同。本部分和下面两部分分别加以介绍。

用户浏览网站、选择所需要的服务或商品时，一般在成交前，交易商提供的格式合同出现在屏幕上，用户需单击表示同意的按钮，方可获得服务或商品。这类合同被称为点击合同。

前面已经分析过，点击本身可以作为要约或承诺的方式，因此在合同成立方面没有争议。争议的关键在于合同的效力是否稳定。用户在网上交易时，对于屏幕上出现的合同条款经常并不在意，也不阅读。在点击表示接受后，如果发生争议，交易商往往会援引合同中的一些条款来为自己提供争议解决程序上的方便或开脱责任，最常见的条款包括：限制或免除责任的条款、规定仲裁的条款、限定管辖地的条款等。这时用户所能做的就是对合同条款的效力进行质疑。

1997年，MSN的用户起诉该服务的提供商微软公司。这些用户网上进行注册使用MSN服务时，有一个协议出现在屏幕上，如果点击"我同意"，注册程序继续；如果点击"我不同意"，则注册中断。这个协议中有一个条款规定：如发生争议，要在微软公司所在地的法院诉讼。原告对该点击合同的效力提出质疑以否认该指定管辖地条款的效力。法官最终认定该条款有效，理由是：第一，不存在微软公司欺诈或者交易力量过强的情形；第二，该条款没有违背公共政策；第三，在审讯方面没有造成原告过分的不方便；第四，原告在点击前可以随意地浏览该合同条款，没有时间的限制，因此有充足的时间和机会注意到该合同的内容。[①]

在我国，依据《合同法》，合同在三种情况下效力可以被否认：一是交易主体本身行为能力有问题，例如无行为能力人或限制行为能力人，或者是无权代理；二是合同自始无效的情形，主要是合同违反国家法律、公序良俗等情形；三是请求法院或仲裁机构撤销的情形，主要是欺诈、胁迫、重大误解和显失公平等情形。

另外，点击合同是格式合同，因此提供者应以合理方式提请对方注意免除或限制责任的条款，如对方要求，应给予解释。在内容设计上应遵循公平原则，不可免除自己责

[①] Caspi et al. v. Microsoft, 1999.

任、加重对方责任、排除对方主要权利。如果对条款有不同解释，采用不利于提供方的解释。如果交易对方是消费者，要遵守有关消费者权益保护的法律规定。例如涉及消费者时，经营者要提示的重要条款更多。具体见第八章第五节第五、六部分。

例释 2018年1月3日，支付宝发布个人年度账单。在账单首页，有一行不起眼的小字："我同意《芝麻服务协议》"，并且，该行字前面已提前选。该做法引发网上热烈关注和讨论。支付宝火速道歉，称该做法"愚蠢至极"，并取消默认勾选。政府相关机构约谈了公司负责人，要求企业本着充分保障用户知情权和选择权的原则立即进行整改。那么，从合同法角度，支付宝的提前点选会成立与用户之间的相关合同吗？

专题案例10-2 新浪网邮箱缩水案

事实与争议

进入21世纪，网络时代早期的狂热已渐渐退去。早期"烧钱"抢占市场的各大网站纷纷缩减给用户的"免费午餐"。2001年8月2日和9月13日，新浪网通知电子邮箱用户免费邮箱空间大小将在9月16日零时正式从50MB调整为5MB。

来云鹏是新浪邮箱的用户，在邮箱容量被减少后，他愤而起诉。

来云鹏认为：双方达成了电子邮箱服务合同，而且邮箱并非真正免费，在邮件中附有商业广告，双方互有对价。该服务合同对双方均具有约束力，任何一方均不能在未经对方同意的情况下，擅自变更合同内容。现新浪网不顾其承诺擅自缩减邮箱容量，构成违约。

新浪网反驳：根据用户在注册过程中所同意的服务条款，新浪网有权在必要时调整服务合同条款，并随时更改和中断服务，无须负责。因此，新浪网是在行使变更合同内容的权利，不构成违约。另外，新浪网所提供的电子邮箱服务是完全免费的，在实际使用中，用户无须支付给新浪网任何对价。

判决

1. 新浪网提供的服务条款是要约条件，在注册时，用户必须全面地接受页面中显示的全部服务条款，认可该条款所有内容，单击"同意"按钮后才能完成注册步骤，获得免费邮箱服务，双方之间合同成立。在单击"同意"按钮后，应当认为申请者已完全知悉并接受该服务条款。服务条款作为双方所缔结的电子邮箱服务合同的组成部分对双方当事人具有法律上的约束力。

2. 新浪网服务条款规定："新浪网有权在必要时修改服务条款，新浪网服务条款一旦发生变动，将会在重要页面上提示修改内容。如果不同意所改动的内容，用户可以主动取消获得的网络服务。如果用户继续享用网络服务，则视为接受服务条款的变动。新浪网保留随时修改或中断服务而不需通知用户的权利。"新浪网已事先在网络页面上做出声明，履行了服务条款规定的说明和提示义务，是正当合理地行使其根据合同享有的对合同内容加以变更的权利。

3. 通过提供免费电子邮箱来吸引更多的访问者是商业运作方式，采取何种商业行为获取利润应完全由商事主体自行决定。没有证据表明新浪网的上述商业行为违反法律，因此是合法与正当的。若来云鹏认为邮箱容量被压缩调整后难以满足其当初获取使用的初衷，可依双方约定自行决定采取停止使用或转向使用其他网站邮箱予以解决，而无权否认合同对方行使根据合同所获得的对合同内容加以变更的权利。

4. 即使是在有偿和双务合同中，我国法律亦允许当事人自愿约定合同一方或者双方保留对合同内容加以变更或者解除的权利。换言之，合同的有偿与无偿并非决定一方或者双方是否有权对合同内容加以变更的因素。

思考

一审败诉后，来云鹏上诉，被驳回。请你分析一下新浪网的服务条款是否存在可主张无效或可撤销的情形？假如你是来云鹏的代理律师，你会怎样为他代理？

（编写参考：北京市海淀区人民法院（2001）海民初字第11606号民事判决书）

五、电子合同的效力（二）：浏览合同

有时，用户在浏览网站时，屏幕上并不是出现一个合同文本，而是一个链接，如果点击该链接，就可看到合同的文本。用户可以选择看或是不看该文本内容，直接进行下一步的交易，成立合同。这类合同被称为浏览合同。

浏览合同与点击合同的区别是：点击合同的条款出现在屏幕上，而浏览合同是先提供一个合同内容的链接，用户需点击该链接后才可看到合同条款；对点击合同的条款如果不接受，则交易不可继续进行。而对于浏览合同，浏览者不阅读合同条款，也可继续进行交易。因此，相比点击合同，浏览人不容易注意到合同的内容，甚至有时对链接都没看到，例如链接需要页面下拉才可看到，因此浏览合同的效力更容易受到质疑。

在美国，用户A在B的网站上下载软件，后来发生争议。依据浏览合同，该争议需经仲裁。A对该仲裁条款的效力提出质疑。应注意的是在打开网页后，该浏览合同的链接并未出现在屏幕上，需向下拉动页面才可看到。如果用户想继续交易，也不要求必须点击该链接，网页上只是宣称："请在下载和使用软件之前阅读和同意软件许可协议的条款。"

审理此案的法官认为合同可以通过各种方式成立，只要双方达成协商一致，因此浏览、点击本身可以作为合同成立的方式。用户在浏览网页时，第一眼没有看到这个链接，而且有关许可协议的告示是灰色背景上的小的灰色字体，不清晰。因此，很多用户很难注意到这个协议。而且，"请……阅读……"的字样只是表明邀请对方浏览，并非构成合同成立的条件。综上所述，浏览合同的内容不能约束用户。①

我国法律要求格式合同的提供者必须以合理方式提请交易对方注意重要条款，如果不涉及消费者，只限于提请注意免责或限制责任的条款；如果涉及消费者，则要提请注意更多重要条款，但不包括争议解决方式。争议解决方式条款是一个很重要的条款，如果对该条款没有提请注意，是不是可约束用户呢？与日常生活中的格式合同不同，电子的格式合同不是一个对用户友好的阅读形式，尤其是浏览合同，具有隐蔽性和不容易识

---

① Specht v. Netscape Communications Corp. 2001.

别的特点。法律应该考虑到这种情况,将提请注意的义务扩展到其他重要合同条款。

六、电子合同的效力(三):撕封合同

撕封合同并不像前两类合同那样完全是电子形式的成交并且一般通过网络进行,很多时候商品也可以是在商店里购买。因为多发生于购买软件的情形,是网络时代出现的一个新合同形式,因此归入电子合同。

当用户在商店里购买了一个软件,回家使用时,会发现里面有一堆文件列明对用户的种种限制,或者在安装软件时,屏幕上出现了一些限制使用的条款,如果不同意,就不能继续安装该软件。这类产品的外封上经常有提示:"当拆开包装使用里面的软件时,即表明接受里面的条款约束",撕封合同由此得名。

既然撕封合同的条款是在购买完成后才看到,是否可以约束用户呢?

A 通过电话订购从 B 处购买其开发的若干套软件再转卖。转卖后,软件在使用中出现严重问题,A 因此被用户起诉。A 转而起诉 B。B 声称在出售之软件的包装内有软件使用许可协议,该协议中有免责条款,因此援引该免责条款进行辩护。审理案件的法官认为该许可协议不可约束 A,因为 A 给 B 打电话订购,是发出要约,B 同意发货,是承诺,双方合同由此成立。货到后打开包装才能发现的使用许可协议对原来的合同作了实质性的修改,因此不构成双方合同的一部分,是新的要约。对于新的要约,A 没有义务一定要接受。[1]

在另一个相似的案件中,另一位法官却做出了不同的判决。A 是一个学计算机的大学生,购买了一套数据库软件。该软件由 B 公司花费上千万美元开发,分个人用户版和商业用户版,前者比较便宜,A 买的是前者。个人用户版软件的包装内有许可使用协议,该协议规定该软件仅限于非商业性的个人使用。A 将数据库资料复制,在网络上以低价销售,被 B 诉至法院。一审 B 败诉,法院认为买卖合同成立于在商店购买软件时,之后看到的新的许可协议不是合同的一部分,因此不约束 A。B 上诉后,二审法院判决 B 胜诉。二审法院认为,现代社会交易方式多种多样,因此应允许以各种方式来成立合同。采取何种方式应分析交易的特点。软件是大规模生产和销售的,不可能将所有的合同条款都印在产品的外包装上,法院认为可以在外面印文字提示,而在包装内放具体的条款。但是,要给予用户以阅读后如不满意可以退货的权利。类似的情形还发生在一些传统交易中,例如买票后才看到票背后的条款。法院认为 B 是该许可协议的要约人,A 看到了该许可协议,是受要约人。B 给予了 A 一定的退货期,但 A 没有退货并且使用该软件,应认为是做出承诺,合同成立,因此 A 应受其约束。而且,这样的交易方式无论是对买方还是卖方都有方便之处。[2]

即使合同成立,A 仍可质疑该合同条款的效力。但 A 要证明该限制使用条款不公平非常困难。因为 A 是学计算机的研究生,因此不难理解合同条款的意思和内容。而且,个人用户版非常便宜,因此对使用作一定限制以免损害公司利益是合理的。

---

[1] Step-Saver Data Sys., Inc. v. Wyse Tec. 1991.
[2] ProCD, Inc. v. Zeidenberg, 1996.

法规指引

- 国家法律：《民法典》《电子签名法》《电子商务法》
- 司法解释：《关于审理买卖合同纠纷案件适用法律问题的解释》《关于审理民间借贷案件适用法律若干问题的规定》《关于审理城镇房屋租赁合同纠纷案件具体应用法律若干问题的解释》《关于审理技术合同纠纷案件适用法律若干问题的解释》

拓展与思考

1. 推荐阅读

同学们可对比美国合同法来更深入地理解合同法律原则、主要规则及其制度构建，推荐阅读：科宾. 科宾论合同[M]. 一卷版上册. 王卫国，等，译. 北京：中国大百科全书出版社，1997；科宾. 科宾论合同[M]. 一卷版下册. 王卫国，等，译. 北京：中国大百科全书出版社，1998。

2. 问题解决

小李向银行贷款，分 10 年付清。还了 5 年后，由于手头比较宽裕，小李决定提前还贷，但被银行拒绝，并且告诉小李，如果一定要提前还，应承担违约责任。请你为小李分析一下提前还贷的法律后果。

提示：如果贷款合同中没有相关约定，争议应怎样处理？如果贷款合同明确规定提前还款需征得贷款银行同意，并且还对提前还贷规定了违约金，争议该怎样处理？

3. 制度变革

合同管理是企业管理的重要内容。但是，很多企业并没有制定企业内部合理的合同管理制度。在熟悉了解《民法典》有关合同之规定的基础上，制定和实施企业的合同管理制度，可以有效制约、减少甚至消除合同订立和履行过程中可能发生的法律风险。

请你为企业设计合同管理制度：应从哪些方面对合同进行管理？如何管理？

4. 观点争鸣

目前限制自然人、企业之间有偿借贷的理由是担心民间借贷的泛滥会扰乱国家金融秩序。但另一方面，银行等金融机构的贷款远远不能满足企业融资的需要，尤其是民营企业和中小企业，普遍面临贷款难的问题。因此，社会上有强烈要求改革融资制度，为民间借贷松绑的呼声（专题案例 10-1）。请分析放开民间借贷的利弊。或者，分组进行辩论：

正方：我国应放开民间借贷；

反方：我国不应放开民间借贷。

5. 法官判案

某网站发布声明："凡是电子邮箱闲置不用达一个月者，将被封闭，邮箱里的内容将被清空。"之后，小李的邮箱因为没有使用超过了一个月而被封闭，里面很多重要信件也被删除。愤怒之余，小李向法院起诉。

如果你是法官,会如何判决?或者,请简述一下分析这个案件的思路。

6. 网络搜索

搜索关键词——"卓越网二五门"。

某晚,网民们激动地发现卓越网数种以往标价数千元的古籍现在标了一口价"25元",迅即大量订单飞向卓越网。然而,下单成功的网友并未收到书,因为卓越网以系统出错为由取消了订单。卓越网给出的具体理由是什么?所援引的网站"使用条件"作了什么规定?该规定是否有效?如何分析此事件中的合同成立与生效问题?

第四编

干 预

第十一章　消费者保护

本章学习要点
- 消费者的权利
- 经营者的义务
- 惩罚性赔偿
- 严格责任原则

进入20世纪，工业化大生产在欧美急剧扩展。工厂主疯狂追逐利润甚至越出了道德和法律的底线。以往，政府认为对"自由和竞争"不应有限制，市场能解决好一切问题，自己只是充当"守夜人"的角色。与此理念相对应的是法律中的"意思自治"和"合同自由"原则得到极端的尊重。法院对于市场主体达成的交易不作干预，如果双方有合同，争议依合同解决。

然而，与经济增长相伴随的是市场失灵问题的出现。在自由竞争中，资本开始集中，垄断出现。随着企业力量日益强大，企业与消费者、企业与劳工之间的交易力量相差越来越悬殊。而且大工业生产规模化、技术复杂化，消费者很难鉴别产品的安全和质量，信息不对称使得消费者更容易受到企业的损害。机器虽然提高了效率，但与之相伴随的问题是工人价值的贬损，劳动力市场供过于求，工人在与企业达成劳动合同时不得不忍受苛刻的条件。

积弊必发。进入20世纪后，要求反垄断和保护消费者以及劳动者的呼声日益高涨。由此，西方国家的政府开始加强对市场交易的干预，其中三个方面最为突出：消费者保护、劳动者保护和反垄断。本章以及之后两章分别分析这三个问题。

第一节　消费者保护概述

一、美国的"扒粪"运动：现代消费者保护运动的源起

如果没有道德约束和法律的严格限制，对利益的狂热会使很多人无所顾忌，进行欺诈、强迫、奴役、剥削、行贿、官商勾结等恶劣行为，这就是20世纪初在美国与经济繁荣同时出现的各种黑幕。当时有良心的记者，如林肯·斯蒂芬斯等，积极进行调查，发表揭露各种丑闻的文章，批评无良企业和政府。时任总统西奥多·罗斯福称他们是"扒粪者"，意思是记者们手拿粪扒，只看着地上的粪，却没有看到美好的事物。很显然，总统先生认为为了经济的增长应该对这些黑幕有所容忍，因此他用这个词来表示对

记者的不满。但没想到的是记者和社会公众对"扒粪"的热情并没有因政府的不满而停滞，声势日益浩大，并用这个骂他们的词语来命名这场旨在声扬伦理道德与法治的运动——"扒粪运动"。①

消费者保护当然是这场运动的一个重要内容。有趣的是，引发社会公众对消费者保护问题重视的却是一本"无心插柳"的小说：《屠场》（The Jungle）。该小说于1906年出版，作者是厄普顿·辛克莱（Upton Sinclair）。小说的背景是当时美国的屠宰中心——芝加哥，内容描述的是一个工人家庭由于资本家的欺压所遭受的种种不幸。作者写这部小说的目的是希望人们关注这些贫苦的受剥削的工人，但是出其意料的是，这部小说却引发了现代美国的消费者保护运动。

辛克莱在小说中详细描写了他所看到的芝加哥肉食加工厂。小说所披露的恶劣的生产条件和肮脏的生产环境让公众心生恐惧。受该小说的影响，许多记者跟进调查，发表了许多揭露企业生产黑幕的文章。社会公众强烈要求政府保护消费者的安全。

1906年，小说发表的同一年，美国通过了《食品和药品法》。

1931年，美国成立食品和药品监督局（FDA）。

1936年，民间组织"美国消费者联盟"（Consumer Federation of America）成立。

1938年，美国通过《食品、药品和化妆品法案》。

消费者保护运动在20世纪60年代达到高潮，有关产品损害的严格责任原则在这一时期确立。除了食品、药品和化妆品外，汽车和交通运输等成为新的关注焦点。1962年3月15日，美国总统肯尼迪向国会提交"关于保护消费者利益的总统特别国情咨文"，提出了消费者应享有的四项基本权利。

1. 安全的权利（the right to safety）

消费者有权使其健康免受危险商品的损害。

2. 知情的权利（the right to be informed）

消费者有权获得进行商品选择所必要的真实而准确的信息。

3. 自由选择的权利（the right to choose）

消费者有权在相互竞争的一类商品中进行挑选以获得最为满意的商品。

4. 发表意见的权利（the right to be heard）

消费者有权发表意见，政府在制定政策时应重视消费者的利益。

这一咨文不仅对美国，而且对其他国家的立法产生深远影响。由此，国际消费者组织联盟在1983年将3月15日定为"国际消费者权益日"。

在四项基本权利的基础上，又衍生出更多的权利，包括：

1. 获得赔偿的权利（the right to be redressed）

消费者有权进行诉讼，并依合法程序获得赔偿。

---

① 雷颐．"拯救美国"的"扒粪运动"[J]．南风窗，2002（2）．

2. 获得教育的权利(the right to consumer education)

消费者有权获得培训和教育以了解商品选择的知识、方法和技能,并知晓自己作为消费者的权利和责任。

3. 享受健康环境的权利(the right to a healthy environment)

消费者有权拥有一个现在和将来的后代都不受威胁的生活和工作的环境。

4. 满足基本需要的权利(the right to satisfaction of basic needs)

消费者有权获得满足其基本生活需要所必需的食品、衣服、住所、交通、医疗、教育、卫生设施等。

专题案例 11-1　可持续消费

促进可持续消费

联合国的《保护消费者准则》是指导各国制定消费者保护法律的重要文献。该准则将"可持续消费"列为消费者保护的重要内容。

可持续消费指以经济、社会和环境上可持续的方式满足今世后代对商品和服务的需求。特别是在工业化国家,生产和消费的不可持续形式是全球环境继续恶化的主因。所有国家都应尽力促进可持续消费形式;发达国家应率先实现可持续消费形式;发展中国家应设法在其发展进程中实现可持续消费形式,同时适当考虑到同中有异责任(共同而有区别的责任)的原则。应充分考虑到发展中国家在这方面的特殊情况和需要。

促进可持续消费政策应考虑到消除贫穷、满足社会上所有成员的基本人类需要以及减少国内和国家间的不平等。

全社会的责任

社会全体成员和组织都对可持续消费负有责任。

知情的消费者在促进以环境、经济和社会可持续的方式进行消费方面能发挥必要的作用,包括通过他们对生产者的选择产生的影响。

各国政府应积极制定和执行可持续消费的政策,以及将这些政策同其他公共政策相结合。政府应在决策过程中与企业、消费者和环境组织以及其他有关团体进行协商。

企业有责任通过设计、生产和经销商品以及服务促进可持续消费。消费者和环境组织有责任推动大众参与可持续消费并就该问题进行辩论、向消费者提供信息,并与政府和企业一起促进可持续消费。

国家的责任

各国应与工商界和民间社团等相关组织合作,拟订和执行一套组合政策促进可持续消费的战略。

各国应鼓励设计、研制和使用既安全又节约能源和资源的产品和服务,同时考虑到它们整个生命周期的影响。政府应推动回收方案,鼓励消费者回收废物和购买回收再利用产品。

各国应促进拟订和使用国家和国际关于产品和服务的环境卫生和安全的标准，但不可滥用使其成为变相的贸易壁垒。

各国应安全地管理有害环境的物质，并鼓励开发使用这类物质的无害环境替代办法。对于可能有害的新物质在营销前应以科学的方式评估其对环境的长远影响。

各国应促进人们了解与健康有关的可持续消费和生产形态的益处，同时铭记它们对个人健康的直接影响以及通过环境保护产生的集体影响。

各国应与私营部门和其他相关组织合作，鼓励改变不可持续的消费形态，办法是开发和利用新的无害环境产品和服务以及新技术，包括信息和通信技术，以满足消费者需求，同时减少污染和自然资源的耗竭。

各国应考虑采用财政手段和内部消化环境费用等一系列经济手段，促进可持续消费；并且，结合对社会需求的考虑，必要地遏制不可持续行为，奖励可持续做法。但是，要避免对市场准入，尤其是发展中国家市场准入造成潜在不利影响。

各国应与企业和其他相关团体合作，制定指标、方法和数据库，以衡量在全面实现可持续消费方面的进展，并将相关信息公布。

各国和国际机构应在自己的采购业务中，率先采取可持续做法，应酌情鼓励开发和使用无害环境产品和服务。

各国和其他相关组织应鼓励对涉及环境危害的消费者行为进行的研究，以确定各种方式，使消费形态更可持续。

思考

随着互联网外卖平台的迅速发展，外卖垃圾成为一个令人忧虑的问题。结合上述可持续消费之准则，我国应怎样治理该问题呢？

（编写参考：联合国．保护消费者准则（2015））

二、为什么要保护消费者

1. 交易双方力量相差悬殊

消费者是买方，但与企业类的买方相比，其力量薄弱。当面对有组织、有规模、有技术的供应企业，消费者在交易中往往处于劣势。如果供应方有垄断力量，则双方谈判力量不对等的情况更为显著。由此，法律方面的对策是一方面通过反垄断法等来限制企业垄断力量的滥用，鼓励建立消费者联合组织代表消费者与企业谈判；另一方面，通过对合同自由原则的干预，即规定在某些情况下消费者有权要求法院撤销合同或合同的某些条款或宣布其无效。

2. 信息不对称

大工业生产过程中，生产过程、技术标准、制作工艺等日益复杂，产品种类也是五花八门。消费者对于与产品或服务相关的信息很难了解全面，而生产者在信息方面相应具有优势地位，可以利用其占有信息的优势来限制消费者信息的获得，甚至提供虚假的产品信息误导消费者。一方面，信息的不对称进一步增强了供应企业的谈判力量；另一方面，信息的不完全和不准确使得消费者的选择出现失误，而这不仅损害了消费者的利益，也影响了市场中资源的配置。法律方面的对策是规定产品生产的安全标准、强制企业披露必要的信息、禁止虚假信息的披露等。

3. 消费者受损害的严重性

一旦消费者被有缺陷的产品伤害，不仅是财产损失，还有可能发生人身伤害。人身伤害同财产损害不同，虽然可以补偿，但很难完全回复到原来状态，也不可能替代。作为产品供应方的企业，在与消费者的交易中并无这方面损害的发生。因此，对于交易可能发生的危险后果，消费者是主要的承受者。而控制产品生产和供应的企业，却不承担该后果，这对消费者显然不公平。法律方面的对策是严格确定企业的产品责任，尽量促使企业来控制和减少产品风险。并且，对消费者的人身伤害提供更为高标准的保护，除了医疗、养护、误工、生活补助等方面的补偿外，还规定精神损害方面的补偿。

4. 消费者在获得法律救济方面力量薄弱

争议的解决是有花费的，包括诉讼费用、聘请律师费用、时间、精力等各方面的损耗。解决争议的时间长、费用高，消费者往往难以承受，很多时候只能接受不公平的条件与企业"私了"，甚至放弃争取权益。企业相对来说无论在财力、人力、时间等方面都有优势。另外，当产品发生损害时，往往影响到很多消费者。一方面，消费者之间缺乏有效的联系以便共同诉讼；另一方面，很多消费者存在"搭便车"心理，即等其他受损害的人去诉讼，自己享受诉讼成果。法律方面的对策有：规定小额诉讼制度，对于一些争议数额不大的案件，快速审理和判决；规定集体诉讼，受损害的同类案件的消费者进行诉讼登记，选举代表诉讼，共同承担诉讼费用，同时也可减少法院的运作成本；鼓励消费者保护组织代表消费者谈判或诉讼，或者提供专业支持。

三、消费者的自我保护

消费者保护立法不可能完全倾向消费者一边，需在企业利益与消费者利益之间进行平衡，同时考虑社会经济发展的需要。而且，消费者保护不可能穷尽一切细节，总有遗漏之处。司法本身由于成本的制约，也很难完全达到立法的目的。司法救济主要是事后处理，如果有人身伤害，即使消费者胜诉，获得巨额补偿，也很难恢复到原来状态。因此，消费者必须明白：法律的保护不可能完全，不可以完全依赖法律来应对交易中的风险，消费者本人也要有风险意识，加强自我保护。自我保护不仅有利于预防风险的发生，也能给企业造成压力，促进其进一步改进产品或服务质量，既有利于自身，又有利于社会的进步。该方面为国际上的消费者保护组织所强调，称之为"消费者的责任感"。

第一，消费者在购买商品之前要主动获取有关商品的信息，包括质量、规格、标准、产地、厂家、信誉、商标、售后服务等各个方面。

第二，消费者要认真比较和挑选商品。挑选时要考虑到自身的需要以及支付能力，独立作出决定而不可轻信企业宣传。在购买前认真思考、计划和进行同类商品的比较。尤其对于价值比较大的或者风险后果可能严重的商品，要认真选择。

第三，消费者要正确使用商品。如果有商品说明书，消费者应认真阅读，依说明操作或使用。如果有不明白的地方，应及时联系商家或向专业人士请教。

第四，消费者要保存有关证据。包括收据、发票、合同、来往函电、销售和生产企业的信息、相关宣传资料、售后服务的资料、发生问题的产品、损害的现场记录等。这样不仅可以督促企业完善管理，也可以在问题发生后作为主张权利的证据。

第五，消费者要积极投诉。如果商品有质量问题，应及时告知企业。对于企业有关商品和服务的调查，不妨积极提供有关信息，信息的及时反馈有助于企业分析和改进商品。如果发生伤害，应及时向企业提出交涉，进行协商以求解决问题。在与企业沟通时，也可争取媒体、消费者保护组织、行业协会、政府主管部门等的支持。向司法部门提交诉讼要注意不要错过诉讼时效。消费者的积极主张权利不仅可以提供给企业有关缺陷商品的信息，督促企业改进商品质量，也可为其他消费者提供使用的预警信息，以避免造成更多的伤害。另外，还可以使政府管理部门及时发现问题，更加及时有力地打击假冒伪劣商品。

四、我国的消费者权益保护立法

改革开放以来，随着经济体制改革的深入，市场经济获得长足发展，商品丰富，市场繁荣。与此同时，消费者权益受到侵害的情况也在不断增加。我国的消费者权益保护立法与市场经济改革同步前进。随着对个体权利的日益尊重，国家法律对消费者权益的保护在不断加强，相关立法不断完善。

1981年6月，国家进出口商品检验局应邀赴泰国曼谷参加联合国亚太经社理事会的"保护消费者权益磋商会"。回来之后，即向国务院建议成立我国的消费者保护组织。1983年5月，我国第一个消费者保护组织"河北省新乐县消费者协会"成立。1984年12月，全国性的消费者保护组织"中国消费者协会"正式成立。1987年，中国消费者保护协会成为国际消费者组织联盟的成员。

我国有关消费者权益保护的立法也在逐年增多。目前与消费者保护有关的法律有：《民法典》中有关物权、人格权、侵权、民事责任等的规定，以及《产品质量法》《消费者权益保护法》《食品卫生法》《食品安全法》《药品管理法》《计量法》《标准化法》《广告法》《商标法》《反不正当竞争法》《价格法》等。除了国家立法机构制定的法律，还有国务院、市场监督管理部门等所发布的涉及市场管理、质量与技术监督、卫生检疫、食品药品监督等方面的条例规章等，各地也有有关消费者权益保护的地方性法规、规章出台。

与消费者权益保护最直接和最密切的立法有两部：《消费者权益保护法》和《产品质量法》。第二节和第三节分而述之。

第二节　消费者权益保护法

一、《消费者权益保护法》的适用范围和基本原则

1. 适用范围

《消费者权益保护法》主要是规定消费者的权利和经营者的义务。其中，消费者为

生活消费需要购买、使用商品或者接受服务，其权益受《消费者权益保护法》保护；经营者为消费者提供其生产、销售的商品或者提供服务时，应当遵守《消费者权益保护法》。

《消费者权益保护法》虽然是专门为保护消费者权益而制定的法律，但不可能规定一切细节的问题。很多其他的法律也有对消费者权益进行保护的规定。因此，《消费者权益保护法》规定凡该法未作规定的，消费者的权利和经营者的义务还应适用其他相关法律法规。

2. 交易原则

经营者与消费者进行交易，应当遵循自愿、平等、公平、诚实信用的原则。

3. 国家保护的原则

国家保护消费者的合法权益不受侵害。国家采取措施，保障消费者依法行使权利，维护消费者的合法权益。

4. 倡导可持续消费的原则

国家倡导文明、健康、节约资源和保护环境的消费方式，反对浪费。

5. 全社会保护的原则

消费者的合法权益是全社会的共同责任。国家鼓励、支持一切组织和个人对损害消费者合法权益的行为进行社会监督。大众传播媒介应当做好维护消费者合法权益的宣传，对损害消费者合法权益的行为进行舆论监督。

二、消费者的权利

1. 安全的权利

消费者在购买、使用商品和接受服务时享有人身、财产安全不受损害的权利。消费者有权要求经营者提供的商品和服务符合保障人身、财产安全的要求。

2. 知情的权利

消费者享有知悉其购买、使用的商品或者接受的服务的真实情况的权利。消费者有权根据商品或者服务的不同情况，要求经营者提供商品的价格、产地、生产者、用途、性能、规格、等级、主要成分，生产日期、有效期限、检验合格证明、使用方法说明书、售后服务，或者服务的内容、规格、费用等有关情况。

3. 自主选择的权利

消费者享有自主选择商品或者服务的权利。消费者有权自主选择提供商品或者服务的经营者，自主选择商品品种或者服务方式，自主决定购买或者不购买任何一种商品、接受或者不接受任何一项服务。消费者在自主选择商品或者服务时，有权进行比较、鉴别和挑选。

4. 公平交易的权利

消费者享有公平交易的权利。消费者在购买商品或者接受服务时，有权获得质量保障、价格合理、计量正确等公平交易条件，有权拒绝经营者的强制交易行为。

5. 获得赔偿的权利

消费者因购买、使用商品或者接受服务受到人身、财产损害的，享有依法获得赔偿的权利。

6. 结社的权利

消费者享有依法成立维护自身合法权益的社会组织的权利。

7. 获得知识的权利

消费者享有获得有关消费和消费者权益保护方面的知识的权利。消费者应当努力掌握所需商品或者服务的知识和使用技能，正确使用商品，提高自我保护意识。

8. 受尊重的权利

消费者在购买、使用商品和接受服务时，享有其人格尊严、民族风俗习惯得到尊重的权利。另外，享有个人信息依法得到保护的权利。

9. 监督的权利

消费者享有对商品和服务以及保护消费者权益工作进行监督的权利。

消费者有权检举、控告侵害消费者权益的行为和国家机关及其工作人员在保护消费者权益工作中的违法失职行为，有权对保护消费者权益工作提出批评、建议。

三、经营者的义务

经营者的义务与消费者的权利相对应，主要有以下各项：

1. 提供商品或服务符合法律法规或合同要求

经营者向消费者提供商品或者服务，应当依照相关法律、法规的规定履行义务。经营者和消费者有约定的，应当按照约定履行义务，但双方的约定不得违背法律、法规的规定。

2. 遵守社会公德和诚信经营

经营者向消费者提供商品或者服务，应当恪守社会公德，诚信经营，保障消费者的合法权益；不得设定不公平、不合理的交易条件，不得强制交易。

3. 听取意见并接受监督

经营者应当听取消费者对其提供的商品或者服务的意见，接受消费者的监督。

4. 保障消费者的人身和财产安全

经营者应当保证其提供的商品或者服务符合保障人身、财产安全的要求。对可能危及人身、财产安全的商品和服务，应当向消费者作出真实的说明和明确的警示，并说明和标明正确使用商品或者接受服务的方法以及防止危害发生的方法。

宾馆、商场、餐馆、银行、机场、车站、港口、影剧院等经营场所的经营者，应当对消费者尽到安全保障义务。

经营者发现其提供的商品或者服务存在缺陷，有危及人身、财产安全危险的，应当立即向有关行政部门报告和告知消费者，并采取停止销售、警示、召回、无害化处理、销毁、停止生产或者服务等措施。采取召回措施的，经营者应当承担消费者因商品被召回支出的必要费用。

5. 提供真实信息

经营者向消费者提供有关商品或者服务的质量、性能、用途、有效期限等信息，应当真实、全面，不得作虚假或者引人误解的宣传。

经营者对消费者就其提供的商品或者服务的质量和使用方法等问题提出的询问，应当作出真实、明确的答复。商店提供商品或服务应当明码标价。

另外，采用网络、电视、电话、邮购等方式提供商品或者服务的经营者，以及提供证券、保险、银行等金融服务的经营者，应当向消费者提供经营地址、联系方式、商品或者服务的数量和质量、价款或者费用、履行期限和方式、安全注意事项和风险警示、售后服务、民事责任等信息。

6. 标明真实名称和标记

本义务不仅约束以自己柜台或场地经营的经营者，还约束租赁他人柜台或者场地的经营者。

7. 出具凭证或单据

经营者提供商品或者服务，应当按照国家有关规定或者商业惯例向消费者出具发票等购货凭证或者服务单据；消费者索要发票等购货凭证或者服务单据的，经营者必须出具。

8. 保证商品或服务之质量、性能、用途和有效期等

经营者应当保证在正常使用商品或者接受服务的情况下其提供的商品或者服务应当具有的质量、性能、用途和有效期限；但消费者在购买该商品或者接受该服务前已经知道其存在瑕疵，且存在该瑕疵不违反法律强制性规定的除外。

经营者以广告、产品说明、实物样品或者其他方式表明商品或者服务的质量状况的，应当保证其提供的商品或者服务的实际质量与表明的质量状况相符。

9. 履行退货、更换、修理等义务

经营者提供的商品或者服务不符合质量要求的，消费者可以依照国家规定、当事人约定退货，或者要求经营者履行更换、修理等义务。没有国家规定和当事人约定的，消费者可以自收到商品之日起7日内退货；7日后符合法定解除合同条件的，消费者可以及时退货，不符合法定解除合同条件的，可以要求经营者履行更换、修理等义务。进行退货、更换、修理的，经营者应当承担运输等必要费用。

另外，经营者采用网络、电视、电话、邮购等方式进行销售时，由于消费者没有机会在购买前接触实物，因此法律赋予消费者无理由退货权，即有权自收到商品之日起7日内退货，且无须说明理由。但是，如果相关商品属于如下情形的除外：（1）消费者定做的；（2）鲜活易腐的；（3）在线下载或者消费者拆封的音像制品、计算机软件等数字化商品；（4）交付的报纸、期刊；（5）其他根据商品性质并经消费者在购买时确认不宜退货的商品。

无理由退货情形下，消费者退货的商品应当完好。经营者应当自收到退回商品之日起 7 日内返还消费者支付的商品价款。退回商品的运费由消费者承担；经营者和消费者另有约定的，按照约定。

10. 对格式合同等的特别限制

对经营者规定了三个方面的义务要求：

一是提请消费者注意重要条款的义务。经营者在经营活动中使用格式条款的，应当以显著方式提请消费者注意商品或者服务的数量和质量、价款或者费用、履行期限和方式、安全注意事项和风险警示、售后服务、民事责任等与消费者有重大利害关系的内容。

二是应要求进行解释的义务。对上述重要条款，应按照消费者的要求予以说明。

三是内容应公平合理的义务。经营者不得以格式条款、通知、声明、店堂告示等方式，作出排除或者限制消费者权利、减轻或者免除经营者责任、加重消费者责任等对消费者不公平、不合理的规定，不得利用格式条款并借助技术手段强制交易。

11. 尊重消费者

经营者不得对消费者进行侮辱、诽谤，不得搜查消费者的身体及其携带的物品，不得侵犯消费者的人身自由。

消费者的个人信息涉及其隐私和个人生活的安宁，法律规定经营者应予以尊重。主要有三方面的义务：

一是合法正当收集的义务。经营者收集、使用消费者个人信息，应当遵循合法、正当、必要的原则，明示收集、使用信息的目的、方式和范围，并经消费者同意。经营者应当公开其收集、使用规则，不得违反法律、法规的规定和双方的约定收集、使用信息。

二是严格保密的义务。经营者及其工作人员对收集的消费者个人信息必须严格保密，不得泄露、出售或者非法向他人提供。经营者应当采取技术措施和其他必要措施，确保信息安全，防止消费者个人信息泄露、丢失。在发生或者可能发生信息泄露、丢失的情况时，应当立即采取补救措施。

三是不得强行发送信息的义务。经营者未经消费者同意或者请求，或者消费者明确表示拒绝的，不得向其发送商业性信息。

四、消费者组织

1. 消费者组织的性质

消费者协会和其他消费者组织是依法成立的对商品和服务进行社会监督的保护消费者合法权益的社会组织。消费者组织不得从事商品经营和营利性服务，不得以收取费用或者其他牟取利益的方式向消费者推荐商品和服务。

2. 消费者组织的职能

消费者组织的职能包括：向消费者提供消费信息和咨询服务，提高消费者维护自身合法权益的能力，引导文明、健康、节约资源和保护环境的消费方式；参与制定有关消费者权益的法律、法规、规章和强制性标准；参与有关行政部门对商品和服务的监督、检查；就有关消费者合法权益的问题，向有关部门反映、查询，提出建议；受理消费者的投诉，并对投诉事项进行调查、调解；投诉事项涉及商品和服务质量问题的，可以委托具备资格的鉴定人鉴定，鉴定人应当告知鉴定意见；就损害消费者合法权益的行为，支持受损害的消费者提起诉讼或依法自行提起诉讼；对损害消费者合法权益的行为，通过大众传播媒介予以揭露、批评。

3. 我国的消费者协会

世界上第一个消费者保护组织于1891年成立于纽约市。目前世界大多数国家都有消费者保护组织的存在。西方国家的消费者保护组织一般是由消费者自发组成，是消费者进行联合以对抗企业的欺压的民间组织。很多消费者保护机构通过发行出版物等获取收入以维持自身运转，如美国的消费者联盟。随着国家对消费者保护的重视，不少消费者组织获得了政府的资助，但这并不影响消费者保护的民间性质。政府只是提供支持，并不领导或干涉消费者组织的运作。

我国的"中国消费者协会"是在1984年经国务院批准成立的，目前在很多省市也设有消费者协会（以下简称"消协"）。各消协的成立并非民间力量的自愿集合，而是由政府部门提议和组建起来。在不少地方，消协是在当地政府机关内办公。例如1988年的《广州市保护消费者权益规定》：各市、区、县应成立消费者委员会。1989年的《江西省保护消费者合法权益的条例》规定：消协设在本级人民政府工商管理部门。在人员组成上，消协的成员有相关政府部门的领导，也有群众团体和新闻媒体的代表，而消费者代表不是主要的成员。[①]由此看来，我国的消协虽然在法律上定性为"社会团体"，但从其产生、人员组成、运作等来看，具有明显的"行政机构"色彩。

我国消协的"行政性质"对其工作产生两个方面的影响：政府力量的大力介入可能有助于强化消协的作用，也可能阻碍消协真正为消费者服务。虽然消协因有准政府机关性质而在开展工作时较其他民间组织方便一些，但是这种"方便"的获得是不正规的，因为没有明确的法律文件规定消协是政府机构并可以行使政府权力。消协行使或代为行使行政权力的行为虽然可能有时有助于消费者投诉问题的解决，但这只是个案上的成功，而在整个制度构建上却反映了"政民不分"的问题。从另一方面看，如果政府机构倾向于支持企业，则消协可能会消极应对消费者的投诉。

不可否认，各级消协在维护消费者权益方面进行了大量的工作，下一步的改革关键是如何使其真正成为"来自消费者、代表消费者"的消费者自治的社会团体。这一改革并不意味着消费者协会不可得到政府的支持，可以通过法律的明文规定来要求政府给予消费者协会以资金支持，并且规定消协所享有的法律上的权利，对消协的工作提供法律上的保护等。这种明确政府与消协之间关系的制度化安排比起目前二者的"灰色联系"是一大进步。

4. 消费者协会的公益诉讼权

我国2013年修订的《消费者权益保护法》赋予了消费者协会公益诉讼权："对侵害众多消费者合法权益的行为，中国消费者协会以及在省、自治区、直辖市设立的消费者协会，可以向人民法院提起诉讼。"因为是公益性质诉讼，所以只能是涉及"众多"

---

① 刘清生. 论消费者组织问题[J]. 江西社会科学，2002（6）.

消费者之权益受侵害，消协才有起诉资格。对此，最高法院明确了5种情形：

（1）提供的商品或者服务存在缺陷，侵害众多不特定消费者合法权益的。

（2）提供的商品或者服务可能危及消费者人身、财产安全，未作出真实的说明和明确的警示，未标明正确使用商品或者接受服务的方法以及防止危害发生方法的；对提供的商品或者服务质量、性能、用途、有效期限等信息作虚假或引人误解宣传的。

（3）宾馆、商场、餐馆、银行、机场、车站、港口、影剧院、景区、娱乐场所等经营场所存在危及消费者人身、财产安全危险的。

（4）以格式条款、通知、声明、店堂告示等方式，作出排除或者限制消费者权利、减轻或者免除经营者责任、加重消费者责任等对消费者不公平、不合理规定的。

（5）其他侵害众多不特定消费者合法权益或者具有危及消费者人身、财产安全危险等损害社会公共利益的行为。[①]

例释 2016年7月1日，中消协就雷沃重工等四被告违法、违规生产销售正三轮摩托车案提起公益诉讼，此为中消协提起的第一例公益诉讼。后经法院主持以调解结案。依调解书，雷沃重工承诺停止生产、销售违规车辆以及采取召回、修理、更换、退货等方式消除其违规车辆的安全风险。消协的公益诉讼并不影响消费者个人的诉讼权利，并且，已为相关公益诉讼生效裁判认定的事实，消费者个人诉讼时可以作为证据使用。如果消费者对该事实有异议，也可举证推翻之。

五、争议的解决与责任的承担

1. 争议解决的途径

消费者和经营者发生消费者权益争议的，可以通过下列途径解决：

（1）与经营者协商和解。

（2）请求消费者协会或依法成立的其他调解组织调解。

（3）向有关行政部门投诉。

（4）根据与经营者达成的仲裁协议提请仲裁机构仲裁。

（5）向法院提起诉讼。

2. 生产者、销售者、服务者的责任承担

消费者在购买、使用商品时，其合法权益受到损害的，可以向销售者要求赔偿。销售者赔偿后，属于生产者的责任或者属于向销售者提供商品的其他销售者的责任的，销售者有权向生产者或者其他销售者追偿。

消费者或者其他受害人因商品缺陷造成人身、财产损害的，可以向销售者要求赔偿，也可以向生产者要求赔偿。属于生产者责任的，销售者赔偿后，有权向生产者追偿。属于销售者责任的，生产者赔偿后，有权向销售者追偿。

消费者在接受服务时，其合法权益受到损害的，可以向服务者要求赔偿。

消费者在购买、使用商品或者接受服务时，其合法权益受到损害，因原企业分立、

[①] 《最高人民法院关于审理消费民事公益诉讼案件适用法律若干问题的解释》。

合并的，可以向变更后承受其权利义务的企业要求赔偿。

3. 使用他人营业执照情形下的责任承担

使用他人营业执照的违法经营者提供商品或者服务，损害消费者合法权益的，消费者可以向其要求赔偿，也可以向营业执照的持有人要求赔偿。

4. 展销会、柜台出租情形下的责任承担

消费者在展销会、租赁柜台购买商品或者接受服务，其合法权益受到损害的，可以向销售者或者服务者要求赔偿。展销会结束或者柜台租赁期满后，也可以向展销会的举办者、柜台的出租者要求赔偿。展销会的举办者、柜台的出租者赔偿后，有权向销售者或者服务者追偿。

5. 虚假广告的责任承担

消费者因经营者利用虚假广告或者其他虚假宣传方式提供商品或者服务，其合法权益受到损害的，可以向经营者要求赔偿。广告经营者、发布者发布虚假广告的，消费者可以请求行政主管部门予以惩处。广告经营者、发布者不能提供经营者的真实名称、地址和有效联系方式的，应当承担赔偿责任。

广告经营者、发布者设计、制作、发布关系消费者生命健康商品或者服务的虚假广告，造成消费者损害的，应当与提供该商品或者服务的经营者承担连带责任。

社会团体或者其他组织、个人在关系消费者生命健康商品或者服务的虚假广告或者其他虚假宣传中向消费者推荐商品或者服务，造成消费者损害的，应当与提供该商品或者服务的经营者承担连带责任。

例释 《广告法》规定：医疗、药品、医疗器械、保健食品广告不得利用广告代言人作推荐、证明。其他可以使用代言人的，不得利用不满10周岁的未成年人做代言，代言人所作推荐、证明等要依据事实，符合有关法律、行政法规规定，并不得为其未使用过的商品或者未接受过的服务作推荐、证明。

6. 网络交易中的责任承担

（1）网络平台在赔偿责任上的连带。消费者通过网络交易平台购买商品或者接受服务，其合法权益受到损害的，可以向销售者或者服务者要求赔偿。网络交易平台提供者不能提供销售者或者服务者的真实名称、地址和有效联系方式的，消费者也可以向网络交易平台提供者要求赔偿；网络交易平台提供者作出更有利于消费者的承诺的，应当履行承诺。网络交易平台提供者赔偿后，有权向销售者或者服务者追偿。

网络交易平台提供者明知或者应知销售者或者服务者利用其平台侵害消费者合法权益，未采取必要措施的，依法与该销售者或者服务者承担连带责任。

（2）网络平台的其他责任。依《电子商务法》，对关系消费者生命健康的商品或者服务，电子商务平台经营者对平台内经营者的资质资格未尽到审核义务，或者对消费者未尽到安全保障义务，造成消费者损害的，依法承担相应的责任。

六、法律责任

关于侵害消费者权益应承担的法律责任，有民事责任、行政责任和刑事责任等。

1. 民事责任（一）：侵害财产权之民事责任

经营者提供商品或者服务，造成消费者财产损害的，应当依照法律规定或者当事人约定承担修理、重作、更换、退货、补足商品数量、退还货款和服务费用或者赔偿损失等民事责任。

2. 民事责任（二）：侵害人身权之民事责任

经营者提供商品或者服务，造成消费者或者其他受害人人身伤害的，应当赔偿医疗费、护理费、交通费等为治疗和康复支出的合理费用，以及因误工减少的收入。造成残疾的，还应当赔偿残疾生活辅助具费和残疾赔偿金。造成死亡的，还应当赔偿丧葬费和死亡赔偿金。

经营者侵害消费者的人格尊严、侵犯消费者人身自由或者侵害消费者个人信息依法得到保护的权利的，应当停止侵害、恢复名誉、消除影响、赔礼道歉，并赔偿损失。

经营者有侮辱诽谤、搜查身体、侵犯人身自由等侵害消费者或者其他受害人人身权益的行为，造成严重精神损害的，受害人可以要求精神损害赔偿。

3. 民事责任（三）：预收款方式经营的民事责任

经营者以预收款方式提供商品或者服务的，应当按照约定提供。未按照约定提供的，应当按照消费者的要求履行约定或者退回预付款，并承担预付款的利息、消费者必须支付的合理费用。

4. 民事责任（四）：惩罚性赔偿

（1）经营者欺诈时的增赔三倍之赔偿。经营者提供商品或者服务有欺诈行为的，应当按照消费者的要求增加赔偿其受到的损失，增加赔偿的金额为消费者购买商品的价款或者接受服务的费用的三倍。增加赔偿的金额不足 500 元的，为 500 元。

上述针对欺诈的规定是我国《消费者权益保护法》非常有创造性的一项规定，在适用过程中引起不少争议，下面第七部分专门进行分析。

（2）有关不符合安全标准食品之惩罚性赔偿。依据《食品安全法》，生产不符合食品安全标准的食品或者经营明知是不符合食品安全标准的食品，消费者除要求赔偿损失外，还可以向生产者或者经营者要求支付价款十倍或者损失三倍的赔偿金；增加赔偿的金额不足 1 000 元的，为 1 000 元。但是，食品的标签、说明书存在不影响食品安全且不会对消费者造成误导的瑕疵的除外。

（3）严重人身伤亡情形下的惩罚性赔偿。经营者明知商品或者服务存在缺陷，仍然向消费者提供，造成消费者或者其他受害人死亡或者健康严重损害的，受害人有权要求经营者除了承担人身损害和精神损害赔偿等责任外，还有权要求所受损失二倍以下的惩罚性赔偿。

5. 行政处罚

经营者有下列情形之一，除承担相应的民事责任外，其他有关法律、法规对处罚机关和处罚方式有规定的，依照法律、法规的规定执行；法律、法规未作规定的，由市场监督管理部门或者其他有关行政部门责令改正，可以根据情节单处或者并处警告、没收违法所得、处以违法所得 1 倍以上 10 倍以下的罚款，没有违法所得的，处以 50 万元以下的罚款；情节严重的，责令停业整顿、吊销营业执照：

（1）提供的商品或服务不符合保障人身、财产安全要求的。

（2）在商品中掺杂、掺假，以假充真，以次充好，或者以不合格商品冒充合格商品的。

（3）生产国家明令淘汰的商品或者销售失效、变质的商品的。

（4）伪造商品的产地，伪造或者冒用他人的厂名、厂址，篡改生产日期，伪造或者冒用认证标志等质量标志的。

（5）销售的商品应当检验、检疫而未检验、检疫或者伪造检验、检疫结果的。

（6）对商品或者服务作虚假的或引人误解的宣传的。

（7）拒绝或者拖延有关行政部门责令对缺陷商品或者服务采取停止销售、警示、召回、无害化处理、销毁、停止生产或者服务等措施的。

（8）对消费者提出的修理、重作、更换、退货、补足商品数量、退还货款和服务费用或者赔偿损失的要求，故意拖延或者无理拒绝的。

（9）侵害消费者人格尊严、侵犯消费者人身自由或者侵害消费者个人信息依法得到保护的权利的。

（10）法律、法规规定的对损害消费者权益应当予以处罚的其他情形。

对于上述经营者的违法行为，处罚机关还应记入信用档案，向社会公布。

6. 刑事责任

经营者提供商品或者服务，侵害消费者合法权益，构成犯罪的，应追究其刑事责任。

例释 2003年3月，辽宁省海城市部分小学生因饮用某公司生产的豆奶发生食物中毒，造成一名学生死亡，3 000名学生住院。该公司董事长的行为构成生产、销售不符合卫生标准的食品罪，被法院判处有期徒刑3年，并处罚金人民币15万元。我国《刑法》第140条至150条规定了生产、销售伪劣商品罪。

七、经营者欺诈与惩罚性赔偿

对于侵害消费者权益的行为，相应的民事赔偿属补偿性质，即补偿被侵害人实际造成的损失。惩罚性赔偿在世界各国的立法中不多见。我国的《消费者权益保护法》立法之初针对经营者的欺诈情形规定了增赔一倍之赔偿，具有惩罚性，是一个创举。

增赔一倍之赔偿指消费者受到欺诈时，要按照相关商品或服务之价款的一倍增加赔偿，即多出来的一倍赔偿有惩罚性质。该赔偿仅限于经营者提供商品或者服务有欺诈行为的情形。欺诈是违反基本商业道德，侵害消费者权益性质比较严重的一种行为，对之适用惩罚性赔偿，可以加大对此类行为的制约力度。这种惩罚性的民事赔偿与行政处罚不同，该赔偿的获得者是消费者，而行政处罚的罚款收归国库。因此，惩罚性赔偿可以激发消费者对欺诈行为的监督与求偿，由此形成的对经营者的压力相比于执法资源有限的行政处罚来说要大得多。

1. 什么是欺诈

依据最高法院的司法解释，欺诈行为指："一方当事人故意告知对方虚假情况，或者故意隐瞒真实情况,诱使对方当事人作出错误意思表示的,可以认定为欺诈行为。"[1] 由此,欺诈是一种故意欺骗的行为,过失不属此列。并且,该行为导致消费者作出错误的意思表示。

国家市场监督管理部门对欺诈消费者之行为作了具体列举。依《侵害消费者权益行为处罚办法》,有两类欺诈行为,一类为可以直接认定为欺诈行为,而另一类则将举证负担转移给经营者,即如果经营者不能证明自己确非欺骗、误导消费者而实施此种行为的,则认定为欺诈行为。

可直接认定为欺诈消费者行为的情形有:

(1) 在销售的商品中掺杂、掺假,以假充真,以次充好,以不合格商品冒充合格商品。

(2) 销售国家明令淘汰并停止销售的商品。

(3) 提供商品或者服务中故意使用不合格的计量器具或者破坏计量器具准确度。

(4) 骗取消费者价款或者费用而不提供或者不按照约定提供商品或者服务。

(5) 不以真实名称和标记提供商品或者服务。

(6) 以虚假或者引人误解的商品说明、商品标准、实物样品等方式销售商品或者服务。

(7) 作虚假或者引人误解的现场说明和演示。

(8) 采用虚构交易、虚标成交量、虚假评论或者雇佣他人等方式进行欺骗性销售诱导。

(9) 以虚假的清仓价、甩卖价、最低价、优惠价或者其他欺骗性价格表示销售商品或者服务。

(10) 以虚假的有奖销售、还本销售、体验销售等方式销售商品或者服务。

(11) 谎称正品销售处理品、残次品、等外品等商品。

(12) 夸大或隐瞒所提供的商品或者服务的数量、质量、性能等与消费者有重大利害关系的信息误导消费者。

(13) 以其他虚假或者引人误解的宣传方式误导消费者。

(14) 从事为消费者提供修理、加工、安装、装饰装修等服务的经营者谎报用工用料,故意损坏、偷换零部件或材料,使用不符合国家质量标准或者与约定不相符的零部件或材料,更换不需要更换的零部件,或者偷工减料,加收费用,损害消费者权益的。

(15) 从事房屋租赁、家政服务等中介服务的经营者提供虚假信息或者采取欺骗、恶意串通等手段损害消费者权益的。

经营者负举证责任的情形有:

(1) 销售的商品或者提供的服务不符合保障人身、财产安全要求。

(2) 销售失效、变质的商品。

(3) 销售伪造产地、伪造或者冒用他人的厂名、厂址、篡改生产日期的商品。

(4) 销售伪造或者冒用认证标志等质量标志的商品。

(5) 销售的商品或者提供的服务侵犯他人注册商标专用权。

---

[1] 《最高人民法院关于贯彻执行〈中华人民共和国民法通则〉若干问题的意见》第68条。

（6）销售伪造或者冒用知名商品特有的名称、包装、装潢的商品。

2. 有关"王海打假"的争议

惩罚性赔偿的规定隐藏着"获利"的机会。1995年3月，青岛人王海在北京首次尝试购假索赔受挫。同年10月，王海在北京再次尝试购假索赔，一周之内获赔8000元。11月，在中国消费者协会主持下，社会上展开了对"王海现象"的激烈讨论。

在王海的影响下，各地出现了一个又一个"王海"。在"王海们"打假索赔挣钱挣得不亦乐乎，而商家却为之头疼不已的同时，一个严肃的话题也引发了学术界的争论：知假买假者是不是消费者？如果不是，就不应该受《消费者权益保护法》的保护，也就不该获得增赔的赔偿。

《消费者权益保护法》虽没有给消费者下一个明确的定义，但第2条却规定："消费者为生活消费需要购买、使用商品或者接受服务，其权益受本法保护；本法未作规定的，受其他有关法律、法规保护。"这似乎意味着只有为生活需要购买的消费者才受该法保护。由此，反对给"王海"以惩罚性赔偿的观点认为，王海等知假买假，是为索赔而买假，不是为生活需要购买，非《消费者权益保护法》保护的对象。另外，必须是经营者的故意欺诈导致消费者的错误选择，方可认定为欺诈行为。而王海等人的"错误"选择并非经营者的欺诈导致，而是自己的故意选择，不可要求惩罚性赔偿。

立法者为什么要给消费者加上一个"为生活需要"的限制，这点无从考察，或许这只是立法时对消费者定义认识上的不清晰。消费者是对应于作为商家和企业的经营者，是社会上个体的购买者，处于供销链条的末端，也被称为终端用户，即不再将购买的商品转投入生产和经营中去。至于消费的目的，不是定义消费者的关键。多数国家的立法并未给"消费者"加上一个主观动机的标准。《泰国消费者保护法》将"消费者"定义为：从卖主和从事业者那里接受服务的人，包括为了购进商品和享受服务而接受事业者的提议和说明的人。英国的《消费者信用法》规定：消费者是非因自己经营业务而接受供货商在日常营业中向他或经要求为他提供商品或劳务的人。美国《布莱克法律辞典》将"消费者"定义为：与制造者、批发商和零售商相区别的人，是购买、使用、保存和处分商品和服务的个人或最终产品的使用者。[①]

"为生活需要"是判断购买者的主观动机，其含义和判断标准即使在法官中也无统一意见，由此，性质相似的案件在不同法院判决不同，法律后果的可预见性受到折损。例如，青岛某市民先后两次购买假货索赔，在本市不同区的法院起诉，一次败诉，一次胜诉。

消费者保护的立法旨在保护非企业或经营者性质的个人用户，因为其较之经营者处于弱势地位。至于目的，既难判定，也无限定的必要。人们的日常理解是消费者购买商品或服务主要是为了消费，但是目的有可能发生变化，或者根本没有任何目的可言，也不排除有其他目的。下面这个案例中，个人购买者没有被认定为消费者就让人感到不可理解。

例释 上海某职员购买一集邮公司发行的金箔迎春封，购买后金箔出现锈斑。法

[①] 阎宝龙. 消费者概念及相关问题研究[J]. 山东财政学院学报，2003（3）.

院认为该职员购买迎春封的目的不是为了生活需要,故不适用《消费者权益保护法》的有关规定。

3. 商品房是否适用惩罚性赔偿规定

在整部《消费者权益保护法》中,都找不到将商品房排除在该法适用范围之外的规定。由此,按正当解释,作为商品的一种,而且是对于消费者最为关键的一类商品,商品房应适用该法。

与其他商品不同的是,商品房价值巨大,如果销售有欺诈,则惩罚性赔偿金额巨大。有观点认为对商品房不应适用惩罚性赔偿,理由如下:

(1)《消费者权益保护法》制定时,所针对的是普通商品市场严重存在的假冒伪劣和缺斤短两的社会问题,并没有把商品房考虑在适用范围内。《产品质量法》就将建筑物排除在外,这可反映立法者意图。

(2)作为不动产的商品房与作为动产的普通商品有很大不同。在商品房买卖中,出卖人的欺诈行为与普通商品交易中的欺诈行为不能等量齐观。商品房质量问题通过瑕疵担保责任制度可得到更妥善的处理。

(3)商品房买卖合同金额巨大,动辄数十万元、上百万元,判决惩罚性赔偿将导致双方利害关系的显失平衡,在一般人的社会生活经验看来很难说是合情、合理、合法的判决。①

以上解释有其合理之处,第三个理由值得关注。但有一个关键问题要思考:增赔的惩罚性赔偿制度旨在通过提高索赔额来抑制经营者的欺诈行为,后果越是严重的欺诈行为越要抑制。商品房是对消费者最为重要的商品,一旦发生问题,影响巨大,将商品房排除在惩罚性赔偿之外显然偏离消费者权益保护的主旨。

司法实践中,法院对此问题的态度并不一致。在以下两个案例中,房屋的购买者获得的赔偿截然不同。

例释 2001年,河南省鹤壁市。某消费者购买房屋一套,入住后发现房屋多处断裂,于是要求退房。经查明:该房屋在销售前属违规建筑,已被政府部门责令拆除,而且销售公司还隐瞒了已将该房产抵押给银行的事实。法院认定该公司的行为构成欺诈,判决消费者获得增赔一倍之赔偿(当时法律规定的是增赔一倍)。②1999年,济南。某市民花14.6万余元购买房屋一套,后发现销售公司相关证件全无,销售的房屋属"黑房"。法院一审判决房地产公司构成欺诈,判令增赔一倍。该公司提起上诉。二审经法院调解,房产公司一次性赔偿该市民4万元。

2003年5月,最高法院发布《关于审理商品房买卖合同纠纷案件适用法律若干问题的解释》,规定对于商品房买卖的欺诈行为,消费者有权要求增赔一倍之赔偿。但是,该司法解释存在一些有争议的地方值得注意。

(1)适用的范围有限 该解释所适用的商品房买卖合同是指房地产开发企业将尚未建成或者已竣工的房屋向社会销售并转移房屋所有权于买受人,买受人支付价

---

① 梁慧星. 《消费者权益保护法》第49条的解释与适用[N]. 人民法院报,2001-03-29.
② 城市质量监督. 2003(4):15.

款的合同。

例释 2003年5月，广州某市民到法院起诉，要求解除与某实业公司的房屋买卖合同，并要求增赔一倍的赔偿。原告称该公司无房屋销售合法手续，购房八年仍未拿到房产证。法院一审认为：该公司非开发商（房地产开发企业），而为开发商的包销公司，因此不适用最高法院的司法解释。原告的增赔请求未获支持。

(2)"惩罚性赔偿"缩水。2013年以前的《消费者权益保护法》规定在经营者有欺诈行为时，"增加赔偿的金额为消费者购买商品的价款或者接受服务的费用的一倍。"意思非常明确，就是增加赔偿一倍。而在最高法院的司法解释中，相关规定为：买受人"可以请求出卖人承担不超过已付购房款一倍的赔偿责任"。显然，法院可以在一倍的范围内酌情裁定。

(3)欺诈行为的认定受限。该解释列举了五种买受人可要求最多为已付购房款一倍的赔偿的欺诈情形，包括：商品房买卖合同订立后，出卖人未告知买受人又将该房屋抵押给第三人；商品房买卖合同订立后，出卖人又将该房屋出卖给第三人；出卖人订立商品房买卖合同时，故意隐瞒没有取得商品房预售许可证明的事实或者提供虚假商品房预售许可证明；出卖人订立商品房买卖合同时，故意隐瞒所售房屋已经抵押的事实；出卖人订立商品房买卖合同时，故意隐瞒所售房屋已经出卖给第三人或者为拆迁补偿安置房屋的事实。

其实，房屋买卖中的欺诈不止上述五种情形，例如开发商进行严重的虚假宣传引诱买方订立合同，故意隐瞒房屋质量问题等，也是严重的欺诈。司法解释的列举式规定缩小了可要求惩罚性赔偿的商品房买卖欺诈行为的范围。

在上述五种情形中，出卖人未取得商品房预售许可证明而与买受人订立预售合同，是典型的欺诈行为，应认定无效，购买人可要求惩罚性赔偿。该解释规定：如果出卖人在起诉前取得商品房预售许可证明的，可以认定有效。

房屋面积缩水也是一种典型的欺诈行为，不在上述五种情形里，司法解释对之作单独规定：如果有合同约定，依约定。如无约定，则只有面积误差比绝对值超出3%，买受人才可以请求解除合同，惩罚性赔偿仅限于面积误差比超过3%部分的房价款。①

4. 增赔一倍增加至增赔三倍

2013年10月修订的《消费者权益保护法》将增赔一倍调整为增赔三倍，并且规定了最低赔偿金额500元。该修订不仅会进一步刺激消费者积极维权，也会刺激更多的"王海"们加入打假队伍。有关王海打假以及商品房增赔的争议，会继续发酵。

5. 食品、药品的惩罚性赔偿索赔不受知假买假影响

依《关于审理食品药品纠纷案件适用法律若干问题的规定》，"因食品、药品质量问题发生纠纷，购买者向生产者、销售者主张权利，生产者、销售者以购买者明知食品、药品存在质量问题而仍然购买为由进行抗辩的，人民法院不予支持"。

---

① 2020年，最高法院修改了上述司法解释，删除了有关"不超过房价一倍之赔偿"和"3%面积误差"之规定。有观点认为法院不再支持房屋销售欺诈情形下对消费者的惩罚性赔偿，但笔者认为该修改的目的是回归到依据《消费者权益保护法》和《民法典》相关规定处理相关纠纷。

对于其他商品，最高法院持谨慎态度。在对全国人大代表有关职业打假人的问题的回复中，最高法院认为："从目前消费维权司法实践中，知假买假行为有形成商业化的趋势，出现了越来越多的职业打假人、打假公司（集团），其动机并非为了净化市场，而是利用惩罚性赔偿为自身牟利或借机对商家进行敲诈勒索。更有甚者针对某产品已经胜诉并获得赔偿，又购买该产品以图再次获利。上述行为严重违背诚信原则，无视司法权威，浪费司法资源，我们不支持这种以恶惩恶、饮鸩止渴的治理模式。"之所以对食品、药品专门规定惩罚性赔偿不受知假买假影响，是因为"食品、药品是直接关系人体健康，安全的特殊、重要的消费产品"。①

专题案例 11-2　开瓶费合法吗

2007年7月，商务部批准并发布了由中国烹饪协会起草的《餐饮企业经营规范》。该规范规定餐饮服务企业的"所有收费项目要明示"。表面上，这个规定似乎可以对争论了数年的开瓶费、包间费等餐厅乱收费问题作一定论，但深入分析，仍有疑问存在：是不是餐厅酒店等的收费项目只要明示就合法了？

首先要注意的是这个规范是部委颁布的行业标准，虽然代表政府机构意见，但不具有充分的法律强制力。准确地说，该类规范具指导意义，在法院判案时只起参考意见。对开瓶费这类争议最有权威的决断还是法院依据《合同法》、《消费者权益保护法》等国家法律作出的判决。在这个规范出台之前，已经有几个相关案件在法院审结，判决的倾向性意见实际上与商务部的规范类似：开瓶费等所谓的霸王条款并不必然违法，但也不可由经营企业单方任意为之。

2006年9月，某消费者自带酒水，某酒楼收取100元开瓶费，双方诉至法院。法官最后判决酒楼退还开瓶费，理由是酒楼没有明示该收费项目。从合同成立的角度分析，消费者在消费之前没有看到该收费项目，就意味着该收费项目不成为合同的内容，当然不能约束消费者。另外，没有明示也侵犯了消费者的知情权。但这个判决也留下类似的疑问：开瓶费不明示当然不能收，是不是明示了就可以收？并非如此。明示是尊重消费者的知情权，因为只有充分知晓相关消费信息，消费者才能理性选择适合自己的消费场所和消费项目。但是，消费者依法还享有自由选择权和公平交易权。如果这些收费项目虽然明示，但发生了强迫消费者消费或交易条件过于不公平的情形，法院也可判决收费项目违法，否定其合同效力。

消费者一般都认为收取包间费、开瓶费、禁止自带酒水等这些规定本身就带有强迫性和不公平性，应该统统否定，但法官并一定这么看。在2003年，北京的李先生进放映厅时被禁止入内，因为影院规定只有影院卖的饮料和食品等才可携带入内。李先生愤而告上法院。影城的这个规定已经明示，但是否有效呢？三个法官出现了两种意见。少数意见认为影院卖的东西高于外面价格的数倍，禁止自带是强迫消费者接受不公平的交易，因此影院的规定无效；成为判决的多数意见则认为还有很多影院都不禁止自带，因

---

① 最高人民法院办公厅：《对十二届全国人大五次会议第5990号建议的答复意见》（法办函[2017]181号）。

此消费者完全可以选择其他影院进行消费,由于有竞争的存在,消费者的自由选择权未受到限制。多数意见认为,解决问题的最好方法是扩大竞争而不是司法干预。

由此可见,一方面,经营者可以规定禁止自带酒水等条款,这是尊重其经营自由。消费者和经营者都是市场主体,消费者可以选择经营者,经营者也可以选择消费者。对消费者要保护,但保护要适度,不可过分侵蚀经营者的经营自由;另一方面,如果这些单方制定的条款要在法律上生效,必须做到一要明示,即要让消费者在消费前知道,以便其作出是否消费的选择;二要分析在相关市场中消费者的自由选择权利和公平交易权是否受到损害。在一个充分竞争的环境中,消费者如果不喜欢某个乱收费的经营者,可以用脚投票,去另外一个不乱收费的经营者那里。如果经营者之间进行勾结或者通过行业协会协商,一致推出霸王条款,则不仅破坏了市场竞争,消费者在面对这些霸王条款时也真的是无从选择,只能被迫接受,对这样的条款就要坚决打击,绝不手软。

思考

2014年,商务部和发改委发布了《餐饮业经营管理办法(试行)》。第13条规定:"禁止餐饮经营者设置最低消费。"请问:你认为该规定合理吗?如果某餐饮企业设置了最低消费,该规定有效吗?如果你是法官,会怎样判决?提示:如果该餐厅在消费者消费前明示了该最低消费,是否形成二者之间有效的约定?

(资料来源:作者自撰)

第三节 产品质量法

消费者最为关心的就是产品质量与安全问题。我国于1993年颁布了《产品质量法》,该法对生产者和销售者的产品质量义务以及经营者违反产品质量义务致他人损害应承担的损害赔偿等责任作了规定。

一、生产者的产品质量义务

1. 生产者的积极义务(一):产品质量应符合的要求

生产者应当对其生产的产品质量负责,产品质量应当符合下列要求:

(1)不存在危及人身、财产安全的不合理的危险,有保障人体健康和人身、财产安全的国家标准、行业标准的,应当符合该标准。

(2)具备产品应当具备的使用性能,但是,对产品存在使用性能的瑕疵作出说明的除外。

(3)符合在产品或者其包装上注明采用的产品标准,符合以产品说明、实物样品等方式表明的质量状况。

2. 生产者的积极义务(二):对产品标识的要求

产品或者其包装上的标识必须真实,并符合下列要求:

(1)有产品质量检验合格证明。

（2）有中文标明的产品名称、生产厂厂名和厂址。

（3）根据产品的特点和使用要求，需要标明产品规格、等级、所含主要成分的名称和含量的，用中文相应予以标明；需要事先让消费者知晓的，应当在外包装上标明，或者预先向消费者提供有关资料。

（4）限期使用的产品，应当在显著位置清晰地标明生产日期和安全使用期或者失效日期。

（5）使用不当，容易造成产品本身损坏或者可能危及人身、财产安全的产品，应当有警示标志或者中文警示说明。

裸装的食品和其他根据产品的特点难以附加标识的裸装产品，可以不附加产品标识。

易碎、易燃、易爆、有毒、有腐蚀性、有放射性等危险物品以及储运中不能倒置和其他有特殊要求的产品，其包装质量必须符合相应要求，依照国家有关规定作出警示标志或者中文警示说明，标明储运注意事项。

3. 生产者的消极义务

（1）不得生产国家明令淘汰的产品。

（2）不得伪造产地，不得伪造或者冒用他人的厂名、厂址。

（3）不得伪造或者冒用认证标志等质量标志。

（4）生产产品时不得掺杂、掺假，不得以假充真、以次充好，不得以不合格产品冒充合格产品。

二、销售者的产品质量义务

1. 销售者的积极义务

（1）检验义务。销售者应当建立并执行进货检查验收制度，验明产品合格证明和其他标识。

（2）保持义务。销售者应当采取措施，保持所销售的产品的质量。

（3）标识义务。销售者销售的产品的标识应当符合的要求与对生产者的要求相同。

2. 销售者的消极义务

（1）不得销售国家明令淘汰并停止销售的产品和失效、变质的产品。

（2）不得伪造产地，不得伪造或者冒用他人的厂名、厂址。

（3）不得伪造或者冒用认证标志等质量标志。

（4）销售产品时不得掺杂、掺假，不得以假充真、以次充好，不得以不合格产品冒充合格产品。

三、产品的瑕疵担保责任

1. 两类产品责任

发生问题的产品有两种情形：一是产品本身质量不符合合同或法律要求，但并未损害他人人身以及有问题产品之外的财产；二是产品有缺陷并且造成了他人人身以及有问题产品之外的财产的损失。

由此，产品责任的承担也分两种情形。第一种情形下，产品的销售者应依据合同或法律承担对产品质量瑕疵的担保责任，权利方是产品的购买者，此责任为合同责任。而在第二种情形下，只要人身或财产受到有缺陷产品的损害，不管是否是产品的购买者，都可依法要求赔偿，此责任为侵权责任。本部分和下一部分对两类责任分别叙述，最具消费者保护特点的是第二类责任，也是狭义上的产品责任。

2. 产品的瑕疵担保责任

销售者出售的产品，如果对产品质量有合同约定，应符合约定。如果没有合同约定，则法律规定下列情形为产品有质量瑕疵：

（1）不具备产品应当具备的使用性能而事先未作说明的。

（2）不符合在产品或者其包装上注明采用的产品标准的。

（3）不符合以产品说明、实物样品等方式表明的质量状况的。

售出的产品有上述情形之一的，销售者应当负责修理、更换、退货；给购买产品的消费者造成损失的，销售者应当赔偿损失。销售者承担责任后，属于生产者的责任或者属于向销售者提供产品的其他销售者（即"供货者"）的责任的，销售者有权向生产者、供货者追偿。

销售者如不承担责任，由市场监督管理部门责令改正。

四、产品的侵权责任（一）：产品责任归责原则的演变

通过对各国立法中产品责任归责原则演变历史的观察，可以发现生产者和销售者的产品责任负担日益加重，相应对消费者的保护也日益加强。

1. 合同责任原则

依据该原则，被产品伤害的人，如果要起诉产品的生产者或销售者（以下称"经营者"），必须与之有合同关系。如果合同关系以外的人受到缺陷产品的损害，则经营者不负赔偿责任。

例释 1842年，英国。A为马车夫，受雇于B。A驾驶B从C处买来的马车，因马车有缺陷，A受伤。A起诉C要求赔偿，C反驳说与A之间没有买卖关系。法院支持了C。

合同责任原则将经营者的产品责任限定于合同关系的范围内，认为产品对合同关系之外的当事人的损害，是经营者不可预见的，因此不需承担责任。这一原则在19世纪占主导地位，经营者依据该原则承担的产品责任也是最轻的。

2. 过失责任原则

依据该原则，经营者有合理注意的义务，即谨慎生产和销售产品以避免产品对他人造成伤害。如果经营者没有适当"注意"而导致产品有缺陷并伤害了他人，则有过失，应负责任。经营者与受伤害的人之间是否有合同关系，不是负担责任的前提。

例释 1932年，英国。A的朋友B买来一瓶啤酒。A喝酒时发现酒里有腐烂的蜗牛，因受惊吓而患病。A起诉啤酒生产商C要求赔偿。C辩解说啤酒是B买的，因此他与A之间没有合同关系。法院认定C应承担责任。①

在此案的判决中，法官认为产品的生产商要尽到注意义务，以避免产品伤害到任何有可能受产品影响的人，包括合同的当事人以及合同关系之外的"邻人"。该责任将经营者的产品责任负担延展到合同关系以外。产品责任由早期的合同责任拓展到侵权责任。

过失责任原则即过错责任原则。虽然经营者的产品责任加重，但受害者必须证明经营者有"过错"。这对不熟悉产品生产过程以及势单力薄的消费者来说是很困难的。

3. 事实自我证明原则

依传统的过失责任原则，举证负担在受害人一方。受害人往往因为不能证明经营者有过失而败诉。为更好地保护受害人，某些情况下法院适用事实自我证明原则，即事实本身足可以证明经营者有过失，这时受害人不需要举证。

例释 1944年，美国。A为餐厅招待，端可口可乐时瓶子爆炸，A受伤。A起诉生产商，但无法举证被告有过失。法院认为A不需举证，因为事实自身足以证明。①

要适用该原则，必须符合三个方面的要求：一是产品在到达受害人那里之前完全受生产者控制并且中间没有任何其他因素对质量产生影响；二是受害人对产品没有任何不当影响；三是事实本身足以说明：如果经营者没有过失，则损害不会发生。

4. 严格责任原则

依该原则，经营者的主观过失不是构成产品责任的要件，只要具备产品有缺陷、损害的发生，以及产品缺陷与损害之间有因果关系三个要件即可认定侵权。因此严格责任属无过错责任，加重了经营者的责任负担。美国在20世纪60年代确立了严格责任，英国是在70年代确立的。目前严格责任是世界上大多数国家的产品责任归责原则，也为我国立法所采纳。

例释 1963年，美国。A使用电动工具加工木头时，被飞出的木片击伤。法官认为原告不需证明被告有过失。该案在美国率先确立了严格责任原则。②

依严格责任原则，原告的人身或财产只要受到有缺陷产品的伤害，就可以从该产品的制造者或销售者那里获得赔偿。原告不必与被告有合同关系，可以是使用该产品的任何人，被告尽了合理的注意也不能作为免责理由。

专题案例11-3 严格责任原则出现的时代背景

影响法律发展的动因有三：经济的发展、国内政治力量的对比和法哲学主流思潮。其中经济发展的要求是决定性因素，影响着国内政治力量的对比和法哲学主流思潮的变

---

① Donoghue v. Stevenson, 1932.

① Escola v. Coca Cola Bottling Co. 1944.
② Greenman v. Yuba Power Products, Inc. 1963.

化；而后两个动因又直接影响了国内立法重心、政策取向和司法实践。

在经济方面，"二战"以后，美国经济的发展进入鼎盛时期。20世纪50年代到70年代中期是美国经济发展的黄金时期。从1949年到1974年的25年间，美国经济保持持续高速增长的势头。在这段时期，主导经济学说主流的是凯恩斯主义，其实质是以国家干预取代自由放任。那么干预的重点在哪里呢？凯恩斯主义主张干预经济的需求方面，通过刺激消费促进生产以达到发展经济的目的。这段时期美国的供求也由卖方市场转向买方市场，由量的需求转变为质的需要。

考察美国社会中政治力量的变化可以揭示出官方政策变化的直接动因。美国是两党政治，民主党与共和党轮流执政。自20世纪30年代起，前者经济上主张国家干预，信奉自由主义；后者经济上主张自由放任，信奉保守主义。民主党强调国家干预，通过再分配建立安全网来缓和社会矛盾，促进经济发展；共和党则注重调动大企业和大资本家的积极性，使经济大发展后再使利益逐层渗透。因此共和党贴近上层阶级，而民主党则重在拉拢中下层阶级的民众。[1]国家政策直接反映执政党的态度。1945—1981年，民主党是控制美国政坛的主导力量。尤其是在严格责任得以确立的20世纪60年代，更是民主党人全面执掌立法和行政大权的时期。当然，这一时期也是美国民权运动高涨的时期。1962年，肯尼迪总统向国会提交咨文，阐明了消费者应享有的四大权利，推行严格产品责任、注重保护消费者利益的时代由此开始。

在美国，造法的法官也是法学家，法官脑中法律思想的变化会直接在司法实践中体现出来。因此，还有必要考察一下对法官司法实践产生影响的法哲学主流思潮的变化。20世纪60年代至70年代，在西方法哲学领域产生广泛影响的是新自由主义的权利法哲学，代表人物是美国的罗尔斯、诺锡克和德沃金。新自由主义法哲学强调权利的重要性，尤其是个人权利的重要性。罗尔斯主张社会安排应保证个人平等权利与广泛自由，诺锡克更加强调个人权利的不可侵犯性，德沃金则从司法角度阐明尊重和关怀个人权利的重要性及其实现途径。[2]因此，弘扬个人权利及其保护的新自由主义法哲学对推动美国这一时期的产品责任法向"严格责任"方向发展功不可没。

思考

我国《产品质量法》于1993年颁布，规定了严格责任原则。有观点认为我国目前经济发展尚未达到发达阶段，过重的产品责任会加大生产者的负担，因此不宜采用严格责任原则。你对此怎么看？

（资料来源：作者自撰）

五、产品的侵权责任（二）：生产者和销售者的责任承担

1. 生产者承担严格责任

《产品质量法》规定："因产品存在缺陷造成人身、缺陷产品以外的其他财产（以

---

[1] 陈宝森. 美国两种经济哲学的新较量——兼论两党预算战[J]. 美国研究, 1996（2）: 2-22.
[2] 张乃根. 当代西方法哲学流派[M]. 上海：复旦大学出版社, 1993.

下简称他人财产）损害的，生产者应当承担赔偿责任。"法律未规定过失是生产者承担责任的前提，因此为无过错责任。

2. 销售者承担过错责任

由于销售者的过错使产品存在缺陷，造成人身、他人财产损害的，销售者应当承担赔偿责任。

销售者不能指明缺陷产品的生产者也不能指明缺陷产品的供货者的，销售者应当承担赔偿责任。

3. 生产者与销售者在赔偿责任上的连带

因产品存在缺陷造成人身、他人财产损害的，受害人可以向产品的生产者要求赔偿，也可以向产品的销售者要求赔偿。属于产品生产者的责任，产品的销售者赔偿的，产品销售者有权向产品的生产者追偿。属于产品销售者的责任，产品的生产者赔偿的，产品生产者有权向产品的销售者追偿。

六、产品的侵权责任（三）：严格责任的构成要件

1. 产品[①]

《产品质量法》所指的产品是指经过加工、制作，用于销售的产品，建设工程不适用该法规定。由此，如果要依《产品质量法》主张权利，产品必须符合下列四个条件：

（1）经过加工制作。该条件将未经过加工制作的产品，主要是天然产品排除在外。产品如果没有经过加工制作，则不发生生产过程，因此不适用生产者的无过错责任。

（2）用于销售。用于销售的产品指为投入商业流通领域而生产的产品。当为商业销售而生产时，产品的生产者才可以预见到该产品有可能影响将来可能使用该产品的人。如果产品不是用于销售，例如保存、展示或装饰用，但因其他原因进入流通领域并且损害了消费者，则生产者不承担责任。

（3）动产和准不动产。严格意义上的不动产，即建设工程，不适用《产品质量法》。建筑工程建设复杂，一般由其他专门的法律来规范。但是，建设工程使用的建筑材料、建筑构配件和设备，如果是经过加工、制作，用于销售，则适用《产品质量法》。

（4）是产品。服务不适用严格责任。因为服务的种类方式繁多，经营者对服务过程无法完全控制，一概规定严格责任并不合适。

2. 缺陷

缺陷是指产品存在危及人身、他人财产安全的不合理的危险。产品有保障人体健康和人身、财产安全的国家标准、行业标准的，缺陷即指不符合该标准。

对缺陷的认识要把握以下三个方面：

（1）不合理的危险。消费者有权要求产品具有安全性。绝对的安全是不可能的，产品应具有合理的安全性，这需要分析消费者一般情况下的期待、产品的特性和用途以及现有的科学技术水平等。如果产品不能满足消费者合理期待的安全，则为不合理的危

[①] 对产品的定义不仅适用于严格责任部分，也适用于《产品质量法》的其他部分。

险。合理的危险与不合理的危险相对，不属缺陷，例如消费者作为常识周知的危险或者作为产品必备特性的危险性，如刀子的危险性。

（2）不符合国家或行业标准的产品。国家或行业标准对产品的工艺、规格、质量等方面作出要求，旨在规范生产者的加工生产以减少产品的危险。这些标准要么是国家规定必须遵守，要么是行业普遍适用的具有指导性。如果产品不符合上述标准则认定为具有缺陷，但是如果产品符合了上述标准是否就意味着产品没有缺陷？在适用过失责任原则的时期，符合特定标准往往是生产者用以证明自己没有过失的重要证据，但现在所适用的是严格责任原则，因此产品符合特定标准不能作为免责理由。而且产品符合特定标准并不意味着产品就没有不合理的危险，还需要对产品是否有缺陷作进一步分析。

（3）缺陷的类型。一般分为三类：

① 设计缺陷。指产品的结构、原料搭配、流程等方面的设计有不合理的地方以至于有不合理的危险性。如果有其他可用的合理设计但没有采用，从而使得产品的危险性产生或增加，则设计有缺陷。

② 制造缺陷。指产品的生产、加工和制造不符合设计要求或未达到生产意图，或者质量上存在不合理的危险性。即使生产者在生产过程中尽了一切可能的注意，也不可免责。对缺陷的分析是客观事实上的判断。

③ 警示缺陷。指有关产品的说明、指示、警告、指南等不充分、不明确或不清晰导致产品具有不合理的危险。如果可预见的产品造成伤害的风险本可以通过提供合理的警告或指示来避免，而该合理警示的缺少使得产品并非合理的安全，则产品在警示方面有缺陷。

3. 缺陷与损害之间的因果关系

有关因果关系判定，法律上没有明确规定。学理上的分析，可参见第六章第四节中相关部分。

七、产品的侵权责任（四）：免责理由和损害赔偿

1. 生产者的免责理由

生产者能够证明有下列情形之一的，不承担赔偿责任：

（1）未将产品投入流通的。

（2）产品投入流通时，引起损害的缺陷尚不存在的。

例释 A企业销售电器，在包装内附有有关电器使用的详细说明。产品在出厂后，因销售者的原因，该使用说明欠缺。消费者因缺乏说明指南而不当使用电器受损，A企业不承担责任。引起损害的缺陷在产品投入流通后才发生，意味着该缺陷的产生非生产者的原因，故生产者不承担责任。

（3）将产品投入流通时的科学技术水平尚不能发现缺陷的存在的。这个理由也称发展风险（development risk）或工艺水平抗辩（state of the art）。该抗辩多发生于有关药品、化工产品设计缺陷的案件中。

2. 受害人之过错

依《侵权责任法》，损害是因受害人故意造成的，行为人不承担责任。被侵权人对损害的发生也有过错的，可以减轻侵权人的责任。因此，消费者或受害人的过错是生产者免除或减轻责任的抗辩理由。典型情形有：

（1）受害人自愿承担风险。受害人被告知或知道产品有问题而仍购买或使用该产品。

（2）受害人擅自变更和改造产品。受害人对产品的设计、构造或说明等进行修改和改造，这可能是产生缺陷的全部或部分原因。如是全部原因，则生产者免责，如为部分原因，则可减轻生产者的责任。

（3）受害人不正当使用产品。偏离产品的正常用途或不按照产品的说明或指示使用产品。

（4）受害人对显而易见的危险掉以轻心。如果产品的缺陷或危险无须检查就可发现，而且一般的人都可轻易发现，但受害人没有发现，则生产者有可能依此抗辩以争取减轻责任，但很难完全免除责任。

3. 损害赔偿

产品缺陷所引起的损害包括人身损害（personal injury）、他人财产（有缺陷产品外的财产）损害（property damage）和经济性损失（economic loss）。经济性损失包括直接经济损失，指有缺陷的产品本身价值的减少，如修理和更换成本；间接经济损失，指该产品的所有人因该产品进一步遭受的损失，通常情况为由于缺陷产品的使用而丧失的利润或其他利益。

人身或他人财产损害是指对人身或实物实体性的损害，而经济性损失的性质则为商业性的（commercial）。[①]对于经济性损失，依合同或法律承担瑕疵担保责任。这里所述的侵权责任适用于人身或他人财产损害。

如造成受害人财产损失的，侵害人应当恢复原状或者折价赔偿；受害人因此遭受其他重大损失的，侵害人应当赔偿损失。

如造成受害人人身伤害的，侵害人应当赔偿医疗费、治疗期间的护理费、因误工减少的收入等费用；造成残疾的，还应当支付残疾者生活自助费、生活补助费、残疾赔偿金以及由其扶养的人所必需的生活费等费用；造成受害人死亡的，并应当支付丧葬费、死亡赔偿金以及由死者生前扶养的人所必需的生活费等费用。

受害人要求赔偿的诉讼时效期间为两年，自当事人知道或者应当知道其权益受到损害时起计算。因产品存在缺陷造成损害要求赔偿的请求权，在造成损害的缺陷产品交付最初消费者满10年丧失。但是，尚未超过明示的安全使用期的除外。诉讼时效是督促受害人及时主张权利，当受害人知道或应当知道权益受损，如连续两年不主张权利，则丧失胜诉的权利。主张权利可以是诉讼，也可以是向侵权人索赔。每一次主张权利都可使诉讼时效中断，即从主张权利日起重新起算。上述的两年是一般诉讼时效，而10年

[①] Eric A. Kekel. Oregon's Products Liability Law and the Problem of Economic Loss[J]. Williamette L. Rev. 1992，28：565.

是最长诉讼时效。

例释 林某乘坐日本产三菱吉普车的途中,车前挡风玻璃突然爆破,林某受伤死亡。林某亲属将三菱公司告上法院,要求赔偿。法院认为:产品责任为无过错责任,原告无须证明三菱公司有过错。"只要发生了与产品缺陷有关的人身或者其他财产损害,生产者就应当承担赔偿责任;生产者只有在能够证明产品具有未投入流通等三种法定情形时,才能够免除这种赔偿责任。"对于前挡风玻璃突然爆破是否属于该产品的缺陷,法院认为举证责任应当由生产者承担。"生产者如不能证明前挡风玻璃没有缺陷,而是受某一其他特定原因的作用发生爆破,就要承担产品责任。"由于三菱公司举证不能,最终法院判决被告败诉。[①]

法规指引

- 国家法律:《消费者权益保护法》《产品质量法》《食品安全法》
- 司法解释:《关于审理消费民事公益诉讼案件适用法律若干问题的解释》
- 部门规章:《侵害消费者权益行为处罚办法》

拓展与思考

1. 推荐阅读

现代消费者保护立法发端于美国,而美国一向被认为是消费者保护较先进的国家,其相关法律是各国消费者保护立法参考和借鉴的蓝本。了解美国的消费者保护法,不仅可以帮助理解我国的相关立法,也可通过比较,找出我国相关法律需要进一步完善的地方。推荐阅读:张为华. 美国消费者保护法[M]. 中国法制出版社,2000;吴晓露. 产品责任制度的法经济学分析[M]. 杭州:浙江大学出版社,2014.

2. 问题解决

小李碰到了件麻烦但有趣的事,来向你请教。

某酒店贴出公告:"本酒店郑重承诺不售假酒。如有在本酒店喝到假酒者,本酒店立即赔礼道歉并按酒价六倍赔偿。"小李在该酒店吃饭时喝到了假酒,遂向酒店索赔。酒店老板承认是假酒,但辩解说假酒是厂家制造的,酒店是在不知情的情况下购进并出售的。而且,即使按照《消费者权益保护法》赔偿,也最多赔四倍(即返一赔三)。因此,他只肯返赔小李所收价款的四倍。小李感到哭笑不得,法律规定的增赔三倍竟然被老板拿来用。

请你为他分析一下:该酒店销售假酒是否构成欺诈?如何认定?如果到法院打官司,小李能获得返赔四倍还是六倍?还是两个赔偿都可获得?提示:酒店的公告和小李喝到假酒是否形成合同关系?另外,如果小李援引《食品安全法》的相关规定,要求十倍的赔偿,法院是否会支持?

---

① 北京第二中级人民法院陈梅金、林德鑫诉日本三菱汽车工业株式会社损害赔偿纠纷案判决书。

3. 制度变革

很多企业的产品质量管理制度是围绕"标准"来进行的。首先，确定产品生产的国家或行业标准。然后，按照该标准制订企业标准。之后，依企业标准生产和检验产品。如果符合标准，即放行出厂销售。请你分析一下，实行上述质量管理制度的企业，会有怎样的法律风险？企业应如何修改和完善上述的产品质量管理制度才可尽量抑制和减少法律风险？

4. 观点争鸣

对于王海等人"知假买假"式的打假索赔，是否适用《消费者权益保护法》，支持和反对的声音都有。

支持的观点认为：在目前假货泛滥而且执法力量有限的情况下，支持职业打假者的惩罚性赔偿索赔可以弥补国家保护的不足，更好地促进商家诚信，也更好地保护消费者。针对限制对"王海"们适用惩罚性赔偿的观点，有人质疑：打击卖假货的人和打击知假买假者哪个更重要？王长军法官认为职业打假者应被支持和赞扬，他指出："职业打假人不需要纳税人供养，却做着保护消费者权益的事，甚至面临不法商人的人身报复，职业打假者受到广大消费者的拥护，他们堪称当代最可爱的人！"[①]

反对的观点认为：知假买假并非消费行为。而且，打假者口头声称为了"正义"和"公益"，其实大都以此作为生财之道而已。陈旺指出："人们强烈支持将'知假买假'的打假行为纳入消法的保护体系，无非是着眼于这种打假行为有利于遏止经营者欺诈行为的积极作用。但是我们不能陷入'实用主义'的怪圈，而不顾消法的立法原则和立法目的，不能放弃通过正当手段和合法途径实现保护消费者权益的目的。"[②]另外，职业打假者以法律和司法为工具牟利，浪费了司法资源。

何不分组辩论一下？

正方：对"知假买假"，应适用消法的惩罚性赔偿规定；

反方：对"知假买假"，不应适用消法的惩罚性赔偿规定。

5. 法官判案

1998年7月8日上午，女大学生钱某离开上海屈臣氏公司四川北路店时，由于警报器鸣响，被女保安带到办公室内进行检查，出现钱某解脱裤扣接受女保安检查的情形。店方未检查出商品，遂允许钱某离店。钱某起诉屈臣氏公司，要求其公开登报赔礼道歉，并赔偿精神损失费人民币50万元。

一审和二审法院都认定屈臣氏公司侵犯了钱某的人格权，都判决屈臣氏公司应向钱某赔礼道歉。但在精神损害赔偿方面，两个法院却作出了差别极大的判决。

一审法院认为：为保护女大学生名誉权、人身权不受侵犯，鉴于屈臣氏公司一方侵权情节恶劣，钱某受害程度较深，又引起社会不良的反响，同时考虑屈臣氏公司一方实际给付能力，因此判决赔偿25万元。

二审法院则认为：关于精神损害赔偿数额，应依照我国民法通则的规定，根据侵权

[①] 综述. 知假买假与多倍赔偿：法的解释、功能与价值取向[J]. 人民司法（应用），2018（19）.
[②] 陈旺. "知假买假"不受"消法"保护[N]. 人民网，2002-7-16.

人的过错程度、侵权行为的具体情节、给受害人造成精神损害的后果与影响，以及我国司法实践等情况予以确定。一审判决赔偿数额显属过高，应予以纠正。因此判赔1万元。[①]

如果你是法官，会判决赔偿多少？理由是什么？

6. 网络搜索

搜索关键词——"达芬奇的眼泪"。

高端家具洋品牌遭央视曝光作假，号称产自意大利的家具竟然来自东莞。达芬奇总裁缘何在新闻发布会上飙泪？眼泪之外，达芬奇公司给出了怎样的辩解？对于品牌危机，该公司又如何应对？对于消费者，他们又该如何维权？

[①] 上海市第二中级人民法院（1998）沪二中民终字第2300号民事判决书。

第十二章 劳 动 法

❧ **本章学习要点**
  ◇ 劳动合同：订立、条款、无效、解除、终止
  ◇ 对劳动者的保护：平等权、工时制度、工资支付、女职工之特殊保护
  ◇ 劳动仲裁：劳动争议、先裁后审、仲裁时效

第一节 劳动法概述

一、劳动法的产生和发展

劳动法是有关劳动关系的立法。所谓劳动关系，也称劳资关系，即雇员与雇主（主要为企业）之间的关系。

劳动者提供劳动力，雇佣者支付工资以获取劳动者的劳动和服务，双方是一种市场交换关系，交易的对象即劳动力。在19世纪之前，意思自治和合同自由原则影响深远。对于劳动者和雇佣者之间达成的合同关系，国家不愿干涉，因为这违背合同自由原则，也是对市场交易的干预。但是，劳动力与一般的商品不同，有关劳动力的交易往往涉及对人的根本权利以及社会根本道德的影响。

18世纪后期，工业革命在英国展开。机器促进了生产效率，但也威胁着工人的就业。另外，工业化促进了城市化的速度，大量农民从农村流入城市，提供了大量的廉价劳动力。随着工业革命的进展，劳动力呈现出供过于求的状况，工人与资本家之间的地位和力量差别日益悬殊。资本家为了获取利润，不断延长工作时间，降低工资待遇，甚至大量雇佣工资更为低廉的女工乃至童工。而工人，由于没有什么谈判力量，只得被迫接受资本家施加的种种非人待遇。表面上看劳动关系是双方同意的合同关系，但实际上工人并不能表示出他们的真实愿望和意志，交易过程缺乏协商，双方权利义务极端不平等。

压迫之下必有反抗。产业工人开始有组织地进行反抗，劳资关系日益紧张。为缓解劳资矛盾，同时也考虑到保护劳动者的基本权利是社会的根本道德并且对促进社会进步和经济发展也是必要的，英国于1802年颁布了第一部工厂法，名为《学徒健康与道德法》。该法限制纺织工厂童工的工作时间，规定每天不可超过12个小时。该法是现代社会第一部劳动法。

之后，英国又几次颁布工厂法，限制女工的工作时间。在英国的带动下，其他欧洲国家也颁布了限制工作时间的法律，最初一般都是限制童工和女工的工作时间，瑞士在1848年颁布了第一个限制成年人工作时间的法律。

随着经济发展和社会文明的演进，法律规定的劳动者权利的范围也在扩大，国家对劳动者的保护力度日益加强。

二战以后，尤其是进入 20 世纪 60 年代以后，随着人权运动的兴起和工人斗争影响的扩大，西方各国家均有大范围地并且频繁地修改劳动法的举动。劳动立法的内容和体系日趋完善，对劳动者权利的保护也日趋全面。劳动保护立法涉及了工作时间、工资、平等权、对女工的特殊保护、禁止童工、工会权、劳动安全与卫生、社会福利与保障、集体协商等方面的内容。

二、我国的劳动法立法

我国历史上第一部劳动法规是北洋政府在 1923 年颁布的《暂行工厂规则》。之后，国民党政府也颁布了劳动法规。同时，中国共产党领导的革命根据地颁行了一些劳动法规，有代表性的是 1931 年的《中华苏维埃共和国劳动法》以及 1941 年的《晋冀鲁豫边区劳工保护暂行条例》。

1949 年新中国成立后，我国政府仿照苏联的法律颁布了劳动方面的规定。劳动部在 20 世纪 50 年代曾组织起草劳动法，但没有成效。"文革"时期，劳动立法及其实施进入空白期。改革开放以后，有关劳动保护的法规重新得以制定和实施。1979 年，国务院有关部门再次组织起草劳动法，仍未成功。1990 年，国务院又一次组织起草劳动法。历经四载酝酿，1994 年 7 月 5 日，第八届全国人大常委会第八次会议通过《劳动法》，是我国第一部国家层面的有关劳动关系的专门法律。

《劳动法》共 13 章 107 条，内容涉及劳动法的基本原则、劳动合同、劳动者法定权利（包括工时、假期、工资、劳动保护、就业培训、社会保险和福利等）、劳动争议解决等方面，比较全面。但是由于当时立法水平所限，也存在不少缺陷。而且，我国经济体制和法治进程在 1994 年之后有了很大变革，在劳动领域出现了很多新情况和新问题，因此学界一直在强烈呼吁修改《劳动法》。

2007 年 6 月 29 日，全国人大常委会通过《劳动合同法》，对原《劳动法》中的劳动合同部分作了统一而详细的规定。同年 8 月 31 日，全国人大常委会通过《就业促进法》，对有关就业的政策支持、公平就业、职业教育与培训、就业服务和管理、就业援助等做了规定，其中最引人注目的是有关公平就业的规定。同年 12 月 29 日，全国人大常委会通过《劳动争议调解仲裁法》，对原《劳动法》中的劳动争议解决部分做了补充性和修正性的规定。一年连续通过三部对保护劳动者有重大意义的法律，2007 年可称得上是迄今为止我国劳动保护立法成果最为丰硕的一年。至此，原《劳动法》的很多缺陷和不足，经这三部法律有所修正。但是，新的法律中的一些规定，主要是《劳动合同法》中的一些规定，又引起激烈争论。

在起草过程中，《劳动合同法》就备受劳资双方的关注。劳动者希望该法能增强对自己权利的保护，而企业则不希望过于严格的法律出台。该法律的出台经历了四审，最终通过的文本与一审稿相比，一些对企业过于严格的规定已经去掉。即便如此，《劳动合同法》仍是广受争议，被不少学者认为是没有考虑中国现实情况、对劳动者的保护标准过高和过于超前。甚至还有观点认为，这部法律的实施会影响中国经济的发展。该法

最受争议的地方有以下四个方面:

第一,促进无固定期限合同的订立。如果符合法律规定的条件,劳动者有单方面要求企业订立无固定期限合同的权利。

第二,企业解聘员工更难。企业解聘员工必须有合法的理由,否则不得随意解除劳动合同。对于违法解除劳动合同,有惩罚性赔偿的规定。

第三,员工解除合同更容易。只要符合法律规定的提前通知等规定,员工就可提前解除合同。而企业能向员工索取的违约金,也只限于培训和竞业限制两种情况。

第四,合同到期终止也要补偿。根据旧的劳动法,合同如果到期终止,企业不想续订合同,不必给付补偿。但依据《劳动合同法》,合同到期正常终止,如果企业不想续订合同,要给予补偿。

由此可见,以上规定对企业的用工自由较以往作了更多限制,也增加了企业的用工成本。劳动合同的订立和实施过程中,法律的天平更倾向于劳动者。

专题案例 12-1　禁止童工有利于发展中国家吗

美国等发达国家近年来一直在推动制定国际劳工标准,并向发展中国家施加压力要求其提高劳工标准。从表面上看,即使没有来自外国政府的压力,一个国家为了保护劳动者,也应该主动提高劳动保护的标准。但实际情况是:如果不考虑一国的现实状况,盲目立法,虽然立法本意可能是好的,但未必真正对劳动者有好处,也未必有利于社会和经济发展。

以禁止童工为例,人们的一般反应都是说"应该这样做"。取消童工是为了保护儿童的身心健康和受教育的权利。然而,如果不考察穷国发展的现实状况就想当然地实施这类规定只会让穷人雪上加霜。经济学家 Basu 教授指出,根据一些学者和国际劳工组织的实地研究,在非常贫穷的国家,童工是一个普遍现象。如在埃塞俄比亚,10~14 岁的儿童中有 42.3% 在工作。父母让孩子工作并非出于自私和懒惰,而是出于贫穷和饥饿。儿童的收入成为家庭维持生存的重要来源,如果一下子取消了童工,很多家庭会面临饥饿乃至家人饿死。发达国家对使用童工生产的产品实行禁运,针对的是专门的某一出口行业,而不是所有行业,这只会使得童工从出口生产部门流向本地的劳动强度更大的生产部门,如焊接,以及从事一些对其身心健康危害更大的活动,如卖淫。根据对尼泊尔的研究,此类禁止使用童工政策造成了 5 000~7 000 名小女孩由地毯业流入卖淫行业。

而且,使用童工是非洲一些极不发达国家的竞争优势,禁止使用童工会使这些国家的优势消失;而其他一些发展得较好的发展中国家,如亚洲和拉美的一些国家,其使用童工的比率相对不高(多为 15% 以下),受禁令影响不大,因此会相应取得竞争优势。这对极不发达国家而言是不公平的,而且由于赤贫国家没有能力在短期内对取消童工后的生产结构进行调整,经济会受到严重打击。

Basu 教授指出:即使在印度、中国等发展程度较好的一些国家,也不应一下子取消童工。根据对印度的研究,最佳选择应是允许儿童在上学的同时适当从事一些劳动。

启示与思考

立法者在立法时应避免制定过于超前和理想化的法律，而要循序渐进，并且注意法律的实施效果。保护政策的出台应当使被保护者的情况比以前更好，而不是恶化。

2014年，玻利维亚出台立法允许年满10岁的儿童工作，引发国际社会关注和争论。玻利维亚的理由是什么？你对此怎么看？

（编写参考：Kaushik Basu. International Labor Standards and Child Labor[J]. Challenge，1999，Sep-Oct.）

第二节 劳动合同

一、劳动关系与劳动合同

1. 区分劳动关系和非劳动关系的法律意义

并非所有的劳动者都受劳动法的保护，只有与用人单位形成劳动关系的劳动者才适用劳动法。[①]

要从两个方面来判断是否存在劳动关系：劳动关系的主体和劳动关系的性质。

（1）劳动关系的主体。劳动关系的一方是劳动者，另一方是用人单位。所谓用人单位，包括中华人民共和国境内的企业、个体经济组织、民办非企业单位等组织。另外，国家机关、事业组织、社会团体等，如果与劳动者建立劳动关系，也适用劳动法。

由此可见，用人单位必须是组织形态。非组织形态的个人、家庭等与其所雇之人之间所发生的劳务或服务提供之合同关系，非劳动关系，不适用劳动法。

劳动法的适用范围排除了公务员和比照实行公务员制度的事业组织和社会团体的工作人员，以及农业劳动者（乡镇企业职工和进城务工、经商的农民除外）、现役军人和家庭保姆等。但是，保姆与家政公司可形成劳动关系。另外，根据最高法院的司法解释，个体工匠与帮工、学徒之间，农村承包经营户与受雇人之间，也不形成劳动关系。

（2）劳动关系的性质。劳动关系形成了劳动者与用人单位之间的依附关系，受用人单位的纪律约束和控制。没有与雇佣单位形成劳动关系的劳动者一般被称为"独立的工作者"（independent contractor），指不依附于任何雇佣单位独立工作的人。这些人也为其他单位、组织或个人提供劳务或服务，并接受相应的报酬，但彼此关系并非雇佣关系，而是一般的交易关系。独立的工作者虽然为某一单位提供服务，但不依附于该单位，并且同时可为其他单位服务。而处于劳动关系中的劳动者则一般仅为一个单位服务，并且依附于单位，受雇佣单位的纪律约束。

例释 A自己开了一个水站，定期为C企业送水，一次在送水途中摔倒受伤。A不是C企业的员工，而是独立工作者，因此不能要求C企业按工伤给予补偿，只能自己承担损失。B是C企业的办公室员工。一次经理让他去买一桶水回来，B在运水途中摔倒

[①] 这里的劳动法指有关劳动关系和劳动保护的法律。

受伤。B 是该企业的员工，与该企业有劳动关系，因此该企业应依法给予 B 工伤待遇。

2. 劳动合同与劳动关系

合同双方当事人的意思表示一致，意味着某种交易关系的建立。劳动合同即雇佣者和雇员之间就彼此的劳动关系达成一致意见。合同可以是书面的，也可以是口头的，甚至可以通过行为来达成。如果法律没有规定劳动合同的特别形式，只要能够证明双方之间就劳动关系达成合意并有实际用工发生，即存有劳动关系。当然，在各种形式的劳动合同中，书面合同是最清晰表明双方劳动关系的证据。口头的劳动合同和经由行为形成的劳动关系，则存在证明上的困难。

用人单位自用工之日起即与劳动者建立劳动关系。用工之日，指劳动者实际开始工作之日，如与合同签订之日不一致，应以用工之日为劳动关系开始之日。

3. 对劳动合同的书面形式要求

劳动合同是劳动者与用人单位确立劳动关系、明确双方权利和义务的协议。为了保护劳动者的权益，使其合法权益有据可依，并且发生争议时方便举证，无论《劳动法》还是《劳动合同法》都规定：建立劳动关系应当订立书面的劳动合同。

这里的书面合同要求并非是劳动关系建立的要件，立法本意是认为劳动保护非常重要，因此要规范劳动合同的形式和内容以便更好地保护劳动者。由此，不可认为如果没有书面合同的存在，就没有劳动关系。否则，那些没有与雇主签订劳动合同但事实上已经形成劳动关系的劳动者就得不到劳动法的保护。尤其是在小企业或个体企业里，一个普遍存在的事实是企业不与员工订立劳动合同，而且员工收入低下、劳动条件恶劣。如果这些员工因为书面合同的欠缺被排除在法律保护之外，实在有损公平。

最高法院规定：劳动者与用人单位之间没有订立书面劳动合同，但已形成劳动关系后发生的纠纷，属于劳动争议。

4. 企业不订立书面劳动合同的法律责任

（1）订立时限。用人单位应当在不晚于用工之日起 1 个月内完成书面合同的订立。《劳动合同法》规定："已建立劳动关系，未同时订立书面劳动合同的，应当自用工之日起一个月内订立书面劳动合同。"

（2）违反时限之法律责任。该法律责任区分不满 1 年和满 1 年两种情形：

① 用人单位自用工之日起超过 1 个月不满 1 年未与劳动者订立书面劳动合同的，应当向劳动者每月支付两倍的工资。用人单位向劳动者每月支付两倍工资的起算时间为用工之日起满 1 个月的次日，截止时间为补订书面劳动合同的前一日。

② 用人单位自用工之日起满 1 年不与劳动者订立书面劳动合同的，视为用人单位与劳动者已订立无固定期限劳动合同。

5. 员工拒签劳动合同之处理

签劳动合同是由用人单位发起的。如果用人单位是在上述法律规定的时限内书面通知员工签合同，而员工拒绝，则用人单位应当书面通知劳动者终止劳动关系，无需向劳动者支付经济补偿，但是应当依法向劳动者支付其实际工作时间的劳动报酬。如果是超过时限与员工签合同而员工拒绝，用人单位应当书面通知劳动者终止劳动关系，并依照劳动合同法的相关规定支付经济补偿。

例释 小刘到大星星公司工作第3个月，人力资源部通知他签劳动合同。小刘看到合同的日期是入职日，而不是签字那天，遂拒绝。公司以小刘拒签书面合同为由终止劳动关系。单位要求的是不真实的"倒签"，小刘有权拒绝，因此不构成法律所规定的单位可终止劳动关系的员工拒签情形。

6. 事实劳动关系的认定

招用劳动者未订立书面劳动合同，但同时具备下列情形的，劳动关系成立：

（1）用人单位和劳动者符合法律、法规规定的主体资格。

（2）用人单位依法制定的各项劳动规章制度适用于劳动者，劳动者受用人单位的劳动管理，从事用人单位安排的有报酬的劳动。

（3）劳动者提供的劳动是用人单位业务的组成部分。

认定双方存在劳动关系时可参照如下凭证：工资支付凭证或记录（职工工资发放花名册）、缴纳各项社会保险费的记录；用人单位向劳动者发放的"工作证""服务证"等能够证明身份的证件；劳动者填写的用人单位招工/招聘"登记表""报名表"等招用记录；考勤记录；其他劳动者的证言等。①

例释 小李在星光产业联盟秘书处工作两年。该秘书处设在太阳公司，工作人员的劳务费每月由太阳公司捐赠，通过银行转账。小李认为自己与太阳公司构成事实上的劳动关系，未获法院支持。法院认为：该联盟未经登记注册，与小李形成的是劳务关系而非劳动关系。太阳公司是该联盟的会员单位，虽然每月捐赠工资，但并非直接支付工资给小李，并且，小李的工作不是太阳公司的业务。②

二、用人单位招工时的义务

1. 如实告知义务

用人单位招用劳动者时，应当如实告知劳动者工作内容、工作条件、工作地点、职业危害、安全生产状况、劳动报酬，以及劳动者要求了解的其他情况。

当然，用人单位也有权了解劳动者与劳动合同直接相关的基本情况，劳动者应当如实说明。

2. 禁止扣押或要求担保之义务

用人单位招用劳动者，不得扣押劳动者的居民身份证和其他证件，不得要求劳动者提供担保或者以其他名义向劳动者收取财物。

用人单位违反法律，扣押劳动者居民身份证等证件的，由劳动行政部门责令限期退还劳动者本人，并依照有关法律规定给予处罚；以担保或者其他名义向劳动者收取财物的，由劳动行政部门责令限期退还劳动者本人，并处以罚款；给劳动者造成损害的，应当承担赔偿责任。

---

① 劳动部．关于确立劳动关系有关事项的通知，2005．
② 参见北京市第一中级人民法院（2010）一中民终字第16224号民事判决书。

三、劳动合同的条款

1. 订立劳动合同的原则

订立劳动合同，应当遵循合法、公平、平等自愿、协商一致、诚实信用的原则。依法订立的劳动合同具有约束力，用人单位与劳动者应当履行劳动合同约定的义务。

2. 劳动合同的必备条款

劳动合同应具备如下条款：用人单位的名称、住所和法定代表人或者主要负责人；劳动者的姓名、住址和居民身份证或者其他有效身份证件号码；劳动合同期限；工作内容和工作地点；工作时间和休息休假；劳动报酬；社会保险；劳动保护、劳动条件和职业危害防护；法律、法规规定应当纳入劳动合同的其他事项。

3. 劳动合同的任意约定条款

上述必备条款之外的事项，为任意约定事项，如试用期、培训、保守秘密、补充保险和福利待遇等事项，用人单位与劳动者可以约定。如果法律对该约定事项有禁止性、限制性或约束性规定的，应遵守之。

4. 培训条款

（1）约定服务期之条件。用人单位为劳动者提供专项培训费用，对其进行专业技术培训的，可以与该劳动者订立协议，约定服务期。

（2）违反服务期之责任。劳动者违反服务期约定的，应当按照约定向用人单位支付违约金。违约金的数额不得超过用人单位提供的培训费用。用人单位要求劳动者支付的违约金不得超过服务期尚未履行部分所应分摊的培训费用。

（3）培训费用之界定。培训费用，包括用人单位为了对劳动者进行专业技术培训而支付的有凭证的培训费用、培训期间的差旅费用以及因培训产生的用于该劳动者的其他直接费用。

（4）其他规定。用人单位与劳动者约定服务期的，不影响按照正常的工资调整机制提高劳动者在服务期期间的劳动报酬。

5. 保密及竞业限制条款

（1）竞业限制的内容。用人单位与劳动者可以在劳动合同中约定保守用人单位的商业秘密和与知识产权相关的保密事项。

对负有保密义务的劳动者，用人单位可以在劳动合同或者保密协议中与劳动者约定竞业限制条款，并约定在解除或者终止劳动合同后，在竞业限制期限内按月给予劳动者经济补偿。劳动者违反竞业限制约定的，应当按照约定向用人单位支付违约金。

竞业限制的范围、地域、期限由用人单位与劳动者约定，竞业限制的约定不得违反法律、法规的规定。

（2）竞业限制的对象。竞业限制的人员限于用人单位的高级管理人员、高级技术人员和其他负有保密义务的人员。

（3）竞业限制的期限。在解除或者终止劳动合同后，上述人员到与本单位生产或者经营同类产品、从事同类业务的有竞争关系的其他用人单位，或者自己开业生产或者经营同类产品、从事同类业务的竞业限制期限,不得超过两年。

6. 对违约金条款的限制

除培训和竞业限制情形外,用人单位不得与劳动者约定由劳动者承担违约金。

例释 小王在太阳公司工作,劳动合同规定:小王承诺在合同期内以及离职后三年内,不从事任何与太阳公司相竞争的业务。作为对价,离职时,公司将支付给他竞业禁止补贴5 000元。如小王违反,赔偿太阳公司50 000元。违法之处有:一是竞业禁止的时间超过了法律规定的两年上限,二是离职时已经支付的补贴是针对工作期间的竞业禁止给予的补偿,而非离职后应按月支付的补偿。

四、劳动合同无效的情形

1. 劳动合同无效的情形

以下劳动合同无效或部分无效:

(1) 以欺诈、胁迫的手段或者乘人之危,使对方在违背真实意思的情况下订立或者变更劳动合同的。

(2) 用人单位免除自己的法定责任、排除劳动者权利的。

(3) 违反法律、行政法规强制性规定的。

无效的劳动合同,从订立时起,就没有法律约束力。确认劳动合同部分无效的,如果不影响其余部分的效力,其余部分仍然有效。劳动合同的无效,由劳动争议仲裁机构或者法院确认。

2. 无效劳动合同之处理

劳动合同被确认无效,劳动者已付出劳动的,用人单位应当向劳动者支付劳动报酬。劳动报酬的数额,参照本单位相同或者相近岗位劳动者的劳动报酬确定。

劳动合同被确认无效,给对方造成损害的,有过错的一方应当承担赔偿责任。

例释 某人用假文凭骗取企业信任与之签订了劳动合同,属欺诈行为,劳动合同无效。某劳动合同规定企业不给劳动者办理法律规定的社会保险,该条款因违法而无效。小林入职时填表,表格的"婚姻状况"一栏填了"未婚"(她实际已婚)。后单位发现真相后,以小林"欺诈"辞退她。法院判决:小林所填信息虽然不实,但并非与劳动合同直接相关的情况。劳动者对于那些与工作无关且侵害个人隐私权的问题,有权拒绝说明。因此,小林不构成欺诈,单位辞退违法。

五、劳动合同的期限

1. 三种劳动合同

劳动合同,根据其期限之不同,可分为固定期限、无固定期限和以完成一定的工作为期限等三种情况。

(1) 固定期限劳动合同。是指用人单位与劳动者约定合同终止时间的劳动合同。

(2) 无固定期限劳动合同。是指用人单位与劳动者约定无确定终止时间的劳动合同。

（3）以完成一定工作任务为期限的劳动合同。是指用人单位与劳动者约定以某项工作的完成为合同期限的劳动合同。

以下需要作额外说明的是无固定期限的劳动合同。

2. 无固定期限劳动合同的订立

（1）协商订立。按照平等自愿、协商一致的原则，用人单位和劳动者只要达成一致，就可以签订无固定期限劳动合同。

（2）劳动者单方要求订立。有下列情形之一，劳动者提出或者同意续订、订立劳动合同的，除劳动者提出订立固定期限劳动合同外，应当订立无固定期限劳动合同：

① 劳动者在该用人单位连续工作满 10 年的。

② 用人单位初次实行劳动合同制度或者国有企业改制重新订立劳动合同时，劳动者在该用人单位连续工作满 10 年且距法定退休年龄不足 10 年的。

③ 连续订立两次固定期限劳动合同，且劳动者没有《劳动合同法》第 39 条和第 40 条第一项、第二项规定的情形，续订劳动合同的。①

另外，用人单位自用工之日起满 1 年不与劳动者订立书面劳动合同的，视为用人单位与劳动者已订立无固定期限劳动合同。

与以往规定相比，《劳动合同法》的相关规定有两个变化：

一是扩展了法律强制签订无固定期限合同的情形。以前只限于"连续工作满 10 年"这一种情形，现在则有四种情形。尤其要注意的是"连续订立两次固定期限合同"这一情形，其目的是促进劳动合同的长期化。

二是以劳动者单方提出为订立前提。以往，即使劳动者符合法定情形，有一个前提是当事人双方，即用人单位和劳动者都同意续延劳动合同，用人单位才有义务订立无固定期限劳动合同。而《劳动合同法》则将"当事人双方同意续延"这一前提条件去掉，只要符合法律规定的情形，劳动者单方提出，用人单位就应签订无固定期限劳动合同。

例释 小李在公司工作已满 10 年。合同期满后，公司拒绝续签合同，而小李则认为自己为公司工作已满 10 年，有权要求公司签订无固定期限的劳动合同。《劳动合同法》实施之前，小李的主张不能得到支持，因为其权利是在双方同意续签合同的前提下行使。而依《劳动合同法》，只要小李提出，公司无论是否想续延合同，都有义务签订无固定期限劳动合同。

3. 无固定期限劳动合同与固定期限劳动合同的区别

无固定期限劳动合同对劳动者更为有利。固定期限劳动合同规定了合同终止的时间。在合同到期终止时，用人单位可以拒绝续签合同，劳动者只能离开单位。而如果是无固定期限合同，则没有合同到期终止的情形。用人单位除非有法律规定的正当的解除合同的理由，否则不可擅自解除合同。

---

① 《劳动合同法》第 39 条和第 40 条规定了用人单位依法可以单方面解除合同的情形，见下文第七部分 3 和 4 的介绍。

4. 相关法律责任

用人单位应当与劳动者签订无固定期限劳动合同而未签订的,法院可以视为双方之间存在无固定期限劳动合同关系,并以原劳动合同确定双方的权利义务关系。

用人单位违反《劳动合同法》规定不与劳动者订立无固定期限劳动合同的,自应当订立无固定期限劳动合同之日起向劳动者每月支付两倍的工资。

六、试用期

1. 试用期属双方约定条款

试用期不是法律要求的劳动合同的必备条款。劳动者被用人单位录用后,双方可以在劳动合同中约定试用期,也可以不约定。

2. 国家法律对试用期之约定的限制

为了防止单位过长规定试用期并保护劳动者的权益,法律对试用期有限制性规定。

(1) 限制试用期长度。劳动合同期限3个月以上不满1年的,试用期不得超过1个月;劳动合同期限1年以上不满3年的,试用期不得超过两个月;3年以上固定期限和无固定期限的劳动合同,试用期不得超过6个月。

(2) 限制约定的次数。同一用人单位与同一劳动者只能约定一次试用期。

(3) 不可约定之情形。以完成一定工作任务为期限的劳动合同或者劳动合同期限不满3个月的,不得约定试用期。

(4) 试用期的依附性。试用期应包含在劳动合同期限内。劳动合同仅约定试用期的,试用期不成立,该期限为劳动合同期限。

(5) 试用期里的工资。劳动者在试用期的工资不得低于本单位相同岗位最低档工资或者劳动合同约定工资的80%,并不得低于用人单位所在地的最低工资标准。

3. 试用期内用人单位不可随意单方解除合同

试用期内,只有发生法律规定的情形,用人单位才可单方解除合同。该法定情形见下文第七部分中第3小部分的各项情形以及第4小部分中的前两项情形。

用人单位在试用期解除劳动合同的,应当向劳动者说明理由。

七、劳动合同的解除

1. 解除与终止

劳动合同在法律上的消亡有两种情形:解除和终止。劳动合同的终止,最常见的情形是合同到期终止,另外合同当事人退休或消亡也可导致合同终止。劳动合同的解除则为合同没有到期或尚未发生合同其他终止之情形,当事人一方或双方依法解除合同。

本部分和下一部分分别介绍劳动合同的解除与劳动合同的终止。

2. 协商解除劳动合同

经劳动合同当事人协商一致,劳动合同可以解除。如果是用人单位向劳动者提出的,用人单位应当向劳动者支付经济补偿。

3. 用人单位单方解除劳动合同（一）：不需提前 30 日通知并且不需给予补偿的情形

劳动者有下列情形之一的，用人单位可解除劳动合同，无须提前 30 日通知，并且不需给予补偿：

（1）在试用期间被证明不符合录用条件的。
（2）严重违反劳动纪律或者用人单位规章制度的。
（3）严重失职，营私舞弊，给用人单位造成重大损害的。
（4）劳动者同时与其他用人单位建立劳动关系，对完成本单位的工作任务造成严重影响，或者经用人单位提出，拒不改正的。
（5）劳动者以欺诈、胁迫的手段或者乘人之危，使用人单位在违背真实意思的情况下订立或者变更劳动合同的。
（6）被依法追究刑事责任的。

4. 用人单位单方解除劳动合同（二）：需提前 30 日通知且需给予补偿的情形

劳动者有下列情形的，用人单位提前 30 日以书面形式通知劳动者本人或者额外支付劳动者一个月工资后，可以解除劳动合同，但应依法给予劳动者以经济补偿：

（1）劳动者患病或者非因工负伤，在规定医疗期满后，不能从事原工作也不能从事由用人单位另行安排的工作的。
（2）劳动者不能胜任工作，经过培训或者调整工作岗位，仍不能胜任工作的。
（3）劳动合同订立时所依据的客观情况发生重大变化，致使原劳动合同无法履行，经当事人协商不能就变更劳动合同达成协议的。

5. 用人单位单方解除劳动合同（三）：裁员

（1）何为裁员。当用人单位因发生可裁员情形需裁减员工达到法定数量时，即裁减人员 20 人以上或者裁减不足 20 人但占企业职工总数 10%以上的，法律对之有特别的规定。虽然用人单位不需与被裁减员工逐一谈判，可单方决定，但要符合法律有关裁员的程序性规定和实体性规定的要求。

（2）可裁员的情形。企业有如下情形之一时可以裁员：
① 依照企业破产法规定进行重整的。
② 生产经营发生严重困难的。
③ 企业转产、重大技术革新或者经营方式调整，经变更劳动合同后，仍需裁减人员的。
④ 其他因劳动合同订立时所依据的客观经济情况发生重大变化，致使劳动合同无法履行的。

（3）裁员的程序。用人单位应提前 30 日向工会或者全体职工说明情况，听取工会或者职工的意见后，将裁减人员方案向劳动行政部门报告。

（4）优先留用人员。裁减人员时，应当优先留用下列人员：
① 与本单位订立较长期限的固定期限劳动合同的。
② 与本单位订立无固定期限劳动合同的。

③ 家庭无其他就业人员，有需要扶养的老人或者未成年人的。

另外，用人单位依法裁减人员后，在6个月内重新招用人员的，应当通知被裁减的人员，并在同等条件下优先招用被裁减的人员。

用人单位应当依照相关法律规定给予被裁的劳动者以经济补偿。

6. 用人单位单方解除劳动合同（四）：对用人单位单方解除劳动合同的限制

当劳动者有下列情形之一时，除非是发生上述的用人单位不需提前30日通知并且不需给予补偿的解除劳动合同的情形，否则用人单位不可单方解除劳动合同：

（1）从事接触职业病危害作业的劳动者未进行离岗前职业健康检查，或者疑似职业病病人在诊断或者医学观察期间的。

（2）患职业病或者因工负伤并被确认丧失或者部分丧失劳动能力的。

（3）患病或者非因工负伤，在规定的医疗期内的。

（4）女职工在孕期、产期、哺乳期内的。

（5）在本单位连续工作满15年，且距法定退休年龄不足5年的。

（6）法律、行政法规规定的其他情形。

7. 用人单位单方解除劳动合同（五）：工会的干预权

用人单位单方解除劳动合同，应当事先将理由通知工会。用人单位违反法律、行政法规规定或者劳动合同约定的，工会有权要求用人单位纠正。用人单位应当研究工会的意见，并将处理结果书面通知工会。

8. 劳动者单方解除合同

（1）劳动者的单方解约。劳动者有权单方解除劳动合同，但应提前30日以书面形式通知用人单位。如果劳动者在试用期内解除劳动合同，应提前3日通知用人单位。

（2）用人单位侵犯劳动者权益情形下的解约。用人单位有下列情形之一的，劳动者可以解除劳动合同：

① 未按照劳动合同约定提供劳动保护或者劳动条件的。

② 未及时足额支付劳动报酬的。

③ 未依法为劳动者缴纳社会保险费的。

④ 用人单位的规章制度违反法律、法规的规定，损害劳动者权益的。

⑤ 以欺诈、胁迫的手段或者乘人之危，使劳动者在违背真实意思的情况下订立或者变更劳动合同的。

⑥ 法律、行政法规规定劳动者可以解除劳动合同的其他情形。

用人单位以暴力、威胁或者非法限制人身自由的手段强迫劳动者劳动的，或者用人单位违章指挥、强令冒险作业危及劳动者人身安全的，劳动者可以立即解除劳动合同，不需事先告知用人单位。

当发生上述情形致使劳动者解除劳动合同的，用人单位应向劳动者支付经济补偿。

9. 经济补偿的标准

经济补偿按劳动者在用人单位工作的年限，每满1年支付1个月工资的标准向劳动者支付。6个月以上不满1年的，按1年计算；不满6个月的，向劳动者支付半个月工资的经济补偿。

劳动者月工资高于用人单位所在直辖市、设区的市级人民政府公布的本地区上年度职工月平均工资3倍的,向其支付经济补偿的标准按职工月平均工资3倍的数额支付,向其支付经济补偿的年限最高不超过12年。

月工资是指劳动者在劳动合同解除前12个月的平均工资。

10. 用人单位非法解除劳动合同的法律责任

用人单位违反法律规定解除劳动合同,劳动者要求继续履行劳动合同的,用人单位应当继续履行;劳动者不要求继续履行劳动合同或者劳动合同已经不能继续履行的,用人单位应当依照上述经济补偿标准的两倍向劳动者支付赔偿金。

八、劳动合同的终止

1. 劳动合同终止的法定情形

(1) 劳动合同期满的,或者,以完成一定工作任务为期限的合同之任务完成的。
(2) 劳动者开始依法享受基本养老保险待遇的,或者,达到法定退休年龄的。
(3) 劳动者死亡,或者,被人民法院宣告死亡或者宣告失踪的。
(4) 用人单位被依法宣告破产的。
(5) 用人单位被吊销营业执照、责令关闭、撤销或者用人单位决定提前解散的。
(6) 法律、行政法规规定的其他情形。

2. 劳动合同期满时的法定延续情形

劳动合同期满,如果有《劳动合同法》第42条规定情形之一的,劳动合同应当续延至相应的情形消失时终止。该条规定的是用人单位不可单方解除合同的情形,涉及职业病、工伤、妇女三期、临近退休等情形。详见第七部分中第6小部分的介绍。

但是,该条第二项规定的丧失或者部分丧失劳动能力劳动者的劳动合同的终止,按照国家有关工伤保险的规定执行。

3. 经济补偿和其他法律责任

如发生上述劳动合同终止的第(1)项情形,即合同到期,除用人单位维持或者提高劳动合同约定条件续订劳动合同,劳动者不同意续订的情形外,用人单位要给予劳动者经济补偿。而上述第(4)和第(5)项情形下发生的终止合同,用人单位也应给予劳动者经济补偿。

劳动合同终止时的经济补偿标准以及用人单位非法终止合同的法律责任,同于上述劳动合同解除部分中的相关规定(见第七部分第9和10小部分的叙述)。

九、集体合同

1. 什么是集体合同

集体合同是指企业职工一方与用人单位根据法律、法规、规章的规定,就劳动报酬、工作时间、休息休假、劳动安全卫生、保险福利等事项,通过平等的集体协商签订的书面协议。

另外,企业职工一方与用人单位可以订立劳动安全卫生、女职工权益保护、工资调整机制等专项集体合同。在县级以下区域内,建筑业、采矿业、餐饮服务业等行业可以由工会与企业方面代表订立行业性集体合同,或者订立区域性集体合同。

1994年的《劳动法》对集体合同形式予以认可,劳动部配套出台了规定详细的《集体合同规定》。①2007年出台的《劳动合同法》又对之进行了规定。

2. 集体合同订立的过程

（1）职工代表。集体合同由工会代表企业职工一方与用人单位订立；尚未建立工会的用人单位,由上级工会指导劳动者推举的代表与用人单位订立。

（2）讨论通过。集体合同草案应当提交职工代表大会或者全体职工讨论通过。

3. 集体合同的生效和效力

集体合同订立后,应当报送劳动行政部门；劳动行政部门自收到集体合同文本之日起15日内未提出异议的,集体合同即行生效。

依法订立的集体合同对用人单位和劳动者具有约束力。行业性、区域性集体合同对当地本行业、本区域的用人单位和劳动者具有约束力。

集体合同的条款不得违反法律法规的强制性规定。集体合同中劳动报酬和劳动条件等标准不得低于当地人民政府规定的最低标准；用人单位与劳动者订立的劳动合同中劳动报酬和劳动条件等标准不得低于集体合同规定的标准。

4. 代表仲裁和诉讼

用人单位违反集体合同,侵犯职工劳动权益的,工会可以依法要求用人单位承担责任；因履行集体合同发生争议,经协商解决不成的,工会可以依法申请仲裁、提起诉讼。

十、劳动规章制度的制定

除了劳动合同之外,劳动者还要遵守劳动规章制度的规定。劳动规章制度由用人单位制定、在用人单位内部适用于劳动者的规定。一方面,劳动规章制度是用人单位进行有效管理的重要工具；另一方面,如果劳动规章制度只体现用人单位单方面的意志,则有侵犯劳动者合法权益的危险。因此,法律对劳动规章制度的制定有限制性要求。

（1）依法订立。用人单位应当依法建立和完善劳动规章制度,保障劳动者享有劳动权利、履行劳动义务。

（2）民主协商。用人单位在制定、修改或者决定有关劳动报酬、工作时间、休息休假、劳动安全卫生、保险福利、职工培训、劳动纪律以及劳动定额管理等直接涉及劳动者切身利益的规章制度或者重大事项时,应当经职工代表大会或者全体职工讨论,提出方案和意见,与工会或者职工代表平等协商确定。

在规章制度和重大事项决定实施过程中,工会或者职工认为不适当的,有权向用人单位提出,通过协商予以修改完善。

---

① 旧的规定于1994年12月5日颁布。2003年12月30日,劳动部又颁布了新的规定,于2004年5月1日起实施。

（3）公示要求。用人单位应当将直接涉及劳动者切身利益的规章制度和重大事项决定公示，或者告知劳动者。

符合法律要求的劳动规章制度，对劳动者有法律效力，劳动者可依其享有权利，并承担义务。

第三节 对劳动者的保护

一、劳动者的平等权

1. 什么是平等权

劳动者的平等权指判断劳动者是否合格的依据应是其工作能力和工作条件是否符合职位的要求，而不可因其他因素对之有歧视。从法理上说，这些因素包括种族、性别、肤色、宗教、国籍、年龄等。身体残疾或健康问题如果不影响该职位的工作，也不应因此歧视劳动者。劳动者的平等权不仅适用于就业方面，也适用于就业后的职位和工作待遇。

2. 1994年《劳动法》的相关规定

《宪法》规定："中华人民共和国公民在法律面前一律平等。"这是劳动者享有平等权的宪法根据。

1994年《劳动法》相关的规定为：劳动者就业，不因民族、种族、性别、宗教信仰不同而受歧视。妇女享有与男子平等的就业权利。在录用职工时，除国家规定的不适合妇女的工种或者岗位外，[①]不得以性别为由拒绝录用妇女或者提高对妇女的录用标准。《劳动法》还规定：工资分配应当遵循按劳分配原则，实行同工同酬。

《劳动法》的规定并不完善，因为：一是主要规定了就业方面的平等权，至于就业后的平等权利，仅限于同工同酬；二是仅限于民族、种族、性别、宗教信仰四个方面。

3. 2007年《就业促进法》的相关规定

2007年8月30日，全国人大常委会通过《就业促进法》，其第三章对公平就业作了专章规定，在保护劳动者平等权方面较以往有所发展和进步。

第一，该法明确了政府在促进公平就业方面的责任。规定：各级人民政府创造公平就业的环境，消除就业歧视，制定政策并采取措施对就业困难人员给予扶持和援助。

第二，该法强调了用人单位不得实施就业歧视的义务。规定：用人单位招用人员、职业中介机构从事职业中介活动，应当向劳动者提供平等的就业机会和公平的就业条件，不得实施就业歧视。

第三，再次强调妇女享有与男子平等的劳动权利。除重申《劳动法》的相关规定外，还规定用人单位录用女职工，不得在劳动合同中规定限制女职工结婚、生育的内容。

第四，保护少数民族劳动者和残疾人的劳动权利。规定：各民族劳动者享有平等的

---

① 关于"国家规定的不适合妇女的工种或者岗位"，见：劳动部.女职工禁忌劳动范围的规定.

劳动权利。用人单位招用人员,应当依法对少数民族劳动者给予适当照顾。国家保障残疾人的劳动权利。各级人民政府应当对残疾人就业统筹规划,为残疾人创造就业条件。用人单位招用人员,不得歧视残疾人。

第五,对传染病病原携带者的公平就业权利作了规定。规定:用人单位招用人员,不得以是传染病病原携带者为由拒绝录用。但是,经医学鉴定传染病病原携带者在治愈前或者排除传染嫌疑前,不得从事法律、行政法规和国务院卫生行政部门规定禁止从事的易使传染病扩散的工作。

第六,对进城务工人员的公平就业权利作了规定。规定:农村劳动者进城就业享有与城镇劳动者平等的劳动权利,不得对农村劳动者进城就业设置歧视性限制。

专题案例 12-2 美国劳动者的平等权及其保护

在美国,对劳动者的平等权进行保护的最重要的一部法律是 1964 年的《民权法》(Civil Rights Act),其第七章规定了"平等雇佣机会"。依《民权法》,某些团体的人民受法律保护,禁止任何人因其团体的特性或特征而对他们进行歧视或骚扰。该法保护雇员免受因下列因素而产生的歧视:种族、性别、肤色、宗教和国家来源。

另外,1967 年的《雇佣年龄歧视法》(Age Discrimination in Employment Act)禁止对 40 岁以上的人进行歧视。1990 年的《残疾人法》(The Americans with Disability Act)则禁止对残疾人进行歧视。

被禁止的歧视有两种:一是不同的对待;二是不同的影响。前者指在给予的对待或待遇上有歧视,而后者指表面上的对待似乎是一视同仁,但实际上造成了歧视的效果。例如,某航空公司招收乘务人员,规定只招收女性,这是基于性别作出的不同的对待。再如,某公司招收保安,规定必须是 1.80 米以上。似乎这没什么,因为身高不在上述法律规定的范围内,是对所有人规定的一个统一的标准,但实际上因为亚裔族群身高普遍较矮,所以这个限定实际上造成了对他们就业机会的不利影响,故称为不同的影响。

当雇主面临歧视的指控时,其法定抗辩理由是"善意的职业资格"(Bona Fide Occupational Qualifications,BFOQ),即要证明自己规定上述有歧视性的限制条件动机是善意的,并且该限定是为了符合职位或工作的需要。

在美国,如果雇主被法院认定为进行非法歧视,赔偿数额很大,不仅包括雇员因歧视待遇受到的损失,还要支付雇员的诉讼支出,如律师费和诉讼费。1993 年,华盛顿州最高法院判决一个因其口音而被解雇的柬埔寨裔美国人获赔 38.9 万美元。如果雇员因歧视而未受雇、被解雇或未被提升,法院会相应责令雇主必须重新雇佣该员工、不得解雇该员工或者必须提升其职位。如果雇主进行歧视是恶意的并且性质严重,法院还会判决其支付惩罚性赔偿金。

保证员工在工作过程中不受其上司或同事的歧视也是雇主的一项责任。例如,性骚扰是经常发生在公司里的行为,是基于性别的歧视行为。如果公司没有相应的管理政策,在骚扰事件发生后对受害人的申诉没有进行积极的对应和干预,公司则要承担责任。如 350 名女职员集体起诉三菱美国公司。这些女职员长期受到上司或同事的性骚扰,但公司却不采取措施制止,最后三菱公司赔偿3 400万美元。

思考

对比中国和美国有关劳动者平等权的规定,分析所存在的差异。
(资料来源:作者自撰)

二、禁止录用童工

禁止用人单位招用未满16周岁的未成年人。用人单位非法招用童工的,由劳动行政部门责令改正,处以罚款;情节严重的,由工商行政管理部门吊销营业执照。

文艺、体育和特种工艺单位招用未满16周岁的未成年人,必须依照国家有关规定,履行审批手续,并保障其接受义务教育的权利。[①]

三、劳动者的工时制度

1. 工时制度

国家实行劳动者每日工作时间不超过8小时、平均每周工作时间不超过40小时的工时制度,也称标准工作时间。[②]

对实行计件工作的劳动者,用人单位应当根据上述的工时制度合理确定其劳动定额和计件报酬标准。

2. 休息时间

用人单位应当保证劳动者每周至少休息一日。所谓一日,是指24小时不间断的休息。

企业因生产特点不能实行上述工时制度和每周休息一日之规定的,如出租车司机、森林巡视员等,经劳动行政部门批准,可以实行其他工作和休息办法。

3. 法定节日

用人单位在法定节日期间应当依法安排劳动者休假。法定节日包括两种:一是全体公民放假的节日,包括元旦、春节、劳动节、国庆节、清明节、端午节和中秋节;二是部分公民放假的节日,包括妇女节、儿童节、青年节、建军节以及少数民族的节日。

属于全体公民放假的假日,如适逢周末,应补假;凡属于部分公民的假日,如适逢周末不补假。

4. 对加班时间的限制

用人单位不得非法延长劳动者的工作时间。

用人单位由于生产经营需要,经与工会和劳动者协商后可以延长工作时间,一般每日不得超过1小时;因特殊原因需要延长工作时间的,在保障劳动者身体健康的条件下延长工作时间每日不得超过3小时,但是每月不得超过36小时。

[①] 相关行政法规有:《禁止使用童工规定》《关于界定文艺工作者、运动员、艺徒概念的通知》《关于禁止使用童工的罚款标准》等。

[②] 《劳动法》规定的标准工作时间是每周44小时。国务院于1995年3月25日颁布修订后的《关于职工工作时间的规定》,将其改为每周40小时。

另外，用人单位应当严格执行劳动定额标准，不得强迫或者变相强迫劳动者加班。

5. 加班的报酬标准

即使加班安排符合法律规定，用人单位必须按照下列标准支付高于劳动者正常工作时间工资的工资报酬：

（1）安排劳动者延长工作时间的，支付不低于工资的150%的工资报酬。

（2）休息日安排劳动者工作又不能安排补休的，支付不低于工资的200%的工资报酬。

（3）法定休假日安排劳动者工作的，支付不低于工资的300%的工资报酬。

6. 带薪年休假

1994年的《劳动法》规定：国家实行带薪年休假制度。劳动者连续工作1年以上的，享受带薪年休假。具体办法由国务院规定。

2007年12月，国务院通过和颁布了《职工带薪年休假条例》，规定：机关、团体、企业、事业单位、民办非企业单位、有雇工的个体工商户等单位的职工连续工作1年以上的，享受带薪年休假。单位应当保证职工享受年休假。职工在年休假期间享受与正常工作期间相同的工资收入。

职工累计工作已满一年不满10年的，年休假5天；已满10年不满20年的，年休假10天；已满20年的，年休假15天。国家法定休假日、休息日不计入年休假的假期。

单位确因工作需要不能安排职工休年休假的，经职工本人同意，可以不安排职工休年休假。对职工应休未休假天数，单位应当按照该职工日工资收入的300%支付年休假工资报酬。

四、劳动者的工资

1. 工资分配原则

工资分配应当遵循按劳分配原则，实行同工同酬。

"同工同酬"指用人单位对于从事相同工作、付出等量劳动且取得相同劳绩的劳动者，应支付同等的劳动报酬。

用人单位根据本单位的生产经营特点和经济效益，依法自主确定本单位的工资分配方式和工资水平。

2. 最低工资标准

最低工资标准，是指劳动者在法定工作时间或依法签订的劳动合同约定的工作时间内提供了正常劳动的前提下，用人单位依法应支付的最低劳动报酬。

国家实行最低工资保障制度。用人单位支付劳动者的工资不得低于当地最低工资标准。省级劳动行政部门应将本地区最低工资标准方案报当地省级人民政府批准，并在批准后7日内在当地政府公报上和至少一种全地区性报纸上发布。发布后10日内省级劳动行政部门应将最低工资标准报劳动部。

确定和调整月最低工资标准，应参考当地就业者及其赡养人口的最低生活费用、城镇居民消费价格指数、职工个人缴纳的社会保险费和住房公积金、职工平均工资、经济发展水平、就业状况等因素。

例释 2005年,深圳特区内的最低工资标准为每月690元;2007年,调整为850元;2013年,1 600元;2018年,2 200元。2005年,广州市区为每月684元;2007年,调整为780元;2013年,1 550元;2018年,2 100元。2005年,北京为每月590元;2007年,调整为730元;2013年,1 400元;2018年,2 120元。

3. 工资的支付

(1) 支付货币。工资应当以货币形式支付给劳动者本人,排除了发放实物、发放有价证券等形式。

(2) 按月支付。即用人单位每月至少发放一次工资。实行月薪制的单位,工资必须每月发放,超过企业与职工约定或劳动合同规定的每月支付工资的时间发放工资即为不按月支付。实行小时工资制、日工资制、周工资制的单位工资也可以按日或按周发放,并且要足额发放。

(3) 不得克扣或者无故拖欠劳动者的工资。"克扣"是指用人单位对履行了劳动合同规定的义务和责任、保质保量完成生产工作任务的劳动者,不支付或未足额支付其工资。"无故拖欠"应理解为,用人单位无正当理由在规定时间内不支付劳动者工资。

劳动者在法定休假日、带薪休假日和婚丧假期间以及依法参加社会活动期间,用人单位应当依法支付工资。

4. 单位应给与劳动者的加付赔偿

用人单位支付工资报酬低于当地最低工资标准的,克扣或无故拖欠劳动者工资的,安排加班不支付加班费的,以及解除或者终止劳动合同时未依法向劳动者支付经济补偿的,由劳动行政部门责令限期支付劳动报酬、加班费或者经济补偿。逾期不支付的,劳动行政部门责令用人单位按应付金额50%以上100%以下的标准向劳动者加付赔偿金。

5. 支付令

用人单位拖欠或者未足额支付劳动报酬的,劳动者可以依法向当地人民法院申请支付令,法院应当依法发出支付令。

支付令是《民事诉讼法》规定的督促程序。债权人可依法请求法院向债务人发出支付令,督促其支付金钱或有价证券。债务人应当自收到支付令之日起15日内清偿债务,或者向法院提出书面异议。债务人在前款规定的期间不提出异议又不履行支付令的,债权人可以向法院申请执行。法院收到债务人提出的书面异议后,应当裁定终结督促程序,支付令自行失效,债权人可以起诉。

五、劳动安全卫生

1. 劳动安全卫生制度

劳动安全卫生制度是以保护劳动者的生命和身体健康为目的,主要包括安全生产责任制、安全教育制度、安全检查制度、伤亡事故和职业病调查处理制度等。用人单位必须建立、健全劳动安全卫生制度,严格执行国家劳动安全卫生规程和标准,对劳动者进行劳动安全卫生教育，防止劳动过程中的事故，减少职业危害。

2. 劳动安全卫生设施

劳动安全卫生设施，主要指安全技术方面的设施、劳动卫生方面的设施、生产性辅助设施（如女工卫生室、更衣室、饮水设施等）。

劳动安全卫生设施必须符合国家规定的标准。

新建、改建、扩建工程的劳动安全卫生设施必须与主体工程同时设计、同时施工、同时投入生产和使用。

3. 劳动安全卫生条件和劳动防护

用人单位必须为劳动者提供符合国家规定的劳动安全卫生条件和必要的劳动防护用品，对从事有职业危害作业的劳动者应当定期进行健康检查。

企业提供的劳动安全卫生条件，主要包括工作场所和生产设备。工作场所的光线应当充足，噪声、有毒有害气体和粉尘浓度不得超过国家规定的标准，建筑施工、易燃易爆和有毒有害等危险作业场所应当设置相应的防护设施、报警装置、通信装置、安全标志等。对危险性大的生产设备设施，如锅炉、压力容器、起重机械、电梯、企业内机动车辆、客运架空索道等，必须经过安全评价认可，取得劳动部门颁发的安全使用许可证后，方可投入运行。

企业提供的劳动防护用品，必须是经过政府劳动部门安全认证合格的劳动防护用品。

4. 对特种作业的规定

从事特种作业的劳动者必须经过专门培训并取得特种作业资格。

"特种作业"，指对操作者本人及他人和周围设施的安全有重大危害因素的作业，包括：电工作业、锅炉司炉、压力容器操作、起重机械作业、爆破作业、金属焊接（气割）作业、煤矿井下瓦斯检验、机动车辆驾驶、机动船舶驾驶及轮机操作、建筑登高架设作业等。

"特种作业资格"，指特种作业人员在独立上岗之前，必须进行安全技术培训，并经过安全技术理论考试和实际操作技能考核，考核成绩合格者由劳动部门和有关部门发给《特种作业人员操作证》，是国家职业资格证书的一种。

5. 对劳动安全卫生的监督检查

劳动者在劳动过程中必须严格遵守安全操作规程。劳动者对用人单位管理人员违章指挥、强令冒险作业，有权拒绝执行；对危害生命安全和身体健康的行为，有权提出批评、检举和控告。

国家建立伤亡事故和职业病统计报告和处理制度。县级以上各级人民政府劳动行政部门、有关部门和用人单位应当依法对劳动者在劳动过程中发生的伤亡事故和劳动者的职业病状况，进行统计、报告和处理。

6. 对女职工的特殊保护

（1）禁止安排禁忌范围之工作。用人单位应当遵守女职工禁忌从事的劳动范围的规定。用人单位应当将本单位属于女职工禁忌从事的劳动范围的岗位书面告知女职工。禁忌从事的劳动范围由国务院相关部门规定并调整。

（2）三期中的女职工的劳动关系维持。用人单位不得因女职工怀孕、生育、哺乳而降低其工资、予以辞退、与其解除劳动或者聘用合同。

（3）对怀孕女职工的保护。女职工在孕期不能适应原劳动的，用人单位应根据医疗机构的证明，予以减轻劳动量或者安排其他能够适应的劳动。对怀孕7个月以上的女职工，用人单位不得延长劳动时间或者安排夜班劳动，并应当在劳动时间内安排一定的休息时间。怀孕女职工在劳动时间内进行产前检查，所需时间计入劳动时间。

（4）对生育女职工的保护。女职工生育享受98天产假，其中产前可以休假15天；难产的，应增加产假15天；生育多胞胎的，每多生育1名婴儿，可增加产假15天。女职工怀孕未满4个月流产的，享受15天产假；怀孕满4个月流产的，享受42天产假。

女职工在产假期间享有的生育津贴及生育、流产的医疗费用，按相关法律法规之规定由生育保险基金支付。如未参加生育保险，由用人单位支付。

（5）对哺乳期女职工的保护。对哺乳未满1周岁婴儿的女职工，用人单位不得延长劳动时间或者安排夜班劳动。用人单位应当在每天的劳动时间内为哺乳期女职工安排1小时哺乳时间；女职工生育多胞胎的，每多哺乳1名婴儿每天增加1小时哺乳时间。

（6）相关设施的配置。女职工比较多的用人单位应当根据女职工的需要，建立女职工卫生室、孕妇休息室、哺乳室等设施，妥善解决女职工在生理卫生、哺乳方面的困难。

（7）预防和制止性骚扰。在劳动场所，用人单位应当预防和制止对女职工的性骚扰。

7. 对未成年工的特殊保护

（1）未成年工之定义。指年满16周岁未满18周岁的劳动者。

（2）特殊保护措施。所采之措施是针对未成年工处于生长发育期的特点，以及接受义务教育的需要。

（3）禁止安排禁忌范围之工作。有关未成年工不可从事的劳动或工作类型及范围，劳动行政部门有具体规定。

（4）定期健康检查。用人单位应当对未成年工定期进行健康检查。根据未成年工的健康检查结果安排其从事适合的劳动，对不能胜任原劳动岗位的，应根据医务部门的证明，予以减轻劳动量或安排其他劳动。

（5）登记制度。对未成年工的使用和特殊保护实行登记制度。

六、社会保险制度

1. 社会保险之构成

社会保险由基本养老保险、基本医疗保险、失业保险、工伤保险、生育保险五个部分构成，保障公民在年老、疾病、失业、工伤、生育等情况下依法从国家和社会获得物质帮助的权利。

2. 社会保险费之缴纳

养老、医疗和失业三个保险的保险费由单位和职工个人共同缴纳，工伤和生育保险的保险费则由单位缴纳，职工无须缴纳。

3. 社会保险基金之管理和运营

对上述各个社会保险险种，分别建立相应的社会保险基金。其中，基本养老保险基金逐步实行全国统筹，其他社会保险基金逐步实行省级统筹。各社会保险基金除基本医疗保险基金与生育保险基金合并建账及核算外，其他各项社会保险基金按照社会保险险种分别建账，分账核算，执行国家统一的会计制度。

另外，社会保险基金专款专用，任何组织和个人不得侵占或者挪用。在保证安全的前提下，按照国务院规定投资运营实现社会保险基金的保值增值。

4. 用人单位之法律责任

用人单位不办理社会保险登记的，由社会保险行政部门责令限期改正；逾期不改正的，对用人单位处应缴社会保险费数额1倍以上3倍以下的罚款，对其直接负责的主管人员和其他直接责任人员处500元以上3000以下的罚款。

用人单位未按时足额缴纳社会保险费的，由社会保险费征收机构责令限期缴纳或者补足，并自欠缴之日起，按日加收万分之五的滞纳金；逾期仍不缴纳的，由有关行政部门处欠缴数额1倍以上3倍以下的罚款。

例释 来自农村的小李被单位录用为"临时工"，未签劳动合同，单位也不给其缴纳社会保险金。其实，《劳动法》实施后，已没有了固定工与临时工之分，全面实行劳动合同制。劳动部指出：各类职工在用人单位享有的权利是平等的。[①] 2010年出台的《社会保险法》规定：进城务工的农村居民参加社会保险。因此，单位应与小李签合同并办理保险。

专题案例12-3　徐延格诉肯德基公司案

事实与争议

徐延格是从山东来北京打工的农民。1995年2月，他开始在北京肯德基公司从事搬运和理货工作，双方并无合同。2004年4月，公司人事部贴出通知，要求他和其他在仓储部门工作的员工与北京某劳动事务咨询公司（以下称"劳动公司"）签订劳动合同，该公司将为他们代发工资，上保险。公司声称：如果不签，则徐延格等人将被辞退。

徐延格签了该合同。2005年9月和10月间，徐出现了两次工作失误。第一次失误出现的当天，徐的工友请假，适逢领导检查，工作紧，而徐又重感冒，带病工作。第二次是国庆节那天。两天都是长时间工作，一次超过15小时，一次超过12小时。

2005年10月11日，肯德基公司通知他，他被"退回"给劳动公司。第二天，该

---

① 《劳动部办公厅对〈临时工等问题的请示〉的复函》（1996）.

劳动公司发给徐辞退通知书,但徐拒绝在该通知书上签字。该劳动公司则称,如不签字,10月份的当月工资不发。

2005年11月28日,徐延格申请仲裁,要求北京肯德基公司发放10月的工资,以及给付其11年工作的经济补偿金和补办应办的社会保险。

仲裁与诉讼

仲裁庭驳回了徐的请求。理由是:徐与劳动公司签订了劳动合同,因此与该劳动公司之间有劳动关系。另外,由于一些本来答应作证的工友迫于压力没有作证,仲裁庭没支持徐有关"劳动合同是肯德基以给上保险为诱惑,以辞退为威胁要我们签订的,应该是无效的"的主张。

徐延格不服裁决向法院起诉。一审法院认为徐与劳动公司之间的劳动合同确立了他们之间的劳动关系,而徐与肯德基公司之间不存在事实上的劳动关系。因此,驳回了徐的起诉。

徐继续上诉。

焦点问题分析

第一,徐延格与肯德基之间是否存在劳动关系?

某人与A公司签订劳动合同,但由A公司派遣到B公司工作。此种用工形式为劳务派遣。在法律上,该劳动者与派遣他的,即与之签合同的A公司之间形成劳动关系,但与其实际工作的B公司之间无劳动关系。因此如果发生劳动争议,该劳动者应起诉的是有劳动关系的A公司,而非B公司。这也是徐延格一审败诉的主要原因。

但应注意的是:2004年徐与劳动公司签订劳动合同之前的9年多时间里,徐并未签订任何劳动合同并一直在肯德基公司工作。至少在这9年多时间里,徐已与肯德基公司形成了事实上的劳动关系。徐提交的务工证、员工登记表、上岗证、考勤表、证人证言等证据可以被用以认定事实劳动关系。

第二,徐延格与劳动公司之间的合同是否有效?

如果2004年之后所签的劳动合同有效,则意味着徐与肯德基公司停止了以前的事实劳动关系,而与该劳动公司建立了新的劳动关系。如果发生劳动争议,徐应起诉该劳动公司。如果该劳动合同无效,则徐并没有与该劳动公司建立劳动关系,而徐又在肯德基公司工作,因此与肯德基公司之间仍存在事实劳动关系。

根据《劳动法》的规定,胁迫导致劳动合同无效。胁迫包括威胁和强迫形式。前者是以对民事主体重要的权力和利益未来的损害为要挟,而强迫则是对民事主体进行实际发生的身体强制等强迫行为。两种形式都是导致被胁迫人作出与其真实意思不符的意思表示。

工作机会对于劳动者至关重要,也是劳动者的重要权利。如果证实了肯德基公司的确有"不签合同则辞退"的言行,则应认定其进行了胁迫,该劳动合同无效。

另外,正规的劳务派遣是劳务派遣公司招工,再派遣给用工单位。但肯德基公司是在徐等人已经在本公司工作多年的情况下,将其转为派遣公司员工,意图很明显,即逃避其作为用人单位可能承担的法律义务和责任。

第三，徐延格可否获得经济补偿？

即使认定该劳动合同无效，而徐与肯德基公司之间有事实劳动关系，那么徐可否为其11年多工作得到补偿？肯德基公司称：徐违反操作规程，工作出现失误，造成公司损失。因此即使徐是肯德基的员工，也可因失误依法解除合同，并且不给予任何补偿。

"严重失职，营私舞弊，给用人单位造成重大损害的"是用人单位解除劳动关系的法定理由之一，并且依之解除不需向劳动者支付补偿。但徐的两次失误很难被认定为"严重"失职，并且后果也没造成"重大"损害。一次是少发了一些奶浆，第二天公司安排了补送；一次是多发了一些货，但对方收下了。另外，肯德基公司还可用的一个理由是"严重违反劳动纪律或者用人单位规章制度"。这个要先判断该纪律或规章制度的有效性，即是否经过民主程序制定并公示，并要分析两次失误是否是该纪律或制度所规定的严重违反行为。

还要注意的是，两次失误发生的当天，徐都是长时间加班。我国《劳动法》规定，对于加班，"一般每日不得超过一小时；因特殊原因需要延长工作时间的，在保障劳动者身体健康的条件下延长工作时间每日不得超过三小时"。很显然，肯德基公司两次安排的加班时间长度都违反了劳动法。劳动者在超负荷工作状态下发生失误，不应认定为其严重失职。

第四，可否以在辞退通知上签字作为发放最后一个月工资的条件？

劳动公司要求徐在辞退通知书上签字，不签则不发放最后一月的工资。工资，是劳动者付出劳动后应获得的报酬。只要劳动者完成了工作，就应发放。以不在辞退通知书签字而拒绝发放，是违法的拖欠工资行为，严重侵犯劳动者权益。如果是肯德基公司与徐之间有劳动关系，则肯德基公司应为该拖欠工资行为负法律责任。

结局：双方和解

2006年8月8日，在北京市农民工法律援助工作站的帮助下，徐与肯德基公司达成了和解。肯德基公司也宣布，以后该公司除特殊情况外，不再以劳动派遣形式录用新员工，录用的员工将直接与该公司建立劳动关系。另外，原配销中心的派遣员工转为直接聘用员工，并承认其以前在肯德基工作的年资。

《劳动合同法》对劳务派遣的规范

《劳动合同法》对劳务派遣做了规定，2012年修订时又作了完善。目前的规定主要有四个方面的内容：

一是规范劳务派遣单位的设立。必须依公司法设立，注册资本不得少于200万元，有与开展业务相适应的固定的经营场所和设施，有合法的劳务派遣管理制度。另外，还要向劳动行政部门依法申请行政许可。

二是限定劳务派遣的用工岗位范围和数量。劳务派遣用工是补充形式，只能在临时性、辅助性或者替代性的工作岗位上实施。临时性工作岗位是指存续时间不超过6个月的岗位；辅助性工作岗位是指为主营业务岗位提供服务的非主营业务岗位；替代性工作岗位是指用工单位的劳动者因脱产学习、休假等原因无法工作的一定期间内，可以由其他劳动者替代工作的岗位。用工单位应当严格控制劳务派遣用工数量，不得超过其用工总量的一定比例，具体比例由国务院劳动行政部门规定。

三是规定劳务派遣单位的义务。该单位应与劳动者签订两年以上的固定期限合同。被派遣劳动者在无工作期间，劳务派遣单位应当按照所在地人民政府规定的最低工资标准，向其按月支付报酬。劳务派遣单位与实际用工单位应签订劳务派遣协议，并将其内容告知被派遣劳动者。

四是规定实际用工单位的义务。用工单位应当履行如下义务：执行国家劳动标准，提供相应的劳动条件和劳动保护；告知被派遣劳动者的工作要求和劳动报酬；支付加班费、绩效奖金，提供与工作岗位相关的福利待遇；对在岗被派遣劳动者进行工作岗位所必需的培训；连续用工的，实行正常的工资调整机制。

另外，被派遣劳动者享有与用工单位的劳动者同工同酬的权利。用工单位无同类岗位劳动者的，参照用工单位所在地相同或者相近岗位劳动者的劳动报酬确定。

（编写参考：农民工面对肯德基公司的艰难维权．载于：佟丽华．谁夺了他们的权利——中国农民工维权案例精析[M]．北京：法律出版社，2006．）

第四节 劳动争议的解决

一、劳动争议的范围

1. 定性为劳动争议的法律意义

当劳动者与用人单位之间的争议发生时，如果定性为劳动争议，则依劳动法律法规规定的处理方式解决，并且双方的权利义务依据劳动法律法规衡量。如果不属劳动争议，则依其他相关法律法规处理。

例释 公司欠小李 10 万元。如果属于借款性质的非劳动争议，小李只能根据借款合同要求公司归还本金和利息。如果属于公司欠小李的工资，则小李除要求补发外，还可请求劳动行政部门责令公司限期支付。如果逾期不支付，还可要求 50%～100% 的加付赔偿。

2. 何为劳动争议

分析是否为劳动争议要把握两点：一是因劳动合同和劳动关系发生的争议；二是因法律规定的劳动权利被侵犯而发生的争议。一般包括：

（1）因确认劳动关系发生的争议。

（2）因订立、履行、变更、解除和终止劳动合同发生的争议。

（3）因除名、辞退和辞职、离职发生的争议。

（4）因工作时间、休息休假、社会保险、福利、培训以及劳动保护发生的争议。

（5）因劳动报酬、工伤医疗费、经济补偿或者赔偿金等发生的争议。

（6）法律、法规规定的其他劳动争议。

例释 小李因公司领导说他工作态度不好而与公司发生争议，不属劳动争议；小李因公司不发加班费与公司发生争议，属劳动争议；小李因迟到被公司批评而发生争议，不属于劳动争议；小李因不满公司的工资调整与公司发生争议，属劳动争议。

二、劳动争议的解决方式

1. 基本原则

解决劳动争议，应当根据事实，遵循合法、公正、及时、着重调解的原则，依法保护当事人的合法权益。

2. 解决方式

（1）协商。发生劳动争议，劳动者可以与用人单位协商，也可以请工会或者第三方共同与用人单位协商，达成和解协议。

（2）调解。发生劳动争议，当事人不愿协商、协商不成或者达成和解协议后不履行的，可以向调解组织申请调解。

（3）仲裁。不愿调解、调解不成或者达成调解协议后不履行的，可以向劳动争议仲裁委员会申请仲裁。

（4）诉讼。对仲裁裁决不服的，除法律另有规定的外，可以向法院提起诉讼。

由此可见，解决方式有四种：协商、调解、仲裁、诉讼。协商和调解属当事人自愿采用的方式，而仲裁和诉讼则为法定的解决方式。以下重点介绍仲裁和诉讼。

3. 先裁后审

一般来说，劳动争议要先仲裁，后审理，此为"先裁后审"原则。

与一般的民商事仲裁不同的是，除例外情况下的终局裁决外，劳动争议的仲裁裁决不是一裁终局的，当事人不服可以向法院起诉。

另外，最高法院规定了可不仲裁而直接起诉的情形：

（1）劳动者以用人单位的工资欠条为证据直接向法院起诉，诉讼请求不涉及劳动关系其他争议的，视为拖欠劳动报酬争议，按照普通民事纠纷受理。

（2）当事人在劳动争议调解委员会主持下仅就劳动报酬争议达成调解协议，用人单位不履行调解协议确定的给付义务，劳动者直接向法院起诉的，法院可以按照普通民事纠纷受理。

（3）依法申请支付令被法院裁定终结督促程序后，劳动者依据调解协议直接向法院提起诉讼的，法院应予受理。

三、仲裁

1. 劳动争议仲裁委员会

（1）设立。劳动争议仲裁委员会不按行政区划层层设立，而是按照统筹规划、合理布局和适应实际需要的原则设立。国务院劳动行政部门依法制定仲裁规则。省、自治区、直辖市人民政府劳动行政部门对本行政区域的劳动争议仲裁工作进行指导。

（2）组成。劳动争议仲裁委员会由劳动行政部门代表、工会代表和企业方面代表组成。劳动争议仲裁委员会组成人员应当是单数。

（3）职责。劳动争议仲裁委员会依法履行下列职责：聘任、解聘专职或者兼职仲裁员；受理劳动争议案件；讨论重大或者疑难的劳动争议案件；对仲裁活动进行监督。

2. 仲裁员

劳动争议仲裁委员会应当设仲裁员名册。仲裁员应当公道正派并符合下列条件之一：

（1）曾任审判员的。

（2）从事法律研究、教学工作并具有中级以上职称的。

（3）具有法律知识、从事人力资源管理或者工会等专业工作满 5 年的。

（4）律师执业满 3 年的。

3. 仲裁的管辖

劳动争议由劳动合同履行地或者用人单位所在地的劳动争议仲裁委员会管辖。双方当事人分别向劳动合同履行地和用人单位所在地的劳动争议仲裁委员会申请仲裁的，由劳动合同履行地的劳动争议仲裁委员会管辖。

4. 仲裁时效

（1）时效期间。劳动争议申请仲裁的时效期间为 1 年。仲裁时效期间从当事人知道或者应当知道其权利被侵害之日起计算。

1994 年的《劳动法》规定的是"60 日"。该时间太短，不利于保护劳动者的权益。因为一旦劳动者错过该时效，则仲裁申请会被驳回。即使起诉，法院也会驳回。2007 年通过的《劳动争议调解仲裁法》把"60 日"的时效延长为 1 年。

（2）时效中断。仲裁时效，因当事人一方向对方当事人主张权利，或者向有关部门请求权利救济，或者对方当事人同意履行义务而中断。从中断时起，仲裁时效期间重新计算。

（3）时效中止。因不可抗力或者有其他正当理由，当事人不能在上述的仲裁时效期间申请仲裁的，仲裁时效中止。从中止时效的原因消除之日起，仲裁时效期间继续计算。

（4）例外规定。劳动关系存续期间因拖欠劳动报酬发生争议的，劳动者申请仲裁不受上述的仲裁时效期间的限制；但是，劳动关系终止的，应当自劳动关系终止之日起 1 年内提出。

例释　2008 年 5 月 1 日，小李被公司解雇。小李申请仲裁的时效应从该年 5 月 1 日起算一年。该年 6 月 1 日，小李向公司发信要求恢复劳动合同（向对方主张权利），则时效发生中断，仲裁时效从 6 月 1 日起重新计算到次年的 6 月 1 日。8 月 1 日，小李重病住院治疗，到 10 月 1 日才康复出院。则 8 月 1 日至 10 月 1 日之间发生时效中止，时效从 10 月 1 日起继续计算，至次年的 8 月 1 日。

5. 仲裁的程序

（1）申请。申请人申请仲裁应当提交书面仲裁申请，并按照被申请人人数提交副本。申请书应当载明争议双方当事人的信息、仲裁请求以及依据的事实和理由、证据和证据来源、证人姓名和住所。

（2）受理。劳动争议仲裁委员会收到仲裁申请之日起5日内，认为符合受理条件的，应当受理，并通知申请人；认为不符合受理条件的，应当书面通知申请人不予受理，并说明理由。对劳动争议仲裁委员会不予受理或者逾期未作出决定的，申请人可以就该劳动争议事项向人民法院提起诉讼。

（3）答辩。劳动争议仲裁委员会受理仲裁申请后，应当在5日内将仲裁申请书副本送达被申请人。被申请人应当自收到申请书副本之日起10日内提交答辩书和有关证据。劳动争议仲裁委员会收到答辩书后，应当在5日内将答辩书副本送达申请人。被申请人未提交答辩书的，不影响仲裁程序的进行。

（4）开庭。劳动争议仲裁委员会裁决劳动争议案件实行仲裁庭制。仲裁庭由3名仲裁员组成，设首席仲裁员。简单劳动争议案件可以由一名仲裁员独任仲裁。

仲裁庭应当在开庭5日前，将开庭日期、地点书面通知双方当事人。

当事人在仲裁过程中有权进行质证和辩论。质证和辩论终结时，首席仲裁员或者独任仲裁员应当征询当事人的最后意见。

（5）调解。仲裁庭在作出裁决前，应当先行调解。调解达成协议的，仲裁庭应当制作调解书。调解书经双方当事人签收后，发生法律效力。

（6）裁决。调解不成或者调解书送达前，一方当事人反悔的，仲裁庭应当及时作出裁决。仲裁庭裁决劳动争议案件，应当自劳动争议仲裁委员会受理仲裁申请之日起45日内结束。案情复杂需要延期的，经劳动争议仲裁委员会主任批准，可以延期并书面通知当事人，但是延长期限不得超过15日。逾期未作出仲裁裁决的，当事人可以就该劳动争议事项向法院提起诉讼。

6. 申请回避

仲裁员有下列情形之一的应回避，当事人也有权提出回避申请：

（1）是本案当事人或者当事人、代理人近亲属的。

（2）与本案有利害关系的。

（3）与本案当事人、代理人有其他关系，可能影响公正裁决的。

（4）私自会见当事人、代理人，或者接受当事人、代理人的请客送礼的。

仲裁委员会对回避申请应当及时作出决定，以口头或者书面方式通知当事人。

7. 仲裁裁决的效力

分两种情况：一是终局裁决，为特殊情形，旨在快速解决争议；二是非终局裁决，为一般情形。

（1）终局裁决。下列劳动争议，除非法律另有规定，仲裁裁决为终局裁决，裁决书自作出之日起发生法律效力：

① 追索劳动报酬、工伤医疗费、经济补偿或者赔偿金，不超过当地月最低工资标准12个月金额的争议。

② 因执行国家的劳动标准在工作时间、休息休假、社会保险等方面发生的争议。

对于终局裁决，劳动者不服仍可到法院起诉。但用人单位即使不服也不能立即起诉，如果有证据证明下列情形,可向法院申请撤销该裁决。裁决被撤销后方可起诉。
① 适用法律、法规确有错误的。
② 劳动争议仲裁委员会无管辖权的。
③ 违反法定程序的。
④ 裁决所根据的证据是伪造的。
⑤ 对方当事人隐瞒了足以影响公正裁决的证据的;仲裁员在仲裁该案时有索贿受贿、徇私舞弊、枉法裁决行为的。

（2）非终局裁决。上述终局裁决之情形之外的其他劳动争议,其仲裁裁决为非终局性,当事人不服即可向法院起诉。

（3）裁决的执行。当事人对发生法律效力的调解书、裁决书,应当依照规定的期限履行。一方当事人逾期不履行的,另一方当事人可以依照民事诉讼法的有关规定向法院申请执行。受理申请的法院应当依法执行。

四、诉讼

1. 起诉的时效

用人单位对上述终局裁决有法定理由可申请法院撤销的,自收到仲裁裁决书之日起30日内向劳动争议仲裁委员会所在地的中级人民法院申请撤销该裁决。如果仲裁裁决被法院裁定撤销,当事人可以自收到裁定书之日起15日内就该劳动争议事项向法院提起诉讼。

对于非终局裁决,当事人自收到仲裁裁决书之日起15日内向法院提起诉讼;期满不起诉的,裁决书发生法律效力。

2. 管辖

劳动争议案件由用人单位所在地或者劳动合同履行地的基层法院管辖。劳动合同履行地不明确的,由用人单位所在地的基层法院管辖。

当事人双方就同一仲裁裁决分别向有管辖权的法院起诉的,后受理的法院应当将案件移送给先受理的法院。

3. 举证责任

谁主张,谁举证是一般原则,但是,因用人单位作出的开除、除名、辞退、解除劳动合同、减少劳动报酬、计算劳动者工作年限等决定而发生的劳动争议,用人单位负举证责任。劳动者主张加班费的,应当就加班事实的存在承担举证责任。但劳动者有证据证明用人单位掌握加班事实存在的证据,用人单位不提供的,由用人单位承担不利后果。

4. 诉讼的终审

适用《民事诉讼法》规定的两审终审制度。当事人对一审判决不服的,可以上诉。除发回重审的裁定外,第二审法院的判决、裁定,是终审的判决、裁定。相关规定见本教材第十四章第一节之规定。

法规指引

- 国家法律：《劳动法》《劳动合同法》《就业促进法》《劳动争议调解仲裁法》《社会保险法》
- 行政法规：《职工带薪年休假条例》《劳动合同法实施条例》《女职工劳动保护特别规定》
- 司法解释：《关于审理劳动争议案件适用法律若干问题的解释》
- 部门规章：《关于〈中华人民共和国劳动法〉若干条文的说明》《集体合同规定》《最低工资规定》《未成年工特殊保护规定》

拓展与思考

1. 推荐阅读

在我国，农民工是劳动者群体中的弱者。推荐阅读：佟丽华. 谁动了他们的权利？——中国农民工权益保护研究报告（二）[M]. 北京：法律出版社，2010.

2. 问题解决

小李的公司拖欠了其数月的工资和加班费。小李向你询问在法律上该通过什么途径或方法来保护他的权益。你会给他哪些建议呢？

3. 制度变革

《劳动争议调解仲裁法》虽然对 1994 年《劳动法》中有关劳动争议解决的相关规定作了修改完善，但并没有触动"先裁后审"这一根本原则。民事诉讼，一般为两审终审，而权益相对要受到更多保护的劳动者，则一般要经历先仲裁、再两审的三次审理。重新阅读教材中的有关内容，思考一下：我国目前的劳动争议仲裁制度和先裁后审的规定是否有利于保护劳动者的权益？如需修改，应怎样修改？

4. 观点争鸣

经济学家张五常批评《劳动合同法》。他举了美国大学的终生雇用合约的例子，指出该种合约的目的本来是"维护思想自由"，结果是"维护懒人"。他指出："如果要增加自力更生的机会，正确的做法是清楚界定资产权利之后，我们要让市场有合约选择的自由。在雇用合约那方面，雇主要怎样选，劳工要怎样选，你情我愿，应该自由，政府干预一般是事与愿违的。"法律学者董保华也表达了类似的观点："《劳动合同法》是一部设立了虚高标准的法，它想保护的人最需要解决的是找饭碗、保饭碗的问题，而这部法要求用人单位签订无固定期合同、合同到期终止要支付经济补偿金的条款，只会让他们失去饭碗，成为一部不成功的法律的牺牲品。"

全国人大法工委副主任张世诚则不同意上述说法，他认为：《劳动合同法》的实施，只有违法企业的用工成本将大幅度提高，对合法企业的用工成本影响不大。湖南大学法学院教授王全兴指出，不可以将无固定期限劳动合同误读为铁饭碗，符合法律规定的条件,也可解除,甚至可以裁员。①

可分以下立场进行辩论:

正方:《劳动合同法》有利于我国社会经济发展;

反方:《劳动合同法》不利于我国社会经济发展。

5. 法官判案

如果你是处理以下争议的仲裁员或法官,会如何裁决或判决呢?

(1) 小张在一家餐馆打工,餐馆老板未与小张签订劳动合同。老板要求小张每周工作 7 天,每天工作 6 小时。小张认为自己每个星期应当休息一天,但老板说:《劳动法》规定你们每天应当工作 8 小时,每周应当工作 44 个小时,而你每天就工作 6 小时,一个星期才工作 42 小时,你还欠我两个小时呢。小张说要去仲裁,老板说:我是个体户,又不是企业,而且我们又没有什么合同,劳动仲裁部门不会受理你的申诉的。

(2) 小王应聘到某公司工作,合同期两年,试用期 3 个月。小王在试用期内工作犯错。公司对其进行批评后决定延长试用期 3 个月,以作进一步的考核。

6. 网络搜索

搜索关键词——"华为辞职门"。

《劳动合同法》实施前,不少企业风雨欲来,抢先应对。华为公司数千名工作满 8 年的员工,在公司安排下自愿请辞。不少大企业也有类似做法。《劳动合同法》的哪些规定影响了华为作此安排?华为是否过度解读了相关规定?华为的规避做法是否违法或应受谴责?《劳动合同法》是否对劳动者保护过度以至于影响了企业的经营效率?

---

① 张五常. 新劳动法的困扰[EB/OL]. http://blog.sina.com.cn/zhangwuchang;董保华观点引自:刘涛,王琦. 劳动合同法:激辩与冲击[J]. 中国企业家. 2008(2);张士诚和王全兴观点引自《检察日报》赵衡的报道. 2008-02-03.

第十三章 竞争法

❖ **本章学习要点**
- ✧ 垄断与不正当竞争
- ✧ 支持与反对反垄断的理由
- ✧ 我国有关反垄断的法律规定
- ✧ 我国有关反不正当竞争的法律规定

第一节 竞争法概述

一、竞争的作用

竞争是市场经济的本质特点。在资源稀缺的社会,"自利"的人们为使自己的利益达到最大化彼此之间展开竞争。就像一场赛跑一样,跑在最前面的人拿金牌,第二名拿银牌,最后一名收获最小。每个人的表现不同,市场的回报也不同。竞争刺激了市场主体最大潜能的发挥,使得资源流向最能发挥其效用的人那里,从而使资源配置达到最佳,效率最大化。

市场经济所需要的是自由和公平的竞争。"自由",意味每个人能充分发挥能力,不受不正当的束缚。"公平",意味着机会的公平,即每个人都有公平的机会各展所长。自由和公平是竞争发挥作用的前提。以赛跑为例,所有竞争者要在同一起跑线上,此为公平。赛跑时每个人都有充分的空间和机会来尽量展示自己,此为自由。如果有意将某一个选手的起跑位置安排靠前,或者故意限制某些选手的发挥,竞赛怎能遴选出最优秀者呢?在封建社会,身份决定权力和权利的分配,自由受到遏制,资源依权力分配,民众无公平机会,竞争无从谈起。当社会发展破除了身份的限制,走向平等交往的契约社会或市民社会后,每个人法律地位平等,有公平的机会展开竞争,每个人能力的发挥决定了资源的流向和分配。因此,自由和平等是竞争的前提,而竞争要发挥其促进经济效率的作用,必须保证其自由和公平的特性。

二、完全竞争与市场失灵

1. 完全竞争模型

经济学家假设了完全竞争的情形来说明竞争对效率的影响。完全竞争是一种竞争达到饱和状态的理想状况。仍以赛跑为例,开始的时候可能选手之间的差距很大。但随着竞争的激烈，选手之间的差距越来越小，有的时候第一名和第二名只差 0.01 秒。可以想象，当竞争再进一步激烈时，可能选手会同时撞线。而且，一开始成绩好的可能只有一个两个，之后可能出现百花齐放之势。这个时候竞争就达到了饱和状态。

当市场达到完全竞争时，市场里的竞争主体是多元的，数量很多。每个主体对所产出的产品的价格没有影响，因为竞争者的力量因为竞争的饱和而势均力敌，彼此制约。如果哪一个企业不愿接受市场价格，其市场机会会迅速被其他企业消化。完全竞争的状态并非一片平静，而是动态演进的平衡。总有企业想努力胜出，例如把产品制造得更好一些或更便宜一些。当一出现微弱的优势时，其他企业就会赶上，竞争再次达到饱和。就像赛跑中某一个选手创造了一次新的纪录，这个记录就会被其他选手盯紧，力求赶上并刷新。

既然完全竞争状态下没有一个生产者能对市场价格施加影响，生产者是根据市场需求变化来调整生产，所生产的产品也完全被市场消费，没有任何浪费。这样的市场可以自我维持和自我调整，没有任何政府或者外部力量介入的必要。总而言之，这是一种社会资源可以得到最有效利用的状态。不仅社会的产出达到最有效率的状态，消费者的福利也达到了最大化，由于完全竞争，消费者以最低的价格获得了最好的产品。

2. 市场失灵

完全竞争是学者假设的、用来说明竞争的好处的理想模型。要达到这种状态，必须满足一些假设的前提条件，主要有：信息是充分的、价格是给定的、产品是同质的、市场自由进出入、竞争是公平的。

但现实的市场并非如此，信息往往不完全和不对称，由于信息缺乏或者不真实，市场主体做出了错误的判断。"价格是给定的"意味着没有哪个企业能影响价格，而现实是某个企业在竞争中胜出后，其优势并不会被其他企业迅速化解，而是能保持其垄断优势并影响价格以获得超额利润。"产品同质"指相互竞争的产品彼此不具差异性。现实是企业总是创新使得自己的产品与其他企业的产品差异化，赢得竞争优势或者使自己的产品显得很独特，从而可以自己来影响价格，并且可以利用国家保护知识产权的法律或自己保密来强化这种优势。"市场自由进出入"指企业进出市场没有障碍。当某一个企业获得超额利润时，就会有其他企业进入该市场，从而化解其优势。而在竞争中被淘汰的企业也能随时退出所在的市场，资源被竞争对手消化或者转向其他市场，从而优化资源配置。但现实往往是某一个企业可以利用其垄断优势制造进入市场的障碍，例如打击新进入者，或者抬高市场进入的资本或技术门槛；退出市场也有沉没成本等障碍。"竞争是公平的"意味着每个企业在同一起跑线上竞争，竞争的重心是改进产品和降低价格。但现实是，企业往往通过不正当的手段来进行不公平的竞争，例如，官商勾结以获得经营的便利和特权，采用欺骗、窃密等不正当手段等。

现实情况往往偏离完全竞争的基本假定。对完全竞争的偏离被称为市场失灵。市场失灵理论为政府干预经济提供了经济学理由。

三、竞争的失灵（一）：垄断

市场失灵时，竞争也失灵，即不能发挥其应发挥的作用。竞争失灵可以分为两类情况：垄断和不正当竞争行为。本部分和下一部分分而述之。

1. 什么是垄断

在完全竞争状态下，任何企业都不能影响价格，价格由市场的供求关系决定。而在现实中，企业可以获得一定的优势地位和力量从而可以影响价格。因此垄断可以被概称为影响价格的优势或影响价格的市场力量。

2. 市场垄断与行政垄断

根据垄断力量的获得途径可分为市场垄断和行政垄断。前者又称经济性垄断，即垄断力量的获得是市场竞争的结果。后者则是指垄断的形成来源于政府力量的支持。

行政垄断的获得可以是合法的，即法律赋予某企业以垄断权，如特许某企业垄断经营某个行业以及给予企业专利，这是合法的垄断，也称法定垄断。行政垄断也可能是通过非法途径获得，例如贿赂政府官员获得政府力量的支持。

市场经济越成熟，法治越完善，行政垄断的情况就越少。因此在西方发达国家，反垄断的重点是市场垄断。而在从计划经济向市场经济过渡的转轨国家里，行政垄断是反垄断的重点。

3. 结构主义与行为主义

对垄断可从静态与动态两个角度观察。静态的观察是看企业是否具有垄断地位。企业本身的规模和市场占有率是衡量的标准。动态的观察是看企业是否有限制竞争的行为。由此，垄断可从两方面分析：一是垄断地位；二是垄断性行为或限制性竞争行为。

判断垄断地位的标准是分析企业的规模。企业的规模往往是通过市场占有率来衡量的，市场占有率越高和集中度越高，企业的垄断地位越突出。美国等西方国家20世纪70年代以前侧重于对企业规模和市场集中度的控制，当市场集中度达到一定程度时，政府进行反垄断以削减企业的垄断力量。这种以企业规模作为判断是否进行反垄断标准的做法被称为结构主义（哈佛学派）。

与结构主义相对应的是行为主义（芝加哥学派），即认为企业的"大"本身并非不好，企业规模与经济效率受损之间没有必然联系，反垄断时要看企业的行为是否实际上对经济效率造成影响。由此反垄断的重点转向对垄断行为及其效果的判断，在20世纪80年代以后取代了结构主义成为影响各国反垄断立法的主流思想。

4. 垄断行为的分类

（1）企业规模的扩大。企业规模的扩大包括企业自身的成长以及企业之间的兼并、合并、收购等行为。以上行为导致市场的集中，所以也可称为市场力量集中或经营者集中（concentration）或者垄断化（monopolization）。

传统理论认为，市场的集中度越高，企业的垄断力量就越强，获得垄断利润的可能性就越大。但是，现代观点认为市场集中度虽然可以增加企业的市场份额，但企业并不一定就会做出影响价格的行为。当价格被提高时，超额利润会吸引其他企业进入该市场，从而将价格拉低。因此，要分析是否存在足够高的进入壁垒可以使企业毫无顾忌地影响价格。另外，市场集中有规模经济的效果，这可以促进效率。

（2）横向合作限制竞争。即通常所说的卡特尔，指有竞争关系的企业通过协议、合作或者共同行动来限制彼此的竞争,从而增加了对市场的控制力量。协调主要有价格协调,如联合定价和划分市场,也有非价格协调,如协调行业标准、联合研发等。卡特尔成员本来互相竞争,但现在却联合一致,反竞争的意图明显,是反垄断的重点。

在卡特尔行为中,也有存在合理性的情形,例如企业联合开发研究、中小企业联合对抗大企业、出口企业的联合等。

(3) 纵向的限制竞争行为。发生在上下游企业之间,如纵向一体化和纵向约束等。

纵向一体化是上下游企业之间的兼并或收购,如汽车制造公司收购汽车维修公司。纵向约束则有纵向价格约束和纵向非价格约束两种。价格约束是生产商对经销商的销售价格进行约束,可以约束最高价格,也可以约束最低价格。非价格约束的典型例子是生产商划分经销商的销售区域或顾客群。

在纵向限制中,有自愿的合作行为,即纵向的协议或者做法;也有非自愿的单方行为,即优势企业利用优势地位向其交易对手强行施加交易条件。

绝大多数纵向限制涉及一方有垄断力量的企业,有排除竞争对手、维持和加强垄断力量的可能。但纵向限制也有其合理性存在,有减少交易成本、稳定供销渠道、扩大产出的效果。纵向的最高价格约束可以制止经销商任意抬高价格,从而避免影响产量。纵向最低价格限制和非价格限制可以制止经销商之间的"搭便车"。

(4) 排除竞争对手的行为。排除竞争对手的行为指优势企业利用其优势地位或垄断力量来打击、消灭竞争对手或阻止新竞争者的竞争,如掠夺性定价和搭售。

掠夺性定价(predatory pricing),又称倾销,是企业降低价格旨在将竞争对手排挤出市场,在获得垄断地位后通过抬高价格以获得高额利润来补偿原来的损失。该行为限制竞争意图明显,但一般认为企业很难通过抬高价格获利,因为会吸引其他企业再次进入,从而拉低价格。而且,消费者在价格战中也可以获得好处。所以目前各国立法对掠夺性定价的态度不像以前那么严厉。

搭售是指消费者如果要从供应者处获得产品 A(搭售品),必须同时购买产品 B(或者更多产品,被搭售品)。换言之,购买 B 是购买 A 的前提条件。企业对 A 一般有垄断优势,通过对该优势的利用来强迫消费者购买 B。搭售有限制竞争的可能,即限制了产品 B 市场的竞争,但也有保护商业信誉和促进效率的合理性动机存在。

5. **本身违法原则与合理原则**

本身违法原则和合理原则是美国法院用以分析反垄断案件的两个重要原则,对其他国家的反垄断立法也有重要影响。本身违法原则产生在前,合理原则产生在后。通过分析上述原则的演变可看出国家对于垄断的态度在发生变化。

本身违法原则是指只要某些垄断或垄断行为具有限制竞争的特点,无论该限制是合理的还是不合理的,都予以禁止。

例释 1897 年,美国。18 家铁路公司组成协会来统一运费,该行为被指控违反了《谢尔曼法》第 1 条。《谢尔曼法》是美国最早也是最重要的反垄断法,以提出者参议员谢尔曼的名字命名。该法第 1 条非常简单,只是指明横向或者纵向限制竞争的行为是违法的,并没有给违法行为下一个准确的定义,也没有提供任何具体的分析标准,因此给法院的适用留下很大的解释空间。被告辩解说第 1 条只禁止对贸易的不合理限制

（unreasonable restraints of trade），而他们所制定的运费是合理的。但这一辩解被最高法院否决。法院认为国会的法条是禁止所有的限制贸易的合同，不管该合同合理与否。①

合理原则允许被告提出"合理性"抗辩。在分析垄断行为时，要分析行为的目的、行为人的市场力量以及行为的实际后果等因素。

例释 1911年，美国。在"标准石油公司案"中，最高法院的首席大法官怀特提出了合理原则，并得到多数法官的支持。他认为，国会的立法意图应该被解释为只禁止对贸易的"不合理"或者"不正当"的限制。如果对一切限制贸易的行为都予以禁止，既不符合现实情况，也不是国会立法者的合理意图。②

合理原则并没有完全取代本身违法原则，只是改变了原来本身违法原则在反垄断分析上一统天下的局面。合理原则的引入使得法院将限制竞争的行为分为两类：一类是本身具有非常明显的限制竞争性质以至于没有必要进一步分析就可以直接认定其违法；另一类是虽然具有限制贸易的特点，但并不能直接判断其是合理还是不合理，或者说该行为合理与不合理的因素兼而有之。前一类协议限制竞争的性质非常明显，适用本身违法原则；而后一类协议则需要运用合理原则来对合理因素进行分析。

在美国，随着结构主义被行为主义所取代，以及法官日益认识到不少限制性竞争行为也有促进效率的一面，合理原则适用的范围逐渐扩大。目前，适用本身违法原则最为坚决的一类行为是竞争者之间协调价格和划分市场，即价格卡特尔。这类行为一直被认为是反竞争特点明显。纵向的价格限制原本与价格卡特尔一样适用本身违法原则，但在1997年，法院对纵向的最高价格限制转向适用合理原则。③2004年，对纵向的最低价格限制也转向适用合理原则。④对搭售一开始适用本身违法原则，但在20世纪80年代以后适用的严格性已有所松动，有转向适用合理原则的趋势。

专题案例13-1　垄断行为的合理性例析

随着研究的深入，对于垄断的认识也从一开始的坚决反对转变为对垄断要全面分析，既要看到其反竞争的可能，也要看到其促进效率的一面。

1. 市场集中

合理性：规模经济可促进经济效率。

解释：A、B两企业都生产汽车，年产量各为1万辆。合并后员工减少，节约了开支。流水线合并使用，年产量扩大，超过3万辆。每辆车的平均生产成本也随之减少。

2. 卡特尔

合理性：协调标准、出口企业联合、中小企业联合、研发联合。

解释：协调行业标准有规范和促进产品质量的效果。出口企业联合可以使企业联合

---

① U. S. v. Trans-Missouri Freight Ass'n, 166 U. S. 290, 1897.
② Standard Oil Co. v. U. S., 221 U. S. 1, 1911.
③ State Oil Co. v. Khan, 522 U.S. 3, 1997.
④ Leegin Creative Leather Products, Inc. v. PSKS, Inc., 551 U.S. 877, 2007.

对外,避免相互杀价,可维护本国利益。中小企业联合可对抗大企业,促进市场竞争。研发联合则可促进技术发展。因此很多国家的反垄断法对这几种卡特尔予以豁免。

3. 纵向一体化

合理性:减少交易成本、稳定供销渠道、扩大产出。

解释:B企业从A企业购买原料,后B收购A。这样B每次从A进原料就不必与之谈判签约,此为减少交易成本。B也不用担心原料市场的波动,有稳定的供货渠道。成本和风险的减少有助于扩大产出。

4. 纵向最高价格约束

合理性:制止经销商任意抬高价格从而影响产品销量。

解释:假设在价格为10时,生产商可以销售10,获得最大的收入100。生产商给经销商的价格是8,如果经销商按照10来销售,那么生产商的产出达到最大化,收入为80,而经销商的收入为20。但是经销商发现如果他按11的价格来销售,虽然只能卖出9,但收入可以增加到27。但此时生产商的收入就由80落到了72,而且产出下降。

5. 纵向最低价格约束

合理性:制止经销商之间的"搭便车"现象。

解释:有两个经销商A和B。A进行了大量的广告宣传让消费者了解了产品,但B却不作任何努力。因为A为广告宣传投入了很多资金,所以A的销售成本比B要大,B可以制订比A低的价格销售产品。消费者经由A的广告了解了产品,却被吸引到B处购买。B未负担广告的成本,却享受了广告的好处。规定最低销售价格可以促使经销商适当投入进行营销,而营销上的努力又有利于吸引消费者购买,可以扩大销量。

6. 纵向非价格约束

合理性:制止经销商之间的"搭便车"现象。

解释:规定最低销售价格并不一定就能完全解决"搭便车"的问题。因为经销商仍有可能尽量节省经销成本以扩大利润,从而宁愿搭其他经销商的便车。而且,转售价格维持有时可以被规避。如美国航空公司(American Airlines)限制旅游代理商降低机票价格,于是代理商就另外向买票者提供低价旅馆和租车服务,这仍起到了降低机票价格的作用。因此,生产商还采用划分各经销商的销售区域或顾客群的非价格约束方式来制止经销商之间的"搭便车"现象。

7. 掠夺性定价

合理性:消费者获得好处。

解释:如果企业降价把竞争对手赶出市场后,能够把价格抬升到垄断水平,消费者将在短暂地享受到好处后再次受到剥削。现代观点认为:掠夺性定价很少发生,因为企业耗费巨大而且亏损的风险很大;即使发生,在将来获得成功的可能性也不大,因为维持垄断定价是困难的。

8. 搭售

合理性:保护商业信誉,提高效率。

解释:消费者冲洗胶卷后如果发现照片效果不好,他们很难区别是胶卷的问题,还是冲洗的问题,因此胶卷的生产者要求消费者到自己指定的地方冲洗可以维护胶卷的质量声誉。另外,产品的组合销售可提高生产或销售上的效率。例如某生产商要求商场购买其生产线生产的全部产品，这样有助于其生产的规模经济。

（资料来源：作者自撰）

四、竞争的失灵（二）：不正当竞争

不正当竞争行为指竞争者采用不正当的竞争手段进行竞争，这些行为违反了善良诚信等基本的商业道德，主要有以下行为：

（1）侵害他人的商业秘密，如窃取、非法使用或泄露他人商业秘密。

（2）诽谤竞争对手，如发布广告贬低对手、散布虚假信息毁损对手的商誉。

（3）侵害他人的知识产权，如与他人商标混同、模仿知名商品的包装、未经许可使用他人专利、未经许可使用他人作品等。这一类侵权行为多在知识产权法律中规定。

（4）商业贿赂行为，指在交易时给予对方企业或其职员以金钱或其他好处以谋取不正当利益。

（5）非法有奖销售，有奖销售包括奖励所有购买者的附赠式有奖销售以及奖励部分购买者的抽奖销售。法律要求有奖销售应真实，不可欺骗消费者，而且对奖金数额做出一定限制。进行限制的理由是：市场竞争应着重于商品质量和服务，有奖销售不正当地刺激消费者，使需求方的挑选偏离正常的筛选标准，不利于市场机制的正常运行。

（6）虚假广告或宣传，此类行为多有误导消费者的效果，如对消费者发布不正当的诱惑性广告、制造优惠假象吸引消费者等。不仅损害了消费者权益，还是不正当竞争。

另外，也有国家，如德国和日本，将以强凌弱的掠夺性定价等滥用优势地位的行为列为不正当竞争行为。这类行为兼具限制竞争和不正当竞争双重特点。

竞争者以不正当手段来获得竞争优势也就意味着对其他竞争对手机会公平的折损。如果政府无干预措施，竞争可能偏离其正规途径而演变成恶性竞争，即竞争者都以上述手段来互相对付。这时资源没有被用在扩大产出的生产上，而是用在一些毫无产出效果的不正当手段上，是资源的浪费。这正如在比赛时，竞赛的选手不是通过提高自己水平来竞争，而是用了一些不正当手段，如服用兴奋剂、贿赂裁判、跑步时冲撞他人、侵占他人跑道等，不仅不利于竞赛的公平性，也有悖竞赛的目的，应被禁止。

五、反垄断与反不正当竞争

反不正当竞争和反垄断的具体目的有所不同。不正当竞争的行为人并不一定具有垄断力量，行为的目的也并非为了谋求垄断，而是通过不正当手段的使用来获得更多的利益，因此这类行为危害的是个体竞争对手或消费者的权益，对于宏观的市场竞争机制和经济效率的损害效果并不明显。因此反不正当竞争的目的是维护竞争者之间的公平竞争，也可以说反不正当竞争是为市场行为主体设定了基本的符合商业道德的行为规则。而对垄断或垄断行为的限制则是制止该行为对于竞争而非个体竞争者的侵害，是经由制止垄断对竞争机制的损害以促进经济效率。

综上所述，反不正当竞争立法的目的是维护作为个体的竞争者之间的竞争关系，其着重点是公平；而反垄断立法的目的是维护整体意义上的竞争或竞争机制以促进经济效率，其着重点在效率。

六、我国的竞争法立法

改革开放以前,我国实行计划经济。没有市场竞争,也就没有维护市场竞争的立法。20世纪80年代开始,我国由计划经济转向发展商品经济,开始分阶段地放开市场,鼓励竞争。改革的不断深入是政府权力退出市场的过程,因此在早期的有关市场竞争的规定中就提出要反对非法的行政垄断。1980年,国务院发布了《关于开展和保护社会主义竞争的暂行规定》,规定:"在经济活动中,除国家指定由有关部门和单位专门经营的产品以外,其余的不得进行垄断、搞独家经营。"1982年,国务院又发布《关于在工业品购销中禁止封锁的通知》,要求各地方、各部分不得进行地方封锁和行业封锁。

20世纪80年代中期以后,商品经济的发展已初具规模。部分工农业产品已放开经营,市场竞争机制开始发展。针对市场垄断行为,国务院及其部委先后发文禁止企业之间串通商定垄断价格、规定企业组建集团时要防止垄断、规定企业间的兼并不可损害竞争。[①]

1993年,中国将实行社会主义市场经济写进宪法,市场经济改革进入到一个新阶段。同一年,我国出台了第一部有关竞争的全国性法律《反不正当竞争法》。该法以列举的方式规定了11种不正当竞争行为,其中既包括垄断行为,也包括违反商业道德的不正当竞争行为。

《反不正当竞争法》对于垄断行为的规定非常有限,只列举了四种具有垄断或限制竞争性质的行为:公用企业以及其他法定垄断企业滥用优势力量行为(第6条)、政府限制竞争行为(第7条)、低于成本销售行为(第11条)、搭售以及在销售时施加不合理的交易条件(第12条)。在制定《反不正当竞争法》的过程中,对如何处理反垄断问题有三种立法方案:一是该法仅规定反不正当竞争行为,不规定反垄断问题,将反垄断问题留待以后的《反垄断法》规定;二是对反不正当竞争和反垄断做全面规定;三是在该法中对部分垄断行为视同不正当竞争行为做出规定,以解燃眉之急。最后是第三种方案被采纳。当时,我国对于反垄断的研究尚处于起步阶段,而且市场经济的发展也不成熟,对很多问题的认识尚不全面,因此不可能制定一部成熟的反垄断法。

随着市场经济的深入发展,《反不正当竞争法》有关反垄断的规定已不能满足经济体制改革的需要。一些反垄断的规定开始出现在之后颁布的法律中。1997年12月19日颁布的《价格法》第14条对价格卡特尔行为进行了规定。

另外,有20多个地方立法机构出台了实施《反不正当竞争法》的条例或办法。这些地方法规除了对《反不正当竞争法》进行细化解释外,还增加了一些新的规定,主要是有关固定价格、划分市场等卡特尔行为的规定。

这时的反垄断立法不仅是分散的,而且执行是多头负责。《反不正当竞争法》的执行机构是县级以上工商行政管理部门,有关反不正当竞争的地方法规的执行机构是各地工商行政管理部门,而《价格法》的执行机构是价格管理部门。国务院的《电信条例》也涉及不正当竞争行为,但监督部门为国务院电信产业主管部门和省级电信管理机构。

[①] 如1987年9月的《价格管理条例》;1987年12月国家体改委、国家经委发布的《关于组建和发展企业集团的几点意见》;1989年国家体改委、国家计委等联合发布的《关于企业兼并的暂行办法》。

由于这些法规对某些行为作了重复规定,因此还出现了对同一类行为多头管理的现象。例如价格管理部门可以对固定价格行为和低价销售行为进行处罚,而工商行政管理部门依据《反不正当竞争法》或相关地方法规也可对这两类行为进行处罚。

2007年出台的《反垄断法》终于在经历了13年漫长的起草、修改和审议过程后,千呼万唤始出来。该法对市场中的垄断行为作了比较完备的列举和规定,但对于行政垄断行为的规制,只是对具体行为作了较以前法律更为详细的列举,在制约力度上并无实质性进步。

至于多头执法的情况,《反垄断法》并未作改变,规定:国务院规定的承担反垄断执法职责的机构,负责反垄断执法工作。其实是默认了当时的多头执法状况,把未来改革的权力留给了国务院。但是,考虑到反垄断执法有必要对多个执法机构的工作进行协调,因此《反垄断法》规定:国务院设立反垄断委员会,负责组织、协调、指导反垄断工作。

2018年3月17日,十三届全国人大一次会议通过了国务院机构改革方案。依据该方案,组建国家市场监督管理总局。国务院反垄断委员会的工作,由该总局承担。原来发改委、商务部和工商局的反垄断职责,整合到该总局。由此结束了反垄断多部门执法状况。

第二节 有关反垄断的理论争议

一提到垄断,很多人不假思索地就会脱口而出:要禁止。如果垄断是恶性的,则反垄断是好的,自然而然得出的一个判断就是:应该进行反垄断。这样简单的推导缺乏对问题严谨的思考。

与将反垄断公理化类似的另一个想当然的问答是:为什么中国要反垄断?因为西方国家都有反垄断法。这样的论证同样缺乏说服力。法律制度的移植必须考虑我国的现实情况,反垄断也不例外,甚至更有必要,因为它直接关涉经济和市场机制乃至政治体制和法律环境。

本节对有关垄断和反垄断的理论认识进行梳理。

一、反垄断的传统理由:维护自由竞争

1. 早期的反垄断法:恐"大"的产物

美国的反垄断法是现代各国反垄断立法的蓝本,其产生的19世纪末正是美国经济高速增长的时期,公司合并频繁,大公司纷纷形成。美国早期反垄断法的出台针对的就是这些大公司,因此学术界普遍认为美国反垄断法是"恐大"的产物。[1]浏览一下当年的国会资料会发现:很多发言都是对自由竞争的激情捍卫。自由竞争这个词语在很多人的眼里已经成为一种不容置疑的价值观念,对于那些从欧洲大陆来到北美追求自由的人们来说,其与契约自由等词语一起成为新社会价值观的象征。

---

[1] F. Fox. The Modernization of Antitrust: a New Equilibrium[J]. Cornell L.Rev, 1981, 66:1140.

当时普遍的看法是自由竞争的对立面即垄断。自由竞争描述了一个非常理想化的市场状态，在这样的市场中，没有哪个企业能操纵市场价格，企业间的竞争达到最激烈程度，价格也达到了最低，不仅消费者获得了最好的价格，而且社会生产资源也最大化地得到利用。如果有企业垄断了市场，则意味着消费者的权益受到损害，中小企业走向灭亡。当时热爱民主自由的人们恐惧专制，专制就是力量的集中，而垄断就是经济领域中的"专制"。

2. 早期反垄断的理论基础：制止福利转移或对民众的剥削

由此可以得出，在市场经济发展的早期，多数人理解的所谓垄断就是市场力量日益集中到一个企业那里，如果这样，这个企业就成了这个市场的"专制君主"。正如封建君主权力越大，民众的利益会被剥夺更多一样，市场里的专制君主也会剥夺消费者和中小企业的利益。随着市场里的企业越来越少，民众和中小企业的利益也在减少。

古典经济学的分析可被用来描述上述过程。对立的两端一边是纯粹垄断（pure monopoly），一边是完全竞争。当垄断力量的扩大导致市场状态从完全竞争一端向纯粹垄断一端移动时，消费者和中小企业的福利向大企业转移。所谓福利，也称为"剩余"。如果消费者愿意以 10 元来买一个东西，市场价格为 7 元，因此消费者的剩余为 3 元，即他"赚了" 3 元。相应地，生产者的剩余少了 3 元。消费者与企业之间以及企业与企业之间，都在争夺福利或剩余，前者为供求之间的讨价还价，后者为企业之间的竞争。

当垄断被等同于剥削，怎能不招人厌恶？如果说垄断导致劫贫为富，那么反垄断就是"杀富济贫"，高举维护竞争的大旗就有了民权主义的色彩，更富有了理想主义的激情，当然是一呼百应。

上述反对垄断的理由可称为"福利转移说"，以此概括早期对垄断的理解。每个人都不喜欢被"剥削"，都希望自己的"福利"越多越好。似乎本不该对这个反垄断理由提出什么质疑，但之后学术研究的发展使得上述观点开始发生动摇。

二、垄断对效率的促进

1. 现实中垄断与竞争相混杂

福利转移说的分析更多的是基于理论上的对纯粹垄断的理解。纯粹垄断描述的是一个企业控制整个市场的情况。现实中一个企业垄断市场的情况很少，那为什么还要反垄断呢？根据古典理论，从完全竞争这一端向纯粹垄断这一端移动的过程，就是一个企业数目越来越少，企业垄断力量越来越大的过程。靠近纯粹垄断这一边的几个企业占据市场的情况，被称为寡头垄断；而靠近完全竞争这一边则是垄断竞争。对市场形态作此区分观察的是市场中企业的数目。当企业数目少了，市场的集中度增大，企业的垄断力量增强，企业的利润也相应增多。由此，企业兼并、合并等导致市场集中的行为要受到反垄断控制，以避免市场过度集中。

不妨强迫自己对以上论述提出点疑问。切中的要害应当是论述的前提，即从竞争一端向垄断一端移动，企业数目减少，必定意味着竞争的减弱吗？

带着这个问题找找现实的例子来启发思维。如果垄断并非绝对，则似乎意味着企业对市场有一定的控制力量。请注意这里在控制力量之前使用了"一定"这个词,因为即使没有接触过经济学文献,当我们的思考从绝对垄断退至一定的垄断时,也会有些迷惑:如果市场中有两个规模相当的企业,那么每一个企业还有原来绝对控制力量的 1/2 吗?如果是三个,就会减少到 1/3 吗?不是这么简单。绝对垄断是一种抽象描述,而"一定的"垄断则是经常发生的现实状况。现实的观察否定了简单的想当然。考虑这样一个例子:如果只有可口可乐一家企业生产可乐饮料,那它是垄断整个市场;当又有了百事可乐呢?各获得一半垄断利润?显然不会。因为虽然市场里只有两家企业,但他们之间的竞争非常激烈。这个观察引导我们对竞争有了更进一步的理解:竞争应从企业之间的关系来观察。或者更全面的理解是:即使企业数目可以被用作度量企业垄断力量的一个因素,但这不是唯一的或决定的因素。既然如此,那么对竞争的所谓的对立面"垄断"的理解,也要着眼于企业间的关系,看看一个大企业能不能真正影响市场。所以当分析从抽象理论中脱离出来,靠现实近一些时,就会有意外的发现。

2. 垄断对效率的促进:规模经济、范围经济和技术创新

还有更让人减少对垄断的厌恶的发现,这就是企业规模的扩大往往能够提高生产效率,降低生产成本,扩大产出。如果企业生产规模扩大一倍,成本也相应增加一倍的话,则没有上述效果。但事实是生产规模的扩大与生产成本的降低有反向关系。例如,一个企业用一台 100 元的机器生产一个产品,假设除机器外生产产品的原料和劳力投入等成本为 10,则该产品的成本为 110;如果生产了两个产品,则每个产品的成本只有 60。这样,企业规模扩大显然有利于提高生产效率,被称为规模经济。由此看来,企业变大或市场变得集中并非一无是处。

与规模经济类似的为市场集中辩护的理由还有范围经济,即一个企业生产多种不同产品可整合资源,减少成本。

还有技术创新的辩护。一方面,企业规模大有利于技术创新;另一方面,技术创新的激烈使得企业的垄断力量难以维持。

三、反垄断的现代理由:经济效率说

分析至此,似乎垄断有其合理性,而且在规模经济和维护自由竞争之间出现了选择的难题。虽然垄断的好并不能简单地抵掉它的恶,却可以引导我们更加客观理性地分析反垄断的问题。

1. 芝加哥学派的观点:经济效率说

二战以后,尤其是进入 20 世纪 60 年代以来,芝加哥大学一些学者的观点开始产生影响,反垄断的研究也由此进入芝加哥学派时期。[1]在芝加哥学派学者看来,反垄断的理由不是福利的转移,而是经济效率。所谓经济效率就是社会资源的利用达到最优,生产资源没有浪费,产出达到最大,福利的分配没有改善的余地。

根据芝加哥学派学者的观察,当垄断企业行使垄断力量提高产品价格时,不仅导致福利转移,还出现了社会福利的净损失,即有一部分福利并没有转移到垄断者那里,而

---

[1] 代表人物有 Richard A. Posner、Milton Friedman、Robert Bork、Frank Easterbrook 等。

是被白白地浪费掉。如果福利都转移到了垄断者那里,则社会的整体福利并未受到影响,只是分配上的变化;但如果有一部分被浪费了,则是垄断真正的恶性。

举个例子来说明福利的浪费。消费者对产品的需求与价格有反向关系。例如某产品的市场竞争价格为 5 时,消费者的需求为 10;当价格提高到 6,需求减少为 9;价格为 7 时,需求减少为 8。在市场竞争情况下,有 8 个消费者的最高购买意愿为 7,其剩余为($2\times8=16$);有 1 个消费者最高愿以 6 的价格买,其剩余为($1\times1=1$);还有 1 个消费者只愿出市场竞争价格 5。所以消费者的剩余总和为 17。在垄断情况下,垄断企业发现当价格为 7 时,其收入最多,即 56。消费者剩余中的 6 转移到企业那里,其余 11 则被浪费了。[①]

垄断导致的社会福利净损失被称为垄断的成本,但垄断的成本还不限于此。美国学者波斯纳指出,垄断企业为追求和维护垄断利润还会浪费资源,例如组织卡特尔来控制价格、谋求政治力量支持等,这些用于追求垄断的资源没有被用于生产,因此就浪费了。所以垄断的社会成本还应包括寻租成本。[②]

2. 反垄断的目的

由此,反垄断的目的就在于减少垄断成本,减少社会资源的浪费。减少社会资源浪费的过程就是一个生产效率提高并且消费者剩余也在增加的过程。但是经济效率说的观察角度是基于社会整体利益,消费者福利的提高是反垄断自然而然的结果,与福利转移说的切入视角不同,更少带有价值判断的色彩,立场更为中立。

论述至此,似乎垄断的恶性又增加了一些,而反垄断的正当性相应增加了不少。但是,对问题的探讨尚未结束。

四、反对反垄断的理由

1. 垄断的两面性

上述的经济效率说仅仅是分析垄断和反垄断问题的开始,如果就此认为芝加哥学派学者是完全支持反垄断的,那就大错特错了。他们从社会成本的角度分析了垄断的"恶",但并不否认垄断有促进经济效率的一面。经济效率包括生产效率和分配效率,如果以经济效率作为反垄断的理由,那么问题的分析至少应该着眼于两个方面:一方面垄断导致了福利损失,另一方面,的确有促进规模经济和技术创新的一面。

2. 相信市场的力量

芝加哥学派最精彩的观点是下面述及的对反垄断的看法。虽然不能说他们绝对反对反垄断,其对于反垄断的态度却基本是不赞同或认为其作用有限。

所谓反垄断,就是经由政府干预来纠正市场垄断行为或阻止垄断的发生。古典经济学把垄断视作一种市场失灵,而反垄断就是政府对市场失灵进行补救的手段。在芝加哥学派看来,虽然垄断有其可恶之处,但反垄断也不见得就一定是个好东西。因为他们认

[①] 这里假设垄断者不能区别定价,这也是现实情况。即使有可能区别定价,也可能因成本问题或法律禁止而不能为之。
[②] Richard A. Posner. Antitrust Law: An Economics Perspective[M]. Chicago: University of Chicago Press, 1976: 14-15.

为市场自身的力量在纠正垄断问题方面的作用很大,如果市场机制能自行维持,即使暂时出现垄断,也会因市场力量的作用而消失,政府没有必要干预。

芝加哥学派的分析是一个精巧的逻辑。当垄断者提高价格时,利润的增加会吸引竞争者进入市场,于是市场内供应增加,价格就会回落。如果这个市场调节的过程不是很长,那么就没必要进行反垄断,因为政府反垄断的周期也要长达数月乃至数年。

3. 反垄断也是有成本的

现在假设有个垄断案子,其恶性大于善,并且市场壁垒不容易克服,至少可以维持很长时间。那好,应该对它进行反垄断了。但是,还有问题要考虑,即反垄断的成本问题。反垄断是政府干预机制,政府行为需要有人财物的投入,立法、司法和行政等都有成本。尤其是进入司法程序后,耗费时间长,有关当事人的时间、精力和资金投入都很大。反垄断的立法和实施除了有高质量的法律和有效的程序,还要有相当数量的专业人士参与,否则有可能因为人员分析失误或者法律实施水平不高而造成负面效果。凡此种种,均为反垄断的成本。

反垄断的成本究竟有多大,实证的研究不多。但是一些统计数据还是让人惊讶。例如在反垄断最为发达的美国,美国司法部反托拉斯局在1991年的预算是5 400万美元,另一执行机构联邦贸易委员会是7 400万美元。被告企业的花费可能是这些数目的10或者20倍。而且诉讼程序的时间很长,例如肢解美国电话电报公司(AT&T)的反托拉斯案1974年开始诉讼,进入20世纪90年代还没结束。AT&T公司在20世纪70年代在辩护掠夺性定价诉讼上的花费是1亿美元。据估计,大公司每一起掠夺性定价案件的诉讼花费是3 000万美元。IBM公司案持续了13年。根据Emerson Pugh的分析,在1975—1980年,有974个证人被传唤,涉及的文件达104 400页。[①]当然不同国家反垄断程序不同,成本支出也不同。美国可谓世界上行政和司法程序最为复杂的国家之一。即使对反垄断成本的考虑不能完全否定反垄断,但至少也提醒了我们:在设计和实施反垄断程序和规定的过程中,成本支出是一个不可忽视的衡量因素。

4. 反垄断的两面性

客观全面地认识垄断和反垄断问题对立法和政策制定非常重要。在此可对垄断和反垄断的理解暂时作一个小结:垄断有善和恶两面,反垄断时应作权衡,以防"捡了芝麻、丢了西瓜"。即使恶大于善,纠正的手段有两个:一是市场自身力量,二是政府的反垄断。前者地位优先。在制定和实施反垄断政策时,要考虑反垄断的成本问题。反垄断是政府对市场的干预,如果实施不当,会影响市场发展和损害经济效率,不可不谨慎使用。

专题案例13-2 新经济中的反垄断

新经济这个名词的流行肇始于20世纪80年代后期以来一些新经济行业的蓬勃发展,主要是以信息技术应用为特征的行业,包括计算机、网络服务、通信通讯业等。

新经济行业相比传统产业有非常明显的几个特征:一是其产品的边际成本很低,甚

---

① Emerson Pugh. Building IBM: Shaping an Industry and Its Technology, Mass: MIT Press, 1995.

至可以接近零,这主要是因为很多产品不具实体形态,复制成本很低。例如软件开发出来后,可以刻录在光碟上,成本很少。如果通过网络传输销售,则成本更低。一方面,边际成本使得这个行业的利润率要高于其他行业;另一方面,容易复制也使其面临盗版的严重威胁。二是这个行业内技术创新非常迅猛,新旧产品或技术的更替周期大大缩短。例如计算机的运算能力平均每18个月就增加1倍,这被称为"摩尔定律"。三是网络效果明显,此乃最为突出的特征。所谓网络效果,是指产品的用户增多为其他用户带来产品价值的增加。例如文字输入软件,用户越多,对其他用户就越方便,因为当文字软件使用范围扩大时,用户互相可以更方便地交流文档。电话也是一个典型例子。因此网络效果的产生是基于用户之间互相联系的需要。网络效果增强,意味着产品或服务在用户眼中的价值在增加,就不会轻易更换产品,因为转换成本已经增加。这被称为对用户的"锁定"效果。因此,不难明白为什么很多网络公司开始通过免费午餐来吸引用户,等到达到一定数量后再收费,这时很多用户因为转换成本很大而不能"背叛"了。

网络效果有助于增加产品的垄断力,沸沸扬扬的微软公司垄断案就是因此而起。微软公司的操作系统一开始使用低价格的许可制推广,迅速成为操作系统的市场霸主。微软公司还采取其他措施来维持和扩大其市场份额并强化产品对用户的锁定效果,例如向专业开发人士提供优惠产品,捆绑销售操作系统和浏览器等其他应用工具。垄断力量的增强最终引起了美国反垄断部门的注意,一场规模浩大的诉讼由此开始。如果从美国联邦贸易委员会1990年的调查算起,相关诉讼持续了10多年。

但是,如果结合新经济行业的第二和第三个特征一起分析,会发现这两个特征之间互相冲抵。由此新经济行业的反垄断分析变得更为复杂。

与新经济有关的反垄断的新问题还远不止这些,在此仅举几个例子作说明。例如,网络的发达促进信息交流,一方面可以帮助反垄断机构获得更多信息,更容易发现垄断,也可以降低反垄断成本;另一方面,企业之间的信息串通和共谋行为也更加方便,更为隐秘,这又增加了反垄断的难度。再如,很多信息产品的市场已经突破地区甚至一国的界限,如网上书店可以很方便地在全国乃至全世界销售,相比传统市场,其市场范围扩大,因此衡量垄断力量的基数扩大,原本传统市场内被看作是垄断的市场力量,放到网络市场里可能就微不足道了。

新时代产生了新问题,新问题需要新思维。置身于以新经济和全球化为特征的新时代,反垄断研究何尝不需要"与时俱进"呢?

(资料来源:作者自撰)

五、我国的反垄断问题

1. 两个模式化的论证思路

建设社会主义市场经济以来,有关倡议出台反垄断法的呼声一直很强烈。关于我国的反垄断立法,有两个模式化的论证思路:一是有市场经济就要有反垄断法,因为反垄断是维护自由竞争的;二是大多数的发达国家都有,所以我国也要有。

先看第一个思维模式。如果不考虑反垄断在维护竞争方面的效果,这个判断是可以接受的。但问题是还要深入分析很多问题:如何理解竞争?又如何理解垄断?反垄断是否一定有效？深入的理论分析可以促进立法和政策的完善以及实施的有效性，是必要的准备，而研究的着眼点不是去重复一些传统观念，而应是深入剖析。再来看第二个思维模式，可质疑的地方就更多了。这种简单的"移花接木"忽视了对我国社会经济环境之特殊性的分析。西方发达国家市场经济已经成熟，而我国尚处于建设阶段，用"转轨"这个词来描述目前我国经济政治体制改革的背景非常恰当。经济的转轨就是从计划经济到市场经济，政治的转轨就是促进民主进程，最终步入法治社会。如果忽视了这个特殊性，就无法正确理解反垄断在我国市场经济发展中的作用，反垄断立法和实施就会出现错位或者没有可行性。

2. 我国与西方国家在反垄断目标上的差异

在经济转轨过程中，我国的市场经济还不成熟。因此，在西方国家的反垄断是市场经济成熟后的维护市场竞争，而在我国，市场经济尚未成熟，最迫切的任务是创造市场竞争，即不断深入进行市场化改革，如放松价格管制，促进市场主体多元化等。由此看来，即使要进行反垄断，也要把目前中国的市场经济一分为二来看。在某些市场机制较为完善的行业内，反垄断的作用是维护竞争；而在处于市场化改革之进程中的行业内，反垄断的目标是促进竞争机制的形成。实际上，前一方面反垄断的作用有限，因为我国很多行业内的市场垄断还没有严重到值得关注的地步；后一方面的作用最为重要，因为更能迎合目前我国市场经济发展的需要。

3. 行政垄断问题

由此引出"行政垄断"的问题，这是转轨经济中制约竞争的严重问题。所谓行政垄断，是直接或间接、合法或非法地借助于政府权力而形成的垄断，与市场竞争过程中的力量集中截然不同。政府控制企业，或限制市场的进出入，这都会产生行政垄断问题。例如企业是政府机关的附属，由于利益关联，政府会给企业特殊优惠，这会增加该企业的竞争力量。更为严重的是，政府可以直接限制其他竞争者的市场进入，更能保证垄断企业的独霸市场地位。

用前面所述的分析市场垄断的模式也可分析行政垄断，但结论完全不同。对市场垄断进行反垄断的必要性不大或者很有限，因为垄断问题大多数情况下可为市场力量克服。但是对于行政垄断来说，其垄断的基础是政府权力，要想克服谈何容易。市场垄断不可维持的前提是市场的自由进出入，而政府权力的介入是最难克服的市场壁垒，这样垄断企业大可高枕无忧了。

行政垄断是政府权力的介入，反垄断也是政府权力的行使。对行政垄断进行反垄断就是以政府权力来对抗或制约政府权力。要做到这一点，首先，要有立法保障，即现有的权力拥有者允许对权力进行限制，这关涉到很多部门和地方政府的利益，有一定难度；其次，要有有效的实施机制，相应的制裁措施很关键，这又引出反垄断机构与其他政府部门之间的关系问题，以及法院系统是否能保障当事人的利益来对抗违法的政府部门，这也有难度。

综上所述，在制定或完善我国的反垄断法时，既要在理论上对垄断和反垄断问题作全面分析，也要考虑到我国经济体制改革的现实情况，以求科学合理地制定和实施反垄断政策。

第三节 我国有关反垄断的法律规定

《反垄断法》规定了三类市场中的垄断行为：垄断协议、滥用市场支配地位和经营者集中。另外，还对行政垄断行为，即"滥用行政权力排除、限制竞争"行为做了规定。其中，垄断协议包括横向限制竞争行为和纵向限制竞争行为两类。

一、垄断协议

垄断协议，是指排除、限制竞争的协议、决定或者其他协同行为。包括横向垄断协议和纵向垄断协议两种。

协议或者决定可以是书面、口头等形式。其他协同行为是指经营者之间虽未明确订立协议或者决定，但实质上存在协调一致的行为。

上述垄断协议可以是在经营者之间进行，也可以是经营者通过行业协会等组织进行，《反垄断法》均予以禁止。

1. 横向垄断协议的定义和种类

横向垄断协议，是指具有竞争关系的经营者之间的垄断协议。实质上，就是竞争者之间的勾结或联合行为，是横向限制竞争的行为，也称卡特尔。

竞争者之间进行协同，目的是减少，甚至消除彼此之间的竞争。最为常见的也是对市场竞争危害最大的协同是协调彼此的价格，消除价格竞争，又称价格卡特尔。虽然不直接协调价格，但通过划分市场和客户也可达到消除竞争的效果，又称市场划分卡特尔。另外，还可通过协调来限制生产或销售量，共同抬高市场价格以获取垄断利润；通过协调来限制技术进步和产品开发，也是限制竞争的表现；通过协调来联合抵制交易，对抗交易对手，也可获得垄断利润。

《反垄断法》对上述各种横向垄断协议的表现作了列举，具体为：

（1）固定或者变更商品价格。
（2）限制商品的生产数量或者销售数量。
（3）分割销售市场或者原材料采购市场。
（4）限制购买新技术、新设备或者限制开发新技术、新产品。
（5）联合抵制交易。
（6）国务院反垄断执法机构认定的其他垄断协议。

2. 纵向垄断协议的定义和种类

纵向垄断协议，是指经营者与交易相对人达成的垄断协议。实质上，就是第一节所介绍的纵向限制竞争行为中的纵向约束，包括纵向价格约束和非价格约束等。而纵向一体化，广义上也是纵向限制竞争行为，但表现为经营者之间的合并或收购等，《反垄断法》将之归到"经营者集中"中。

《反垄断法》禁止下列纵向垄断协议：
（1）固定向第三人转售商品的价格。

（2）限定向第三人转售商品的最低价格。
（3）反垄断执法机构认定的其他垄断协议。

3. 禁止行业协会进行排除或限制竞争之行为

所禁止的行业协会的行为有：制定、发布含有排除、限制竞争内容的行业协会章程、规则、决定、通知、标准等；召集、组织或者推动本行业的经营者达成含有排除、限制竞争内容的协议、决议、纪要、备忘录等；其他组织本行业经营者达成或者实施垄断协议的行为。

4. 豁免规定

如第一节所述，横向或纵向的限制竞争行为有其促进经济效率的合理性一面，因此，不可绝对地一概禁止。所以，《反垄断法》规定了可以豁免适用反垄断法的情形。即，如果经营者能够证明所达成的垄断协议具有下列情形的，可不适用反垄断法：

（1）为改进技术、研究开发新产品的。
（2）为提高产品质量、降低成本、增进效率，统一产品规格、标准或者实行专业化分工的。
（3）为提高中小经营者经营效率，增强中小经营者竞争力的。
（4）为实现节约能源、保护环境、救灾救助等社会公共利益的。
（5）因经济不景气，为缓解销售量严重下降或者生产明显过剩的。
（6）为保障对外贸易和对外经济合作中的正当利益的。
（7）法律和国务院规定的其他情形。

上述第（1）~（5）项情形，经营者还应当证明所达成的协议不会严重限制相关市场的竞争，并且能够使消费者分享由此产生的利益。

5. 法律责任[①]

经营者违反《反垄断法》规定，达成并实施垄断协议的，由反垄断执法机构责令停止违法行为，没收违法所得，并处上一年度销售额1%以上10%以下的罚款；尚未实施所达成的垄断协议的，可以处50万元以下的罚款。

经营者主动向反垄断执法机构报告达成垄断协议的有关情况并提供重要证据的，反垄断执法机构可以酌情减轻或者免除对该经营者的处罚。

行业协会违反《反垄断法》规定，组织本行业的经营者达成垄断协议的，反垄断执法机构可以处50万元以下的罚款；情节严重的，社会团体登记管理机关可以依法撤销登记。

例释 2012年以来，一汽—大众销售有限责任公司组织湖北省内10家奥迪经销商达成并实施整车销售和服务维修价格的垄断协议，旨在控制经销商对第三人转售的整车销售和售后维修价格。湖北省物价局认为上述协议剥夺、干预了下游经营者的定价权，抬高了整车和备件的销售价格，排除、限制了整车和备件市场的正常竞争秩序，损害了消费者权益。依据《反垄断法》，对一汽—大众销售有限责任公司开出2.4858亿元的罚

[①] 此处及下文所涉有关违反反垄断法之责任，为反垄断执法机构之行政处罚。另外，违法者还要承担民事责任。《反垄断法》规定：经营者实施垄断行为，给他人造成损失的，依法承担民事责任。

单,即上一年度相关市场销售额的 6%;对 7 家经销商分别以上一年度相关市场销售额的 1%至 2%的标准予以罚款。对主动报告并提供重要证据的一家经销商以及违法行为轻微并及时纠正,没有造成危害后果的另一家经销商免除处罚。还有一家,则减轻 50%的处罚。

二、滥用支配地位

1. 市场支配地位及其认定

市场支配地位,是指经营者在相关市场内具有能够控制商品价格、数量或者其他交易条件,或者能够阻碍、影响其他经营者进入相关市场能力的市场地位。

《反垄断法》规定的用以判定市场支配地位的因素有:

(1)该经营者在相关市场的市场份额,以及相关市场的竞争状况。

(2)该经营者控制销售市场或者原材料采购市场的能力。

(3)该经营者的财力和技术条件。

(4)其他经营者对该经营者在交易上的依赖程度。

(5)其他经营者进入相关市场的难易程度。

(6)与认定该经营者市场支配地位有关的其他因素。

2. 推定为市场支配地位的情形

市场份额本身并不足以判断经营者具有垄断力量,因此需综合上述的若干因素来认定市场支配地位。但不可否认的是,市场份额,或市场占有率的大小的确是衡量垄断力量的重要因素。达到较大市场份额的经营者往往具有相对较大的影响市场的力量。因此,《反垄断法》规定市场份额达到一定比例的经营者可以先被推定为具有市场支配地位。

有下列情形之一的,可以推定经营者具有市场支配地位:

(1)一个经营者在相关市场的市场份额达到 1/2 的。

(2)两个经营者在相关市场的市场份额合计达到 2/3 的。

(3)三个经营者在相关市场的市场份额合计达到 3/4 的。

对于第(2)、(3)项情形,如果其中有的经营者市场份额不足 1/10 的,不应当推定该经营者具有市场支配地位。

被推定为具有市场支配地位并不意味着这就是最终的定论。上述比例的达到只是市场支配的可能性增大而已,并非一定就具有市场支配地位。因此,根据《反垄断法》的规定,被推定具有市场支配地位的经营者,有证据证明不具有市场支配地位的,不应当认定其具有市场支配地位。

3. 滥用市场支配地位的行为

我国《反垄断法》采行为主义。即反垄断法并不禁止市场支配地位本身,而是禁止滥用市场支配地位的行为,主要有:

(1)剥削行为:以不公平的高价销售商品或者以不公平的低价购买商品。

(2)倾销行为:没有正当理由,以低于成本的价格销售商品。

(3)拒绝交易:没有正当理由,拒绝与交易相对人进行交易。

(4) 指定交易：没有正当理由，限定交易相对人只能与其进行交易或者只能与其指定的经营者进行交易。

(5) 搭售行为：没有正当理由搭售商品，或者在交易时附加其他不合理的交易条件。

(6) 歧视行为：没有正当理由，对条件相同的交易相对人在交易价格等交易条件上实行差别待遇。

(7) 其他行为：反垄断执法机构认定的其他滥用市场支配地位的行为。

据第一节的分析，滥用市场优势力量或支配地位的行为，也有其合理性的可能，换言之，不一定具有限制竞争或折损市场效率的效果。因此，《反垄断法》对其采合理原则，除剥削行为外，一般允许相关经营者以"合理性"或"正当理由"提出抗辩。

4. 法律责任

经营者违反《反垄断法》规定，滥用市场支配地位的，由反垄断执法机构责令停止违法行为，没收违法所得，并处上一年度销售额1%以上10%以下的罚款。

专题案例13-3　3Q大战之"奇虎诉腾讯"

原告指控

奇虎公司诉至法院，指控腾讯公司在即时通信软件及服务相关市场滥用市场支配地位：一是限制交易。腾讯公司强迫用户"二选一"，如果用户安装有360软件，则腾讯公司的QQ软件将停止服务，导致大量用户卸载360软件。二是捆绑销售（搭售），即将QQ软件管家与即时通信软件（QQ）相捆绑，以升级QQ软件管家的名义安装QQ医生。

分析思路

首先要界定相关市场，之后判断腾讯公司在相关市场是否具支配地位。如果具支配地位，再继续分析被指控的两个行为是否构成违法滥用支配地位。法院判决驳回奇虎公司之诉求。理由是：在即时通信服务相关市场里，腾讯公司并不具市场支配地位。即使具支配地位，被指控的行为也未违法。

相关市场之界定（1）：商品市场

界定相关市场是划出竞争者之间的"战场"，在该范围里方可继续界定某经营者是否有支配市场的垄断力量。一般分两部分：商品（产品/服务）市场和地域市场。如界定范围窄，则更有利于得出具支配力量之结论。

奇虎认为相关商品市场为"集成了文字、音频及视频等综合功能的即时通信软件及其服务市场"。腾讯则反驳：商品市场不只局限于"综合功能"之即时通信服务，所有具即时通信功能之服务均应考虑在内。另外互联网竞争实际上是平台的竞争，因此相关市场应超出即时通信服务。

最高法院认为：界定商品市场可作假定垄断者测试，即：假设腾讯公司为垄断者，其将 QQ 服务的价格小幅上调，是否会发生很多用户放弃 QQ 选择其他产品，如果是，则其他产品被纳入相关商品市场。然而，互联网服务的特点是以提供免费服务来吸引用户，然后再通过增值业务和广告收入来盈利。因此互联网的竞争重服务、质量、创新而非价格。基于此特点，如采用传统的价格上涨来测试，则意味着整个盈利模式改变，从而将不具有替代关系的商品纳入相关市场中，导致相关市场界定过宽。因此，应采用变通的测试，界定服务质量下降后，是否会发生用户流失到其他产品或服务。

由此，法院认定商品市场为：除了综合功能之服务外，文字、音频、视频单一功能即时通信服务和移动端即时通信服务应纳入相关市场，即电脑端和移动端的综合功能和单一功能即时通信服务。但社交网站/微博服务、手机短信、电子邮箱、互联网平台不应纳入。

相关市场之界定（2）：地域市场

接着法院界定地域市场为中国大陆地区之即时通信服务，主要考虑四个方面：一是用户选择。中国大陆地区境内绝大多数用户对在境外的国际即时通信产品无较高关注度。二是进入障碍。外国经营者不能直接进入大陆境内经营，需要设中外合资经营企业并获得行政许可。三是进入情况。当时国际主要即时通信服务提供者已通过合资方式进入大陆市场。四是进入时效。即使还有境外的经营者要进入大陆市场，但要完成建立合资企业等要求，也很难在较短时间里进入从而及时地跟目前大陆市场内的经营者形成竞争。

市场支配地位之认定

市场支配地位指经营者对相关市场的控制力量，具体表现为：影响或控制商品价格、数量或者其他交易条件；或者，阻碍、影响其他经营者进入相关市场。在认定市场支配地位时，一般分析经营者的市场份额。如果高于 50%，则推定其具有市场支配地位。但该推定只是初步而非最终结论，最终认定是否具支配地位要考虑多个因素综合认定。

数据显示：腾讯公司在相关市场之份额已超 80%（电脑端）和 90%（移动端）。但法院认为不能只依据该份额得出结论，还需分析"市场进入难易程度、被上诉人（腾讯）的市场行为、互联网平台竞争所形成的竞争约束"等。最终法院认为腾讯不具市场支配地位，主要理由为：一、即时通信领域创新活跃、市场正蓬勃发展，市场竞争充分；二、各即时通信产品功能用途差异不大，彼此替代性高，腾讯控制市场交易条件之能力弱；三、网络效应和客户黏性等因素并未明显提高用户对 QQ 之依赖；四、相关市场进入较为容易。

是否滥用支配地位

如果已被认定不具支配地位，则腾讯胜诉，法院不需进一步分析是否滥用。但本案中，最高法院仍对被指控的行为是否构成违法滥用进行了分析。

一是限制交易。法院认为该"二选一"虽造成用户不便，但并未造成对消费者权益的重大影响,因为无论是即时通讯还是杀毒软件,用户选择充分,QQ软件非必需品。另外,也未导致排除或限制市场竞争。例如"二选一"实施后,腾讯竞争对手的用户量出现较高增幅。

二是搭售。违法搭售的目的是对A产品(QQ即时通信)具支配地位的经营者在提供A产品时搭售B产品(QQ管家),从而使得用户不得不接受B产品(对用户的不正当性),另外,将对A产品的支配力量延展到B产品相关市场(安全软件)从而排除或限制B产品相关市场的竞争(对竞争的影响)。法院认为QQ即时通信软件与QQ管家的打包下载有合理性,因为用户关注账号安全,打包下载可进行用户使用即时通信和维护账号安全的功能整合。另外,实质上用户未被强制,因为用户仍可自主选择卸载QQ管家。对被搭售产品(B产品)相关市场之竞争影响方面,也无证据表明奇虎公司的360软件因此在安全软件市场的份额有显著下降,或者,无证据表明搭售对B产品相关市场之竞争有排除或限制效果。

思考

在相关市场认定方面,一审的广东省高院将社交网站、微博服务纳入相关市场,但最高法院不予赞同。请问你的看法是?另外,最高法院分析了网络效应和用户黏性后,认为用户对QQ聊天软件之依赖度不强,你是否赞同?请进而分析,如果是微信,其相关市场如何界定?而用户黏性和依赖度是否有所不同?其是否具市场支配地位?

(编写参考:最高人民法院(2013)民三终字第4号判决书)

三、经营者集中

1. 何为经营者集中

广义的"集中"包括两种情况:一是合并,即直接导致经营者数量减少的集中;二是控制,即某经营者对其他经营者控制权的获得。表面上虽然不导致经营者数量的减少,但实际上,彼此独立或不受控制的经营者的数量减少了。

集中可以发生在有竞争关系的经营者之间,即横向集中;也可发生在上下游经营者之间,即纵向集中;也可发生在既无横向关系也无纵向关系的经营者之间,即混合集中。并购是集中的最常见途径,因此上述三个集中也经常被称为横向并购、纵向并购和混合并购。

横向集中导致竞争者数目的减少,并同时具有增加相关经营者市场竞争力之效,最为反垄断法所关注;而纵向集中和混合集中虽不涉及竞争者数量的减少,但通过集中,相关经营者可增强竞争实力,并有可能打击、排挤竞争对手,也属反垄断法关注的对象。

《反垄断法》对合并和控制这两种集中情形都作了规定。以下第(1)种情形为合并,第(2)、(3)种情形为控制:

(1)经营者合并。

(2)经营者通过取得股权或者资产的方式取得对其他经营者的控制权。

(3)经营者通过合同等方式取得对其他经营者的控制权或者能够对其他经营者施加决定性影响。

2. 经营者集中的事前申报制

对于经营者集中的反垄断规制，国外相应的制度演变可分为两个阶段：事后处理和事前规范。以美国为例，1976年国会通过《哈特—斯科特—罗迪诺法》（Hart-Scott-Rodino Act）之前，执法机构依据1890年的谢尔曼法和1914年的克莱顿法对企业并购进行反垄断规制，此时的规制是事后的，即一般在企业并购完成后，如果发现企业的并购对市场竞争造成实质性损害，则对之采取反垄断措施。由于企业并购已经完成，甚至并购后的企业已经运转多年，采取的处理措施一般就是肢解或分割已组合在一起的企业。这种事后处理制度受到的最大批评就是应对滞后，即使采取救济措施，也效果堪忧。或者市场竞争已深受损害，或者强行分割已经有效合并和运营的企业也伤害了该企业本身的效率。1976年后，根据《哈特—斯科特—罗迪诺法》，对企业并购引入事前申报制度，从而使得企业并购在完成之前要受到反垄断审查。只有通过了反垄断审查，企业并购方可进行。欧盟范围内对企业并购进行反垄断规制的法律是1989年的《并购条例》（Merger Regulation），也确立了与美国类似的事前申报和审查制度。

根据我国《反垄断法》的规定，经营者集中达到国务院规定的申报标准的，经营者应当事先向反垄断执法机构申报，未申报的不得实施集中。申报标准为：（1）参与集中的所有经营者上一会计年度在全球范围内的营业额合计超过100亿元人民币，并且其中至少两个经营者上一会计年度在中国境内的营业额均超过4亿元人民币；或者，（2）参与集中的所有经营者上一会计年度在中国境内的营业额合计超过20亿元人民币，并且其中至少两个经营者上一会计年度在中国境内的营业额均超过4亿元人民币。

3. 反垄断审查的标准

经营者集中具有或者可能具有排除、限制竞争效果的，反垄断执法机构应当做出禁止经营者集中的决定。但是，经营者能够证明该集中对竞争产生的有利影响明显大于不利影响，或者符合社会公共利益的，反垄断执法机构可以做出对经营者集中不予禁止的决定。

对不予禁止的经营者集中，反垄断执法机构可以决定附加减少集中对竞争产生不利影响的限制性条件。

审查经营者集中，应当考虑下列因素：

（1）参与集中的经营者在相关市场的市场份额及其对市场的控制力。
（2）相关市场的市场集中度。
（3）经营者集中对市场进入、技术进步的影响。
（4）经营者集中对消费者和其他有关经营者的影响。
（5）经营者集中对国民经济发展的影响。
（6）反垄断执法机构认为应当考虑的影响市场竞争的其他因素。

4. 反垄断审查的程序

（1）经营者事前申报。达到申报标准的经营者向反垄断执法机构申报集中，应提交如下文件、资料：申报书；集中对相关市场竞争状况影响的说明；集中协议；参与集中的经营者经会计师事务所审计的上一会计年度财务会计报告；反垄断执法机构规定的其他文件、资料。

申报书应当载明参与集中的经营者的名称、住所、经营范围、预定实施集中的日期和反垄断执法机构规定的其他事项。

（2）初步审查。如果申报文件资料符合法律规定，反垄断执法机构应当自收到之日起 30 日内，对申报的经营者集中进行初步审查，做出是否实施进一步审查的决定，并书面通知经营者。反垄断执法机构做出决定前，经营者不得实施集中。

反垄断执法机构做出不实施进一步审查的决定或者逾期未做出决定的，经营者可以实施集中。

（3）进一步审查。反垄断执法机构决定实施进一步审查的，应当自决定之日起 90 日内审查完毕，做出是否禁止经营者集中的决定，并书面通知经营者。做出禁止经营者集中的决定，应当说明理由。审查期间，经营者不得实施集中。

如果经营者同意延长审查期限，或者需要进一步核实经营者提交的不准确的文件资料，或者经营者申报后有关情况发生重大变化，反垄断执法机构经书面通知经营者，可以延长前款规定的审查期限，但最长不得超过 60 日。

反垄断执法机构逾期未做出决定的，经营者可以实施集中。

5. 法律责任

经营者违反《反垄断法》规定实施集中的，由反垄断执法机构责令停止实施集中、限期处分股份或者资产、限期转让营业以及采取其他必要措施恢复到集中前的状态，可以处 50 万元以下的罚款。

四、滥用行政权力排除、限制竞争

1. 行政权力滥用的表现

《反垄断法》第五章对滥用行政权力干预市场竞争的行为做了专章规定。

行政权力是来自市场外部的力量，具有强制性。行政权力的实施者不是市场主体，但是与市场主体有管理和被管理的关系。在法治状态下，一方面，市场主体依据法律规定行事，如果没有违反法律，则不受行政权力的管束；另一方面，行政机关的权力行使也要依据法律规定。但是在法治尚不完善的情况下，行政机关的行为因为缺少法律的制约，往往逾越合理的界限介入市场，影响市场的运作。

当行政权力支持某些企业时，这些企业便获得了强于竞争对手的力量。这种垄断力量可以使它们制定高于市场竞争水平的价格而获得高额利润，从而损害了经济效率。

下文所称的"行政机构"泛指拥有行政权力之机构，包括行政机关和法律、法规授权的具有管理公共事务职能的组织。

（1）行政机构的权力滥用行为之一。强制他人购买其指定的某经营者的商品或服务。这类似于给予某经营者对某产品或服务的专有经营权。只不过合法的专营权是有法律依据的，而这里的专营权的获得是因为行政部门权力的支持。因为产品的用户或消费者受该行政机构权力的管辖，例如行政机构有权要求他们必须安装某产品，因此不得不服从该指定。

[例释] 某市公安局曾下发文件规定金融单位安装报警系统的业务由其下属的某公司承担。这样其他安装公司就损失了相当重要的一块业务。

如果一个企业因行政机构的保护而垄断某一部分用户，由于没有外来竞争压力，很难相信它会提供具有合理价格和优秀质量的产品或服务。而且行政机构所指定的产品往往是要求用户必须购买的产品，例如规定金融机构要安装报警系统，因此该指定产品的市场需求是固定的，不会因为价格的提高而减少需求，所以企业可以无所顾忌地提高价格。如果安装服务市场是竞争的，用户不用支付高于市场水平的价格，节省下来的收入会降低用户的成本或用于其他业务。但是被指定的企业获得垄断利润后并不会用于扩大产出或提高服务质量，因为需求是固定的，没有竞争的压力。这部分利润可能在无效率的管理中被消耗，也有可能用于对政府部门的寻租，这些都是对资源的无效率的使用。因此该行为对经济效率的损害是非常明显的。

（2）行政机构的权力滥用行为之二。限制其他经营者的正当经营活动。假设上述的公安局在文件中并没有指定金融机构必须接受其下属公司的服务，但是却规定如果要承接该业务，必须具备怎样的条件。这样仍然可以达到排除其他经营者竞争的效果，因为其他经营者由于要满足该行政机构的不合理条件限制而不得不使成本提高。

[例释] 假设安装服务市场是竞争性的，市场价格为10。除了公安局下属的公司A外，其他公司被限定了市场进入条件，从而成本提高，其定价上升到12。因为A的成本没有提高，所以其只要规定低于12的价格就可以获得客户，并且还可以得到大于10的垄断利润。

（3）行政机构的权力滥用行为之三。设置地方壁垒，即进行地方保护。具体表现有：滥用行政权力，妨碍商品在地区之间的自由流通，包括限制外地商品进入本地市场和阻碍本地商品流出；设定歧视性资质要求、评审标准或者不依法发布信息等方式，排斥或者限制外地经营者参加本地的招标投标活动；采取与本地经营者不平等待遇等方式，排斥或者限制外地经营者在本地投资或者设立分支机构等。

[例释] 假设在A市某产品由企业B独家生产销售，由于当地市场没有竞争对手，因此可以把价格定在垄断水平，设为12，高于市场竞争水平价格10。但是不久后其他地区的企业C的产品进入A市市场，其销售价格为10。这样就迫使B也以10的价格出售。在市场价格为10的情况下，市场需求和产出都得以扩大，但是B因此失去垄断利润。于是B说服A市政府采取排除竞争对手的措施。假设A市政府禁止外地产品的进入，则在A市形成了相关产品的封闭市场，由于没有外来竞争对手的威胁，企业B又可以将价格提高到12。

（4）行政机构的权力滥用行为之四。强制经营者从事反垄断法所禁止的垄断行为。具体规定为：行政机构不得滥用行政权力，强制经营者从事《反垄断法》规定的垄断行为，例如，强制经营者之间达成、实施排除、限制竞争的垄断协议，强制具有市场支配地位的经营者从事滥用市场支配地位行为。

（5）行政机构的权力滥用行为之五。制定含有排除、限制竞争内容的规定。具体规定为：行政机构不得滥用行政权力，以决定、公告、通告、通知、意见、会议纪要等形式，制定或发布含有排除、限制竞争内容的规定。

2. 《反垄断法》制止行政权力滥用之不足

我国法律制度尚不完善，因此行政机构的权力行使缺乏约束，这是造成滥用行为的主要原因。而且，行政权力的滥用往往是基于地方利益、部门利益甚至个人利益，以牺牲社会的经济效率为代价。另外，还有大量浪费社会资源的寻租行为存在，产生了很大的社会成本。更为严重的后果是影响了企业的独立性和市场机制的完善，这会阻碍市场经济的发展。

1993年的《反不正当竞争法》第7条虽有禁止性规定，但在实施过程中并不能起到实际的制约效果，最重要的原因是缺乏相应的救济方式。对于滥用行政权力的行政机构，《反不正当竞争法》第30条规定由上级机关责令改正，可是并没有规定如果上级机关不责令改正的话怎么处理。《反垄断法》的相关规定仍缺乏制约力量，其51条规定，对于行政权力滥用行为，"由上级机关责令改正；对直接负责的主管人员和其他直接责任人员依法给予处分。反垄断执法机构可以向有关上级机关提出依法处理的建议。"因此，相关规定显然有些流于形式，不具可操作性，此为不足之一。

目前法律法规中对如何界定"滥用"没有给出衡量标准，此为不足之二。《反垄断法》虽然列举了几种滥用行政权力行为，但未必能涵盖目前存在的和未来有可能发生的所有滥用行为。从法理上来说，凡是没有合法依据的行政机关的行为都是权力的滥用。由于以权利为本，所以凡是法律没有规定的都应为权利的领域。而对权力由于是限制为主，则只有法律明确规定的才是权力行使的空间。但现实是行政权力频频涉足法律没有规定的领域来侵入权利的空间，而对于这些行为，司法机关很难应付。

我国的反垄断法律没有对行政部门合法权利的行使进行限制，此为不足之三。目前行业主管部门和地方政府都有进行行业和企业改革的权力，例如进行国企改革、组建企业集团、制订行业发展政策等。它们甚至有一定的立法权，很容易出台一个文件、规定、通知或法规来为自己的不当行为搭建一个"合法"平台。如何保证这些权力的行使能摆脱地方利益或部门利益的束缚而与市场经济改革的方向一致并且不损害市场竞争机制和经济效率？在一些转轨经济国家，往往规定行业部门的决策要征求反垄断机构的意见甚至需征得反垄断机构的同意方可实施。因此，我国的反垄断法律应该就此问题作出规定，并且赋予反垄断机构监督和制约政府部门经济决策的权力。

专题案例13-4　行政权力滥用行为举例

1. 政府部门强制他人购买其指定的某经营者的商品或服务

湖南省衡南县委办、政府办下发通知，对各级部门提出要求：凡由县财政拨付经费召开的会议需要就餐、住宿的一律安排在鑫泉宾馆；各机关和事业单位每年按招待费总额的一定比例确定在鑫泉宾馆的消费基数并落实到位。文件后面还特别注明：上述年度消费金额按季度分摊落实，如季度内未完成消费任务的单位，按第十三届三十四次政府常务会议纪要精神，由监察、财政、审计组成的专项审计组进行审计。

2003年1月下旬，一些没去鑫泉宾馆消费的单位相继收到宾馆的书面通知：根据两办文件精神，分配你单位2003年元月份在县鑫泉宾馆餐饮部招待消费款××元，已经由县财政局代扣到我馆餐饮部。欢迎光临，谢谢合作。

据报道，该宾馆原为县委、县政府的招待所，后承包出去。2002年，该宾馆由县政府代管，由县政府办一些干部集资经营。

2003年4月，在媒体披露后，该县撤销了该文件。

2. 限制其他经营者的正当的经营活动

2002年2月，邮政局下发文件，限制外资速递公司的业务范围，遭到了激烈反对和批评。7个月后，邮政局被迫再次下发文件，扩大了外资速递公司的业务范围。尽管邮政局做出了很大让步，但亚太快递协会拒绝接受该文件，拒绝办理邮政局要求的委托申请手续，也拒绝邮政局的管理。其发言人认为该文件确立了中国邮政既是管理者又是竞争者的双重身份，不公平。

还有一个相似案件引起很大争议：经当地工商和出版部门批准，张家口市青年郭东生等人于1999年8月成立"阳光报业有限公司"，打出"投递到户，不怕楼高"的服务口号，在短短几个月内便发展了1万多家客户。2001年4月26日，张家口市邮政局依据《河北省邮电通信管理条例》（该条例规定了报刊征订发行由邮政专营）和《河北省邮政管理规定》（2000年9月4日实施），以"破坏邮发报刊正常征订秩序"为由对阳光报业处以2.98万元的"行政处罚"。专家指出：上述两个地方法规明显违反《邮政法》和《行政处罚法》有关邮政专营和处罚权的规定。

3. 地方保护

湖北省委书记俞正声在会见青岛啤酒集团老总时，提了一个问题："青岛啤酒在湖北市场遇到的最大困难是什么？"该集团华南事业部的负责人回答说："就是地方保护。为了保护本地企业，地方技术质量监督、卫生防疫等职能部门总是千方百计地设置障碍，阻挠我们进入当地市场。不得已只好一一去攻关，目前这种成本已列入了公司的预算，湖北市场全年计划为50万元。"

（编写参考：《中国青年报》相关报道，2003-04-10（A18）；王丰. 中国邮政腹背受敌[J]. 南方周末，2002-11-07（B13）；余晖. 被"绿荫"遮蔽的"阳光"——也谈邮政的垄断与竞争[J]. 新财经，2001（9）.）

第四节　我国有关反不正当竞争的法律规定

依据《反不正当竞争法》第2条，从事商品生产、经营或者提供服务的经营者，应当遵循自愿、平等、公平、诚信的原则，遵守法律和商业道德。在生产经营活动中，如果经营者违反相关法律规定，扰乱市场竞争秩序，损害其他经营者或者消费者的合法权益，其行为构成法律所禁止的不正当竞争行为。

《反不正当竞争法》列举了七种不正当竞争行为：混淆（第6条）、商业贿赂（第7条）、虚假宣传（第8条）、侵犯商业秘密（第9条）、不正当有奖销售（第10条）、商业诋毁（第11条）以及网络不正当竞争（第12条）。

一、混淆

1. 混淆行为及其危害

混淆行为，指通过假冒或仿冒他人的注册商标、产品名称、外包装、企业名称、标志等造成购买者的错误认识。这种行为不仅侵害了消费者的合法权益，也侵害了被混淆之经营者的权益。

2. 混淆行为的表现

（1）擅自使用与他人有一定影响的商品名称、包装、装潢等相同或者近似的标识。

（2）擅自使用他人有一定影响的企业名称（包括简称、字号等）、社会组织名称（包括简称等）、姓名（包括笔名、艺名、译名等）。

（3）擅自使用他人有一定影响的域名主体部分、网站名称、网页等。

（4）其他足以引人误认为是他人商品或者与他人存在特定联系的混淆行为。

3. 法律责任[①]

实施混淆行为的，由监督检查部门责令停止违法行为，没收违法商品。违法经营额5万元以上的，可以并处违法经营额5倍以下的罚款；没有违法经营额或者违法经营额不足5万元的，可以并处25万元以下的罚款。情节严重的，吊销营业执照。

例释 原告鼎丰公司生产的白醋为获得专利的知名商品。该公司指控被告德福楼食品厂在其销售的白醋产品上使用的瓶贴的包装装潢与本公司产品的包装装潢近似，是不正当竞争。上海市第一中级人民法院认为：将被告使用的载有"上海ShanghaibaiCu白醋"字样的瓶贴装潢与原告使用的载有"上海ShanghaiCu白醋"字样的瓶贴装潢进行对比，两者在整体上的色彩、图案、突出显示的文字以及文字布局、大小、字体所使用的颜色、风格基本相同，两者只是在拼音部分、商标以及企业名称等局部细节上存在差异，故被告使用该种瓶贴的产品足以和原告的相关产品造成混淆，极易引起消费者的误认。被告的上述行为系仿冒知名商品包装装潢的不正当竞争行为，其应当承担相应的法律责任。

二、商业贿赂

1. 什么是商业贿赂

商业贿赂是指经营者采用财物或者其他手段贿赂相关单位或者个人，以谋取交易机会或者竞争优势的行为。

2. 贿赂之手段

（1）主要手段。即"财物"，指现金和实物等，包括经营者假借促销费、宣传费、赞助费、科研费、劳务费、咨询费、佣金等名义，或者以报销各种费用等方式，给付相

[①] 此处及下文中所涉法律责任为相关行政处罚。另外，《反不正当竞争法》规定：经营者违反本法规定，给他人造成损害的，应当依法承担民事责任。如违反刑法构成犯罪，例如诈骗罪、侵犯商业秘密罪、商业贿赂罪等，还要追究刑事责任。

关单位或者个人的财物。

(2) 其他手段。指给付财物以外的给付其他利益的手段,例如,提供国内外各种名义的旅游、考察等。

3. 贿赂之对象

包括所有有助于贿赂者业务经营之对象,主要为交易相对方,也包括对交易有影响力的其他对象,具体为:

(1) 交易相对方的工作人员。

(2) 受交易相对方委托办理相关事务的单位或者个人。

(3) 利用职权或者影响力影响交易的单位或者个人。

4. 对回扣的禁止

回扣,是指经营者销售商品时在账外暗中以现金、实物或者其他方式退给对方、对方单位或者个人的一定比例的商品价款。"账外暗中",是指未在依法设立的反映其生产经营活动或者行政事业经费收支的财务账上按照财务会计制度规定明确如实记载,包括不记入财务账、转入其他财务账或者做假账等。

在账外暗中给予对方单位或者个人回扣的,以行贿论处;对方单位或者个人在账外暗中收受回扣的,以受贿论处。

5. 对赠金或礼品的禁止

经营者在商品交易中不得向对方单位或者其个人附赠现金或者物品,但按照商业惯例赠送小额广告礼品的除外。

违反上述规定的,视为商业贿赂行为。

6. 对折扣和佣金的规定

折扣,即商品购销中的让利。佣金,是指经营者在市场交易中给予为其提供服务的具有合法经营资格的中间人的劳务报酬。

法律允许经营者以明示方式给予对方折扣或给中间人佣金。无论是给予者还是接受者,都应当如实入账。

明示和入账,是指根据合同约定的金额和支付方式,在依法设立的反映其生产经营活动或者行政事业经费收支的财务账上按照财务会计制度规定明确如实记载。

7. 法律责任

贿赂他人的,由监督检查部门没收违法所得,处 10 万元以上 300 万元以下的罚款。情节严重的,吊销营业执照。

例释 某医院给付其他医院的医生"CT 介绍费",引诱其他医院的医生介绍病人到本院做 CT 检查或其他检查。国家工商局认定为构成商业贿赂,该介绍费应属"佣金"形式,因为是非明示形式给予并且接受者也未入账,所以构成商业贿赂。[①]

[①] 工商公字[1997]第 257 号文件。

三、虚假宣传

1. 对经营者的要求

《反不正当竞争法》规定：经营者不得对其商品的性能、功能、质量、销售状况、用户评价、曾获荣誉等作虚假或者引人误解的商业宣传，欺骗、误导消费者。经营者不得通过组织虚假交易等方式，帮助其他经营者进行虚假或者引人误解的商业宣传。

2. 虚假宣传的三种类型

（1）欺骗型。指宣传信息系伪造、编造、虚构等，因而不真实，有欺骗消费者之效果。

（2）误导型。指虚假宣传的手段并非在信息或内容本身的真实性上做手脚，而是通过一语双关、断章取义、使用无定论信息等手段让消费者产生偏离商品之实际情况的错误理解。主要有：对商品作片面的宣传或者对比的；将科学上未定论的观点、现象等当作定论的事实用于商品宣传的；以歧义性语言或者其他引人误解的方式进行商品宣传的。

（3）帮助型。指虚假宣传者是相关商品或服务经营者之外的经营者。典型例子为网络刷单，刷单者采用删除不利评价、虚构交易等手法帮助他人提高有关商品或服务之信誉。

3. 广告虚假宣传

利用广告进行欺骗或令人误导的虚假宣传，非常多见。由于《广告法》对此有专门规定，因此经营者依《广告法》承担责任。《广告法》规定：广告应当真实，不得含有虚假或者引人误解的内容，不得欺骗、误导消费者。广告主应对广告内容的真实性负责。

4. 法律责任

虚假宣传的，由监督检查部门责令停止违法行为，处20万元以上100万元以下的罚款；情节严重的，处100万元以上200万元以下的罚款，可以吊销营业执照。

[例释] 黄金假日公司指责携程公司在其会员手册里的宣传有不正当竞争之嫌。上海市第一中级人民法院认为：携程公司在宣传中使用极限性文字"最大的"本身有排斥竞争对手的含义，而其自称是"行业内无可争议的领导者"也缺乏相应的依据，这都易使相关公众对包括黄金假日公司、携程公司等在内的同业竞争者在该行业内的地位产生误解，故携程公司的这一行为已构成对其服务进行引人误解之宣传的不正当竞争行为。

四、侵犯商业秘密

1. 什么是商业秘密

商业秘密，是指不为公众所知悉、具有商业价值并经权利人采取相应保密措施的技术信息、经营信息等商业信息。具体有四个构成要件：

（1）技术信息和经营信息等商业信息。包括设计、程序、产品配方、制作工艺、制作方法、管理诀窍、客户名单、货源情报、产销策略、招投标中的标底及标书内容等信息。

（2）不为公众所知悉。指该信息是不能从公开渠道直接获取的。

（3）具有商业价值。指该信息具有确定的可应用性，能为权利人带来现实的或者潜在的经济利益或者竞争优势。

（4）权利人采取保密措施。包括订立保密协议、建立保密制度及采取其他保密措施。

2. 侵犯商业秘密的行为

禁止经营者、经营者以外的其他自然人、法人和非法人组织实施下列侵犯商业秘密的行为：

（1）以盗窃、贿赂、欺诈、胁迫、电子侵入或者其他不正当手段获取权利人的商业秘密。

（2）披露、使用或者允许他人使用以前项手段获取的权利人的商业秘密。

（3）违反保密义务或者违反权利人有关保守商业秘密的要求，披露、使用或者允许他人使用其所掌握的商业秘密。

（4）教唆、引诱、帮助他人违反保密义务或者违反权利人有关保守商业秘密的要求，获取、披露、使用或者允许他人使用权利人的商业秘密。

另外，第三人明知或者应知商业秘密权利人的员工、前员工或者其他单位、个人实施上述所列违法行为，仍获取、披露、使用或者允许他人使用该商业秘密的，视为侵犯商业秘密。

3. 法律责任

侵犯商业秘密的，由监督检查部门责令停止违法行为，没收违法所得，处 10 万元以上 100 万元以下的罚款；情节严重的，处 50 万元以上 500 万元以下的罚款。

例释 2001 年年初，金莱克公司下属某厂厂长潘某跳槽到金育电器有限公司任总经理，组织人员盗用金莱克公司的技术资料，生产与金莱克公司开发的某产品相似的产品。工商局依法认定金育公司的行为构成侵犯商业秘密行为，予以行政处罚。[①]

五、违法有奖销售

1. 什么是有奖销售

有奖销售是指经营者销售商品或者提供服务，附带性地向购买者提供物品、金钱或者其他经济上的利益的行为。包括奖励所有购买者的附赠式有奖销售和奖励部分购买者的抽奖式有奖销售。凡以抽签、摇号等带有偶然性的方法决定购买者是否中奖的，均属于抽奖方式。

2. 法律禁止的有奖销售行为

（1）欺骗型有奖销售。指采用谎称有奖或者故意让内定人员中奖的欺骗方式进行

---

① 本案例来源于国家工商总局于 2004 年公布的，《反不正当竞争法》实施 10 年以来十大不正当竞争典型案例。

的有奖销售。

（2）误导型有奖销售。指所设奖的种类、兑奖条件、奖金金额或者奖品等有奖销售信息不明确，影响兑奖。

（3）高额抽奖式有奖销售。指最高奖的金额超过5万元的抽奖式有奖销售。

3. 法律责任

违法进行有奖销售的，由监督检查部门责令停止违法行为，处5万元以上50万元以下的罚款。

例释 保龄球场馆规定：如达到一定得分，则给予奖励。这是否属于有奖销售？国家工商局认为属于以带有偶然性的方式决定消费者是否中奖的抽奖式有奖销售，因此最高奖的金额不可超过法律规定的限额。①

六、商业诋毁

1. 什么是商业诋毁

又称毁损竞争对手商誉，指经营者编造、传播虚假信息或者误导性信息，损害竞争对手的商业信誉、商品声誉。

2. 构成要件

（1）编造、传播虚假或误导性信息。编造可以是全部，也可以是部分；既可以是完全的子虚乌有，也可是对真实情况的歪曲。传播指向的是特定或不特定的人，方式可以是书面、电子、口头等各种方式。所编造、传播的信息有虚假和误导性两种。

（2）指向竞争对手。被诋毁的对象必须是与诋毁行为人有竞争关系。该竞争对手应是特定的，或者是可识别的，既虽然不特定，但可以根据相关信息合理识别出具体指向的企业。可识别的竞争对手可能是一个，也可是多个。

例释 大海公司在其产品手册里宣称其产品采用了A技术，要远远好于采用B技术的产品，此时凡是采用B技术的竞争对手都可依法追究大海公司法律责任。

（3）损害商誉。对被指向的企业之商誉造成的负面影响即为损害，不是只局限于对被诋毁企业的实际销售或收入的影响，甚至包括可能性的损害。

例释 为争夺客户，大海公司向竞争对手小河公司的某客户发函诋毁小河公司的产品。大海公司辩称：该客户收到信函后仍与小河公司签了采购合同，因此其行为并未对小河公司造成损害。法院认为：大海公司的诋毁造成客户对小河公司产品之信心的动摇，因此小河公司要付出更多努力来恢复客户对其产品的信心，并且，这种动摇已经造成了小河公司产品之社会评价的可能性降低。

3. 法律责任

损害竞争对手商业信誉、商品声誉的，由监督检查部门责令停止违法行为、消除影响，处10万元以上50万元以下的罚款；情节严重的，处50万元以上300万元以下的

---
① 工商公字[1996]第386号。

罚款。

例释　黄金假日公司的总经理钱某在接受电视台采访时以肯定的语气评论其竞争对手携程公司："非法经营""是外资在中国旅游业非法的市场存在""是在（用）大量的市场混淆行为使消费者误认为它是个有资质的旅行服务公司""是进行大量的欺骗性的行为"等。上海市第一中级人民法院认为：尽管工商局对于携程公司未持有相关批准证书却从事航空客运机票的销售行为做出过行政处罚，但这只是反映了某一方面的情况，黄金假日公司的陈述显然以偏概全且缺乏相关行政管理部门的认定依据，该行为难免会使相关公众对携程公司的经营合法性问题产生怀疑从而会影响到携程公司在社会上的评价，故所涉行为已构成损害他人商业信誉的不正当竞争行为。

七、网络不正当竞争行为

1. 互联网专条

互联网迅猛发展，而各种新型不正当竞争行为也伴随发生。2017年修订的《反不正当竞争法》专门增加一条有关互联网不正当竞争行为的规定，被称为"互联网专条"（第12条），旨在规范互联网行业的竞争行为，保护消费者的权益。

该条规定：经营者利用网络从事生产经营活动，应当遵守《反不正当竞争法》的各项规定。因此前述有关所有经营者之不正当竞争行为的禁止规定，互联网相关企业应遵守。另外，互联网专条还专门针对网络产品或服务规定了所禁止的不正当竞争行为，即"妨碍、破坏其他经营者合法提供的网络产品或者服务正常运行的行为"。

2. 妨碍、破坏其他经营者合法提供的网络产品或者服务正常运行的行为

互联网专条规定：经营者不得利用技术手段，通过影响用户选择或者其他方式，实施下列妨碍、破坏其他经营者合法提供的网络产品或者服务正常运行的行为。

（1）未经其他经营者同意，在其合法提供的网络产品或者服务中，插入链接，强制进行目标跳转。

（2）误导、欺骗、强迫用户修改、关闭、卸载其他经营者合法提供的网络产品或者服务。

（3）恶意对其他经营者合法提供的网络产品或者服务实施不兼容。

（4）其他妨碍、破坏其他经营者合法提供的网络产品或者服务正常运行的行为。

3. 法律责任

发生上述行为者，由监督检查部门责令停止违法行为，处10万元以上50万元以下的罚款；情节严重的，处50万元以上300万元以下的罚款。

例释　用户使用搜狗输入法在百度搜索框里输入文字时，该输入法会自动弹出与已输入词汇相关的下拉词汇列表单。如用户点击下拉列表中的任一词汇，则搜索会自动跳转和切换到搜狗的搜索结果页面。北京市海淀区人民法院认定搜狗公司之行为构成不正当竞争，理由为：搜狗公司主观上明知或应知百度搜索引擎下拉提示词的显示方式，却不加避免，采取了与之相似的搜索候选呈现形式，主观上具有过错；客观上搜狗输入

法在用户事先选定百度搜索的情况下,先于百度公司以类似搜索下拉列表的方式提供搜索候选,实则是利用搜狗输入法在搜索引擎使用中的工具地位,借助用户已经形成的百度搜索使用习惯,诱导用户在不知情的情况下点击候选词进入搜狗搜索结果页面,造成用户对搜索服务来源混淆的可能,不当争夺、减少了百度搜索引擎的商业机会。①

专题案例 13-5 3Q 大战之"腾讯诉奇虎"

原告指控

腾讯公司(原告)指控奇虎公司(被告)实施如下不正当竞争行为:

一是诋毁。奇虎公司在提供、推广和宣传其"360 扣扣保镖"软件时,直接针对腾讯 QQ 软件,自称具有"给 QQ 体检""帮 QQ 加速""清 QQ 垃圾""去 QQ 广告""杀 QQ 木马""保 QQ 安全"和"隐私保护"等功能模块,实质上是打着保护用户利益的旗号,污蔑、破坏和篡改腾讯 QQ 软件的功能。

二是搭便车。奇虎公司通过虚假宣传,鼓励和诱导用户删除腾讯 QQ 软件中的增值业务插件、屏蔽原告的客户广告,并将其产品和服务嵌入原告的 QQ 软件界面,借机宣传和推广自己的产品。

商业诋毁之分析

证据显示:用户在安装了 QQ 软件的电脑上运行扣扣保镖后,该软件自动对 QQ 进行"体检",然后显示"体检得分 4 分,QQ 存在严重的健康问题";"共检查了 40 项,其中 31 项有问题,建议立即修复!重新体检";"在 QQ 的运行过程中,会扫描您电脑里的文件,为避免您的隐私泄露,您可禁止 QQ 扫描您的文件"等用语,另外还有"阻止 QQ 扫描我的文件""一键修复"等按键设置。

被告奇虎公司认为:给 QQ 打分不是对 QQ 的整体评价,只是对 QQ 软件运行状态的反映与评价;扣扣保镖对 QQ 也曾经给予了 100 分的满分评价。在计算机和互联网行业,这种打分评价很常见。而且,所陈述的"QQ 扫描电脑"是事实。因此不构成诋毁。

法院认为:认定是否构成商业诋毁,关键在于相关行为是否以误导方式对竞争对手的商业信誉或者商品声誉造成了损害。如果陈述的是虚假信息,会致诋毁他人。即使陈述的是真实的事实,如果是片面陈述并引人误解,仍可构成对他人的诋毁。

首先,被告宣称扣扣保镖具有自动阻止 QQ 软件对电脑硬盘隐私文件的强制性查看功能,但并无证据证明该"强制性查看",因此该信息不符合客观实际,属捏造、散布虚伪事实。

其次,被告所使用的"危险""升级""体检""扫描"等用语,虽然被告辩称其真实意思是不排除扫描隐私的可能性,对危险的提示也只是用了不确定用语,例如:"可能被病毒木马利用""请尽快修复"等,但这些提示和用语会较强地误导 QQ 用户,引发他们担心 QQ 不安全,从而对 QQ 软件及其服务产生负面影响和评价。

---

① 海淀区人民法院(2015)海民(知)初字第 4135 号判决书。

最后，其打分评价不客观。被告并未证明其评价标准和规则。打分先是显示 QQ 软件分数低、有健康问题，当用户按 QQ 保镖之提示操作后，就会显示满分、很健康。由于被告没证明其评价标准和规则，因此很难认定被告的评价结果具客观性。

搭便车之分析

被告辩称：所有"替代""升级"安全软件，都是用户同意后自己安装完成的。另外，作为扣扣保镖著作权人，其在所开发的软件运行过程中推荐"安全卫士软件"是其正当权益。

法院认为：市场竞争应诚实，即付出必要的劳动来竞争。如果未付出劳动或不正当利用他人付出劳动后取得的成果来为自己谋取商业机会或获取竞争优势，则为"食人而肥"的不正当竞争行为。

被告先是宣传扣扣保镖会保护隐私、让 QQ 安全，引导用户安装使用扣扣保镖。用户运行后，接着提示 QQ 有"健康问题"，如不安装 360 安全卫士，则会让电脑处于危险之中。然后诱导用户安装下载 360 安全卫士，经过一键修复，扣扣保镖将 QQ 软件的安全沟通界面替换成扣扣保镖界面。被告通过依附 QQ 的强大用户群（利用他人之劳动成果），贬损 QQ 软件和服务来推广自己的软件（增加自身市场机会并获取市场竞争优势），是不正当竞争行为。

思考

对于《反不正当竞争法》未列举、未专门规定的不正当竞争行为，法院会按照一般性条款分析和判决，即《反不正当竞争法》第 2 条。该条款规定了竞争行为要符合的基本原则，如"自愿、平等、公平、诚信、符合法律和商业道德"等。你如果是法官，如何理解和解释上述原则？该案判决时，《反不正当竞争法》还未引入互联网专条，所以法院对"搭便车"行为依据的是诚实信用和公平竞争的原则。如果该案发生在现在，可否依据互联网专条做出判决？

（编写参考：最高人民法院（2013）民三终字第 5 号判决书）

法规指引

- 国家法律：《反垄断法》《反不正当竞争法》《价格法》《广告法》
- 行政法规：《关于经营者集中申报标准的规定》
- 司法解释：《关于审理因垄断行为引发的民事纠纷案件应用法律若干问题的规定》
- 部门规章：《禁止垄断协议暂行规定》《禁止滥用市场支配地位行为暂行规定》《制止滥用行政权力排除、限制竞争行为暂行规定》

拓展与思考

1. 推荐阅读

重新阅读本章第二节的内容，结合你的经济学知识，谈谈你对垄断和反垄断的看法。

经济学是研究反垄断的重要视角和分析方法。有兴趣的同学可阅读本教材作者的专著：王传辉. 反垄断的经济学分析[M]. 北京：中国人民大学出版社，2004.

市场地位之界定，是反垄断分析之基础和关键。推荐阅读：侯利阳. 市场地位的反垄断剖析[M]. 北京：中国书籍出版社，2019. 该书细致地论述了相关市场界定之历史、理论和方法，市场支配地位之分析方法及相关案例、前沿问题和前沿理论，以及程序上的举证责任分配。

2. 问题解决

商业是战场，企业是战士，而竞争是战争。"竞争"这个战争是有法律边界的，不是任何竞争行为都可以肆意为之。

如果有企业向你咨询，在进行竞争的过程中，哪些竞争行为为法律所禁止？企业进行竞争时应如何防控法律风险？请你为其做一个简单扼要的介绍。

3. 制度改革

尤其应注意的是，有时行政权力的滥用是以地方政府文件或法规的形式出现，虽然违背反垄断法律，却很难通过行政执法或司法途径制止。请阅读下列文字，并思考：所呈现的问题在《反垄断法》实施后，是否得以有效解决？2016年，国务院发文要求建立公平竞争审查制度，以"规范政府有关行为，防止出台排除、限制竞争的政策措施"。该制度是否可有效解决我国的行政垄断问题？还应进行哪些方面的制度变革？

上海市在1998年6月8日出台私人小汽车牌照收费规定，规定桑塔纳轿车在每年1万辆的额度内牌照费为2万元，而其他轿车没有额度，一律每辆收取8万元。这样就抬高了外来轿车的销售价格，而促进了本地桑塔纳轿车的销售。

上海市的做法严重影响了湖北富康轿车在上海的销量，据湖北省汽车行业办的崔处长说，该规定导致富康轿车1998年在上海的销售量为零。在1999年1~10月，上海共销售44 826辆轿车，富康只有143辆，而桑塔纳为44 683辆。湖北省多次派人到上海交涉，但无成效。于是湖北省在1999年10月1日出台"政策"，进行报复，规定凡是购买桑塔纳轿车，要上缴7万元特困企业解困资金。据悉，该"政策"只是"口头传达，没发文件"。此政策一出，桑塔纳在湖北省销量大降，以前每个月能销售500多辆，现在只能销出几辆。品尝了报复的苦果后，上海最终取消了原来的做法，规定私人购车上牌额度凡国产车同等对待，实行无底价拍卖。

4. 观点争鸣

《反垄断法》自2008年实施后的前5年，执法并不活跃。但从2013年以来，发改委等执法机构频频动作，对多个行业、多个企业的涉嫌违反《反垄断法》的行为进行处罚，开出多张超过亿元的罚单。有观点（胡释之）认为反垄断执法打击了成功企业，抑制了创业热情，已经"成为专职骚扰成功大公司好公司的利器"。另外，由于被执法的企业中频现知名跨国公司，例如微软、三星、美赞臣、奥迪、克莱斯勒、高通等，有声音质疑反垄断执法主要针对外资企业，是选择性执法。对此，执法机构回应称：截至2014年8月底，国家发改委共查处企业及行业协会组织335家，其中外资企业33家，约占其查处企业总数的10%；内资企业及相关行业协会302家，约占90%。工商部门立案查处涉及外资企业的案件 2 件，分别涉及微软公司和利乐公司，占其案件总数的 5%；其他案件 37 件，案件当事人为中国国有企业、民营企业等，占其案件总数的 95%。因此，不存在选择性执法问题。

说说你对我国反垄断执法的看法。或者，分以下立场进行辩论：

正方：我国的反垄断执法有利于市场经济之发展；

反方：我国的反垄断执法不利于市场经济之发展。

5. 法官判案

美国和欧盟对微软公司、谷歌、亚马逊等科技巨头进行的反垄断调查、执法和诉讼等，堪称过去 20 年里最受瞩目的新经济反垄断案件。可利用网络和图书馆等资源搜集资料，自己或与同学合作对上述指控或诉讼作一个专题研究。并且思考：如果你是法官，会对上述公司受指控的各项"垄断行为"给出怎样的判决？

6. 网络搜索

搜索关键词——"可口可乐收购汇源"。

国际饮料巨头与本土领先果汁企业的"联姻"正好赶上《反垄断法》的实施。相关企业依法向商务部申报后，半年后等来的是"禁止"的决定，而该收购因此成为《反垄断法》实施后被禁止的第一起经营者集中案。商务部禁止的理由是什么？你是否赞同该理由？本教材作者主编和合著的《外资并购的反垄断管制——可口可乐收购汇源案的拓展研究》一书对该案作了全景式的分析，可作研究此案的参考。

第十四章 争议解决

❖ **本章学习要点**
- 民事诉讼：管辖、审理程序、诉讼时效
- 仲裁：仲裁范围、基本原则、仲裁协议、仲裁程序
- 行政诉讼：受案范围、诉讼程序

公民、法人、其他组织等民事主体在进行商业往来时，彼此之间难免会发生冲突或争议。当争议产生时，解决争议的途径可以是双方协商解决，也可以请第三人协调，这属于民事主体自己解决彼此之间的争议，属非法律途径。法律途径的解决方式则是民事诉讼和仲裁。民事诉讼是诉请法院裁决，而仲裁则是诉请仲裁机构裁决。与法院相比，仲裁具有民间自治的性质，仲裁机构并非国家机关，但裁决为国家法律所承认，可以申请法院强制执行，故列为法律途径。

民事主体的商业活动受国家机关的管理。国家机关应依法定程序行使法定的权力。如果被管理的对象认为国家机关的管理活动不合法，可以通过诉讼的途径对抗行政机关的管理，此为行政诉讼，即通常所说的"民告官"。

第一节 民事诉讼

公民之间、法人之间、其他组织之间以及他们相互之间因财产关系和人身关系提起的诉讼为民事诉讼，民事诉讼的程序依《民事诉讼法》的规定。

一、管辖

管辖，是确定受理案件的法院。如果民事主体向不具有管辖权的法院起诉，诉讼将不会被受理。即使受理，也会受到被诉方的质疑。

1. 级别管辖

级别管辖旨在确定哪个法院是案件的一审法院。

（1）一般原则。基层人民法院（基层法院）管辖第一审民事案件。但法律另有规定的除外。

（2）特别规定（一）。中级人民法院（中级法院）管辖下列第一审民事案件：

① 重大涉外案件，指争议标的额大，或者案情复杂，或者居住在国外的当事人人数众多的涉外案件。

② 在本辖区有重大影响的案件。
③ 最高法院确定由中级法院管辖的案件，如专利纠纷案件。

（3）特别规定（二）。高级人民法院（高级法院）管辖在本辖区有重大影响的第一审民事案件。

（4）特别规定（三）。最高人民法院（最高法院）管辖下列第一审民事案件：
① 在全国有重大影响的案件。
② 认为应当由本院审理的案件。

例释 基层法院设在县级区域，即县、市辖区和县级市；中级法院设在地市级区域；高级法院设在省级区域。

2. 地域管辖

地域管辖旨在确定由哪个地方的法院受理案件。

（1）一般的地域管辖原则。被告所在地法院管辖，又称"原就被"原则。

对公民提起的民事诉讼，由被告住所地法院管辖；住所地与经常居住地不一致的，由经常居住地法院管辖。公民以其户籍所在地的居住地为住所，公民离开住所地最后连续居住1年以上的地方，为经常居住地，但公民住院就医的地方除外。公民由其户籍所在地迁出后至迁入另一地之前，无经常居住地的，仍以其原户籍所在地为住所。

对法人或者其他组织提起的民事诉讼，由被告住所地法院管辖。住所地是指法人或者其他组织的主要办事机构所在地。如主要办事机构所在地不能确定的，则注册地或者登记地为住所地。

（2）特别的地域管辖原则。原告所在地法院管辖。

下列民事诉讼，由原告住所地法院管辖；原告住所地与经常居住地不一致的，由原告经常居住地法院管辖：
① 对不在中华人民共和国领域内居住的人提起的有关身份关系的诉讼。
② 对下落不明或者宣告失踪的人提起的有关身份关系的诉讼。
③ 对被采取强制性教育措施的人提起的诉讼。
④ 对被监禁的人提起的诉讼。

（3）书面选择的地域管辖。在法律允许的范围内由双方书面协议确定。

合同或者其他财产权益纠纷的当事人可以书面协议选择被告住所地、合同履行地、合同签订地、原告住所地、标的物所在地等与争议有实际联系的地点的法院管辖，但不得违反《民事诉讼法》对级别管辖和专属管辖的规定。

（4）其他地域管辖规定。主要有：
① 合同纠纷之诉讼，由被告住所地或者合同履行地法院管辖。
② 保险合同纠纷之诉讼，由被告住所地或者保险标的物所在地法院管辖。
③ 票据纠纷之诉讼，由票据兑付地或者被告住所地法院管辖。
④ 因公司设立、确认股东资格、分配利润、解散等纠纷提起的诉讼，由公司住所地人民法院管辖。
⑤ 铁路、公路、水上、航空运输和联合运输合同纠纷提起的诉讼，由运输始发地、目的地或者被告住所地法院管辖。

⑥ 侵权行为之诉讼，由侵权行为地或者被告住所地法院管辖。其中，侵权行为地包括侵权行为实施地、侵权结果发生地。因产品质量不合格造成他人财产、人身损害提起的诉讼，产品制造地、产品销售地、侵权行为地和被告住所地的法院都有管辖权。

⑦ 因铁路、公路、水上和航空事故请求损害赔偿提起的诉讼，由事故发生地或者车辆、船舶最先到达地、航空器最先降落地或者被告住所地法院管辖。

⑧ 因船舶碰撞或者其他海事损害事故请求损害赔偿提起的诉讼，由碰撞发生地、碰撞船舶最先到达地、加害船舶被扣留地或者被告住所地法院管辖。

⑨ 海难救助费用纠纷之诉讼，由救助地或者被救助船舶最先到达地法院管辖。

⑩ 共同海损之诉讼，由船舶最先到达地、共同海损理算地或者航程终止地的法院管辖。

例释 小李作为出借人与小王签订借款协议。该协议规定："如发生争议，提交出借人住所地法院解决。"发生争议后，小李在其住所地法院提起诉讼，小王异议。法院裁定出借人住所地为合同义务履行地，该地法院有管辖权。

3. 专属管辖

一些比较特别的案件，法律规定由特定的法院专门管辖，原告不可选择诉讼的地点，也不适用上述地域管辖之规则。主要有以下规定：

（1）不动产纠纷之诉讼，由不动产所在地法院管辖。

（2）港口作业中发生纠纷之诉讼，由港口所在地法院管辖。

（3）继承遗产纠纷之诉讼，由被继承人死亡时住所地或者主要遗产所在地法院管辖。

4. 共同管辖

共同管辖是指对某一诉讼，两个以上法院都有管辖权的情况。这时，原告可以向其中一个法院起诉；原告向两个以上有管辖权的法院起诉的，由最先立案的法院管辖。

5. 移送管辖

法院发现受理的案件不属于本院管辖的，应当移送有管辖权的法院，受移送的法院应当受理。受移送的法院认为受移送的案件依照规定不属于本院管辖的，应当报请上级法院指定管辖，不得再自行移送。

6. 指定管辖

有管辖权的法院由于特殊原因，不能行使管辖权的，由上级法院指定管辖。

法院之间因管辖权发生争议，由争议双方协商解决；协商解决不了的，报请共同上级法院指定管辖。

上级法院有权审理下级法院管辖的第一审民事案件；确有必要将本院管辖的第一审民事案件交下级人民法院审理的，应当报请其上级人民法院批准。

下级法院对其所管辖的第一审民事案件，认为需要由上级法院审理的，可以报请上级法院审理。

例释 小李向小王购买房屋一套。发生争议后，小李在有管辖权的明月区法院起诉，但考虑到小李本人系该法院法警，与法院有利益关联，为维护审判的公正性，明月区法院向上级法院申请指定其他法院管辖。后上级法院指定太阳区法院审理该案。

二、诉讼当事人

1. 诉讼的当事人

公民、法人和其他组织可以作为民事诉讼的当事人。

法人由其法定代表人进行诉讼，其他组织由其主要负责人进行诉讼。

无诉讼行为能力人由其监护人作为法定代理人代为诉讼。法定代理人之间互相推诿代理责任的，由法院指定其中一人代为诉讼。

2. 诉讼当事人的权利和义务

当事人有权委托代理人，提出回避申请，收集、提供证据，进行辩论，请求调解，提起上诉，申请执行。

当事人可以查阅本案有关材料，并可以复制本案有关材料和法律文书。

当事人必须依法行使诉讼权利，遵守诉讼秩序，履行发生法律效力的判决书、裁定书和调解书。

3. 诉讼代理人

当事人、法定代理人可以委托一至两人作为诉讼代理人。可以被委托为诉讼代理人的人包括：律师、基层法律服务工作者；当事人的近亲属或者工作人员；当事人所在社区、单位以及有关社会团体推荐的公民。

委托他人代为诉讼，必须向法院提交由委托人签名或者盖章的授权委托书。授权委托书必须记明委托事项和权限。

4. 共同诉讼

当事人一方或者双方为二人以上，其诉讼标的是共同的或者诉讼标的是同一种类、法院认为可以合并审理并经当事人同意的，为共同诉讼。

当事人一方人数众多的共同诉讼，可以由当事人推选代表人进行诉讼。代表人的诉讼行为对其所代表的当事人发生效力，但代表人变更、放弃诉讼请求或者承认对方当事人的诉讼请求，进行和解，必须经被代表的当事人同意。

5. 公益诉讼

对污染环境、侵害众多消费者合法权益等损害社会公共利益的行为，法律规定的机关和有关组织可以向法院提起诉讼。

人民检察院在履行职责中发现破坏生态环境和资源保护、食品药品安全领域侵害众多消费者合法权益等损害社会公共利益的行为，在没有前款规定的机关和组织或者前款规定的机关和组织不提起诉讼的情况下，可以向法院提起诉讼。前款规定的机关或者组织提起诉讼的，人民检察院可以支持起诉。

三、回避制度

1. 审判人员必须回避的情形

审判人员有下列情形之一的，应当自行回避，当事人有权申请其回避：

（1）是本案当事人或者当事人、诉讼代理人的近亲属。
（2）与本案有利害关系。
（3）与本案当事人、诉讼代理人有其他关系，可能影响对案件公正审理的。

另外，审判人员接受当事人、诉讼代理人请客送礼，或者违反规定会见当事人、诉讼代理人的，当事人有权要求他们回避。

上述规定，适用于书记员、翻译人员、鉴定人、勘验人。

2. 回避的决定和复议

院长担任审判长时的回避，由审判委员会决定；审判人员的回避，由院长决定；其他人员的回避，由审判长决定。

法院对当事人提出的回避申请，应当在申请提出的3日内作出决定。对该决定，当事人可以提出复议，复议决定应在3日内作出。

例释　最高法院与司法部联合下发的《关于规范法官和律师相互关系维护司法公正的若干规定》第四条："法官应当严格执行回避制度，如果与本案当事人委托的律师有亲朋、同学、师生、曾经同事等关系，可能影响案件公正处理的，应当自行申请回避，是否回避由本院院长或者审判委员会决定。"

四、第一审程序

1. 起诉

（1）起诉条件。起诉应符合下列条件：
① 原告是与本案有直接利害关系的公民、法人和其他组织。
② 有明确的被告。
③ 有具体的诉讼请求和事实、理由。
④ 属于法院受理民事诉讼的范围和受诉法院管辖。

（2）如何起诉。起诉应当向法院递交起诉状，并按照被告人数提出副本。书写起诉状确有困难的，可以口头起诉，由法院记入笔录，并告知对方当事人。起诉状应当记明下列事项：原告的姓名、性别、年龄、民族、职业、工作单位、住所和联系方式，法人或者其他组织的名称、住所和法定代表人或者主要负责人的姓名、职务、联系方式；被告的姓名、性别、工作单位、住所等信息，法人或者其他组织的名称、住所等信息；诉讼请求和所根据的事实与理由；证据和证据来源，证人姓名和住所。

2. 受理和立案

法院对符合起诉条件的起诉，必须受理。

符合起诉条件的，应当在7日内立案，并通知当事人；认为不符合起诉条件的，应当在7日内作出裁定书，不予受理；原告对裁定不服的，可以提起上诉。

3. 审理前的准备

(1) 被告提交答辩状。法院应当在立案之日起 5 日内将起诉状副本发送被告，被告应在收到之日起 15 日内提出答辩状。被告提出答辩状的，法院应当在收到之日起 5 日内将答辩状副本发送原告。被告不提出答辩状的，不影响法院审理。

(2) 告知当事人诉讼权利和义务。法院对决定受理的案件，应当在受理案件通知书和应诉通知书中向当事人告知有关的诉讼权利义务，或者口头告知。

(3) 组成合议庭。法院审理民事案件时，应组成合议庭。合议庭的成员人数，必须是单数。合议庭组成人员确定后，应当在 3 日内告知当事人。适用简易程序审理的民事案件，由审判员一人独任审理。

(4) 调查取证。审判人员必须认真审核诉讼材料，调查收集必要的证据。法院在必要时可以委托外地法院调查。

4. 开庭审理

(1) 公开审理原则。法院审理民事案件，一般情况下应当公开进行。

(2) 不公开审理的例外情形。涉及国家秘密、个人隐私或者法律另有规定的，不公开审理。另外对于离婚案件或涉及商业秘密的案件，当事人申请不公开审理的，可以不公开审理。

(3) 通知当事人。法院审理民事案件，应当在开庭 3 日前通知当事人和其他诉讼参与人。公开审理的，应当公告当事人姓名、案由和开庭的时间、地点。

(4) 法庭调查。法庭调查按照下列顺序进行：

① 当事人陈述。
② 告知证人的权利义务，证人作证，宣读未到庭的证人证言。
③ 出示书证、物证、视听资料和电子证据。
④ 宣读鉴定意见。
⑤ 宣读勘验笔录。

(5) 法庭辩论。法庭辩论按照下列顺序进行：

① 原告及其诉讼代理人发言。
② 被告及其诉讼代理人答辩。
③ 第三人及其诉讼代理人发言或者答辩。
④ 互相辩论。

法庭辩论终结，由审判长按照原告、被告、第三人的先后顺序征询各方最后意见。

5. 判决

法庭辩论终结，应当依法作出判决。判决前能够调解的，还可以进行调解，调解不成的，应当及时判决。

判决书应当写明：案由、诉讼请求、争议的事实和理由；判决认定的事实和理由、适用的法律和理由；判决结果和诉讼费用的负担；上诉期间和上诉的法院。

判决书由审判人员、书记员署名，加盖法院印章。

原告经传票传唤，无正当理由拒不到庭的，或未经法庭许可中途退庭的，可按撤诉处理；被告反诉的，可缺席判决。被告有上述不到庭或退庭情形的，可缺席判决。

无论案件公开审理与否，一律公开宣告判决。

6. 裁定

判决是就当事人争议的权利义务作出决定。而裁定则是在受理和审理案件的过程中就与案件有关的程序问题作出决定，不涉及对当事人所争议之实体问题的决定，如裁定不予受理案件、管辖权的异议、驳回起诉、保全和先予执行、是否撤诉等。

对有关不予受理案件、管辖权的异议、驳回起诉的裁定，当事人可以上诉。

7. 审结期限

法院适用普通程序审理的案件，应当在立案之日起 6 个月内审结。有特殊情况需要延长的，由本院院长批准，可以延长 6 个月；还需要延长的，报请上级法院批准。

8. 简易程序

基层法院审理事实清楚、权利义务关系明确、争议不大的简单的民事案件，可适用简易程序。双方当事人也可约定适用简易程序。具体规定为：

（1）原告可以口头起诉。

（2）当事人双方可以同时到基层法院请求解决纠纷。法院可以当即审理，也可以另定日期审理。

（3）法院可以用简便方式传唤当事人、证人，送达诉讼文书和审理等。

（4）由审判员一人独任审理，可以不受有关开庭 3 日前通知当事人、法庭调查和法庭辩论等程序性规定的限制。

（5）法院适用简易程序审理案件，应当在立案之日起 3 个月内审结。

9. 保全

保全措施是为了避免将来法院判决难以执行或者避免当事人权益受到损害或制止其损害扩大而在判决前由法院裁定的强制性措施，包括财产保全和行为保全两种形式。

财产保全，指对争议的财产采取强制措施，如查封、扣押、冻结等。

行为保全，指对侵害行为或有侵害可能的行为采取的强制性措施。

根据保全措施发生的时间，又可分为诉讼中保全和诉讼前保全两种情况。

（1）诉讼中保全。法院对于可能因当事人一方的行为或者其他原因，使判决难以执行或者造成当事人其他损害的案件，根据对方当事人的申请，可以裁定对其财产进行保全、责令其作出一定行为或者禁止其作出一定行为；当事人没有提出申请的，法院在必要时也可以裁定采取保全措施。法院采取财产保全措施，可责令申请人提供担保；申请人不提供担保的，裁定驳回申请。法院接受申请后，对情况紧急的，必须在 48 小时内作出裁定；裁定采取财产保全措施的，应当立即开始执行。

（2）诉讼前保全。利害关系人因情况紧急，不立即申请保全将会使其合法权益受到难以弥补的损害的，可以在起诉前向法院申请采取保全措施。申请人应当提供担保，不提供担保的，驳回申请。法院接受申请后，必须在 48 小时内作出裁定；裁定采取保全措施的，应当立即开始执行。申请人在法院采取保全措施后 30 日内不起诉的，法院应当解除财产保全。

例释 拥有"王老吉"品牌的广药集团起诉加多宝公司,指其使用的广告语涉嫌虚假宣传,构成不正当竞争。广州市中级人民法院在诉讼中下达裁定书,裁定加多宝公司立即停止使用"王老吉改名为加多宝""全国销量领先的红罐凉茶改名为加多宝"或其他有类似意思和效果的广告语进行广告宣传的行为。该诉中禁令为诉讼中的行为保全措施。

10. 先予执行

对某些特殊案件,为了解决原告一方生活或生产的紧急需要,法院可在案件判决前裁定被告先给付原告一定金钱或财物。

(1) 可以申请先予执行的案件。法院对下列案件,可以裁定先予执行:
① 追索赡养费、扶养费、抚育费、抚恤金、医疗费用的。
② 追索劳动报酬的。
③ 因情况紧急需要先予执行的。

裁定先予执行的条件　必须符合下列条件:
① 当事人之间权利义务关系明确,不先予执行将严重影响申请人的生活或者生产经营的。
② 被申请人有履行能力。

法院可以责令申请人提供担保,申请人不提供担保的,驳回申请。申请人败诉的,应当赔偿被申请人因先予执行遭受的财产损失。

五、第二审程序

第二审程序,即上诉的申请、受理和裁决程序。

1. 上诉

(1) 上诉的期限。当事人不服一审判决的,有权在判决书送达之日起 15 日内向上一级法院提起上诉。不服一审裁定的上诉期限为裁定书送达之日起 10 日内。

(2) 上诉状。上诉应当递交上诉状。上诉状的内容应当包括当事人的姓名,法人的名称及其法定代表人的姓名或者其他组织的名称及其主要负责人的姓名;原审法院名称、案件的编号和案由;上诉的请求和理由。上诉状应当通过原审法院提出,并按照对方当事人或者代表人的人数提出副本。

(3) 被上诉人答辩。原审法院收到上诉状,应当在 5 日内将上诉状副本送达对方当事人,对方当事人在收到之日起 15 日内提出答辩状。法院应当在收到答辩状之日起 5 日内将副本送达上诉人。对方当事人不提出答辩状的,不影响法院审理。

(4) 报送案件至二审法院。原审法院收到上诉状、答辩状,应当在 5 日内连同全部案卷和证据,报送第二审法院。

2. 审理

第二审法院应当对上诉请求的有关事实和适用法律进行审查。

第二审法院对上诉案件,应当组成合议庭,开庭审理。经过阅卷、调查和询问当事人,对没有提出新的事实、证据或者理由,合议庭认为不需要开庭审理的,可以不开庭审理。

3. 判决与裁定

第二审法院对上诉案件，经过审理，按照下列情形，分别处理：

（1）原判决、裁定认定事实清楚，适用法律正确的，驳回上诉，维持原判决、裁定。

（2）原判决、裁定认定事实错误或者适用法律错误的，依法改判、撤销或者变更。

（3）原判决认定基本事实不清的，裁定撤销原判决，发回原审法院重审，或者查清事实后改判。

（4）原判决遗漏当事人或者违法缺席判决等严重违反法定程序的，裁定撤销原判决，发回原审法院重审。

原审法院对发回重审的案件作出判决后，当事人提起上诉的，第二审法院不得再次发回重审。

4. 二审的终审性

除裁定发回重审外，第二审法院的判决、裁定，是终审的判决、裁定。

六、审判监督程序

1. 再审

当事人对已经发生法律效力的判决、裁定，认为有错误的，可以向上一级法院申请再审，当事人一方人数众多或者当事人双方为公民的案件，也可以向原审法院申请再审，但不停止判决、裁定的执行。是否再审，由受理法院依法决定。

各级法院院长对本院已经发生法律效力的判决、裁定、调解书，发现确有错误，认为需要再审的，应当提交审判委员会讨论决定。

最高法院对地方各级法院已经发生法律效力的判决、裁定，上级法院对下级法院已经发生法律效力的判决、裁定、调解书，发现确有错误的，有权提审或者指令下级法院再审。

当事人申请再审的情形主要是有关证据、事实认定、法律适用、审判组织的组成、回避、当事人程序权利、判决书内容、审判人员行为等方面的错误或不合法情形。

2. 抗诉

最高人民检察院对各级法院已经发生法律效力的判决、裁定，上级人民检察院对下级法院已经发生法律效力的判决、裁定，发现有应当再审的情形的，或者发现调解书损害国家利益、社会公共利益的，应当按照审判监督程序提出抗诉。

地方各级人民检察院如发现同级法院存在前述可抗诉情形，可以向同级法院提出检察建议，并报上级检察院备案；也可以提请上级检察院向同级法院提出抗诉。

人民检察院提出抗诉的案件，接受抗诉的人民法院应当自收到抗诉书之日起30日内作出再审的裁定。再审时，应当通知人民检察院派员出席法庭。

3. 再审适用的程序

法院按照审判监督程序再审的案件，发生法律效力的判决、裁定是由第一审法院作出的，按照第一审程序审理，所作的判决、裁定，当事人可以上诉；发生法律效力的判决、裁定是由第二审法院作出的，或者上级法院按照审判监督程序提审的，按照第二审程序审理，所作的判决、裁定，是发生法律效力的判决、裁定。

法院审理再审案件，应当另行组成合议庭。

七、执行程序

法院的判决或裁定生效后，如义务人不履行或不依判决及时全面地履行，权利人可向法院申请执行判决。

1. 执行的法院

发生法律效力的民事判决、裁定，以及刑事判决、裁定中的财产部分，由第一审法院或者与第一审法院同级的被执行的财产所在地法院执行。

2. 执行程序的启动

如一方当事人拒绝履行生效的判决或裁定，对方当事人可以向法院申请执行，也可以由审判员移送执行员执行。

申请执行的期间为两年。申请执行时效的中止、中断，适用法律有关诉讼时效中止、中断的规定。

上述期间，从法律文书规定履行期间的最后一日起计算；法律文书规定分期履行的，从规定的每次履行期间的最后一日起计算；法律文书未规定履行期间的，从法律文书生效之日起计算。

执行员接到申请执行书或者移交执行书，应当向被执行人发出执行通知，并可立即采取强制执行措施。

3. 执行措施

被执行人未按执行通知履行法律文书确定的义务，法院可采取下列措施强制执行：

（1）立即执行。执行员接到申请执行书或者移交执行书，应当向被执行人发出执行通知，并可以立即采取强制执行措施。

（2）要求报告财产。被执行人未按执行通知履行法律文书确定的义务，应当报告当前以及收到执行通知之日前一年的财产情况。被执行人拒绝报告或者虚假报告的，法院可以根据情节轻重对被执行人或者其法定代理人、有关单位的主要负责人或者直接责任人员予以罚款、拘留。

（3）查询财产及强制措施。法院有权向有关单位查询被执行人的存款、债券、股票、基金份额等财产情况，有权根据不同情形扣押、冻结、划拨、变价被执行人的财产，但执行财产的范围不得超出被执行人应当履行义务的范围。法院决定扣押、冻结、划拨、变价财产，应当作出裁定，并发出协助执行通知书，有关单位必须办理。

执行法院有权扣留、提取被执行人应当履行义务部分的收入。但应当保留被执行人及其所扶养家属的生活必需费用。法院扣留、提取收入时，应当作出裁定，并发出协助执行通知书，被执行人所在单位、银行、信用合作社和其他有储蓄业务的单位必须办理。

执行法院有权查封、扣押、冻结、拍卖、变卖被执行人应当履行义务部分的财产。

但应当保留被执行人及其所扶养家属的生活必需品。

（4）执行联动机制。被执行人不履行法律文书确定的义务的，法院可以对其采取或者通知有关单位协助采取限制出境、在征信系统记录、通过媒体公布不履行义务信息以及法律规定的其他措施。

【例释】2010年7月，最高法院发布《关于限制被执行人高消费的若干规定》。依此规定，被执行人被限制的高消费行为包括：乘坐交通工具时，选择飞机、列车软卧、轮船二等以上舱位；在星级以上宾馆、酒店、夜总会、高尔夫球场等场所进行高消费；购买不动产或者新建、扩建、高档装修房屋；租赁高档写字楼、宾馆、公寓等场所办公；购买非经营必需车辆；旅游、度假；子女就读高收费私立学校；支付高额保费购买保险理财产品；其他非生活和工作必需的高消费行为。

八、诉讼时效

法律对当事人诉请法院保护的时间有限制性规定，此为诉讼时效。诉讼时效的意思是当事人应在法律规定的有效时间内起诉，如果起诉时已超过诉讼时效，则起诉人丧失胜诉权。该制度旨在督促当事人及时行使诉讼的权利，同时，及时起诉也有利于调查取证，便于争议的解决。

1. 一般诉讼时效

当事人向法院请求保护民事权利的诉讼时效期间为3年。法律另有规定的，依照其规定。

2. 诉讼时效的起算

诉讼时效期间自权利人知道或者应当知道权利受到损害以及义务人之日起计算。法律另有规定的，依照其规定。

以下为特别情形下诉讼时效的起算：

（1）当事人约定同一债务分期履行的，诉讼时效期间自最后一期履行期限届满之日起计算。

（2）无民事行为能力人或者限制民事行为能力人对其法定代理人的请求权的诉讼时效期间，自该法定代理终止之日起计算。

（3）未成年人遭受性侵害的损害赔偿请求权的诉讼时效期间，自受害人年满18周岁之日起计算。

3. 诉讼时效的中断

诉讼时效因权利人主张权利或义务人同意履行义务而中断。从中断时起，诉讼时效期间重新计算。

"权利人主张权利"的情形有：权利人向义务人提出履行请求、权利人提起诉讼或者申请仲裁、与提起诉讼或者申请仲裁具有同等效力的其他情形。

4. 诉讼时效的中止

在诉讼时效期间的最后6个月内，因不可抗力或者其他障碍不能行使请求权的，诉讼时效中止。从中止时效的原因消除之日起，诉讼时效期间继续计算。

上述的"其他障碍"指：权利被侵害的无民事行为能力人、限制民事行为能力人没有法定代理人，或者法定代理人死亡、丧失民事行为能力、丧失代理权；继承开始后未确定继承人或者遗产管理人；权利人被义务人或者其他人控制；其他导致权利人不能行使请求权的障碍。

5. 最长诉讼时效

自权利受到损害之日起超过 20 年的，法院不予保护；有特殊情况的，法院可以根据权利人的申请决定延长。

6. 诉讼时效届满的法律后果

法院不可主动适用诉讼时效之规定。

如果诉讼时效期间届满，义务人可以提出不履行义务的抗辩。

如果诉讼时效期间届满后，义务人同意履行的，不得以诉讼时效期间届满为由抗辩；义务人已自愿履行的，不得请求返还。

7. 不适用诉讼时效的情形

下列请求权不适用诉讼时效的规定：

① 请求停止侵害、排除妨碍、消除危险。
② 不动产物权和登记的动产物权的权利人请求返还财产。
③ 请求支付抚养费、赡养费或者扶养费。
④ 依法不适用诉讼时效的其他请求权。

第二节 仲 裁

一、仲裁的范围和基本原则

1. 仲裁的范围

（1）可仲裁事项。平等主体的公民、法人和其他组织之间发生的合同纠纷和其他财产权益纠纷，可以仲裁。

（2）不可仲裁事项。下列纠纷不能仲裁：

① 婚姻、收养、监护、扶养、继承纠纷。
② 依法应当由行政机关处理的行政争议。

2. 仲裁的基本原则

（1）自愿原则。当事人采用仲裁方式解决纠纷，应当双方自愿，达成仲裁协议。因此，双方达成仲裁协议是仲裁的前提，没有仲裁协议，一方申请仲裁的，仲裁委员会不予受理。自愿原则的另一个体现是：仲裁庭成员可由当事人协议选定。仲裁不实行级别管辖和地域管辖。

（2）或裁或审原则。当事人达成仲裁协议，一方向法院起诉的，法院不予受理，但仲裁协议无效的除外。

（3）一裁终局原则。所谓一裁终局，指只裁一次，裁决后也不可再向法院起诉。裁决作出后，当事人就同一纠纷再申请仲裁或者向法院起诉的，仲裁委员会或者法院不予受理。

（4）依法裁决原则。仲裁应当根据事实，符合法律规定，公平合理地解决纠纷。

（5）独立原则。仲裁依法独立进行，不受行政机关、社会团体和个人的干涉。

二、仲裁委员会

1. 仲裁委员会的设立

仲裁委员会可以在直辖市和省、自治区人民政府所在地的市设立，也可以根据需要在其他设区的市设立，不按行政区划层层设立。仲裁委员会由上述市的人民政府组织有关部门和商会统一组建。

设立仲裁委员会，应当经省、自治区、直辖市的司法行政部门登记。

2. 仲裁委员会的设立条件

仲裁委员会应当具备下列条件：

（1）有自己的名称、住所和章程。

（2）有必要的财产。

（3）有该委员会的组成人员。

（4）有聘任的仲裁员。

3. 仲裁委员会的组成

仲裁委员会由主任1人、副主任2~4人和委员7~11人组成。

仲裁委员会的主任、副主任和委员由法律、经济贸易专家和有实际工作经验的人员担任。仲裁委员会的组成人员中，法律、经济贸易专家不得少于2/3。

4. 仲裁委员会的独立性

仲裁委员会独立于行政机关，与行政机关没有隶属关系。仲裁委员会之间也没有隶属关系。

5. 仲裁员的聘任

仲裁委员会应当从公道正派的人员中聘任仲裁员。

仲裁员应当符合下列条件之一：

（1）从事仲裁工作满8年的。

（2）从事律师工作满8年的。

（3）曾任审判员满8年的。

（4）从事法律研究、教学工作并具有高级职称的。

（5）具有法律知识、从事经济贸易等专业工作并具有高级职称或者具有同等专业水平的。

仲裁委员会按照不同专业设仲裁员名册。

《仲裁法》实施后，不少现职法官被聘任为仲裁员。仲裁具有民间自治性质，法官担任仲裁员与裁审分离原则不符。最高法院于 2004 年 7 月 13 日发布通知，规定现职法官不得担任仲裁员。已经担任的，应在一个月内辞去仲裁员之职。[①]

三、仲裁协议

仲裁必须是双方自愿的，因此双方当事人达成的仲裁协议是提请仲裁的前提条件，也是仲裁委员会决定是否受理仲裁的依据。

1. 仲裁协议的形式和内容

仲裁协议可以是合同中订立的仲裁条款，也可以是以其他书面方式在纠纷发生前或者纠纷发生后达成的请求仲裁的协议。"其他书面方式"的仲裁协议，包括以合同书、信件和数据电文（包括电报、电传、传真、电子数据交换和电子邮件）等形式达成的请求仲裁的协议。

仲裁协议应当具有下列内容：

（1）请求仲裁的意思表示。

（2）仲裁事项。

（3）选定的仲裁委员会。

仲裁协议所约定的仲裁机构应当明确具体。如果约定的仲裁机构名称不准确，但能够确定具体的仲裁机构的，应当认定选定了仲裁机构。

2. 仲裁协议无效的情形

有下列情形之一的，仲裁协议无效：

（1）约定的仲裁事项超出法律规定的仲裁范围的。

（2）无民事行为能力人或者限制民事行为能力人订立的仲裁协议。

（3）一方采取胁迫手段，迫使对方订立仲裁协议的。

仲裁协议对仲裁事项或者仲裁委员会没有约定或者约定不明确的，当事人可以补充协议；达不成补充协议的，仲裁协议无效。

3. 仲裁协议的独立性

仲裁协议独立存在，合同的变更、解除、终止或者无效不影响仲裁协议的效力。

当事人在订立合同时就争议达成仲裁协议的，合同未成立不影响仲裁协议的效力。

仲裁庭有权确认合同的效力。

4. 对仲裁协议效力的异议

当事人对仲裁协议的效力有异议，应当在仲裁庭首次开庭前提出。当事人可以请求仲裁委员会作出决定或者请求法院作出裁定。一方请求仲裁委员会作出决定，另一方请求法院作出裁定的，由法院裁定。

[①] 《最高人民法院关于现职法官不得担任仲裁员的通知》。

四、仲裁程序

1. 申请仲裁

（1）申请仲裁应符合的条件。当事人申请仲裁应当符合下列条件：

① 有仲裁协议。

② 有具体的仲裁请求和事实、理由。

③ 属于仲裁委员会的受理范围。

（2）申请仲裁应提交的文件。当事人申请仲裁，应当向仲裁委员会递交仲裁协议、仲裁申请书及副本。

（3）仲裁申请书的内容。仲裁申请书应当载明下列事项：当事人的姓名、性别、年龄、职业、工作单位和住所，法人或者其他组织的名称、住所和法定代表人或者主要负责人的姓名、职务；仲裁请求和所根据的事实、理由；证据和证据来源、证人姓名和住所。

2. 受理

仲裁委员会收到仲裁申请书之日起5日内，认为符合受理条件的，应当受理，并通知当事人；认为不符合受理条件的，应当书面通知当事人不予受理，并说明理由。

3. 被申请人答辩

仲裁委员会受理仲裁申请后，应当在仲裁规则规定的期限内将仲裁规则和仲裁员名册送达申请人，并将仲裁申请书副本和仲裁规则、仲裁员名册送达被申请人。

被申请人收到仲裁申请书副本后，应当在仲裁规则规定的期限内向仲裁委员会提交答辩书。仲裁委员会收到答辩书后，应当在仲裁规则规定的期限内将答辩书副本送达申请人。被申请人未提交答辩书的，不影响仲裁程序的进行。

4. 申请财产保全

一方当事人因另一方当事人的行为或者其他原因，可能使裁决不能执行或者难以执行的，可以申请财产保全。

当事人申请财产保全的，仲裁委员会应当将当事人的申请依照《民事诉讼法》的有关规定提交法院。

5. 仲裁庭的组成

由三名仲裁员或者一名仲裁员组成。由三名仲裁员组成的，设首席仲裁员。

当事人约定由三名仲裁员组成仲裁庭的，应当各自选定或者各自委托仲裁委员会主任指定一名仲裁员，第三名仲裁员由当事人共同选定或者共同委托仲裁委员会主任指定。第三名仲裁员是首席仲裁员。

当事人约定由一名仲裁员成立仲裁庭的，应当由当事人共同选定或者共同委托仲裁委员会主任指定仲裁员。

当事人没有在仲裁规则规定的期限内约定仲裁庭的组成方式或者选定仲裁员的，由仲裁委员会主任指定。

6. 仲裁员的回避

仲裁员有下列情形之一的，必须回避，当事人也有权提出回避申请：

（1）是本案当事人或者当事人、代理人的近亲属。

（2）与本案有利害关系的。

（3）与本案当事人、代理人有其他关系，可能影响公正仲裁的。

（4）私自会见当事人、代理人，或者接受当事人、代理人的请客送礼的。

仲裁员是否回避，由仲裁委员会主任决定；仲裁委员会主任担任仲裁员时，由仲裁委员会集体决定。

7. 开庭

仲裁应当开庭进行。当事人协议不开庭的，仲裁庭可以根据仲裁申请书、答辩书以及其他材料作出裁决。

仲裁不公开进行。当事人协议公开的，可以公开进行，但涉及国家秘密的除外。

仲裁委员会应当在仲裁规则规定的期限内将开庭日期通知双方当事人。

当事人应当对自己的主张提供证据。仲裁庭认为有必要收集的证据，可以自行收集。

当事人在仲裁过程中有权进行辩论。辩论终结时，首席仲裁员或者独任仲裁员应当征询当事人的最后意见。

仲裁庭在作出裁决前，可以先行调解。当事人自愿调解的，仲裁庭应当调解。调解达成协议的，仲裁庭应当制作调解书或者根据协议的结果制作裁决书。调解书与裁决书具有同等法律效力。调解不成的，应当及时作出裁决。

8. 裁决

裁决应当按照多数仲裁员的意见作出，少数仲裁员的不同意见可以记入笔录。仲裁庭不能形成多数意见时，裁决应当按照首席仲裁员的意见作出。

裁决书应当写明仲裁请求、争议事实、裁决理由、裁决结果、仲裁费用的负担和裁决日期。当事人协议不愿写明争议事实和裁决理由的，可以不写。裁决书由仲裁员签名，加盖仲裁委员会印章。对裁决持不同意见的仲裁员，可以签名，也可以不签名。

申请人经书面通知，无正当理由不到庭或者未经仲裁庭许可中途退庭的，可以视为撤回仲裁申请。被申请人有上述不到庭或退庭情形的，可以缺席裁决。

裁决书自作出之日起发生法律效力。

五、申请撤销裁决

当事人提出证据证明裁决有下列情形之一的，可以向仲裁委员会所在地的中级法院申请撤销裁决：

（1）没有仲裁协议的。仲裁协议被认定无效或者被撤销的，视为没有仲裁协议。

（2）裁决的事项不属于仲裁协议的范围或者仲裁委员会无权仲裁的。

（3）仲裁庭的组成或者仲裁的程序违反法定程序的。

（4）裁决所根据的证据是伪造的。

（5）对方当事人隐瞒了足以影响公正裁决的证据的。

（6）仲裁员在仲裁该案时有索贿受贿，徇私舞弊，枉法裁决行为的。

法院经组成合议庭审查核实裁决有前款规定情形之一的，应当裁定撤销。另外，法院认定该裁决违背社会公共利益的，应当裁定撤销。

当事人申请撤销裁决的，应当自收到裁决书之日起6个月内提出。

例释 德州市中级人民法院撤销了当地仲裁委的仲裁裁决，理由是：该仲裁委员会无正当理由或特殊情况，未在其仲裁规则规定的裁决期限内作出裁决，不符合仲裁规则的规定。仲裁委员会指定的本案首席仲裁员并不在其送达给当事人的仲裁员名册中，剥夺了当事人对仲裁庭组成人员申请回避的权利，属于仲裁庭的组成违反法定程序。[①]

六、仲裁裁决的执行

当事人应当履行裁决。一方当事人不履行的，另一方当事人可以依照《民事诉讼法》的有关规定向法院申请执行。受申请的法院应当执行。

被申请人提出证据证明裁决有上述的可以申请撤销裁决的情形的，或者有适用法律确有错误的情形的，经法院组成合议庭审查核实，裁定不予执行。

第三节 行政诉讼

一、什么是行政诉讼

当公民、法人或者其他组织认为行政机关（泛指所有具有行政职权的机关和组织）和行政机关工作人员的行政行为侵犯其合法权益时，有权向法院提起诉讼，该类诉讼称为行政诉讼。

政府部门和其他行使行政权力的组织必须依法行使管理权力，当被管理的民众认为其权力行使不符合法律规定的程序，或者该权力没有法律依据时，可根据《行政诉讼法》的规定提起行政诉讼，要求法院撤销该不合法的行政行为并维护自身权益。

在行政诉讼中，法院是中立的裁判者，而作为被告的"官"与作为原告的"民"不再是管理与被管理的关系，他们在行政诉讼中的法律地位平等。

二、行政诉讼的受案范围

公民、法人或者其他组织对具有国家行政职权的机关和组织及其工作人员的行政行为不服，依法提起诉讼的，属于法院行政诉讼的受案范围。在我国，除政府机关行使行政权力，还有一部分事业单位、行业协会等也有行政职权，也可能成为行政诉讼的对象。因此可被诉的行政行为，包括法律、法规、规章授权的组织作出的行政行为。

例释 北京科技大学学生田永因学校拒发毕业证和学位证而起诉学校。法院认为学校虽然不是行政机关，但依国家法律法规享有部分行政权力，依之作出的纪律处分、

[①] 德州市中级人民法院（2018）鲁14民特2号裁定书。

拒发毕业证等行为属行政诉讼受案范围。

法院受理公民、法人和其他组织对下列行政行为不服提起的诉讼：
（1）对行政拘留、暂扣或者吊销许可证和执照、责令停产停业、没收违法所得、没收非法财物、罚款、警告等行政处罚不服的。
（2）对限制人身自由或者对财产的查封、扣押、冻结等行政强制措施和行政强制执行不服的。
（3）申请行政许可，行政机关拒绝或者在法定期限内不予答复，或者对行政机关作出的有关行政许可的其他决定不服的。
（4）对行政机关作出的关于确认土地、矿藏、水流、森林、山岭、草原、荒地、滩涂、海域等自然资源的所有权或者使用权的决定不服的。
（5）对征收、征用决定及其补偿决定不服的。
（6）申请行政机关履行保护人身权、财产权等合法权益的法定职责，行政机关拒绝履行或者不予答复的。
（7）认为行政机关侵犯其经营自主权或者农村土地承包经营权、农村土地经营权的。
（8）认为行政机关滥用行政权力排除或者限制竞争的。
（9）认为行政机关违法集资、摊派费用或者违法要求履行其他义务的。
（10）认为行政机关没有依法支付抚恤金、最低生活保障待遇或者社会保险待遇的。
（11）认为行政机关不依法履行、未按照约定履行或者违法变更、解除政府特许经营协议、土地房屋征收补偿协议等协议的。
（12）认为行政机关侵犯其他人身权、财产权等合法权益的。
另外，法院受理法律、法规规定可以提起诉讼的其他行政案件。
但是，下列行为提起的诉讼不属于法院的受理范围：
（1）国防、外交等国家行为。
（2）行政法规、规章或者行政机关制定、发布的具有普遍约束力的决定、命令。
（3）行政机关对行政机关工作人员的奖惩、任免等决定。
（4）法律规定由行政机关最终裁决的行政行为。

例释 人民银行成都分行在招聘员工启事中限定应聘人员的身高。蒋韬因身高不符合要求被拒之门外，愤而提起行政诉讼。法院认为人民银行虽然是金融监督管理机构，但招募员工的行为不属其行使权力的具体行政行为，因此不属行政诉讼受案范围。而在另一个案件中，芜湖市人事局在招收公务员过程中以感染乙肝为由拒录张先著，被后者告上法庭。法院认为招收公务员是人事局的法定权力，因此属行政诉讼受案范围。

三、行政诉讼的管辖

1. 级别管辖

基层法院管辖第一审行政案件。
中级法院管辖下列第一审行政案件：

（1）对国务院部门或者县级以上地方人民政府所作的行政行为提起诉讼的案件。

（2）海关处理的案件。

（3）本辖区内重大、复杂的案件。具体为：社会影响重大的共同诉讼案件；涉外或者涉港、澳、台的案件；其他重大、复杂案件。

（4）其他法律规定由中级人民法院管辖的案件。

高级法院管辖本辖区内重大、复杂的第一审行政案件。

最高法院管辖全国范围内重大、复杂的第一审行政案件。

2. 地域管辖

一般原则行政案件由最初作出行政行为的行政机关所在地法院管辖。

特殊规定主要有：

（1）经行政复议的案件，也可由复议机关所在地法院管辖。

（2）对限制人身自由的行政强制措施不服提起的诉讼，由被告或者原告所在地法院管辖。"原告所在地"包括原告的户籍所在地、经常居住地和被限制人身自由地。

（3）因不动产提起的行政诉讼，由不动产所在地法院管辖。

共同管辖、移送管辖和指定管辖，与民事诉讼的相关规定类似。

四、诉讼当事人

1. 原告

（1）一般规定。依照《行政诉讼法》提起诉讼的行政行为的相对人以及其他与行政行为有利害关系的公民、法人或者其他组织是原告。

（2）特殊规定。主要有：

① 有权提起诉讼的公民死亡，其近亲属可以提起诉讼。

② 有权提起诉讼的法人或者其他组织终止，承受其权利的组织可以提起诉讼。

③ 公民因被限制人身自由而不能提起诉讼的，其近亲属可以依其口头或者书面委托以该公民的名义提起诉讼。近亲属起诉时无法与被限制人身自由的公民取得联系，近亲属可以先行起诉，并在诉讼中补充提交委托证明。

（3）公益行政诉讼。人民检察院在履行职责中发现生态环境和资源保护、食品药品安全、国有财产保护、国有土地使用权出让等领域负有监督管理职责的行政机关违法行使职权或者不作为，致使国家利益或者社会公共利益受到侵害的，应当向行政机关提出检察建议，督促其依法履行职责。行政机关不依法履行职责的，人民检察院依法向法院提起诉讼。

2. 被告

（1）一般规定。公民、法人或者其他组织直接向法院提起诉讼的，作出行政行为的行政机关是被告。

（2）特殊规定。主要有：

① 经行政复议的案件，复议机关决定维持原行政行为的，作出原行政行为的行政机关和复议机关是共同被告；复议机关改变原行政行为的，复议机关是被告。

② 复议机关在法定期限内未作出复议决定，公民、法人或者其他组织起诉原行政行为的，作出原行政行为的行政机关是被告；起诉复议机关不作为的，复议机关是被告。
③ 两个以上行政机关作出同一行政行为的，共同行为的行政机关是共同被告。
④ 行政机关委托的组织所作的行政行为，委托的行政机关是被告。
⑤ 行政机关被撤销或者职权变更的，继续行使其职权的行政机关是被告。

专题案例 14-1　陈颖诉中山大学案

事实

1994 年 11 月，陈颖在报考中山大学研究生的材料中造假，伪造毕业证，获得考试资格。通过入学考试后被中山大学录取，之后通过各门课程考试及论文答辩，于 1999 年 6 月毕业，获得硕士学位。2005 年 12 月，经向陈颖调查认证其作假事实后，中山大学研究生院发布文件，宣布陈颖毕业证件无效，并撤销其硕士学位。陈颖也因该事件被单位辞退。

陈颖提起行政诉讼，请求法院撤销中山大学的相关决定，并判令中山大学向其赔礼道歉。

一审判决

一审的海珠区人民法院的判决要点如下：

首先，中山大学有权处分。根据《教育法》，中山大学有权对学生"进行学籍管理，实施奖励或处分"。

其次，中山大学处分有据。违法行为发生时的国家教委的相关文件规定：对于伪造证件骗取报名资格的行为，可取消行为人的被录取资格、入学资格或学籍。陈颖的舞弊行为，显然属于不应录取的情形。"原告作为无学籍的学生，不应具有毕业的资格，因此所获得的毕业证书不予承认"。另外，国务院的《学位条例》也规定："学位授予单位对于已经授予的学位，如发现有舞弊作伪等严重违反本条例规定的情况，经学位评定委员会复议，可以撤销。"

最后，中山大学无须道歉。陈颖作伪事实清楚，中山大学认定其作弊并不构成对其名誉权的侵犯。

二审判决

二审法院为广州市中级人民法院，其判决赞同中山大学未侵犯陈颖的名誉权，但撤销了中山大学的决定。理由如下：

第一，中山大学未履行复查职责。陈颖的伪造证件属违反国家招生管理规定的行为。根据当时的国家教委有关招生管理处罚的文件，新生入学后，学校应在三个月内进行复查，如果复查合格，学生取得学籍。如果复查发现不符合招生条件者，可区别情况，予以处理。对于徇私舞弊的，可取消学籍，予以退回。法院认为：陈颖入学后，中山大学没有在三个月的规定期限内履行复查职责，这是陈颖能入学并学习四年最终毕业的直接原因。中山大学在法定复查期限过后准许陈颖注册,应视为对陈颖取得学籍的认可。作为行使法定职责的组织,中山大学对其认可的事项应承担责任。另外,根据《行政处罚法》有关"违法行为在二年内未被发现的,不再给予行政处罚"的规定,陈颖的违法行为已超过处罚期限,中山大学对陈某的违法行为已不得再行处罚。

第二,中山大学的处分无法律依据。法院认为违法行为与法律后果应相对应。违法行为发生时法律法规规章等文件均无对陈颖伪造行为可以宣布毕业证书无效的规定。《学位条例》虽然有对舞弊作伪等行为可撤销学位的规定,但该条例是针对学位授予的,而陈颖的行为是属于违反招生管理的,不应承担《学位条例》规定的法律责任。

第三,中山大学的处分决定程序不当。中山大学的处分涉及陈颖的重大利益,但中山大学既不能提供陈颖当年报考时的涂改证件,也不能提供证据证明其履行过审查和复查的法定职责。在作出决定前既没有认真调查核实证据,也没有听取陈颖的陈述和申辩,违反了先调查取证、听取意见,再作出处理的行政法基本原则。相关会议记录没有陈颖违法情况的详细介绍和讨论情况以及表决和投票结果的记录,不能证明学位评定委员会已经对陈颖的违法行为进行了复议并形成了结果,因此程序违法或存在重大瑕疵。

第四,有关办学自主权。中山大学辩称:其决定是在高校的办学自主权的范围内作出的,目的是为了严肃学风,维持正常的办学秩序,维护社会诚信公德,捍卫社会公平与正义。但二审法院认为:为维持正常的办学秩序,对高校在法定幅度内的办学自主权予以宽容和尊重是必要的。但高校的办学自主权并不是无限度的,这种自主权的行使涉及教育者、受教育者或者他人的重大权益时应当有有效的监督和救济途径。陈颖确实有伪造事实,但其通过入学考试并取得学籍、完成学业、获得毕业证和学位证都不是其造假行为能够单独实现的,中山大学把责任完全归咎于陈颖一方并由其承担全部责任和后果是不公平的。事实上,大学自身职责的依法行使才是其追求的目的能否实现的关键。如果当年中山大学履行复查职责,是可以发现伪造行为的,但中山大学连简单核对的形式审查工作都没做。"公民固然有诚实守信的义务,但行使公权力的国家机关和组织诚实守信、依法履行法定职权更为重要。"况且,在陈颖的违法行为已发生11年、陈颖离开学校6年后,再以"办学自主权"为由追究责任,无论从公平合理角度,还是从维护社会秩序稳定方面考虑,都是不合适的。

(资料来源:作者自撰)

五、行政诉讼的程序(一):起诉与受理

1. 行政复议与行政诉讼

对属于法院受案范围的行政案件,公民、法人或者其他组织可以先向行政机关申请复议,对复议决议不服的,再向法院提起诉讼;也可以直接向法院提起诉讼。

法律、法规规定应当先向行政机关申请复议,对复议决定不服再向法院提起诉讼的,依照相关法律、法规的规定。

例释 《专利法》规定:"专利申请人对国务院专利行政部门驳回申请的决定不服的,可以自收到通知之日起3个月内,向专利复审委员会请求复审。专利复审委员会

复审后，作出决定，并通知专利申请人。专利申请人对专利复审委员会的复审决定不服的，可以自收到通知之日起3个月内向人民法院起诉。"

2. 诉讼时效

（1）对行政复议提起诉讼的诉讼时效。公民、法人或者其他组织不服复议决定的，可以在收到复议决定书之日起15日内向法院提起诉讼。复议机关逾期不作决定的，申请人可以在复议期满之日起15日内向法院提起诉讼。法律另有规定的除外。

（2）直接提起行政诉讼的诉讼时效。公民、法人或者其他组织直接向法院提起诉讼的，应当自知道或者应当知道作出行政行为之日起6个月内提出。法律另有规定的除外。

（3）行政机关不作为情形下的特别规定。公民、法人或者其他组织申请行政机关履行保护其人身权、财产权等合法权益的法定职责，行政机关在接到申请之日起两个月内不履行的，公民、法人或者其他组织可以向法院提起诉讼。法律、法规对行政机关履行职责的期限另有规定的，从其规定。公民、法人或者其他组织在紧急情况下请求行政机关履行保护其人身权、财产权等合法权益的法定职责，行政机关不履行的，提起诉讼不受前述规定期限（两个月）的限制。

（4）诉讼时效的中止。因不可抗力或者其他不属于其自身的原因耽误起诉期限的，被耽误的时间不计算在起诉期限内。

（5）诉讼时效的延长。如因上述中止之原因以外的其他特殊情况耽误起诉期限的，在障碍消除后10日内，可以申请延长期限，是否准许由法院决定。

（6）最长诉讼时效。因不动产提起诉讼的案件自行政行为作出之日起超过20年，其他案件自行政行为作出之日起超过5年提起诉讼的，法院不予受理。

3. 提起诉讼应当符合的条件

（1）原告是符合《行政诉讼法》有关起诉资格之规定的公民、法人或者其他组织。

（2）有明确的被告。

（3）有具体的诉讼请求和事实根据。

（4）属于法院受案范围和受诉法院管辖。

六、行政诉讼的程序（二）：审理与判决

行政诉讼的审理过程中，有关被告答辩、公开审理、合议庭、回避、上诉、再审等规定，与民事诉讼类似，这里不再赘述。以下介绍一些行政诉讼与众不同的规定。

1. 有关先行停止行政行为的规定

诉讼期间，由于结果孰是孰非还不知道，因此不停止被诉的行政行为的执行。但是，有下列情形之一的，法院裁定停止行政行为的执行：

（1）被告认为需要停止执行的。

（2）原告或者利害关系人申请停止执行，法院认为该具体行政行为的执行会造成难以弥补的损失，并且停止执行不损害社会公共利益的。

（3）法院认为该行政行为的执行会给国家利益、社会公共利益造成重大损害的。

（4）法律、法规规定停止执行的。

2. 审理行政诉讼的法律依据

法院审理行政案件，以法律和行政法规、地方性法规为依据。地方性法规适用于本行政区域内发生的行政案件。另外，法院审理民族自治地方的行政案件，并以该民族自治地方的自治条例和单行条例为依据。

至于"部门规章"和"地方政府规章"（规章），法院审理行政案件时可以参照。

3. 法院可审查规范性文件的合法性

原告认为行政行为所依据的国务院部门和地方人民政府及其部门制定的规范性文件不合法，在对行政行为提起诉讼时，可以一并请求对该规范性文件进行审查。这里的"规范性文件"是指前述法律依据（法律、法规、规章）之外的文件。

4. 不适用调解及其例外

法院审理行政案件，一般不适用调解。与民事诉讼不同，行政诉讼的双方当事人的矛盾属不可调解性，因为争议的焦点是行政行为的合法性，合法与违法之间不容许存在可调解的灰色区域。

但是，行政赔偿、补偿以及行政机关行使法律、法规规定的自由裁量权的案件可以调解。

5. 判决

法院经过审理，根据不同情况，分别作出以下判决：

（1）经审理，如行政行为证据确凿，适用法律、法规正确，符合法定程序的，或者原告申请被告履行法定职责或者给付义务理由不成立的，法院判决驳回原告的诉讼请求。

（2）如被诉的行政行为有违法、不当之处，法院视具体情形和原告诉求作出如下判决：判决撤销或部分撤销行政行为、判决被告重新作出行政行为、判决被告在指定期限内履行法定职责、判决被告履行给付义务、确认行政行为违法、确认行政行为无效、判决被告采取补救措施、判决被告承担赔偿责任、判决变更行政处罚、判决被告依法履行协议、判决被告依法给予原告补偿等。

法院应当在立案之日起 6 个月内作出第一审判决。有特殊情况需要延长的，由高级法院批准，高级法院审理第一审案件需要延长的，由最高法院批准。

七、行政诉讼的程序（三）：执行

当事人必须履行法院发生法律效力的判决、裁定、调解书。

公民、法人或者其他组织拒绝履行判决、裁定、调解书的，行政机关或第三人可以向第一审法院申请强制执行，或者由行政机关依法强制执行。

行政机关拒绝履行判决、裁定、调解书的，第一审法院可以采取以下措施：

（1）对应归还的罚款或者应给付的款项，通知银行从该行政机关的账户内划拨。

（2）在规定期限内不履行的，从期满之日起，对该行政机关负责人按日处 50 元至 100 元的罚款。

（3）将行政机关拒绝履行的情况予以公告。

（4）向监察机关或者该行政机关的上一级行政机关提出司法建议。接受司法建议的机关，根据有关规定进行处理，并将处理情况告知法院。

（5）拒不履行判决、裁定、调解书，社会影响恶劣的，可以对该行政机关直接负责的主管人员和其他直接责任人员予以拘留；情节严重，构成犯罪的，依法追究刑事责任。

公民、法人或者其他组织对行政行为在法定期限内不提起诉讼又不履行的，行政机关可以申请法院强制执行，或者依法强制执行。

专题案例 14-2　行政诉讼在中国

自《行政诉讼法》1990年实施以来，全国法院累计受理一审行政诉讼案件（以下简称"行政案件"）超过百万件。从受案范围来看，案件类型达到50多种，几乎覆盖所有行政管理领域。

1990—2014：数字的背后

随着法治文明的进步，人们的维权意识也在增强，这一点直接反映在行政案件数量的增长上。1992年的行政诉讼一审受案数量尚不足3万件，到2001年已经突破10万件，2003年则将近11.5万件，2006年超过9.5万件，2007年达到10万件，2014年突破15万件。

我国有着"官本位"的传统，人们在与权力对抗时尚有疑虑。而且，相关立法仍有缺陷。因此，基于我国人口数量和法治现状，行政案件的数量并不多。2014年我国法院的一审受案数量超过900万件，行政案件占比1.64%，民事案件则超过85%。

2003年，我国一审行政案件原告胜诉率为30%左右，而国外行政诉讼的胜诉率大约为20%，比我国低。但不可据此就认为我国当时的法治状况非常令人满意，需作深入思考。政府机关败诉率偏高可能反映出一个问题，即不少政府部门和官员行为不合法的情况比较严重。据《法制日报》报道，湖北省保康县法院在1996和1997两年共受理行政案件125件，行政机关败诉124件。

另外，还有长期存在的"三难"：立案难、审理难、执行难。例如：2011年，全国行政诉讼案件，被法院以不予受理和驳回起诉结案的，占全部一审结案总数的7.8%，是民商事案件的7.8倍。

上诉比例高则反映出民众对行政诉讼一审判决之公正性的质疑。2011年，全国行政诉讼案件的上诉率达到72.85%，分别是刑事案件上诉率的6倍和民事案件上诉率的2.4倍。同时期每年行政案件数量在12万件左右，而每年信访的数量达数百万件，这反映出民众对于通过法律途径解决官民冲突问题之公正性和有效性的不信任。

2014年：《行政诉讼法》大修

在行政诉讼中，政府机关与公民、企业之间地位是平等的，孰是孰非，由法律说话。行政诉讼是公民等对抗政府部门权力之滥用的有力武器，不仅可维护公民权利，也可促进政府依法行政。因此，行政诉讼立法和司法质量如何直接反映出国家法治的进步程度。

实施了 24 年后，《行政诉讼法》终于在 2014 年迎来了第一次大修。2014 年 11 月，全国人大常委会通过有关修改《行政诉讼法》的决定。本次修订被期待强化政府的依法行政，更好地维护民众权益，为法治社会之建设助力。修订的主要亮点有：

1. 扩大受案范围。修订后的《行政诉讼法》列举了 12 种可受理的行政行为（修订前为 8 种），其中最后一种用了兜底式的规定，即"认为行政机关侵犯其他人身权、财产权等合法权益的。"比修订前多了一个"等"字，从而不只局限于人身权、财产权，其他合法权益如受侵犯，也可提起行政诉讼。

2. 禁止行政干预。除了规定法院应当保障公民、法人和其他组织的起诉权利，对应当受理的行政案件依法受理，还强调：行政机关及其工作人员不得干预、阻碍法院受理行政案件。

3. 明确了可诉的行政行为。以往对于法律、法规授权的组织作出的行为为行政行为无异议，但规章授权的组织的行为是否为行政行为则有争议。修订后，规章授权的行为被纳入可诉的行政行为。

4. 抑制行政复议机关之可能的"懒政"。以往规定是：如果行政复议后维持原行政行为，则原行政行为作出机构为被告。现实中，该规定有可能导致某些复议机关为避免成为行政诉讼之被告，趋向维持原行政行为。新规定改为：如果维持，则复议机关和原机关为共同被告。另外，还规定了如果行政复议机关在法定期限内未作出决定，原告可诉该复议机关。

5. 突破地方保护主义。一是允许推行集中管辖，即"经最高人民法院批准，高级人民法院可以根据审判工作的实际情况，确定若干人民法院跨行政区域管辖行政案件。"二是提级管辖，规定对国务院部门或者县级以上地方人民政府提起诉讼的案件，由中级法院管辖。

6. 促进法庭上"民见官"。规定：被诉行政机关负责人应当出庭应诉。不能出庭的，应当委托行政机关相应的工作人员出庭。此规定会促使各机关"行政首长"积极依法行政，尽量减少被诉和出庭；另外，程序上彰显在法庭上原、被告平等；通过促进原告与行政首长的直接见面，有利于行政首长更清晰、更直接地聆听原告诉求，理解症结和矛盾所在，可促进问题的有效解决和今后工作之改进。另外，还规定被告的行政机关要积极出庭应诉，法院对被告经传票传唤无正当理由拒不到庭，或者未经法庭许可中途退庭的，可以将被告拒不到庭或者中途退庭的情况予以公告，并可以向监察机关或者被告的上一级行政机关提出依法给予其主要负责人或者直接责任人员处分的司法建议。

7. 督促败诉的行政机关自觉执行判决。例如：对于败诉的行政机关拒不履行的罚款，以往是针对行政机关，现在改为针对该行政机关的负责人。增加了"将行政机关拒绝履行的情况予以公告"和向监察机关提出司法建议。

2018 年：山东的样本

1. 受案量：2018 年，全省法院共新收各类行政诉讼案件 27 577 件，审结 24 941 件，同比分别上升 20.1%和 10%。

2. 诉讼主要集中的 6 个领域：公安（2110 件）、因征收产生的强制拆除（1983 件）、劳动和社会保障（1803 件）、集体土地征收（1597 件）、国有土地上房屋征收（1101 件）和拆违拆临（1096 件）。

3. 被诉最多的 7 个行政行为类型为：要求履行法定职责（2162 件）、行政处罚（1933 件）、行政强制（1902 件）、行政登记（1763 件）、行政复议（1447 件）、政府信息公开（1103 件）和行政赔偿（1010 件）。

4. 被告败诉率：一审行政机关败诉率为 16.3%，同比上升 3.2 个百分点。

5. 被告败诉判决类型分布：判决撤销或部分撤销行政行为 1 222 件，确认行政行为违法 760 件，责令履行法定职责 411 件，确认行政行为无效 46 件，判决变更行政行为 13 件，单独判决承担赔偿责任 231 件。

6. 负责人出庭率：行政机关负责人出庭应诉率 59.5%，同比上升 16.2 个百分点。

（部分内容参考：曲力秋."民告官"突围[J]. 新民周刊，2004-04-19；蒲晓磊. 行诉法二次审议稿直指行政诉讼"三难"[N]. 法制日报，2014-09-01；山东省高级人民法院. 2018 行政案件司法审查报告）

法规指引

> 国家法律：《民事诉讼法》《仲裁法》《行政诉讼法》

> 司法解释：《关于适用〈中华人民共和国民事诉讼法〉若干问题的意见》《关于适用〈中华人民共和国仲裁法〉若干问题的解释》《关于适用《中华人民共和国行政诉讼法》的解释》

拓展与思考

1. 推荐阅读

诉讼制度的目的是促进和实现程序正义。了解有关程序正义的理论以及国外的经验，有助于评价我国的诉讼法律并提出完善和改革的意见。推荐阅读：徐亚文. 程序正义论[M]. 济南：山东人民出版社，2004. 卡佩莱蒂. 比较法视野中的司法程序[M]. 徐昕，等，译. 北京：清华大学出版社，2005.

2. 问题解决

小李打算在合同中约定以仲裁作为争议解决的方式。请你为他分析一下：仲裁相比诉讼，有什么好处？在订立仲裁协议和进行仲裁时应注意哪些问题？

3. 制度改革

《仲裁法》于 1995 年开始实施。然而在解决民商事争议方面，其实际发挥的作用至今仍远远不及法院诉讼。例如：仲裁的受案量远远低于法院。2018 年，全国仲裁的受案量超过 54 万件，但法院受理的民商事案件过千万件，即使去掉不可仲裁的部分，两个数字也相差甚巨。

请思考：我国仲裁制度在发展上目前存在什么问题？导致这些问题的原因是什么？如何改进以促进仲裁制度的发展？

4. 观点争鸣

对于商事争议，是仲裁解决好，还是诉讼解决好？不妨通过辩论来深入全面地了解一下仲裁和诉讼两种争议解决方式的利弊。

正方：对于商事争议，仲裁解决优于诉讼解决；

反方：对于商事争议，诉讼解决优于仲裁解决。

5. 法官判案

继续专题 14-1。中山大学不服，向广东省高级人民法院申请再审。高院裁定中级法院另行组成合议庭再审。

中山大学申请再审的主要理由是：

第一，陈颖的毕业证书和学位证书系以不正当手段获得的利益，授予单位有权依法收回。中山大学依据《学位条例》作出的决定，是纠正错误、恢复原状的行政撤回行为，不具制裁性或惩罚性。既然非行政处罚，则不适用《行政处罚法》之两年处罚时效的规定。

第二，根据《行政诉讼法》，法院对具体行政行为的合法性而非合理性进行审查。法院以违法行为与法律后果不相对应为由撤销学校决定，超越其只应审查合法性的权限。

第三，二审法院一方面提出违法行为应和法律后果相对应，另一方面，在认定陈颖有违法行为的同时，其判决又使其无须承担任何法律责任。前后矛盾，难以服人。

第四，可以适用《学位条例》来撤销陈颖的学位。陈颖基于舞弊作伪行为取得的研究生身份是无效的，因此应撤销其硕士学位。

第五，中山大学当年曾以向陈颖单位发政审函的形式进行了复查。另外，"三个月内复查"的规定目的是督促高校审查入学材料来保证学生质量，并没有明文规定，只要高校没有在三个月内查处违法行为，该违法行为就转为合法，行为人就具有了入学资格，并进而可获得毕业和学位证书。"我们不能因为受骗者没有发现自己受骗，而减轻欺骗者的责任，更不能免除欺骗者的责任"。

第六，中山大学不应对其认可的事项承担责任。应承担责任的前提是，行政相对人（陈颖）提供的材料是真实的。二审法院判决免除了违法行为人的责任，却把责任强加给不知情的受骗者中山大学，是不公平的。

中山大学认为："二审法院做出这样的判决，实际上等同于鼓励造假，纵容作弊，在倡导诚信的今天，它将给社会产生极其恶劣的影响。"①

如果你是再审的法官，会做出怎样的判决？

6. 中国"民告官"第一案（代本教材结束语）

1987 年 7 月，农民包郑照的房屋被苍南县政府以"违章建筑"为由强行拆除。包郑照不服，到法院起诉县政府。1988 年 8 月 25 日，法院开庭审理，县长出现在被告席上。这是我国第一起"民告官"案件，虽以原告败诉收场，但影响波及全国乃至海外，

---

① 2005 年出台的《普通高等学校学生管理规定》规定："对违反国家招生规定入学者，学校不得发给学历证书、学位证书；已发的学历证书、学位证书，学校应当予以追回并报教育行政部门宣布证书无效。"如果陈颖案发生在 2005 年后，可依据这一规定追回陈的学历学位证书。

直接促成了 1989 年《行政诉讼法》的出台。一个老农民在当时敢与县政府对抗来捍卫自己的权利，勇气的确令人钦佩。2002 年 10 月 15 日，包郑照去世，临终前对子孙说的话是：当年我这桩官司尽管输了，但能在社会上产生这么大的影响，还与县长成了朋友，我无憾今生。今后你们一定要更好地学法、守法。

德国法学家耶林认为每个国民都应积极主张自己的权利，否则法律就是一纸空文。他指出：法的生命是斗争，世界上的一切法都是斗争得来的。法是不断地努力，该努力不只是在国家权力层面，还有所有国民的努力。主张权利的人虽然是在自己的权利这一狭窄的范围内维护法本身，但他的行动远远超过他一身的利益和效果。权利人通过自己的权利来维护法律，并通过法律来维护社会不可或缺的秩序。

因此：你必须到斗争中去寻找你的权利，权利从它放弃准备斗争的瞬间也放弃了它自身。[1]

---

[1] 鲁道夫·冯·耶林. 为权利而斗争[M]. 胡宝海，译.//梁慧星. 民商法论丛：第 2 卷. 北京：法律出版社，1994.